SCRIPTORVM CLASSICORVM

BIBLIOTHECA OXONIENSIS

OXONII

E TYPOGRAPHEO CLARENDONIANO

M. TVLLI CICERONIS

ORATIONES

PRO MILONE   PRO MARCELLO   PRO LIGARIO
PRO REGE DEIOTARO   PHILIPPICAE I–XIV

RECOGNOVIT
BREVIQVE ADNOTATIONE CRITICA INSTRVXIT

ALBERTVS CVRTIS CLARK

LITTERARVM LATINARVM PROFESSOR PVBLICVS
APVD OXONIENSES

EDITIONIS ALTERIVS IMPRESSIO NOVA PAVCIS
LOCIS CORRECTA

OXONII

E TYPOGRAPHEO CLARENDONIANO

Oxford University Press, Walton Street, Oxford OX2 6DP

OXFORD LONDON GLASGOW
NEW YORK TORONTO MELBOURNE WELLINGTON
KUALA LUMPUR SINGAPORE HONG KONG TOKYO
DELHI BOMBAY CALCUTTA MADRAS KARACHI
NAIROBI DAR ES SALAAM CAPE TOWN

I S B N 0 19 814606 X

First edition 1901
Second edition 1918
Thirteenth impression 1980

Printed in Great Britain
at the University Press, Oxford
by Eric Buckley
Printer to the University

PRAEFATIO

MILONIANAE orationis recensio paucis codicibus nititur. Ut enim omittam Palimpsesti Taurinensis pauca folia, tres tantum melioris familiae codices hodie supersunt. Hi sunt *H* (Harleianus 2682, olim Basilicanus sive Hittorpianus), *T* (Tegernseensis), *E* (Erfurtensis), quibus addendus est *W* (Werdensis, sive Saxonicus perantiquus Fabricii) hodie deperditus. Praeter hos omnes noti codices ex eodem archetypo certis locis hiante et mendis scaturiente descripti sunt. E melioribus *T* (quocum *W* fere semper consentiebat) artiore quodam vinculo cum deterioribus conexum esse constat. *E* ex eodem quo *T* archetypo ductum esse sed non nullis locis ex *H* correctum in editione mea maiore docui. *H* iam ccc abhinc annos Gulielmius quasi σειραφόρον in sua 'praeclara triga' (i. e. Basilicano, Werdensi, Erfurtensi) habebat, huic amisso principatum deferebant Garatonius et Madvigius, ego nuper in lucem revocato tamquam hereditatem ab alienis occupatam pro mea parte vindicavi. De qua re alii alia hodie sentiunt viri docti, sine studio iudicabunt posteri. E deterioribus multos contuli, sed non nisi tres inveni qui ceteris paulo praestarent. Hi sunt *b* (Bernensis 104), *β* (Barberinus ix. 11), *σ* (Oxon. Auct. Rawl.

G. 138), qui quamvis corrupti nondum lectionibus e meliore familia petitis contaminati sunt. Nam eos codices qui Italorum saeculo quinto decimo correctiones experti sunt et lectiones ab ipso *H* exscriptas, vel in margine ut Oxon. Digb. xix, vel in textu ut Salisburgensis Halmii habent, nullius momenti iudico.

In Caesarianis orationibus codices non nullos novos contuli. Hi sunt *H* (secundum in Harl. 2682, ubi hae orationes bis leguntur, exemplar), *V* (Vossianus Lat. O. 2), *D* (Oxon. Dorvillianus 77), *L* (Harl. 2716), *h* (primum in Harl. 2682 exemplar), *a* (Harl. 4927), σ (Auct. Rawl. G. 138). Infeliciter profecto accidit quod in editione Turicensi recensenda Marcellinam et Ligarianam curavit Baiterus, 'paucis,' ut iure queritur Müllerus, 'codicibus contentus,' Deiotarianam Halmius, qui multis uti solebat : unde exorta est opinio hodie pervulgata aliam in Deiotariana, aliam in Marcellina et Ligariana esse codicum rationem. Pleniore autem apparatu critico utenti cuivis, ut opinor, elucebit veritas. In tres enim familias, e quibus una fere semper praestat, cum in Deiotariana, tum in Marcellina et Ligariana, sponte sua discedunt codices. Prima eademque optima (α) constat ex *AHV*, secunda (β) ex *BDEL*, tertia (γ) ceteros complectitur. Ex α optimus est *H*, *A* et *V* paene gemelli sunt, e β praestat *D*, proximus est *B*, pessimus *E*, ex γ in Marcellina et Ligariana *m* (Mediceus L. xlv), in Deiotariana *g* (Gudianus 335) familiam ducit. Codd. α et γ artius conexi sunt, nisi quod γ additamentis et interpolationibus adeo referti sunt, ut eos in eandem quam α familiam includere non possim, ut in Deiotariana recensenda fecit Nohlius : β interpolationes permultas habent, quibus tamen saepe caret *D* ex hac familia optimus, et in verborum conlocatione ab $\alpha\gamma$ saepius dissentiunt. Mihi quidem persuasum est et β et γ ex α quasi e puriore quodam fonte derivatos esse, alia tamen alios, ut fit, conluvie sensim foedatos.

In Philippicis V (Vaticanus) omnium consensu praestantissimus. De correctionibus, quas habet a manu secunda (V^2) et tertia (V^3) profectas, nuper egit E. Ströbel: ipse in hoc libro primario evolvendo aliquot horas posui. Illud vereor, ne erroribus librarii omnium quotquot fuerunt indoctissimi nimiam aliquando auctoritatem tribuerit Halmius, in eo praesertim quod ad locos a V^1 omissos attinet. Ceteros codices e decurtato quodam archetypo effluxisse communes lacunae testantur. Ex hac familia, quam D appellat, quattuor codicibus (*abgt*) Halmius usus est. Res erat ingrata et magni laboris codices novos conferre, sed contuli non nullos, neque me operae paenitet, cum pateat codices Halmianos non ita excellere, ut ceteri spernendi sint. Uni Vaticano antiquitate cedit n (Vossianus Lat. *O.* 2), quo usus sum beneficio viri humanissimi, S. G. de Vries, Bibliothecae Leidensis Praefecti, perantiquus etiam l (Regius 15 A. xiv) in Museo Britannico servatus. Tres denique codices, quos c appello, in Philippicis i–iv, quas solas habent, lectiones exhibent a Ferrario e codice Angelii Colotii laudatas, quem integritate proxime ad Vaticanum accedere Garatonius recte iudicavit. His subsidiis munitus codd. Halmianos *ag* neglegere potui, neque in Phil. i–iv Bernensi (*b*) opus erat, cuius bonas lectiones habeant codd. *c*, vitiosis careant. In extrema Philippicarum parte cum codicum magna inopia sit (deficit l xiii. 46, n xiii. 29, t xiv. 25) usus sum o (Oxon. Coll. Nov. cclii), qui e Vossiano nondum mutilato descriptus est, et h (Harl. 2682), qui in his orationibus a praestantia sua aliquantum deflectit et lituris ab interpolatore recentissimo factis ita deformatus est ut saepe genuina eius lectio legi nequeat.

De codicum ratione et de emendationibus quae hoc volumine continentur alias fusius egi. (Cf. *Anecdota Oxoniensia*, Classical Series, Part vii. 1892 ; *Oratio pro Milone*, Oxford, 1895 ; *Classical Review*, 1900, I, V, VIII.)

Gratias ago amplissimas Iacobo S. Reid, Historiae Antiquae apud Cantabrigienses Professori, qui me consiliis suis saepenumero adiuvit et emendationes aliquot in Philippicas mecum benignissime communicavit.

A. C. C.

Scribebam Oxonii
  Mense Octobri MDCCCC.

ORATIONVM quae in hoc volumine continentur editionem meam xvii abhinc annos curatam fere obsoletam esse non sum qui negem. Novis iam codicibus aucti sumus, nova exorta est numeri oratorii ratio, quae in correctionibus probandis multum valet, alia etiam subsidia, de quibus dicturus sum, nacti sumus. Permiserunt igitur mihi Preli Clarendoniani Curatores ut re tota iterum suscepta has orationes de integro emendarem.

In Miloniana codicis Cluniacensis 496, nunc deperditi, notitiam praebent excerpta Bartolomaei de Montepolitiano (*B*) et lectiones variae in margine Parisini 14749 (Σ) enotatae.[1] Cluniacensis cum Harleiano perpetua fere consensio est. Ambo eadem magna lacuna (§§ 18–37) labora-

---

[1] Cf. *Anecdota Oxoniensia*, Classical Series, Part x. The Vetus Cluniacensis of Poggio (1905). Cf. *Praefat. ad Roscianam.*

bant, et in locis omissis plerumque conspirant, velut § 4 *de bonis . . . si umquam,* § 86 *sine lamentis,* § 105 *illam beatam.* In § 8 ubi *aut C.* omittit *H,* in Σ est *h. d.* (=*hic deest*). Communem Cluniacensis et Harleiani parentem notulis quibusdam criticis instructum fuisse veri simile est, velut *RꞦ, R* (=*require*) bis exhibet *H* (§§ 18, 67). Aliquando ab Harleiano dissentit Cluniacensis : maximi momenti sunt § 42 *rumorem fabulam falsam fictam levem* Σ*B* cum *E,* § 75 *limine B, cett.* (*lumine H*). In § 79 Harleiani lectionem (*ut ea cernamus quae non videmus*) e corruptela quae erat in Cluniacensi (*ut ea cernamus quae videmus*) fluxisse manifestum est. In § 53 *versabatur,* quod in libris accuratis invenit Gellius, Σ*B* exhibent. Alia sunt singularia, velut § 3 *confluentes,* § 70 *oportet . . . licet,* § 71 *possit,* § 92 *aspexeritis,* § 101 *multum . . . sanguinis,* § 105 *delegit.*

Religiosus in varietatibus exscribendis videtur fuisse is qui Parisinum 14749 confecit, sed cum propter naturae humanae infirmitatem eum aliqua omisisse veri simile sit, silentio eius non nimium tribuendum esse arbitror. Illud in lucro ponendum est, quod orationis finem (§§ 100–5) Bartolomaeus contra morem suum non delibavit, sed totum exscripsit.

Ante Cluniacensem in Italiam a Poggio deportatum Italis praesto erant exemplaria quaedam e familia deteriorum certis locis hiantia (§§ 12, 36, 44, 48, 61, 78, 79). Agmen ducit codex Lapi, nunc S. Crucis xxiii *Sin.* 3 (*a*), de qua egi in Praefatione ad Sullanam et Plancianam (1910), qui liber ab exemplari satis antiquo derivatus ceterorum parens videtur.[1] Eodem fere modo homines Itali quo Francogallus

---

[1] *Huic simillimus est Bernensis* 104 *quo in priore editione usus sum. Nunc Bernensi, qui in* § 67 *deficit, cod. a, qui orationem integram exhibet, praetuli.*

codicis Σ scriptor rem agebant, id est supplementa et lectiones varias in suos codices transferebant. Hinc orta est illa mixta Italorum recensio, de qua in maiore mea Milonianae editione (1895) fusius disputavi (pp. xxxii–vi). E magno grege recentiorum unum elegi Marcianum 255 (*b*) qui medium quendam locum inter *a* et codices novicios obtinet.

In Poggianae bibliothecae catalogo, quem nuper iuris publici fecit E. Walser, vir in hac re doctissimus, scriptum exstat.[1]

num. 73. Orationes tulij v antiquae in pergameno.

Hunc librum ipsum fuisse Cluniacensem, qui orationes quinque[2] solas continebat, iure contendit. Ulteriora codicis fata quae fuerint, non novimus : inventore mortuo tenebris, unde emerserat, reddebatur.

In Ligariana et Deiotariana adest ipse Cluniacensis 498, optimae familiae (α) signifer.[3] Marcellinam ex codice temporis iniuria male habito evulsam esse, ut voluit Peterson, et veri simile est et, ut nuper cognovi, quaternionum ratio comprobat. Praestantiam fere perpetuam quam familiae α vindicavi omnes nunc agnoscunt. De ratione quae inter tres familias intercedit egit H. Reeder.[4] Qui vir Quintiliani temporibus recensionem α solam exstitisse, grammaticorum testimoniis carere γ, β autem, quae semel (Lig. 21) cum Sacerdote (saec. iii), semel (Lig. 10) cum Diomede (saec. iv) consentiat, satis vetustam esse contendit. Illud autem

---

[1] *Poggius Florentinus, Leben und Werke* (Teubner, 1914), *p. 422.*
[2] *Pro Milone, pro Cluentio, pro Murena, pro Sex. Roscio, pro Caelio.*
[3] *Anecdota Oxoniensia.* Classical Series. Part ix. Collations from the *Codex Cluniacensis seu Holkhamicus*, W. Peterson (1901).
[4] *De codicibus in Ciceronis orationibus Caesarianis recte aestimandis* Jena, 1906.

tenendum est, μία χελιδὼν ἔαρ οὐ ποιεῖ. Multae enim lectiones quae non nisi ex recentioribus codicibus notae erant nunc papyrorum vetustissimarum testimonio confirmatae sunt; familiae autem quas nunc habemus nondum erant constitutae.

In Philippicis codicem primarium (*V*) iterum excussi, non nullos etiam ex altera familia (*D*) contuli. Ut ab his incipiam, in bibliotheca Vaticana asservantur duo codices, quibus usus est Ferrarius (A. D. 1544). Hi sunt

3327, saec. xii, litteris Beneventanis scriptus, quem Langobardicum Ferrarius nominat.

3328, saec. x, codex Scalae, ut ait Ferrarius.

Nescio quo casu factum est ut E. Freiburg, qui codicis 3327 lectiones in Philippica quarta decima exscripsit in usum Halmii, cod. 3328, qui antiquior est, praeteriret. Inveni inter hunc codicem (*s*) et Regium 15 A, xiv (*l*), quo in priore editione usus sum, necessitatem summam intercedere, neque deesse indicia quae *l* ex *s* fluxisse demonstrent. Velut x. 14 pro *Italia* codicis *s* scriba dedit *fatalia*, correctio est *sup. vers.* 'puto, *Italia*', *l* habet in contextu *puto Italia* : ita xiii. 8 in margine codicis *s* exstat annotatio *Bonitas M. Lepidi*, quam in contextum (post *plurima*) recepit Regius. Itaque cod. *l* nunc reiecto, in locum eius succedit Vat. 3328. Contuli etiam Vat. 3327 (*v*) sed varietatem perpetuam in notulis non exscripsi nisi in extremis Philippicis, ubi novissimis auxiliis opus est. In his pauca exscripsi ex Parcensi (*π*), incertae fidei libro, de quo egi ad Plancianam. Alios quos inspexi vel contuli codices praetereo. Exspectationem aliquam mihi moverat Coloniensis 198, saeculo xi scriptus, qui in Basilica asservatur, sed codici *g* quo usus est Halmius simillimum esse cognovi.

Poggii emendationes suppeditat Laur. xlviii. 22 eius manu scriptus, postea suppletus ex Vaticano (*V*). De qua re in epistula ad Nicolaum missa ipse testatur.[1]

Philippicas Ciceronis emendavi cum hoc antiquo codice, qui ita pueriliter scriptus est, ita mendose, ut in iis quae scripsi non coniectura opus fuerit sed divinatione. Nulla est femella tam rudis, tam insulsa quae non emendatius scripsisset, sed scis in talibus me esse satis sagacem. Non potui autem corrigere omnes quia et duae ultimae deficiunt et in reliquis desunt non nulla . . . Vale, die v Iulii, 1428.

Nicolaus in codicem satis antiquum, Marcianum 268 (saec. xii) quem ipse possidebat, easdem fere correctiones sua manu transtulit. Mixtae igitur recensionis quam non nulli ex recentioribus exhibent Poggium auctorem fuisse manifestum est.

Venio nunc ad Vaticanum (*V*). Huius codicis forma est plane singularis. Scriptus est tribus columnis, more saeculis iv–vi satis usitato, postea obsoleto. Iure igitur suspicatus est L. Traube, vir in hac re peritissimus, antiquissimi cuiusdam exemplaris totidem columnis exarati formam in *V* repraesentari, cui ita credo ut medios quosdam codices eodem modo scriptos inter *V* et antiquissimum illud exemplar intercessisse arbitrer. Cum in *V* versus singuli litteris fere 17–20 constent—de foliis extremis in quibus scriba manu contractiore usus est non dico—, eiusdem mensurae versus in exemplari (sive exemplaribus) unde derivatus est exstitisse veri simile est. Haec ratio in locis a *V* omissis multum valet. Quo in numero duo in se oculos convertunt, ubi vocabuli parte intercisa vulnus patet. Hi

---

[1] *Tonelli*, i, *p.* 216.

sunt ii. 118 -*quando rem p. M. Antoni* om. *V*, ix. 2 *quam in Ser. Sulpicio re-* om. *V*[1]. In exemplari erat, nisi fallor,

ii. 118   ali

            quando rem p. M. Antoni (17)

            quibus

ix. 2   iustior

            quam in Ser. Sulpicio re (19)

            perietur

Versiculum bis omisit librarius.   Eodem tendunt sescenta menda, velut viii. 9 *invitus dico, sed dicendum est: hasta Caesaris*

V habet   inuitus

            dico ha sed dicendum est ista

            Caesaris

In exemplari erat, ut videtur,

                        inuitus dico

            sed dicendum est ista (18) *mg.* ha

Correctio *ha* alieno loco inserta est.

Oritur nunc ratio quaedam arithmetica, quae locis qui sine sententiae damno omitti possunt opitulari videtur, velut i. 27 *quam in re p. semper habui* (20) om. *V*[1], § 29 *qui es mihi carissimus* (19) om. *V*[1].

Et *V* et *D* ab eodem archetypo deductos esse testantur menda quaedam communia, velut v. 10 *eae*] *ae V*: *a t*: *oeae s*: *hae b.*   viii. 28 *usi*] *i Vt*: *sed s*[1]: *si s*[2]: om. *n*. Maximi momenti videtur quod ii. 93–6 *sunt ea quidem . . . acta defendimus* om. *D*, ante *sunt ea quidem* in *V* est varia quaedam lectio, quae ad sententiam quae post *acta defendimus* sequitur pertinet.[1]   Veri simile est §§ 93–6 archetypi

---

[1] Post *defendimus* suo loco legitur in *VD, Quid ego de commentariis infinitis, quid de innumerabilibus chirographis (cyro- V) loquar?*

folium unum occupavisse, ita iacturae quam passa est familia *D* et corruptelae quam exhibet *V* unam fuisse causam.

De hoc archetypo nunc agendum est. De locis duobus (ii. 118, ix. 2) ubi *V* lacer est iam dixi, restant quattuor, qui sunt

(27) i. 7 nec ita multum provectus reiect- *om. V*[1]

(28) vii. 14 nisi paruerit huic ordini, quid re- *om. V*

(30) xii. 16 -cear in quo ne si dissensero quidem a *om. V*

(31) ii. 118 contempsi Catilinae gladios non per- *om. V*[1]

Duo eiusmodi vulnera in *D* offendimus.

(30) v. 20 habeat possessor quantum relique- *om. D*

(31) iv. 15 esse Catilinae gloriari solet scele- *om. D.*

Consensio est plane singularis, sed de codice eodem agi non necesse est. Felici casu accidit ut in vii. 14 paulo post 28 litteras a *V* omissas colon *multo postea gravius urguebamur* (28) absit a *D*. Nunc succurrit ratio arithmetica. Quod si eiusdem codicis versus singulos omiserint *VD*, medium profecto spatium quod inter locos omissos intervenit certo versuum numero continebatur. Summa litterarum intercedentium est 368 (28 × 13 = 364) : optime igitur quadrant omnia.

Tribus magnis lacunis familia *D* laborat, videlicet ii. 93–6, v. 31—vi. 18, x. 8–10. In ii. 93–6 archetypi folium unum intercidisse opinatus sum : nunc versuum quos in editione Teubneriana a C. F. W. Müller curata hi loci occupant summam dabo :

x. 8–10 = 33 versus : ii. 93–6 = 34 versus : v. 31—vi. 18 = 527 versus (33 × 16 = 528).

In *V* est ante *sunt ea quidem* § 93 haec varietas contextui addita, *Quid ego de commentaris Caesaris infinitos quidem numerabilibus cyrigraphis Caesaris loquar?*

Unum folium bis, semel quaterniones duos *D* perdidisse manifestum est. Propius ad rem nunc accedo. Ut compendia omnia nisi ea quae in vetustissimis codicibus usitata sunt (velut *P. R.*, *res p.*, *cons.* etc.) missa faciamus, summa litterarum est in ii. 93–6, 1423; in x. 8–10, 1419. Cum singulos archetypi versus litteris fere 28 constitisse indicia multa testentur, singulas paginas 25 fere versibus constitisse veri simile est ($28 \times 25 = 700$).

De archetypo hactenus; plura non dicerem, nisi vererer ne quis, si tacerem, in notulis meis ad ii. 106, xiv. 13, graviter offenderet. Menda sunt non nulla quae in ipso archetypo exstitisse manifestum est. Velut in ii. 106 lectionis varietas est

cú uinus V: *et simul unŭ cinus c* : *et sermulcinus t* : *simul ns.* Ex corruptela *cú uinus* elicuit Madvig *sum vicinus* egregie, si sententiae sensus aptus esset.

In xiv. 13 *V* non exstat, *impetus*, vel *impeius*, vel *in peius* ante *crimen* inferciunt ceteri. Mox in § 15 *tum in me impetus . . . parabatur* recte legitur. Cum satis usitata sit haec confusio, suspicatus sum variam lectionem *in peius* **ex** § 15 in § 13 migravisse. Medium hic spatium inter duos locos ubi *impetus* (*in peius*) legitur 952 litteris constat. Redeamus nunc ad ii. 106. Corruptelam *cú uinus*, quae in *V* invenitur,

ortam esse non ex *sum uicinus*, sed ex *uinus*^ci iudico. Videamus nunc an vocabulum *vicinus* in contextu sit. In § 104 scriptum est *vicinus, hospes, procurator arcebit*: litterarum inter *vicinus* et *cú uinus* intercedentium summa est 953. Consensionem inter duos locos habemus paene incredibilem, quam casu mero exstitisse non credo. Bis, opinor, is qui archetypum confecit eodem errore deceptus est; lectionem quandam variam, quam in folii proximi margine habebat exemplar, in contextum alieno loco recepit. Proarchetypi igitur ipsius vestigiis nunc insistimus.

Quaestiones meae, quae in Philippicis primum constitutae sunt, multo longius quam speraveram progressae sunt, et in his angustiis tractari non possunt. De re tota egi in libro iamdudum typis impresso,[1] aliquando, ut spero, in lucem prodituro, cum iterum homines his rebus vacabunt.

Quod ad glossas et interpolationes indagandas attinet, factus sum cautior. Commotus sum primo Thaddaei Zielinski, viri ingeniosissimi, repertis, qui verba et κῶλα quae abundare visa sint numero oratorio, cui inserviant, saepius vindicari demonstravit. Eodem tendit ratio illa arithmetica quam ipse sum persecutus. Sciolos commentis suis textum passim auxisse nunc minus credo, magis vereor ne multa, quae a codice quodam optimo incuria omissa sint, idcirco spuria esse videantur. Quippe omittere facile est, falsa fingere res ardua.

[1] *The Descent of MSS.*

A. C. C.

EDITORIS MONITVM

Mil. § 81 lectio codicis Σ (*vestri ordinis*), quam in Anecdoti praefatione (p. xxvi) laudaveram, in collatione (p. 56) casu omissa est. Deiot. 17 de codicum *AH* lectione erravimus et ego et Baiterus. Vterque vocc. *in castellum* omittit. In Philippicis priorum de *V* testimonia e collatione mea saepe correxi.

SIGLA

ASCONIVS IN MILONIANAM

Orationem hanc dixit Cn. Pompeio III cos. a. d. VII
Id. April.   Quod iudicium cum ageretur, exercitum in foro
et in omnibus templis quae circum forum sunt collocatum
a Cn. Pompeio fuisse *non* tantum ex oratione et annalibus,
sed etiam ex libro apparet qui Ciceronis nomine inscribitur 5
de optimo genere oratorum.

ARGVMENTVM HOC EST

T. Annius Milo et P. Plautius Hypsaeus et Q. Metellus
Scipio consulatum petierunt non solum largitione palam
profusa sed etiam factionibus armatorum succincti. Miloni 10
et Clodio summae erant inimicitiae, quod et Milo Ciceronis
erat amicissimus in reducendoque eo enixe operam tr. pl.
dederat, et P. Clodius restituto quoque Ciceroni erat
infestissimus ideoque summe studebat Hypsaeo et Scipioni
contra Milonem.   Ac saepe inter se Milo et Clodius cum 15
suis factionibus Romae depugnaverant: et erant uterque
audacia pares, sed Milo pro melioribus partibus stabat.
Praeterea in eundem annum consulatum Milo, Clodius
praeturam petebat, quam debilem futuram consule Milone
intellegebat.   Deinde cum diu tracta essent comitia 20
27 consularia perficique ob eas ipsas perditas candidatorum

Tit. PRO M. SCAVRO FINIS INCIPIT PRO MILONE *SP*: *om. M*   1 orationem *add. hoc loco Stangl, post* hanc *KS*   VII *scripsi*: VI Σ   3
omnibus in *P*   4 non *Poggius, Sozomenus*: *om.* Σ   ex ea
ratione Σ, *corr. Manutius*   5 describitur *S*   8 T. *add. Manutius*
hypsaeus *M*: hyphaeus *S*: hipseus *P*   11 quod] q. d. *S*   12
tr. pl. *Rinkes*: rei p. Σ   13 quoque *S*: quę *P*: *om. M*   16 erat
Σ, *corr.* ς, *Baiter*   17 pares *P* (*teste Skutsch*)

contentiones non possent, et ob id mense Ianuario
nulli dum neque consules neque praetores essent tra-
hereturque dies eodem quo antea modo—cum Milo
quam primum comitia confici vellet confideretque cum
5 bonorum studiis, quod obsistebat Clodio, tum etiam populo
propter effusas largitiones impensasque ludorum scaeni-
corum ac gladiatorii muneris maximas, in quas tria patrimonia effudisse eum Cicero significat; competitores eius
trahere vellent, ideoque Pompeius gener Scipionis et
10 T. Munatius tribunus plebis referri ad senatum de patriciis
convocandis qui interregem proderent non essent passi,
cum interregem prodere stata res esset—: a. d. XIII Kal.
Febr.—Acta etenim magis sequenda et ipsam orationem,
quae Actis congruit, puto quam Fenestellam qui a. d. XIIII
15 Kal. Febr. tradit—Milo Lanuvium, ex quo erat municipio et
ubi tum dictator, profectus est ad flaminem prodendum postera die. Occurrit ei circa horam nonam Clodius paulo ultra
Bovillas, rediens ab Aricia, prope eum locum in quo Bonae
Deae sacellum est; erat autem allocutus decuriones Arici-
20 norum. Vehebatur Clodius equo; servi XXX fere expediti,
ut illo tempore mos erat iter facientibus, gladiis cincti
sequebantur. Erant cum Clodio praeterea tres comites
eius, ex quibus eques Romanus unus C. Causinius Schola,
duo de plebe noti homines P. Pomponius, *C. Clodius.*
25 Milo raeda vehebatur cum uxore Fausta, filia L. Sullae
dictatoris, et M. Fufio familiari suo. Sequebatur eos

3 cum *Baiter* : dum Σ   4 conficeretque Σ,*corr. Rinkes*   5
obsidebat S   6 impensas quoque Σ, *corr. Baiter*   7 gladiatorii
P : gladiatoru; *M* : gladiatorum S   patrimonia π, *M* : p̄lia
S : prelia *P*¹   9 genere S   10 l. numatius Σ, *corr. Manutius*
12 proderent *M*¹   stata res esset *Mommsen* : obstatores essent
S : ortatores esset *P* : ostatores esset *M* : *fort.* hortatus eos esset (*cf.*
33. 1)   XIII *Hotoman* : III *SP* : tersa *M*   13 magis *om. M*
16 ibi *P*   prodendum. Postera *P*   21 iter facientibus *P* :
interficientibus *SM*   23 eques r. *P* : eque (aeque *S*) s̄r̄. *SM*
Cassinius Σ, *corr. Halm*   24 noti *Madvig* : noui *P* : non *SM*
C. Clodius *add. Manutius*   26 fusio Σ, *corr. Manutius*   familiare
Σ, *corr. ed. Ald.*

28 magnum servorum agmen, inter quos gladiatores quoque
erant, ex quibus duo noti Eudamus et Birria. Ii in ultimo
agmine tardius euntes cum servis P. Clodi rixam commi-
serunt. Ad quem tumultum cum respexisset Clodius
minitabundus, umerum eius Birria rumpia traiecit. Inde 5
cum orta esset pugna, plures Miloniani accurrerunt.
Clodius vulneratus in tabernam proximam *in* Bovillano
delatus est. Milo ut cognovit vulneratum Clodium, cum
sibi periculosius illud etiam vivo eo futurum intellegeret,
occiso autem magnum solacium esset habiturus, etiam si 10
subeunda esset poena, exturbari taberna iussit. Fuit antesignanus servorum eius M. Saufeius. Atque ita Clodius
latens extractus est multisque vulneribus confectus. Cadaver
eius in via relictum, quia servi Clodi aut occisi erant aut
graviter saucii latebant, Sex. Teidius senator, qui forte ex 15
rure in urbem revertebatur, sustulit et lectica sua Romam
ferri iussit; ipse rursus eodem unde erat egressus *se* recepit.
Perlatum est corpus Clodi ante primam noctis horam,
infimaeque plebis et servorum maxima multitudo magno
luctu corpus in atrio domus positum circumstetit. Augebat 20
autem facti invidiam uxor Clodi Fulvia quae cum effusa
lamentatione vulnera eius ostendebat. Maior postera die
luce prima multitudo eiusdem generis confluxit, compluresque noti homines visi sunt. Erat domus Clodi ante
paucos menses empta de M. Scauro in Palatio: eodem 25
T. Munatius Plancus, frater L. Planci oratoris, et Q.
Pompeius Rufus, Sullae dictatoris ex filia nepos, tribuni

---

2 eudamius *S* ii] ·ii· *S*   5 rumpia traiecit *P* : rumpit atraiecit
S : rumpi atra traiecit *M*   7 in *add. Madvig*   bovillano *P* :
uobillano *S* : bobillano *M*   11 tabernam Σ, *corr. Madvig*   aut
signa unus Σ, *corr. ed. Ven.*   12 M. fustenus (*om. P*[1]) Σ, *corr.*
Manutius   15 latebant] iacebant *Halm*   Tedius Σ (*at cf. C. I. R.*
i. 1090)   16 in *om. S*   17 egressus se *Madvig* : regressum Σ
19 infirmeque Σ, *corr. ed. Iunt.*   20 corpus *del. Halbertsma*   24
visi ſ, *Rinkes* : elisi Σ   inter quos C. Vibienus senator *post* sunt
add. Σ *ex Cic.* § 37, *del. Rinkes*   26 T. *add. Manutius*

plebis accurrerunt: eisque hortantibus vulgus imperitum
corpus nudum ac calcatum, sicut in lecto erat positum, ut
vulnera videri possent in forum detulit et in rostris posuit.
Ibi pro contione Plancus et Pompeius qui competitoribus **29**
5 Milonis studebant invidiam Miloni fecerunt.   Populus duce
Sex.   Clodio scriba corpus P. Clodi in curiam intulit cre-
mavitque subselliis et tribunalibus et mensis et codicibus
librariorum; quo igne et ipsa quoque curia flagravit, et
item Porcia basilica quae erat ei iuncta ambusta est.
10 Domus quoque M. Lepidi interregis—is enim magistratus
curulis erat creatus—et absentis Milonis eadem illa Clo-
diana multitudo oppugnavit, sed inde sagittis repulsa est.
Tum fasces ex luco Libitinae raptos attulit ad domum
Scipionis et Hypsaei, deinde ad hortos Cn. Pompeii,
15 clamitans eum modo consulem, modo dictatorem.

Incendium curiae maiorem aliquanto indignationem civitatis moverat quam interfectio Clodi.   Itaque Milo, quem
opinio fuerat ivisse in voluntarium exsilium, invidia adversa-
riorum recreatus nocte ea redierat Romam qua incensa erat
20 curia.   Petebatque nihil deterritus consulatum; aperte
quoque tributim in singulos milia assium dederat.   Contionem ei post aliquot dies dedit M. Caelius tribunus plebis
ac Cicero ipse etiam causam egit ad populum.   Dicebant
uterque Miloni a Clodio factas esse insidias.
25   Fiebant interea alii ex aliis interreges, quia comitia consu-

1 accurrerunt *S*: accucurrerunt *PM*   obstantibus Σ, *corr. π*
2 ac calcatum *Daniel*: caldatum Σ: calciatum *Manutius*   3 possent
P: possint *SM*   5 duce Sex. *P*: duces et *SM*   7 menis *S*:
mens *PM, corr.* ς, *ed. Iunt.*   9 basilica *P*: ballica (bali- *M*) *SM*
12 sed inde *Halm*: deinde Σ   13 luco *Wagener*: lecto Σ   libi-
tineratos Σ, *corr. Manutius*   14 adortos Σ, *corr. ed. Iunt.*   17
interfectio *P*: interfecti *SM*   19 retractus *S*[1]   romam *P*:
domum romam *S*: romam romam *M*   20 nihil deterritus *Madvig*:
milo deterius Σ: nihilo deterius *ed. Ald.*   21 singulos singula *KS*
23 ac Cicero ς: ac ci *P*: acci *S*: aci *M*: atque *Madvig*   egit
Madvig: etiam (et *M*) Σ: eius egit *Halm*   dicebat *Madvig*   25
qui Σ, *corr. Beraldus*

laria propter eosdem candidatorum tumultus et easdem
manus armatas haberi non poterant. Itaque primo factum
erat S. C. ut interrex et tribuni plebis et Cn. Pompeius,
qui pro cos. ad urbem erat, viderent ne quid detrimenti
res publica caperet, dilectus autem Pompeius tota Italia 5
haberet. Qui cum summa celeritate praesidium compa-
rasset, postulaverunt apud eum familiam Milonis, item
Faustae uxoris eius exhibendam duo adulescentuli qui
30 Appii Claudii ambo appellabantur; qui *filii* erant C.
Claudi, qui frater fuerat Clodi, et ob id illi patrui sui 10
mortem velut auctore patre persequebantur. Easdem
Faustae et Milonis familias postulaverunt duo Valerii,
Nepos et Leo. L. Herennius Balbus P. Clodi quoque
familiam et comitum eius postulavit; eodem tempore
Caelius familiam Hypsaei et Q. Pompeii postulavit. Adfue- 15
runt Miloni Q. Hortensius, M. Cicero, M. Marcellus,
M. Calidius, M. Cato, Faustus Sulla. Verba pauca Q.
Hortensius dixit, liberos esse eos qui pro servis postu-
larentur; nam post recentem caedem manu miserat eos
Milo sub hoc titulo quod caput suum ulti essent. Haec 20
agebantur mense intercalari. Post diem tricesimum fere
quam erat Clodius occisus Q. Metellus Scipio in senatu
contra Q. Caepionem conquestus est de hac caede P. Clodi.
Falsum esse dixit, quod Milo sic se defenderet, sed
Clodium Aricinos decuriones alloquendi gratia abisse pro- 25
fectum cum sex ac xx servis; Milonem subito post horam

---

1 eosdem *Richter* : eorum Σ   eadem ... armata Σ, *corr.* ς, *ed. Iunt.*
2 habere *Poggius*   4 erant *SM*   9 filii *om.* Σ, *suppl. hoc loco*
KS, post Claudi *ed. Iunt.*   11 prosequebantur Σ, *corr. Beraldus*
12 ualerūtiae potes *S* : ualerii nepotes *PM*, *corr. Manutius*   13
L. *scripsi* : et L. Σ : *in sequentibus interpunctionem emendavi: vulgo*
semicolon post Caelius *ponitur* (*ita* Σ) *et lacuna ante* adfuerunt *sta-*
tuitur (*contra* Σ)   18 dixit *Beraldus* : dixitque Σ : fecit dixitque
KS   19 recentem *P* : tricentum *SM*   23 M. Caepionem Σ,
corr. Manutius (*cf. Phil.* x. 26)   de hac *SM* : hac de *P*   24 sed
scripsi : et Σ : *lac. statuit Halm*   25 uicinos Σ, *corr.* ς, *Manutius*
26 ex (et *M*) ac Σ, *corr. ed. Ven.*

quartam, senatu misso, cum servis amplius CCC armatis
obviam ei contendisse et supra Bovillas inopinantem *in*
itinere aggressum. Ibi P. Clodium tribus vulneribus
acceptis Bovillas perlatum; tabernam in quam perfugerat
5 expugnatam a Milone; semianimem Clodium extractum
. . . . in via Appia occisum esse anulumque eius ei
morienti extractum. Deinde Milonem, cum sciret in
Albano parvolum filium Clodi esse, venisse ad villam et,
cum puer ante subtractus esset, ex servo Halicore quaestio-
10 nem ita habuisse ut eum articulatim consecaret; vilicum
et duos praeterea servos iugulasse. Ex servis Clodi qui
dominum defenderant undecim esse interfectos, Milonis **31**
duos solos saucios factos esse: ob quae Milonem postero
die XII servos qui maxime operam navassent manu misisse
15 populoque tributim singula milia aeris ad defendendos de
se rumores dedisse. Milo misisse ad Cn. Pompeium dicebatur qui Hypsaeo summe studebat, quod fuerat eius
quaestor, desistere se petitione consulatus, si ita ei videretur; Pompeius respondisse nemini se neque petendi neque
20 desistendi auctorem esse, neque populi Romani potestatem
aut consilio aut sententia interpellaturum. Deinde *per*
C. Lucilium, qui propter M. Ciceronis familiaritatem amicus
erat Miloni, egisse quoque dicebatur ne se de hac re consu-
lendo invidia oneraret.
25 Inter haec cum crebresceret rumor Cn. *Pompeium* creari
lictorem oportere neque aliter mala civitatis sedari posse,

2 uobillas *SP*: bubillas *M* (*ita mox*) in *add. Manutius* 3 ubi
S[1] 5 extractum . . . . . . (10 *litt. P*) Σ: *fort.* iussu Milonis *supplendum* 6 eius] etiam *Eberhard* 8 paruulum *S* esse,
uenisse *Baiter*: inuenisse *SM*: uenisse *P* 9 Halicore *SP*:
talicore *M*: Olipore *Mommsen* 10 consecarent Σ, *corr. Manutius* 12 defenderint Σ, *corr. KS* milo (-os *M*[1]) Σ, *corr.*
π 14 nauassent *P*: nauantessent *S*: narrassent *M* (*in mg.* na-
nassent) 16 miloni (milo *M*) misse Σ, *corr. Poggius* 17 qui
Baiter: quod Σ fuerat eius] feratecus *S* 19 Pompeium Σ,
corr. KS 21 consilium aut sententiam Σ, *corr. Richter* 25 Pompeium *add. ed. Ven.* 26 neque oportere Σ, *corr. Madvig*

visum est optimatibus tutius esse eum consulem sine collega
creari, et cum tractata ea res esset in senatu, facto in M.
Bibuli sententiam S. C. Pompeius ab interrege Servio
Sulpicio v Kal. Mart. mense intercalario consul creatus est
statimque consulatum iniit.   Deinde post diem tertium de 5
legibus novis ferendis rettulit: duas ex S. C. promulgavit,
alteram de vi qua nominatim caedem in Appia via factam
et incendium curiae et domum M. Lepidi interregis oppu-
gnatam comprehendit, alteram de ambitu : poena graviore et
forma iudiciorum breviore.   Vtraque enim lex prius testes 10
dari, deinde uno die atque eodem et ab accusatore et a
reo perorari iubebat, ita ut duae horae accusatori, tres reo
darentur.   His legibus obsistere M. Caelius tr. pl. studio-
sissimus Milonis conatus est, quod et privilegium diceret
in Milonem ferri et iudicia praecipitari.   Et cum pertinacius 15
leges Caelius vituperaret, eo processit irae Pompeius ut
32 diceret, si coactus esset, armis se rem publicam defensurum.
Timebat autem Pompeius Milonem seu timere se simulabat: plerumque non domi suae sed in hortis manebat,
idque ipsum in superioribus circa quos etiam magna 20
manus militum excubabat.   Senatum quoque semel repente
dimiserat Pompeius, quod diceret timere se adventum
Milonis.   Dein proximo senatu P. Cornificius ferrum Milonem intra tunicam habere ad femur alligatum dixerat;
postulaverat ut femur nudaret, et ille sine mora tunicam 25
levarat: tum M. Cicero exclamaverat omnia illi similia
crimina esse quae in Milonem dicerentur alia.

1 eum *P*: cum *S¹M (in mg. S 'c* eum') ᴤ tracta *S*   4 v] ᴵᴵ *S*
7 appia uia *P*: appiam uiam *SM*   9 poenam grauiorem et formam
iudiciorum breuiorem Σ, *corr. Richter*   11 dare Σ, *corr. Manutius*   ab
reo *P*   13 assistere *S*   14 priuilegium] peruulgatum *S*   16 legem
Σ, *corr. KS*   17 armis se *PM*: se armis *S*   19 et plerumque
Baiter   20 idque ipse ipsum Σ, *corr.* ᴤ, *Lodoicus*   magnanimus
Σ, *corr. Manutius*   21 militum *M*: multum *SP*   repetundus
erat Σ, *corr. Baiter*   23 deind *P*   25 uideret Σ, *corr. Manutius*
26 lauarat (-er- *M*) *S¹M*   exclamarat *S*   similia *P*: simili *SM*   27
quae in *P*: quē *SM*   dicerentur (-etur *SM*). Alia Σ, *corr. Manutius*

Deinde *T.* Munatius Plancus tribunus plebis produxerat
in contionem M. Aemilium Philemonem, notum hominem,
libertum M. Lepidi. *Is* se dicebat pariterque secum
quattuor liberos homines iter facientes supervenisse cum
5 Clodius occideretur, et ob id cum proclamassent, abreptos
et perductos per duos menses in villa Milonis praeclusos
fuisse; eaque res seu vera seu falsa magnam invidiam
Miloni contraxerat. Idem quoque Munatius et Pompeius
tribuni plebis in rostra produxerant triumvirum capitalem,
10 eumque interrogaverant an Galatam Milonis servum caedes
facientem deprehendisset. Ille dormientem in taberna pro
fugitivo prehensum et ad se perductum esse responderat.
Denuntiaverant tamen triumviro, ne servum remitteret: sed
postera die Caelius tribunus plebis et Manilius Cumanus
15 collega eius ereptum e domo triumviri servum Miloni
reddiderant. Haec, etsi nullam de his criminibus mentionem
fecit Cicero, tamen, quia ita compereram, putavi exponenda.
Inter primos et Q. Pompeius et C. Sallustius et T. Munatius 33
Plancus tribuni plebis inimicissimas contiones de Milone
20 habebant, invidiosas etiam de Cicerone, quod Milonem
tanto studio defenderet. Eratque maxima pars multitudinis
infensa non solum Miloni sed etiam propter invisum patrocinium Ciceroni. Postea Pompeius et Sallustius in suspicione fuerunt redisse in gratiam cum Milone ac Cicerone;
25 Plancus autem infestissime perstitit, atque in Ciceronem

1 T. *add. KS*   3 is *Manutius*: *om.* Σ: qui *Lodoicus*   secum]
secuta *S*   4 insuperuenisse Σ, *corr. Manutius*   6 perductos
del. Manutius (*fort.* perductos in villam Milonis per *etc. sic fere Hoto-*
man)   uillam Σ, *corr. Halm*   perclusos *S*   8 conflaverat
Rinkes   idem quoque *scripsi*: idemque Σ: itemque *Halm*
numatius Σ, *corr. ed. Ven.*   9 perduxerant Σ, *corr. ed. Ven.*   com-
pitalem *P*   10 milonis *P*: miloni *SM*   14 caecilius Σ,
corr. Lodoicus   cumanus *S*: camanus *PM*   16 reddiderunt Σ, *corr. Sauppe*   etsi *Lodoicus*: et Σ   18 Salu-
stius Σ (*ita semper*)   20 inuidiam Σ, *corr. Manutius*   21
eratque *Manutius*: atque Σ   multitudinis *P*[1]: populi *add.* S*P*[2]*M*,
del. Manutius   22 inuisum *P*: irrisum *SM*   Ciceronis patrocinium Σ, *corr. Hotoman*

quoque multitudinem instigavit. Pompeio autem suspectum
faciebat Milonem, ad perniciem eius comparari vim vocifera-
tus : Pompeiusque ob ea saepius querebatur sibi quoque
fieri insidias et id palam, ac maiore manu se armabat.
Dicturum quoque diem Ciceroni Plancus ostendebat postea, 5
ante Q. Pompeius idem meditatus erat. Tanta tamen constantia ac fides fuit Ciceronis ut non populi a se alienatione,
non Cn. Pompeii suspicionibus, non periculo futurum ut
sibi dies ad populum diceretur, non armis quae palam in
Milonem sumpta erant deterreri potuerit a defensione eius : 10
cum posset omne periculum suum et offensionem inimi-
cae multitudinis declinare, redimere autem Cn. Pompeii
animum, si paulum ex studio defensionis remisisset.

   Perlata deinde lege Pompei, in qua id quoque scriptum
erat ut quaesitor suffragio populi ex iis qui consules fuerant 15
crearetur, statim comitia habita, creatusque est L. Domitius
Ahenobarbus quaesitor. Album quoque iudicum qui de ea
re iudicarent Pompeius tale proposuit ut numquam neque
34 clariores viros neque sanctiores propositos esse constaret.
Post quod statim nova lege Milo postulatus *est* a duobus 20
Appiis Claudiis adulescentibus iisdem a quibus antea familia
eius fuerat postulata ; itemque de ambitu ab iisdem Appiis,
et praeterea a C. Ateio et L. Cornificio ; de sodaliciis etiam

1 Cn. Pompeio *Bücheler*   2 comparavit eum Σ, *corr. Manutius*
3 fieri sibi quoque *P*   5 dictorum *SP*[1], *corr. Poggius, M*   postea,
ante *scripsi* : postea autem Σ (*cf.* 7. 22, 59. 21) : posteaquam *Mommsen*
6 minitatus *Manutius*   8 periculum Σ, *corr. Poggius*   ut sibi
ς : ut si Σ : si *ed. Ven.* : si sibi *Manutius*   9 diceret Σ, *corr.
Beraldus*   10-11 eius . . . offensionem *om. M*   11 inimicae]
sibi *add. S*   14 Pompeia *KS*   15 quaestor Σ, *corr.* ς, *ed. Ald.*   16
crearetur *P* : creatur *SM*   habuit Σ, *corr. Cobet*   est *Rinkes* :
erat Σ   17 ahenobarbus (aen- *suprascr.* h) *P* : herobarbus (ero- *M*)
SM   album *Cobet* : aliorum Σ   18 tale *SP*[1], *Cobet* : tales *P*[2]*M*
20 postulans *SM*   est *add. Madvig*   21 clodiis Σ, *corr.* ς, *Halm*
idem *S*   22 itaque Σ, *corr. Manutius*   23 praeterea] de vi
add. Manutius a C. Ateio *scripsi* : a c. ceteio Σ (*ante* a c. *P habet* ab
appio cei) : a C. Cetego ς, *Jordan* : a Q. Patulcio *Hotoman* (*cf.* 54. 18)
etiam *KS* : et Σ

a P. Fulvio Nerato. Postulatus autem erat et de sodaliciis et de ambitu ea spe, *quod* primum iudicium de vi futurum apparebat, quo eum damnatum iri confidebant nec postea responsurum.

5 Divinatio de ambitu accusatorum facta est quaesitore A. Torquato, atque ambo quaesitores, Torquatus et Domitius, prid. Non. April. reum adesse iusserunt. Quo die Milo ad Domiti tribunal venit, ad Torquati amicos misit; ibi postulante pro eo M. Marcello obtinuit ne prius causam de am-
10 bitu diceret quam de vi iudicium esset perfectum. Apud Domitium autem quaesitorem maior Appius postulavit a Milone servos exhiberi numero IIII et L, et cum ille negaret eos qui nominabantur in sua potestate esse, Domitius ex sententia iudicum pronuntiavit ut ex servorum suorum
15 numero accusator quot vellet ederet. Citati deinde testes secundum legem quae, ut supra diximus, iubebat ut prius quam causa ageretur testes per triduum audirentur, dicta eorum iudices consignarent, quarta die adesse omnes iuberentur ac coram accusatore ac reo pilae in quibus nomina
20 iudicum inscripta essent aequarentur; dein rursus postera die sortitio iudicum fieret unius et LXXX: qui numerus cum sorte obtigisset, ipsi protinus sessum irent; tum ad dicendum accusator duas horas, reus tres haberet, resque eodem die illo iudicaretur; prius autem quam sententiae
25 ferrentur, quinos ex singulis ordinibus accusator, totidem reus reiceret, ita ut numerus iudicum relinqueretur qui 35 sententias ferrent quinquaginta et unus.

---

1 fuluione rato Σ, *corr. Poggius*   2 quod *add. Manutius*
3 quo] quod *Poggius*   iri *P*: in *SM*   5 quaestore Σ, *corr. ed.
Ald. (ita mox)*   8 tribunale Σ, *corr. ed. Ven.*   misi tibi *S*   10
erat Σ, *corr. Beraldus*   14 suorum ϛ, *Wagener*: eorum Σ   15
quot *P*: quod *SM*   tutati Σ, *corr. Poggius*   18 confirmarent Σ,
corr. Manutius   omnes] in diem posterum *add.* Σ, *del. Eberhard*   21
LXX Σ, *corr. ed. Iunt.*   22 attigisset Σ, *corr. Manutius*   ipsi
Poggius: is ei Σ: ei *Beraldus*   23 resque *Richter*: reusque Σ
26 relinqueretur *P*: relinquerentur *SM*   27 quinquagesimus et Σ

Primo die datus erat in Milonem testis *C.* Causinius
Schola, qui se cum P. Clodio fuisse, cum is occisus esset,
dixit, atrocitatemque rei factae quam maxime potuit auxit.
Quem cum interrogare M. Marcellus coepisset, tanto
tumultu Clodianae multitudinis circumstantis exterritus est 5
ut vim ultimam timens in tribunal a Domitio reciperetur.
Quam ob causam Marcellus et ipse Milo a Domitio praesidium imploraverunt. Sedebat eo tempore Cn. Pompeius
ad aerarium, perturbatusque erat eodem illo clamore : itaque
Domitio promisit se postero die cum praesidio descensurum, 10
idque fecit. Qua re territi Clodiani silentio verba testium
per biduum audiri passi sunt. Interrogaverunt eos M. Cicero
et M. Marcellus *et* Milo ipse. Multi ex iis qui Bovillis
habitabant testimonium dixerunt de eis quae ibi facta erant :
coponem occisum, tabernam expugnatam, corpus Clodi in 15
publicum extractum esse. Virgines quoque Albanae dixerunt
mulierem ignotam venisse ad se quae Milonis mandato vo-
tum solveret, quod Clodius occisus esset. Vltimae testimonium dixerunt Sempronia, Tuditani filia, socrus P. Clodi, et
uxor Fulvia, et fletu suo magnopere eos qui assistebant 20
commoverunt. Dimisso circa horam decimam iudicio T.
Munatius pro contione populum adhortatus est ut postero
die frequens adesset et elabi Milonem non pateretur, iudiciumque et dolorem suum ostenderet euntibus ad tabellam
ferendam. Postero die, qui fuit iudicii summus a. d. VII 25

1 C. *add. KS*   Casinius Σ, *corr. Halm*   4 M. *PM, om. S* :
sequitur in SM 10 *litt. lac.*   coepisset *S* : cepisset *PM*   6
tribunal *P* : tribunale *SM*   recipitur *S*   7 M. caelius (cecilius
M) Σ, *corr. ed. Ald.*   13 et *add. ed. Ald.*   ipse multis Σ, *corr.
ed. Iunt.*   bouillis *P* : bobillis *S* : uobillis *M*   14 iis quae ibi *P* :
eis ubi *S* : his ibi que *M*   15 eoponem Σ, *corr. Sozomenus*   16
Albanae *Orelli* : alie (-ae *P*) Σ   20 et *om. S*   assistebant *SM* :
astabant *P*   21 demisso Σ, *corr. ed. Iunt.*   iudicio T.] iudicia-
tutus *S*   23 adesse te te labi *S*   25 qui fuit iudicissimus *SP*
(iudicibus. iudici. primus *Poggius scripsit in mg. P*) : iudicibus iudicii
primus qui fuit *M* : *corr. Rau*   ad Σ, *corr. Graevius*   VII *scripsi* :
III *PM* : II *S* : VI *Manutius*

Idus Aprilis, clausae fuerunt tota urbe tabernae ; praesidia **36**
in foro et circa omnis fori *aditus* Pompeius disposuit ; ipse
pro aerario, ut pridie, consedit saeptus delecta manu militum.
Sortitio deinde iudicum a prima die facta est : post tantum
5 silentium toto foro fuit quantum esse in aliquo foro posset.
Tum intra horam secundam accusatores coeperunt dicere
Appius maior et M. Antonius et P. Valerius Nepos. Vsi
sunt ex lege horis duabus.

Respondit his unus M. Cicero : et cum quibusdam pla-
10 cuisset ita defendi crimen, interfici Clodium pro re publica
fuisse—quam formam M. Brutus secutus est in ea oratione
quam pro Milone composuit et edidit quasi egisset—Ciceroni id non placuit *ut*, quisquis bono publico damnari, idem
etiam occidi indemnatus posset. Itaque cum insidias Milo-
15 nem Clodio fecisse posuissent accusatores, quia falsum
id erat—nam forte illa rixa commissa fuerat—Cicero ap-
prehendit et contra Clodium Miloni fecisse insidias dispu-
tavit, eoque tota oratio eius spectavit. Sed ita constitit ut
diximus, nec utrius consilio pugnatum esse eo die, verum
20 et forte occurrisse et ex rixa servorum ad eam denique
caedem perventum. Notum tamen erat utrumque mortem
alteri saepe minatum esse, et sicut suspectum Milonem
maior quam Clodi familia faciebat, ita expeditior et paratior
ad pugnam Clodianorum quam Milonis fuerat. Cicero
25 cum inciperet dicere, exceptus *est* acclamatione Clodianorum, qui se continere ne metu quidem circumstantium

2 aditus *om. SP*[1], *suppl. Poggius, M*   4 prima *SM* : primo *P*
6 cum *S*   ceperunt Σ, *corr. ed. Ven.*   9 hic Σ, *corr. ed. Ald.*
12 quasi *Baiter* : quamuis Σ : quamuis non ⌋   13 ut quisquis
scripsi : quisquis *SP*[1] : quod quis *Poggius, M* : quod qui *Manutius* :
quasi qui *KS*   14 occidit indemnans *SP*[1], *corr. Poggius, M*   18
eaque *M*   constituit Σ, *corr. ed. Ald.*   19 uerum ei Σ,
corr. Lachmann   20 et ex *Lachmann* : ex ea Σ   ad eam denique
scripsi : ad eandem Σ : ad eam *ed. Ald.* : tandem ad *Baiter* : ad
Jacobs   22 minatum *P* : minutum *S* : inmutũ *M*   25 est
add. ed. Ald.   acclamatione *P* : a clamatione *SM*

militum potuerunt. Itaque non ea qua solitus erat constantia dixit. Manet autem illa quoque excepta eius oratio : scripsit vero hanc quam legimus ita perfecte ut iure prima haberi possit.

47 ... Peracta utrimque causa singuli quinos accusator et reus 5 senatores, totidem equites *et* tribunos aerarios reiecerunt, ita ut unus et L sententias tulerint. Senatores condemnaverunt XII, absolverunt VI ; equites condemnaverunt XIII, absolverunt IIII ; tribuni aerarii condemnaverunt XIII, absolverunt III. Videbantur non ignorasse iudices inscio 10 Milone initio vulneratum esse Clodium, sed compererant, post quam vulneratus esset, iussu Milonis occisum. Fuerunt qui crederent M. Catonis sententia eum esse absolutum ; nam et bene cum re publica actum esse morte P. Clodi non dissimulaverat et studebat in petitione consulatus Miloni et 15 reo adfuerat. Nominaverat quoque eum Cicero praesentem et testatus erat audisse eum a M. Favonio ante diem tertium quam facta caedes erat, Clodium dixisse periturum esse eo **48** triduo Milonem . . . . Sed Milonis quoque notam audaciam *remov*eri a re *publica* utile visum est. Scire *tamen* ne*mo* 20 umquam potuit utram sententiam *tulisset.* Damnatum autem opera maxime Appi Claudi pronuntiatum est. Milo postero die factus reus ambitus apud Manlium Torquatum absens damnatus est. Illa quoque lege accusator fuit eius Appius Claudius. et cum ei praemium lege daretur, negavit 25

5 accusatores reus Σ, *corr. π, M*²   6 et *add. Manutius*   7 unus *P* : uirum *SM*   8 XII absolverunt] di ab soluerunt *S* VI *P* : uī *S* : vi uī *M*   9 IIII . . . absolverunt *om. S*   14 mortem Σ, *corr. Beraldus*   15 dissimulauerit Σ, *corr. ed. Iunt.*   16 eum *del. ed. Ven.*   17 fauonio *P* : fabonio *SM*   tertium *ed. Iunt.* : iii Σ   18 caedes facta *P*   19 milonem . . . . *SM* : milonem *P*   audaciam . . . . ueriar ep (ŏp *M*) . . . . . (8 *litt. M*) Σ : *suppl. Baiter*   20 sciret . . . . (7 *litt. PM*) ne Σ, *suppl. Rau*   21 sententiam . . . . (4 *litt. P*, 9 *M*) Σ : *suppl. Lodoicus* 22 maxima Σ, *corr. ed. Ald.*   appius *SP*¹, *corr. Poggius, M*   claudii . . . . *P* : c. *M* : . . . . *S*   23 factus est *P* : factus . . . *M* : . . . . . *S* : nova lege factus *Mommsen*   manlium *M* : mallium *SP*

se eo uti.   Subscripserunt ei *in* ambitus iudicio P. Valerius
Leo et Cn. Domitius Cn. f.   Post paucos dies quoque Milo
apud M. Favonium quaesitorem de sodaliciis damnatus est
accusante P. Fulvio Nerato, cui e lege praemium datum est.
5 Deinde apud L. Fabium quaesitorem iterum absens damnatus est de vi: accusavit L. Cornificius et Q. Patulcius.
Milo in exsilium Massiliam intra paucissimos dies profectus
est.   Bona eius propter aeris alieni magnitudinem semuncia
venierunt.

10   Post Milonem eadem lege Pompeia primus est accusatus
M. Saufeius M. f. qui dux fuerat in expugnanda taberna
Bovillis et Clodio occidendo.   Accusaverunt eum L. Cassius,
L. Fulcinius C. f., C. Valerius; defenderunt M. Cicero,
M. Caelius, obtinueruntque ut una sententia absolveretur.
15 Condemnaverunt senatores x, absolverunt VIII; condemnaverunt equites Romani VIIII, absolverunt VIII; sed ex tribunis aerariis x absolverunt, VI damnaverunt: manifestum-
que odium Clodi saluti Saufeio fuit, cum eius vel peior 49
causa quam Milonis fuisset, quod aperte dux fuerat ex-
20 pugnandae tabernae.   Repetitus deinde post paucos dies
apud *C.* Considium quaesitorem est lege Plautia de vi,
subscriptione ea quod loca *edita* occupasset et cum telo
fuisset; nam *dux fuerat* operarum Milonis.   Accusaverunt

1 eo se uti *Madvig* : reo ita Σ   ei *Richter* : et Σ   in *add. Manutius*
iudicia Σ, *corr. Manutius*   2 C. f. (Of *S*) Σ, *corr. Manutius*   3
M. *S* : *om. PM*   fauonium *P* : fabonium *SM*   quaestorem Σ, *ita
mox* (*bis*), *corr. KS*   4 P. clodio nerato reo *PM* : pdodione
ratio reo *S*, *corr. Hotoman*   e *S* : *om. PM*   8 ălieni ăeris *P*
semuncia (*ex* -iă) *S* : semiuncia *PM*   10 pompeiia (-ii a *P*, -i
a *M*) Σ, *corr. Manutius*   11 saufius Σ, *corr. ed. Iunt.*   expugnata
S   12 bouillis *P* : uobillis *S* : bullis (*suprascr.* -i) *M*   14 cecilius *SP*
15 VII Σ, *corr. Manutius*   16 VII sed Σ, *corr. ed. Ald.*   18 salutis aufeio
fuit *S*   19 expugnatione *S*   20 repetitus *S, Madvig* :
repertus *PM*   21 C. *om.* Σ : *suppl. Mommsen*   est *Madvig* : e *PM* :
a *S*   22 loca . . . . (11 *litt. M*) *PM* : loca *S, sed in mg. scr.
Sozomenus* '*spatium deficit unius dictionis*' : *suppl. Mommsen*   23
nam . . . . (7 *litt. PM*) Σ, *suppl. Mommsen*

C. Fidius, Cn. Aponius Cn. f., M. Seius . . . . Sex. *f.*;
defenderunt M. Cicero, M. Terentius Varro Gibba. Absolutus est sententiis plenius quam prius: graves habuit XVIIII,
absolutorias duas et XXX; sed e contrario hoc ac priore
iudicio accidit: equites enim ac senatores eum absolverunt, 5
tribuni aerarii damnaverunt.

Sex. autem Clodius quo auctore corpus Clodi in curiam
illatum fuit accusantibus C. Caesennio Philone, M. Alfidio,
defendente T. Flacconio, magno consensu damnatus est,
sententiis sex et XL; absolutorias quinque omnino habuit, 10
duas senatorum, tres equitum.

Multi praeterea et praesentes et cum citati non respon-
dissent damnati sunt, ex quibus maxima pars fuit Clodianorum.

---

1 aponius Σ, *corr. Hotoman*   seius . . . . (7 *litt. P*) Σ
Sex. fil. *Manutius*: sex *PM*: set *S*   2 M. (*ante* Terentius) *P*: *om.*
S: . . . . *M*   galba *S*   3 est sententiis *Poggius*: autem
est *P*: . . . . *S*: autem est sententiis *M*   4 ac *ed. Ald.*:
a Σ   8 ciessennio *SP*: cessennio *M, corr. Jordan*   filone
Σ, *corr. Manutius*   alfidio *P*: alphidio *SM*: Aufidio *Manutius*
9 defenderunt flacconio Σ, *corr. Baiter*   damnatusque est Σ, *corr.*
Manutius   10 sex] VI *P*   quinque] V *P*

ORATIO

PRO T. ANNIO MILONE

SIGLA

P = Palimpsestus Taurinensis (*continebat* §§ 29–32 sunt
　　partim . . . valeat, §§ 34–36 fuerit occidi . . . illum
　　na-, §§ 72–75 amplecti . . . si sibi pecu-, §§ 86–88
　　Bonae deae . . . circumscripsisset ne, §§ 92–95 -sa
　　extra causam . . . enim negat

$Σ$ = m. 2 in cod. Paris. 14749 [1]

B = Excerpta Bartolomaei de Montepolitiano

H = cod. Harleianus 2682, saecl. xi

T = cod. Tegernseensis, saecl. xi

E = cod. Erfurtensis, saecl. xii/xiii

W = cod. Werdensis, quo usus est Gulielmius

w = lectiones a Lambino e suo *v.c.* (i.e. Werdensi) laudatae

a = cod. Laur. (S. Crucis) xxiii Sin. 3, saecl. xiv (Lag. 43)

b = cod. S. Marci 255, Flor. Bibl. Nat. I. iv. 4 (Lag. 6)

$δ$ = codd. *ab*

k = cod. Paris 7779, A. D. 1459 scriptus

Schol.= Scholiasta Bobiensis

---

[1] Ubi lectionem aliquam nunc erasam cum H vel B congruisse veri
simile est, siglo $Σ$ (?) usus sum.

M. TVLLI CICERONIS

PRO T. ANNIO MILONE ORATIO

Etsi vereor, iudices, ne turpe sit pro fortissimo viro **1**
dicere incipientem timere minimeque deceat, cum T. Annius
ipse magis de rei publicae salute quam de sua perturbetur,
me ad eius causam parem animi magnitudinem adferre non
5 posse, tamen haec novi iudici nova forma terret oculos qui,
quocumque inciderunt, veterem consuetudinem fori et pristinum morem iudiciorum requirunt. Non enim corona consessus vester cinctus est, ut solebat; non usitata frequentia
stipati sumus; non illa praesidia quae pro templis omnibus **2**
10 cernitis, etsi contra vim conlocata sunt, non adferunt tamen
oratori terroris aliquid, ut in foro et in iudicio, quamquam
praesidiis salutaribus et necessariis saepti sumus, tamen ne
non timere quidem sine aliquo timore possimus. Quae si
opposita Miloni putarem, cederem tempori, iudices, nec
15 enim inter tantam vim armorum existimarem esse orationi
locum. Sed me recreat et reficit Cn. Pompei, sapientissimi
et iustissimi viri, consilium, qui profecto nec iustitiae suae
putaret esse, quem reum sententiis iudicum tradidisset, eun-

3 turbetur *T*   6 veterem Σ*BH*δ : *om. ET, Quintil.* xi. 3. 50   9
nec illa *Garatoni*   10 collocata Σ*HE* : collata *BT*δ   11 oratori *del.*
Heumann   terroris (-es *E*) Σ*BHEb*² : *om. Tab*¹   14 temporibus
TW   15 enim *BH* : *om. cett.*   orationi Σ*BHEb*¹ : oratori *Tab*²
17 et iustissimi Σ*BH* : et illustrissimi *E*δ : illustrissimique *T*

dem telis militum dedere, nec sapientiae temeritatem conci-
3 tatae multitudinis auctoritate publica armare. Quam ob
rem illa arma, centuriones, cohortes non periculum nobis,
sed praesidium denuntiant, neque solum ut quieto, sed
etiam ut magno animo simus hortantur, nec auxilium modo 5
defensioni meae verum etiam silentium pollicentur. Reliqua vero multitudo, quae quidem est civium, tota nostra est,
nec eorum quisquam quos undique intuentis, unde aliqua
fori pars aspici potest, et huius exitum iudici exspectantis
videtis, non cum virtuti Milonis favet, tum de se, de liberis 10
suis, de patria, de fortunis hodierno die decertari putat.
2 Unum genus est adversum infestumque nobis eorum quos
P. Clodi furor rapinis et incendiis et omnibus exitiis publicis
pavit ; qui hesterna etiam contione incitati sunt ut vobis
voce praeirent quid iudicaretis. Quorum clamor si qui 15
forte fuerit, admonere vos debebit ut eum civem retineatis
qui semper genus illud hominum clamoresque maximos prae
4 vestra salute neglexit. Quam ob rem adeste animis, iudices,
et timorem, si quem habetis, deponite. Nam si umquam de
bonis et fortibus viris, si umquam de bene meritis civibus 20
potestas vobis iudicandi fuit, si denique umquam locus
amplissimorum ordinum delectis viris datus est ut sua
studia erga fortis et bonos civis, quae voltu et verbis saepe
significassent, re et sententiis declararent, hoc profecto tempore eam potestatem omnem vos habetis ut statuatis utrum 25
nos qui semper vestrae auctoritati dediti fuimus semper
miseri lugeamus an diu vexati a perditissimis civibus aliquando per vos ac per vestram fidem, virtutem sapientiamque
5 recreemur. Quid enim nobis duobus, iudices, laboriosius,
quid magis sollicitum, magis exercitum dici aut fingi potest, 30
qui spe amplissimorum praemiorum ad rem publicam

---

5 nec Σ*BH* : neque *cett.* (*ita l.* 8)   6 sed etiam *T*   8 intuentis]
confluentis Σ*Bb*² : *fort.* contuentis   17 illud genus *T*   prae
Σ*BHE* : pro *Tδ*   19–20 de bonis . . . umquam *om. BH*   21 vobis
om. B, del. Bake   23 erga . . . civis *del. Lange*   29 duobus *om. T*
30 exercitatum *E*

adducti metu crudelissimorum suppliciorum carere non
possumus? Equidem ceteras tempestates et procellas in
illis dumtaxat fluctibus contionum semper putavi Miloni
esse subeundas, quia semper pro bonis contra improbos
5 senserat, in iudicio vero et in eo consilio in quo ex coniunctis
ordinibus amplissimi viri iudicarent numquam existimavi
spem ullam esse habituros Milonis inimicos ad eius non
modo salutem exstinguendam sed etiam gloriam per talis
viros infringendam. Quamquam in hac causa iudices, 6
10 T. Anni tribunatu rebusque omnibus pro salute rei publicae
gestis ad huius criminis defensionem non abutemur. Nisi
oculis videritis insidias Miloni a Clodio esse factas, nec
deprecaturi sumus ut crimen hoc nobis propter multa praeclara in rem publicam merita condonetis, nec postulaturi
15 ut, quia mors P. Clodi salus vestra fuerit, idcirco eam virtuti
Milonis potius quam populi Romani felicitati adsignetis.
Sin illius insidiae clariores hac luce fuerint, tum denique
obsecrabo obtestaborque vos, iudices, si cetera amisimus,
hoc nobis saltem ut relinquatur, vitam ab inimicorum au-
20 dacia telisque ut impune liceat defendere.

Sed ante quam ad eam orationem venio quae est propria **3**
vestrae quaestionis videntur ea mihi esse refutanda quae et [7]
in senatu ab inimicis saepe iactata sunt et in contione ab improbis et paulo ante ab accusatoribus, ut omni errore sublato
25 rem plane quae veniat in iudicium videre possitis. Negant
intueri lucem esse fas ei qui a se hominem occisum esse fateatur. In qua tandem urbe hoc homines stultissimi disputant?
Nempe in ea quae primum iudicium de capite vidit M. Ho-
rati, fortissimi viri, qui nondum libera civitate tamen populi

4 et contra Σ   5 coniunctis *Reid*: conontiis Σ : co nunriis *H* :
cunctis *cett*. (*cf. Pis.* 7)   7 huius Σ   10 rebusque *BHE* : rebus *T*δ
12 esse *HE* : *om. BT*δ   15 quia Σ*H* : si *ET*ab[1]   17 sin Σ*HE* :
sed si *TW*ʲ   19 nobis (vo- *T*) saltem (-im Σ*H*) Σ*HT* : saltem nobis
*E*δ   vitam *hoc loco hab.* Σ*HE post* telisque *T*δ   22 ea mihi *H* .
mihi ea *B* : ea *ET*δ, *Schol.*   et in Σ*HE*, *Schol.* : in *T*δ   23 saepe
ab improbis *E*   24 errore Σ*H* : terrore *ETW*δ   26 esse fas Σ*HE*,
Schol., Quintil. v. 11. 12 : fas esse *T*δ   occisum esse *ET*, *Schol.*,
Quintil. v. 11. 12 : esse occisum Σ*H* : occisum δ, *Quintil.* iv. 2. 25
27 disputant obieiunt *H*

Romani comitiis liberatus est, cum sua manu sororem esse
8 interfectam fateretur.   An est quisquam qui hoc ignoret,
cum de homine occiso quaeratur, aut negari solere omnino
esse factum aut recte et iure factum esse defendi ? Nisi vero
existimatis dementem P. Africanum fuisse qui, cum a C. Car- 5
bone tribuno plebis seditiose in contione interrogaretur quid
de Ti. Gracchi morte sentiret, responderit iure caesum
videri.   Neque enim posset aut Ahala ille Servilius aut
P. Nasica aut L. Opimius aut C. Marius aut me consule
senatus non nefarius haberi, si sceleratos civis interfici nefas 10
esset.   Itaque hoc, iudices, non sine causa etiam fictis
fabulis doctissimi homines memoriae prodiderunt, eum qui
patris ulciscendi causa matrem necavisset variatis hominum
sententiis non solum divina sed etiam sapientissimae deae
9 sententia liberatum.   Quod si XII tabulae nocturnum 15
furem quoquo modo, diurnum autem, si se telo defenderet,
interfici impune voluerunt, quis est qui, quoquo modo quis
interfectus sit, puniendum putet, cum videat aliquando
gladium nobis ad hominem occidendum ab ipsis porrigi
4 legibus ? Atqui, si tempus est ullum iure hominis necandi, 20
quae multa sunt, certe illud est non modo iustum verum
etiam necessarium, cum vi vis inlata defenditur. Pudicitiam
cum eriperet militi tribunus militaris in exercitu C. Mari,
propinquus eius imperatoris, interfectus ab eo est cui vim
adferebat ; facere enim probus adulescens periculose quam 25
perpeti turpiter maluit. Atque hunc ille summus vir scelere
10 solutum periculo liberavit.   Insidiatori vero et latroni quae
potest inferri iniusta nex ? Quid comitatus nostri, quid
gladii volunt ? quos habere certe non liceret, si uti illis nullo
pacto liceret.   Est igitur haec, iudices, non scripta, sed nata 30
lex, quam non didicimus, accepimus, legimus, verum ex

6 sedit. in contione ΣHE : in contione sedit. Tδ   7 responderet
H¹ : respondit δ   9 aut C. Marius om. Quintil. v. 11. 16 : aut C. om.
H : h. d. (= hic deest) Σ   10 civis om. Quintil. v. 11.6   14 divina
Ha¹b : divinae ETa², Quintil. cod. A   15 XII mei, ed. R : duodecim
vulg.   16 defenderit ΣBH (contra Quintil. v. 14. 18)   18 sit] st Σ
poeniendum W, Quintil. cod A   19 gladium nobis ETδ, Quintil.,
Diomedes (K. 1. 469), Iul. Victor (p. 420), Schol. : nobis gladium
ΣBH   ad hom. occid. om. Quintil., Diom., Iul. Victor (tuetur Schol.)
26 sceleris ΣHB   31 verum etiam ex T

natura ipsa adripuimus, hausimus, expressimus, ad quam
non docti sed facti, non instituti sed imbuti sumus, ut, si
vita nostra in aliquas insidias, si in vim et in tela aut latronum aut inimicorum incidisset, omnis honesta ratio esset
5 expediendae salutis.   Silent enim leges inter arma nec se 11
exspectari iubent, cum ei qui exspectare velit ante iniusta
poena luenda sit quam iusta repetenda.   Etsi persapienter
et quodam modo tacite dat ipsa lex potestatem defendendi,
quae non hominem occidi, sed esse cum telo hominis occi-
10 dendi causa vetat, ut, cum causa, non telum quaereretur, qui
sui defendendi causa telo esset usus, non hominis occidendi
causa habuisse telum iudicaretur.   Quapropter hoc maneat
in causa, iudices ; non enim dubito quin probaturus sim
vobis defensionem meam, si id memineritis quod oblivisci
15 non potestis insidiatorem interfici iure posse.   Sequitur 5
illud quod a Milonis inimicis saepissime dicitur, caedem 12
in qua P. Clodius occisus esset senatum iudicasse contra
rem publicam esse factam.   Illam vero senatus non sententiis suis solum sed etiam studiis comprobavit.   Quotiens
20 enim est illa causa a nobis acta in senatu, quibus adsensi-
onibus universi ordinis, quam nec tacitis nec occultis !
Quando enim frequentissimo senatu quattuor aut summum
quinque sunt inventi qui Milonis causam non probarent ?
Declarant huius ambusti tribuni plebis illae intermortuae
25 contiones quibus cotidie meam potentiam invidiose crimina-
batur, cum diceret senatum non quod sentiret sed quod ego
vellem decernere.   Quae quidem si potentia est appellanda
potius quam propter magna in rem publicam merita mediocris in bonis causis auctoritas aut propter hos officiosos
30 labores meos non nulla apud bonos gratia, appelletur ita

1 hausimus *om. T*   6 iubent] volunt Σ*BHb*² (*contra Quintil.* v. 14. 8)
9 non *BH* : non modo *ET*δ   13 dubito] iudico *T*   15 interfici
iure Σ*BH* : iure interfici *T*δ   17 esset *H, ut voluit Bake* : est *ET*δ
22 enim] etiam *Ernesti* aut summum *HEb*² : ad summum *Tab*¹   26 sed
quod] sed quae Σ*H*   28 propter Σ*H* : aut propter *cett.*

sane, dum modo ea nos utamur pro salute bonorum contra
13 amentiam perditorum.　Hanc vero quaestionem, etsi non
est iniqua, numquam tamen senatus constituendam putavit;
erant enim leges, erant quaestiones vel de caede vel de vi,
nec tantum maerorem ac luctum senatui mors P. Clodi 5
adferebat ut nova quaestio constitueretur.　Cuius enim de
illo incesto stupro iudicium decernendi senatui potestas esset
erepta, de eius interitu quis potest credere senatum iudicium
novum constituendum putasse?　Cur igitur incendium curiae,
oppugnationem aedium M. Lepidi, caedem hanc ipsam con- 10
tra rem publicam senatus factam esse decrevit?　Quia nulla
vis umquam est in libera civitate suscepta inter civis non
14 contra rem publicam—non enim est ulla defensio contra
vim umquam optanda, sed non numquam est necessaria,—
nisi vero aut ille dies quo Ti. Gracchus est caesus, aut ille 15
quo Gaius, aut arma Saturnini non, etiam si e re publica
6 oppressa sunt, rem publicam tamen volnerarunt.　Itaque ego
ipse decrevi, cum caedem in via Appia factam esse constaret,
non eum qui se defendisset contra rem publicam fecisse, sed,
cum inesset in re vis et insidiae, crimen iudicio reservavi, 20
rem notavi.　Quod si per furiosum illum tr. pl. senatui quod
sentiebat perficere licuisset, novam quaestionem nullam haberemus.　Decernebat enim ut veteribus legibus, tantum modo
extra ordinem, quaereretur.　Divisa sententia est postulante
nescio quo—nihil enim necesse est omnium me flagitia proferre 25
—sic reliqua auctoritas senatus empta intercessione sublata
15 est.　At enim Cn. Pompeius rogatione sua et de re et de causa
iudicavit: tulit enim de caede quae in Appia via facta esset,
in qua P. Clodius occisus esset.　Quid ergo tulit?　Nempe ut

　1-3 contra . . . putavit] contratavit *T med. om.*　　　7 de incestu
stupro *Schol. Bob.*: de incestu *Rau*　　　13 ulla ΣBHb^2: illa *ETab*[1]
15 dies quo ΣH: dies in quo *cett.*　　　16 arma ΣH: quo arma *cett.*
non etiamsi . . . tamen *Madvig*: non etiamsi . . . tamen non *codd.*:
etiamsi . . . tamen non *ed. V*　　e] est Σ: *om. H*　　　18 via ΣH: *om.*
cett.　　　20 inesset $H\delta$: esset *T*: inessent *BE*　　　21 pl *H, Ascon.*:
om. cett. (*B*)　　　27 et de re] de re *T, Schol.*

quaereretur.   Quid porro quaerendum est? factumne sit? At
constat. A quo? At paret. Vidit igitur etiam in confessione
facti iuris tamen defensionem suscipi posse. Quod nisi
vidisset, posse absolvi eum qui fateretur, cum videret nos
5 fateri, neque quaeri umquam iussisset nec vobis tam hanc
salutarem in iudicando litteram quam illam tristem dedisset.
Mihi vero Cn. Pompeius non modo nihil gravius contra
Milonem iudicasse sed etiam statuisse videtur quid vos in
iudicando spectare oporteret. Nam qui non poenam confes-
10 sioni, sed defensionem dedit, is causam interitus quaeren-
dam, non interitum putavit. Iam illud ipse dicet profecto 16
quod sua sponte fecit, Publione Clodio tribuendum putarit
an tempori. Domi suae nobilissimus vir, senatus propug- 7
nator atque illis quidem temporibus paene patronus, avun-
15 culus huius iudicis nostri fortissimi viri, M. Catonis, tribunus
plebis M. Drusus occisus est. Nihil de eius morte populus
consultus est, nulla quaestio decreta a senatu est. Quantum
luctum fuisse in hac urbe a nostris patribus accepimus, cum
P. Africano domi suae quiescenti illa nocturna vis esset
20 inlata? Quis tum non ingemuit, quis non arsit dolore,
quem immortalem, si fieri posset, omnes esse cuperent, eius
ne necessariam quidem exspectatam esse mortem? Num
igitur ulla quaestio de Africani morte lata est? Certe nulla.
Quid ita? Quia non alio facinore clari homines, alio obscuri 17
25 necantur. Intersit inter vitae dignitatem summorum atque
infimorum ; mors quidem inlata per scelus isdem et poenis
teneatur et legibus. Nisi forte magis erit parricida, si qui
consularem patrem quam si qui humilem necarit, aut eo
mors atrocior erit P. Clodi quod is in monumentis maiorum

1 est om. Schol.   2 at paret Bern. 104, Schol. : apparet ΣHT : at
apparet E : at patet δ   5 tam hoc loco hab. ETa, ante salut. ΣH, post
salut. b   8 in om. TW   11 ipse dicet ΣHEb² : dicet ipse Tab¹
13 domi HEδ, Schol. : domui TW   17 est (post cons.) ΣBH : om.
cett.   18 fuisse in hac urbe ΣBH : in hac urbe fuisse cett.   19 con-
quiescenti Schol   20 ingemuit ΣBHw : gemuit ETδ   26 isdem
et ΣHE : isdem Tδ   28 qui hum. ΣBH : quis hum. cett.   29 P.
om. ΣH

suorum sit interfectus—hoc enim ab istis saepe dicitur—
proinde quasi Appius ille Caecus viam munierit, non qua
populus uteretur, sed ubi impune sui posteri latrocinarentur !
18 Itaque in eadem ista Appia cum ornatissimum equitem
Romanum P. Clodius M. Papirium occidisset, non fuit illud 5
facinus puniendum—homo enim nobilis in suis monumentis
equitem Romanum occiderat—nunc eiusdem Appiae nomen
quantas tragoedias excitat ! Quae cruentata antea caede
honesti atque innocentis viri silebatur, eadem nunc crebro
usurpatur, postea quam latronis et parricidae sanguine im- 10
buta est. Sed quid ego illa commemoro ? Comprehensus
est in templo Castoris servus P. Clodi, quem ille ad Cn.
Pompeium interficiendum conlocarat. Extorta est ei confi-
tenti sica de manibus. Caruit foro postea Pompeius, caruit
senatu, caruit publico ; ianua se ac parietibus, non iure 15
19 legum iudiciorumque texit. Num quae rogatio lata, num
quae nova quaestio decreta est ? Atqui si res, si vir, si
tempus ullum dignum fuit, certe haec in illa causa summa
omnia fuerunt. Insidiator erat in foro conlocatus atque in
vestibulo ipso senatus ; ei viro autem mors parabatur cuius 20
in vita nitebatur salus civitatis ; eo porro rei publicae tempore quo, si unus ille occidisset, non haec solum civitas
sed gentes omnes concidissent. Nisi vero, quia perfecta res
non est, non fuit punienda, proinde quasi exitus rerum, non
hominum consilia legibus vindicentur. Minus dolendum 25
fuit re non perfecta, sed puniendum certe nihilo minus.
20 Quotiens ego ipse, iudices, ex P. Clodi telis et ex cruentis
eius manibus effugi ! ex quibus si me non vel mea vel rei
publicae fortuna servasset, quis tandem de interitu meo
8 quaestionem tulisset ? Sed stulti sumus qui Drusum, qui 30
Africanum, Pompeium, nosmet ipsos cum P. Clodio conferre

---

1 est interfectus *Madvig* (*cf. Zielinski, p.* 211)   2 munierit Σ*H* :
muniverit *ET*δ   4 Appia *H* : Appia via *ET*δ   5 Claudius Σ*H*²
7 Appiae viae *H*   8 *deficit H in verb.* excitat quae RQ̣ (= require, *cf.*
§ 67, *Phil.* vii. 11) *usque ad* § 37 -terfici (*eadem erat lacuna in Cluniacensi*)   22 occidisset *T*δ : cecidisset *E*   24 poenitenda *T*
26 paeniendum *E*   28 vel mea *E* : mea *T*δ

8

audeamus.   Tolerabilia fuerunt illa : P. Clodi mortem
aequo animo ferre nemo potest.   Luget senatus, maeret
equester ordo, tota civitas confecta senio est, squalent municipia, adflictantur coloniae, agri denique ipsi tam beneficum,
5 tam salutarem, tam mansuetum civem desiderant. Non 21
fuit ea causa, iudices, profecto, non fuit cur sibı censeret
Pompeius quaestionem ferendam, sed homo sapiens atque
alta et divina quadam mente praeditus multa vidit : fuisse
illum sibi inimicum, familiarem Milonem ; in communi
10 omnium laetitia si etiam ipse gauderet, timuit ne videretur
infirmior fides reconciliatae gratiae.   Multa etiam alia vidit,
sed illud maxime, quamvis atrociter ipse tulisset, vos tamen
fortiter iudicaturos.   Itaque delegit ex florentissimis ordinibus ipsa lumina, neque vero, quod non nulli dictitant, se-
15 crevit in iudicibus legendis amicos meos.   Neque enim hoc
cogitavit vir iustissimus, neque in bonis viris legendis id
adsequi potuisset, etiam si cupisset.   Non enim mea gratia
familiaritatibus continetur, quae late patere non possunt,
propterea quod consuetudines victus non possunt esse cum
20 multis ; sed, si quid possumus, ex eo possumus quod res
publica nos coniunxit cum bonis.   Ex quibus ille cum optimos viros legeret idque maxime ad fidem suam pertinere
arbitraretur, non potuit legere non studiosos mei.   Quod 22
vero te, L. Domiti, huic quaestioni praeesse maxime voluit,
25 nihil quaesivit aliud nisi iustitiam, gravitatem, humanitatem,
fidem.   Tulit ut consularem necesse esset : credo, quod
principum munus esse ducebat resistere et levitati multitudinis et perditorum temeritati.   Ex consularibus te creavit
potissimum : dederas enim quam contemneres popularis
30 insanias iam ab adulescentia documenta maxima.

Quam ob rem, iudices, ut aliquando ad causam crimenque 9
23

2 aequo animo ferre nemo *T* : nemo aeq. anim. ferre *E* : aeq. anim.
nemo ferre δ   15-16 legendis . . viris *om. T*   19 propterea . . .
multis *del. Bake*   25 aliud *om. T*   30 insanias *ET, Schol.* :
insidias δ   iam inde *Schol.*

veniamus, si neque omnis confessio facti est inusitata, neque
de causa nostra quicquam aliter ac nos vellemus a senatu
iudicatum est, et lator ipse legis, cum esset controversia nulla
facti, iuris tamen disceptationem esse voluit, et ei lecti iudices,
isque praepositus *est* quaestioni qui haec iuste sapienterque 5
disceptet, reliquum est, iudices, ut nihil iam quaerere aliud
debeatis nisi uter utri insidias fecerit. Quod quo facilius
argumentis perspicere possitis, rem gestam vobis dum breviter expono, quaeso, diligenter attendite.

24   P. Clodius, cum statuisset omni scelere in praetura vexare 10
rem publicam videretque ita tracta esse comitia anno superiore ut non multos mensis praeturam gerere posset, qui
non honoris gradum spectaret, ut ceteri, sed et L. Paulum
conlegam effugere vellet, singulari virtute civem, et annum
integrum ad dilacerandam rem publicam quaereret, subito 15
reliquit annum suum seseque in proximum transtulit, non, ut
fit, religione aliqua, sed ut haberet, quod ipse dicebat, ad
praeturam gerendam, hoc est ad evertendam rem publicam,
25 plenum annum atque integrum. Occurrebat ei mancam ac
debilem praeturam futuram suam consule Milone; eum 20
porro summo consensu populi Romani consulem fieri videbat. Contulit se ad eius competitores, sed ita totam ut
petitionem ipse solus etiam invitis illis gubernaret, tota ut
comitia suis, ut dictitabat, umeris sustineret. Convocabat
tribus, se interponebat, Collinam novam dilectu perditis- 25
simorum civium conscribebat. Quanto ille plura miscebat,
tanto hic magis in dies convalescebat. Vbi vidit homo ad
omne facinus paratissimus fortissimum virum, inimicissimum
suum, certissimum consulem, idque intellexit non solum
sermonibus, sed etiam suffragiis populi Romani saepe esse 30

    4 ei lecti *Garatoni* : electi *codd.* : et electi iud. *del. Ioergensen*   5
est *Orelli* : *om. codd.*   6 aliud iudices *E*   8 perspicere possitis
argum. *E*   11 tracta *k*, *Naugerius* (1) : tractata *codd.*   vellet
om. δ   16 proximum] annum *post* prox. *add. E, ante* prox. *T*δ, *del.*
A. Eberhard   25 Collinam] coloniam *b*²

declaratum, palam agere coepit et aperte dicere occidendum
Milonem.   Servos agrestis et barbaros, quibus silvas pub- 26
licas depopulatus erat Etruriamque vexarat, ex Appennino
deduxerat, quos videbatis.   Res erat minime obscura.
5 Etenim dictitabat palam consulatum Miloni eripi non posse,
vitam posse.   Significavit hoc saepe in senatu, dixit in contione ; quin etiam *M.* Favonio, fortissimo viro, quaerenti ex
eo qua spe fureret Milone vivo, respondit triduo illum aut
summum quadriduo esse periturum ; quam vocem eius ad
10 hunc M. Catonem statim Favonius detulit.   Interim cum ₁₀
₂₇
sciret Clodius—neque enim erat id difficile scire a Lanuvinis
—iter sollemne, legitimum, necessarium ante diem XIII
Kalendas Februarias Miloni esse Lanuvium ad flaminem
prodendum, quod erat dictator Lanuvi Milo, Roma subito
15 ipse profectus pridie est ut ante suum fundum, quod re intellectum est, Miloni insidias conlocaret ; atque ita profectus
est ut contionem turbulentam in qua eius furor desideratus
est, quae illo ipso die habita est, relinqueret, quam, nisi obire
facinoris locum tempusque voluisset, numquam reliquisset.
20 Milo autem cum in senatu fuisset eo die quoad senatus est 28
dimissus, domum venit, calceos et vestimenta mutavit,
paulisper, dum se uxor, ut fit, comparat, commoratus est,
dein profectus id temporis cum iam Clodius, si quidem eo
die Romam venturus erat, redire potuisset.   Obviam fit ei
25 Clodius, expeditus, in equo, nulla raeda, nullis impedimentis, nullis Graecis comitibus, ut solebat, sine uxore,
quod numquam fere : cum hic insidiator, qui iter illud ad
caedem faciendam apparasset, cum uxore veheretur in raeda,
paenulatus, magno et impedito et muliebri ac delicato
30 ancillarum puerorumque comitatu.   Fit obviam Clodio 29

5 dictitabat palam *E* : palam dict. *Tδ*   eripi Miloni *E* : Mil.
eripi *Tδ*   7 M. *unus Ox., Krause* : om *cett.*   8 aut *E* : ad *Tδ*
11 id difficile *T* : diffic. id *E* : id facile *a* : difficile *b*   a Lanuvinis
ETw : om. δ (*in lac a*)   14 quod erat dictator Lanuvi Milo *del. Bake*
18 quae illo ipso die habita est *del. Bake*   27 numquam fere *om. T*

ante fundum eius hora fere undecima aut non multo secus.
Statim complures cum telis in hunc faciunt de loco superiore
impetum ; adversi raedarium occidunt. Cum autem hic de
raeda reiecta paenula desiluisset seque acri animo defenderet, illi qui erant cum Clodio gladiis eductis, partim 5
recurrere ad raedam ut a tergo Milonem adorirentur, partim, quod hunc iam interfectum putarent, caedere incipiunt
eius servos qui post erant ; ex quibus qui animo fideli in
dominum et praesenti fuerunt, partim occisi sunt, partim,
cum ad raedam pugnari viderent, domino succurrere pro- 10
hiberentur, Milonem occisum et ex ipso Clodio audirent et
re vera putarent, fecerunt id servi Milonis—dicam enim
aperte non derivandi criminis causa, sed ut factum est—nec
imperante nec sciente nec praesente domino, quod suos
quisque servos in tali re facere voluisset. 15

11
30
Haec sicuti exposui ita gesta sunt, iudices : insidiator
superatus est, vi victa vis vel potius oppressa virtute audacia
est. Nihil dico quid res publica consecuta sit, nihil quid
vos, nihil quid omnes boni : nihil sane id prosit Miloni, qui
hoc fato natus est ut ne se quidem servare potuerit quin 20
una rem publicam vosque servaret. Si id iure fieri non
potuit, nihil habeo quod defendam. Sin hoc et ratio doctis
et necessitas barbaris et mos gentibus et feris natura ipsa
praescripsit ut omnem semper vim quacumque ope possent a corpore, a capite, a vita sua propulsarent, non potestis 25
hoc facinus improbum iudicare quin simul iudicetis omnibus qui in latrones inciderint aut illorum telis aut vestris
31 sententiis esse pereundum. Quod si ita putasset, certe
optabilius Miloni fuit dare iugulum P. Clodio, non semel ab
illo neque tum primum petitum, quam iugulari a vobis, quia 30

2 cum telis *om. Schol.*   3 adversi] aggressi *Schol.*   6 adorirentur Milonem *Schol.*   9 et praesenti *E* : erant et praesenti *Ta* :
erant et praesentes *b*   10 et domino *P*   13 aperte *P* : *om. cett.*
14 domino *post* imperante *hab. Schol.*   16 sicuti *ET* : sicut *Pδ* : si ut
Quintil. iv. 4. 2 ; *Iulius Victor, p.* 416, *Schol.*   18 nihil dico *post* sit
hab. T   19 id] quod *P*   21 iure fieri non potuit *P* : fieri iure
non posset *ET* : iure non posset δ   22 quid *P*   hoc et] hoc *P*
23 feris etiam beluis *P*

se non iugulandum illi tradidisset.   Sin hoc nemo vestrum
ita sentit, illud iam in iudicium venit, non occisusne sit,
quod fatemur, sed iure an iniuria, quod multis in causis
saepe quaesitum est.   Insidias factas esse constat, et id est
5 quod senatus contra rem publicam factum iudicavit ; ab
utro factae sint incertum est.   De hoc igitur latum est ut
quaereretur.   Ita et senatus rem, non hominem notavit et
Pompeius de iure, non de facto quaestionem tulit.   Num 12
quid igitur aliud in iudicium venit nisi uter utri insidias
10 fecerit ?   Profecto nihil : si hic illi, ut ne sit impune ; si ille
huic, tum nos scelere solvamur.

Quonam igitur pacto probari potest insidias Miloni fecisse 32
Clodium ?   Satis est in illa quidem tam audaci, tam nefaria
belua docere, magnam ei causam, magnam spem in Milonis
15 morte propositam, magnas utilitates fuisse.   Itaque illud
Cassianum 'cui bono fuerit' in his personis valeat, etsi
boni nullo emolumento impelluntur in fraudem, improbi
saepe parvo.   Atqui Milone interfecto Clodius haec adse-
quebatur, non modo ut praetor esset non eo consule quo
20 sceleris facere nihil posset sed etiam ut eis consulibus praetor esset quibus si non adiuvantibus, at coniventibus certe
speraret se posse eludere in illis suis cogitatis furoribus :
cuius illi conatus, ut ipse ratiocinabatur, nec cuperent repri-
mere, si possent, cum tantum beneficium ei se debere arbi-
25 trarentur, et, si vellent, fortasse vix possent frangere hominis
sceleratissimi conroboratam iam vetustate audaciam.   An 33
vero, iudices, vos soli ignoratis, vos hospites in hac urbe
versamini, vestrae peregrinantur aures neque in hoc perva-
gato civitatis sermone versantur, quas ille leges, si leges
30 nominandae sunt ac non faces urbis, pestes rei publicae,
fuerit impositurus nobis omnibus atque inusturus ?   Exhibe,

2 non *hoc loco hab. ETδ, ante* illud *P*   4 iam saepe *T*   6 de
hoc . . . est *om. T*   11 tum nos *ETδ* : ut *P*   16 cui bono fuerit]
iudicium (indicium *Purser*) *codd. Asconii*   20 facere nihil *E* : nihil
facere *Tδ*   iis *unus Ox., Manutius* : his *ETδ*   22 posse se *T*
23 nec si cup. reprim. possent *ETδ* : *corr. Madvig.*   31 exhibe.
exhibe *E* : *alterum* exhibe *post* Clodi *hab. Tδ*

exhibe, quaeso, Sexte Clodi, librarium illud legum vestra-
rum quod te aiunt eripuisse e domo et ex mediis armis
turbaque nocturna tamquam Palladium sustulisse, ut praeclarum videlicet munus atque instrumentum tribunatus ad
aliquem, si nactus esses, qui tuo arbitrio tribunatum gereret, 5
deferre posses.   Et aspexit me illis quidem oculis quibus
tum solebat cum omnibus omnia minabatur.   Movet me
13 quippe lumen curiae! Quid? tu me tibi iratum, Sexte,
putas, cuius tu inimicissimum multo crudelius etiam puni-
tus es, quam erat humanitatis meae postulare? Tu P. Clodi 10
cruentum cadaver eiecisti domo, tu in publicum abiecisti,
tu spoliatum imaginibus, exsequiis, pompa, laudatione, in-
felicissimis lignis semiustilatum nocturnis canibus dilanian-
dum reliquisti.   Qua re, etsi nefarie fecisti, tamen, quoniam
in meo inimico crudelitatem exprompsisti tuam, laudare 15
non possum, irasci certe non debeo.

34   *Audistis, iudices, quantum Clodi inter*fuerit occidi Milonem : convertite animos nunc vicissim ad Milonem.   Quid
Milonis intererat interfici Clodium? quid erat cur Milo
non dicam admitteret, sed optaret ? 'Obstabat in spe 20
consulatus Miloni Clodius.'   At eo repugnante fiebat,
immo vero eo fiebat magis, nec me suffragatore meliore
utebatur quam Clodio.   Valebat apud vos, iudices, Milonis erga me remque publicam meritorum memoria, vale-
bant preces et lacrimae nostrae, quibus ego tum vos 25

---

3 sustulisse *Tδ* : extulisse *E*   6 posses] *duo fragmenta a Quintil.*
ix. 2. 54 *et a Schol. Bob. p.* 346. 14 *servata* : An huius ille legis, quam
Clodius a se inventam gloriatur, mentionem facere ausus esset vivo
Milone, non dicam consule ? De nostrum omnium—non audeo totum
dicere [*Quintil.*] *et* de nostrorum omnium, non audeo totum dicere.
Videte quid ea vitii lex habitura fuerit, cuius periculosa etiam reprehensio est [*Schol.*] *primus conglutinavit Garatoni, huc inseruit Peyron* :
eadem non ex hac oratione, sed ex ea ' quae habita est pro Milone atque
per ⟨ταχυγράφους excepta⟩' *sumpta esse testatur Scholiasta, admonuit
Rau, demonstravit Gauniitz*   quidem illis *Tδ*   9 tu *om. T*
poenitus *Quint.* ix. 3. 6   17 *Audistis, iudices, quantum Clodi inter-*
fuerit *Peyron* : fuerit *P* (fuerit ... sibi solutam *om. cett.*)

mirifice moveri sentiebam, sed plus multo valebat peri-
culorum impendentium timor.   Quis enim erat civium
qui sibi solutam P. Clodi praeturam sine maximo rerum
novarum metu proponeret? Solutam autem fore videbatis,
5 nisi esset is consul qui eam auderet possetque constringere.
Eum Milonem unum esse cum sentiret universus populus
Romanus, quis dubitaret suffragio suo se metu, periculo
rem publicam liberare? At nunc, Clodio remoto, usitatis
iam rebus enitendum est Miloni ut tueatur dignitatem
10 suam; singularis illa et huic uni concessa gloria quae
cotidie augebatur frangendis furoribus Clodianis iam Clodi
morte cecidit. Vos adepti estis ne quem civem metueretis;
hic exercitationem virtutis, suffragationem consulatus, fon-
tem perennem gloriae suae perdidit. Itaque Milonis consu-
15 latus qui vivo Clodio labefactari non poterat mortuo denique temptari coeptus est. Non modo igitur nihil prodest
sed obest etiam Clodi mors Miloni. 'At valuit odium, 35
fecit iratus, fecit inimicus, fuit ultor iniuriae, punitor doloris
sui.' Quid? si haec non dico maiora fuerunt in Clodio
20 quam in Milone, sed in illo maxima, nulla in hoc, quid
voltis amplius? Quid enim odisset Clodium Milo, segetem
ac materiam suae gloriae, praeter hoc civile odium quo
omnis improbos odimus? Illi erat ut odisset primum defensorem salutis meae, deinde vexatorem furoris, domitorem
25 armorum suorum, postremo etiam accusatorem suum; reus
enim Milonis lege Plotia fuit Clodius quoad vixit. Quo
tandem animo hoc tyrannum illum tulisse creditis? quantum
odium illius et in homine iniusto quam etiam iustum fuisse?
    Reliquum est ut iam illum natura ipsius consuetudoque **14**
30 defendat, hunc autem haec eadem coarguant. 'Nihil per 36
vim umquam Clodius, omnia per vim Milo.' Quid? ego,

4 autem *PE* : *om. Tδ*   8 P. Clodio *Tδ*   10 et *P*: *om. ETδ*
18 poenitur *P*   22 materiam *P, Quintil.* viii. 6. 7 *cod. A* : materiem
cett.   23 illi *scripsi*: ille *codd.*   defens. *post* meae *hab. E*   25 reus
enim . . . quoad vixit *del. Bake*   26 Plotia] P. Clodi *P*   27 illum
P: *om. cett.*   28 et ut in *Ioergensen*   29 relicum *P*

iudices, cum maerentibus vobis urbe cessi, iudiciumne
timui, non servos, non arma, non vim ? Quae fuisset igitur
iusta causa restituendi mei, nisi fuisset iniusta eiciendi ?
Diem mihi, credo, dixerat, multam inrogarat, actionem per-
duellionis intenderat, et mihi videlicet in causa aut mala aut 5
mea, non et praeclarissima et vestra, iudicium timendum
fuit. Servorum et egentium civium et facinorosorum armis
meos civis, meis consiliis periculisque servatos, pro me obici
37 nolui. Vidi enim, vidi hunc ipsum Q. Hortensium, lumen
et ornamentum rei publicae, paene interfici servorum manu, 10
cum mihi adesset ; qua in turba C. Vibienus senator, vir
optimus, cum hoc cum esset una, ita est mulcatus ut vitam
amiserit. Itaque quando illius postea sica illa quam a
Catilina acceperat conquievit ? Haec intenta nobis est, huic
ego vos obici pro me non sum passus, haec insidiata Pom- 15
peio est, haec viam Appiam, monumentum sui nominis,
nece Papiri cruentavit, haec eadem longo intervallo con-
versa rursus est in me ; nuper quidem, ut scitis, me ad
38 regiam paene confecit. Quid simile Milonis ? cuius vis
omnis haec semper fuit, ne P. Clodius, cum in iudicium 20
detrahi non posset, vi oppressam civitatem teneret. Quem
si interficere voluisset, quantae quotiens occasiones, quam
praeclarae fuerunt ! Potuitne, cum domum ac deos penatis
suos illo oppugnante defenderet, iure se ulcisci, potuitne
civi egregio et viro fortissimo, P. Sestio, conlega suo, vol- 25
nerato, potuitne Q. Fabricio, viro optimo, cum de reditu
meo legem ferret, pulso, crudelissima in foro caede facta,
potuitne L. Caecili, iustissimi fortissimique praetoris, oppugnata domo, potuitne illo die quo est lata lex de me,

1 iudiciumne timui *om. a in lac.* : intentavit *b*   5 aut vestra mala
aut mea nec praecl. et iudicium δ   6 non et *Fabricius ex W* : non ei
ET   7 civium *abesse malim*   10 *rursus incipit H in voc.* -terfici
12 mulcatus *H* : multatus *ET*δ   14 intenta Σ*H, Ascon.* : intentata
*ET*δ   16 viam Appiam *Ascon.* : ista viam Appiam Σ*H* : istam Appiam
cett.   monimentum Σ   nominis sui *Ascon.*   17 haec, haec *E*
19 simile] esse simile (?) Σ : similē *E* : simile est *Baiter*   22 quotiens
et quantae *Schol.*   29 quo Σ*H* : cum *cett.*

cum totius Italiae concursus, quem mea salus concitarat,
facti illius gloriam libens agnovisset, ut, etiam si id Milo
fecisset, cuncta civitas eam laudem pro sua vindicaret?   At
quod erat tempus?   Clarissimus et fortissimus vir consul,
5 inimicus Clodio, P. Lentulus, ultor sceleris illius, propug-
nator senatus, defensor vestrae voluntatis, patronus publici
consensus, restitutor salutis meae; septem praetores, octo
tribuni plebei illius adversarii, defensores mei; Cn. Pompeius, auctor et dux mei reditus, illius hostis, cuius senten-
10 tiam senatus omnis de salute mea gravissimam et ornatissi-
mam secutus est, qui populum Romanum est cohortatus;
qui cum decretum de me Capuae fecisset, ipse cunctae
Italiae cupienti et eius fidem imploranti signum dedit ut ad
me restituendum Romam concurreret; omnium denique in
15 illum odia civium ardebant desiderio mei, quem qui tum
interemisset, non de impunitate eius, sed de praemiis
cogitaretur.   Tum se Milo continuit et P. Clodium in iudi- 40
cium bis, ad vim numquam vocavit.   Quid? privato Milone
et reo ad populum accusante P. Clodio, cum in Cn. Pom-
20 peium pro Milone dicentem impetus factus est, quae tum
non modo occasio sed etiam causa illius opprimendi fuit?
Nuper vero cum M. Antonius summam spem salutis bonis
omnibus attulisset gravissimamque adulescens nobilissimus
rei publicae partem fortissime suscepisset, atque illam
25 beluam, iudici laqueos declinantem, iam inretitam teneret,
qui locus, quod tempus illud, di immortales, fuit!   Cum se
ille fugiens in scalarum tenebras abdidisset, magnum Miloni
fuit conficere illam pestem nulla sua invidia, M. vero
Antoni maxima gloria?   Quid? comitiis in campo quotiens 41

2 agnovisset *Hδ* : adcognovisset *E* : *om. T*   4 vir *H* : *om. ETδ*
5 P. Lentulus *del. Bake* (*hab. Schol.*)   illius Clodii *E*   10 omnis
om. E   11 coh. est Σ   12 de me decr. *Tδ*   fecisset Σ*HTb²* :
fecit *Eab¹*   14 concurreret Σ*H*, *ut voluit Richter* : -erent *ETδ*
omnium *Heumann* : omnia tum *codd.* (*B*)   17 tum *HETa* : tamen *b*
19 P. *om.* Σ*H*   22 M. *om. H*   27 tenebras Σ*HE* : tenebris *Tδ*
28 M. Σ*H* : *om. ETδ*

potestas fuit ! cum ille in saepta inrupisset, gladios destrin-
gendos, lapides iaciendos curasset, dein subito voltu Milonis
perterritus fugeret ad Tiberim, vos et omnes boni vota faceretis ut Miloni uti virtute sua liberet. Quem igitur cum
16 omnium gratia noluit, hunc voluit cum aliquorum querela, 5
quem iure, quem loco, quem tempore, quem impune non
est ausus, hunc iniuria, iniquo loco, alieno tempore, peri-
42 culo capitis non dubitavit occidere ? praesertim, iudices,
cum honoris amplissimi contentio et dies comitiorum subesset, quo quidem tempore—scio enim quam timida sit 10
ambitio quantaque et quam sollicita sit cupiditas consulatus
—omnia non modo quae reprehendi palam sed etiam quae
obscure cogitari possunt timemus, rumorem, fabulam falsam,
fictam, levem perhorrescimus, ora omnium atque oculos intuemur. Nihil est enim tam molle, tam tenerum, tam aut 15
fragile aut flexibile quam voluntas erga nos sensusque
civium, qui non modo improbitati irascuntur candidatorum
43 sed etiam in recte factis saepe fastidiunt. Hunc igitur diem
campi speratum atque exoptatum sibi proponens Milo,
cruentis manibus scelus et facinus prae se ferens et confi- 20
tens ad illa augusta centuriarum auspicia veniebat ? Quam
hoc non credibile est in hoc, quam idem in Clodio non dubitandum, qui se ipse interfecto Milone regnaturum putaret !
Quid ? quod caput est audaciae, iudices, quis ignorat
maximam inlecebram esse peccandi impunitatis spem ? In 25
utro igitur haec fuit ? in Milone qui etiam nunc reus est
facti aut praeclari aut certe necessarii, an in Clodio qui ita
iudicia poenamque contempserat ut eum nihil delectaret

1 irrupisset Σ*BHb*² : ruisset *ETa* : irruisset *b*¹   2 curasset Σ*BH* :
curavisset *ET*δ   12 obsc. quae *Tw*δ   13 rumorem fabulam falsam
fictam levem *BE* : rum. fab. fictam falsam levem *T* : rum. fictam levem
H : rum. fab. fictam falsam δ   15 enim est *T*δ   18 diem igitur *T*δ
22 est *H* : om. *ET*δ   23 qui se ipse *Stangl* : qui se ille Σ*H* : quin
se ille *ET* : quin se δ   24 audaciae *hoc loco hab. HE, Severianus
R.'et. L. p.* 361, *ante* est *T*δ, *om. unus Ox., del. Ferrarius (fort. ex* iud.
ortum)

quod aut per naturam fas esset aut per leges liceret ?   Sed 44
quid ego argumentor, quid plura disputo ?   Te, Q. Petili,
appello, optimum et fortissimum civem ; te, M. Cato, testor,
quos mihi divina quaedam sors dedit iudices.   Vos ex
5 M. Favonio audistis Clodium sibi dixisse, et audistis vivo
Clodio, periturum Milonem triduo.   Post diem tertium
gesta res est quam dixerat.   Cum ille non dubitarit aperire
quid cogitaret, vos potestis dubitare quid fecerit ?   Quem **17**
ad modum igitur eum dies non fefellit ?   Dixi equidem **45**
10 modo.   Dictatoris Lanuvini stata sacrificia nosse negoti
nihil erat.   Vidit necesse esse Miloni proficisci Lanuvium
illo ipso quo est profectus die : itaque antevertit.   At quo
die ?   Quo, ut ante dixi, fuit insanissima contio ab ipsius
mercennario tribuno plebis concitata : quem diem ille,
15 quam contionem, quos clamores, nisi ad cogitatum facinus
approperaret, numquam reliquisset.   Ergo illi ne causa
quidem itineris, etiam causa manendi ; Miloni manendi
nulla facultas, exeundi non causa solum sed etiam necessitas fuit.   Quid si, ut ille scivit Milonem fore eo die in via, sic
20 Clodium Milo ne suspicari quidem potuit ?   Primum quaero 46
qui id scire potuerit ? quod vos idem in Clodio quaerere
non potestis.   Vt enim neminem alium nisi T. Patinam,
familiarissimum suum, rogasset, scire potuit illo ipso die
Lanuvi a dictatore Milone prodi flaminem necesse esse.
25 Sed erant permulti alii ex quibus id facillime scire posset :
omnes scilicet Lanuvini.   Milo de Clodi reditu unde quaesivit ?   Quaesierit sane—videte quid vobis largiar—servum
etiam, ut Q. Arrius, amicus meus, dixit, corruperit.   Legite
testimonia testium vestrorum.   Dixit C. Causinius Schola,

2 Petili *om. H*   7 dubitarit *Severian.* : -aret *codd.*   8 cogitaret
H : -arit *ET* (quid . . . dubitare *om. ab*[1])   dubitare] cogitare *H*
12 antevenit *E*   17 manendi (*post* Mil.) *om. Tδ*   18 solum causa
Σ*H*   19 fuit *fort. delendum* (*cf. Zielinski. p.* 136)   20 quidem
om. H   21 qui id scire *Halm* : quid scire *ETa* : qui scire Σ*b* : qui *H*
25 multi *T*   26 omnes (homines Σ*H*) scilicet Lanuvini (*om.* Lanuvini
H) *codd.* : *del. Lambinus* (*clausula bona est*)   27 sane *om. H*   28 Q
om. Σ*H*   amicus meus *H* : meus amicus *ETδ*   29 Ausinius Σ*H*

Interamnanus, familiarissimus et idem comes Clodi, P. Clodium illo die in Albano mansurum fuisse, sed subito ei esse
nuntiatum Cyrum architectum esse mortuum, itaque repente

18 Romam constituisse proficisci. Dixit hoc item comes P. Clodi,

47 C. Clodius. Videte, iudices, quantae res his testimoniis sint 5
confectae. Primum certe liberatur Milo non eo consilio profectus esse ut insidiaretur in via Clodio : quippe, si ille obvius
ei futurus omnino non erat. Deinde—non enim video cur non
meum quoque agam negotium—scitis, iudices, fuisse qui in
hac rogatione suadenda diceret Milonis manu caedem esse 10
factam, consilio vero maioris alicuius. Me videlicet latronem ac sicarium abiecti homines et perditi describebant.
Iacent suis testibus qui Clodium negant eo die Romam, nisi
de Cyro audisset, fuisse rediturum. Respiravi, liberatus sum ;
non vereor ne, quod ne suspicari quidem potuerim, videar 15

48 id cogitasse. Nunc persequar cetera ; nam occurrit illud :
' Igitur ne Clodius quidem de insidiis cogitavit, quoniam fuit
in Albano mansurus.' Si quidem exiturus ad caedem e villa
non fuisset. Video enim illum qui dicatur de Cyri morte
nuntiasse non id nuntiasse, sed Milonem appropinquare. 20
Nam quid de Cyro nuntiaret quem Clodius Roma proficiscens
reliquerat morientem ? Testamentum simul obsignavi, una
fui ; testamentum autem palam fecerat et illum heredem et
me scripserat. Quem pridie hora tertia animam efflantem
reliquisset, eum mortuum postridie hora decima denique ei 25

19 nuntiabatur ? Age, sit ita factum : quae causa fuit cur Ro-

49 mam properaret, cur in noctem se coniceret ? Quid adferebat
festinationis quod heres erat ? Primum nihil erat cur prope-

---

1 Clodi *H, Ascon.*: cuius iam pridem testimonio Clodius eadem
hora Interamna fuerat et Romae *add. ETδ*   2 esse ei *E*   4 item
comes Σ*H* : comes item *cett.*   6 profectum *E²*   10 diceret Σ*H*,
Ascon. et Schol. : -erent *cett.*   12 ac] et *Ascon.*   et] ac Σ*BH* :
om. codd. SM Asconii   13 iaceant Σ   qui *Garatoni* : hi (ii Σ) qui
Σ*HETδ* : iis qui *k, Richter* : *fort.* hi = ħ (*omissionis nota, cf. Phil.* i. 11,
vii. 6)   14 lib. sum, respiravi *Quint.* ix. 2. 26   18 ex Σ*H*   21
Roma *om. Schol.*   22 testam. simul obsign., una fui *scripsi* : test. Cyri
simul obsign. cum Clodio una fui Σ(?)*BH* : una fui test. Cyri simul
obsign. cum Clodio *E* : *eod. ordine sed om.* Cyri *Tδ*   26 fuit Σ*H* .
om. ETδ   27 coiceret Σ   28 causa festinationis *H*   nihil erat
Σ*BH et Schol.* : erat nihil *cett.*

rato opus esset ; deinde si quid esset, quid tandem erat quod
ea nocte consequi posset, amitteret autem, si postridie Romam
mane venisset ?   Atqui ut illi nocturnus ad urbem adventus
vitandus potius quam expetendus fuit, sic Miloni, cum in-
5 sidiator esset, si illum ad urbem noctu accessurum sciebat,
subsidendum atque exspectandum fuit.   Noctu occidisset : 50
insidioso et pleno latronum in loco occidisset.   Nemo ei
neganti non credidisset quem esse omnes salvum etiam
confitentem volunt.   Sustinuisset crimen primum ipse ille
10 latronum occultator et receptor locus, tum neque muta
solitudo indicasset neque caeca nox ostendisset Milonem ;
deinde multi ab illo violati, spoliati, bonis expulsi, multi
haec etiam timentes in suspicionem caderent, tota denique
rea citaretur Etruria.   Atque illo die certe Aricia rediens 51
15 devertit Clodius ad se in Albanum.   Quod ut sciret Milo
illum Ariciae fuisse, suspicari tamen debuit eum, etiam si
Romam illo die reverti vellet, ad villam suam quae viam tan-
geret deversurum.   Cur nec ante occurrit ne ille in villa resi-
deret, nec eo in loco subsedit quo ille noctu venturus esset ?
20   Video adhuc constare, iudices, omnia : Miloni etiam utile 52
fuisse Clodium vivere, illi ad ea quae concupierat optatissimum interitum Milonis ; odium fuisse illius in hunc acerbissimum, nullum huius in illum ; consuetudinem illius
perpetuam in vi inferenda, huius tantum in repellenda ;
25 mortem ab illo Miloni denuntiatam et praedicatam palam,
nihil umquam auditum ex Milone ; profectionis huius diem
illi notum, reditum illius huic ignotum fuisse ; huius iter
necessarium, illius etiam potius alienum ; hunc prae se

3 mane Romam *Hδ*   atqui *Ascon.* : atque *codd.*   4 expectan-
dus Σ (potius quam exp. *om. codd. Asconii*)   5 noctu Σ*H* : nocte
ETwδ   6 noctu occidisset Σ*b²* : noctu occidisset, nemo ei neganti
non credidisset *H* : *om. cett.*   7 insidioso ... occidisset Σ*Hb²* : *om.
cett.*   9 crimen Σ*H* : hoc crimen *cett.*   10 receptor *ex* repertor *H*
cum *Ernesti*   12 deinde Σ*H* : deinde ibi *E* : deinde ubi *Tδ*
14 reacitaretur *H* : re agitaretur Σ   15 se (sua Σ) in Σ*H* : *om. cett.*
18 nec Σ*H* : neque *cett.*   19 nec] neque Σ*H*   20 constare adhuc *E*
24 ferenda Σ*H*   25 Mil. denunt. Σ*H* : denunt. Mil. *cett.*   praedictam
b. Gruter   27 reditum *Hb²* : -tus *ETab¹*

tulisse se illo die exiturum, illum eo die se dissimulasse rediturum ; hunc nullius rei mutasse consilium, illum causam
mutandi consili finxisse ; huic, si insidiaretur, noctem prope
urbem exspectandam, illi, etiam si hunc non timeret, tamen
accessum ad urbem nocturnum fuisse metuendum.   5

20
53 Videamus nunc id quod caput est, locus ad insidias ille
ipse ubi congressi sunt utri tandem fuerit aptior.   Id vero,
iudices, etiam dubitandum et diutius cogitandum est ?   Ante
fundum Clodi quo in fundo propter insanas illas substru-
ctiones facile hominum mille versabatur valentium, edito 10
adversarii atque excelso loco superiorem se fore putabat
Milo, et ob eam rem eum locum ad pugnam potissimum
elegerat, an in eo loco est potius exspectatus ab eo qui
ipsius loci spe facere impetum cogitarat ?   Res loquitur ipsa,
54 iudices, quae semper valet plurimum.   Si haec non gesta 15
audiretis, sed picta videretis, tamen appareret uter esset
insidiator, uter nihil mali cogitaret, cum alter veheretur in
raeda paenulatus, una sederet uxor.   Quid horum non impe-
ditissimum ? vestitus an vehiculum an comes ? quid minus
promptum ad pugnam, cum paenula inretitus, raeda im- 20
peditus, uxore paene constrictus esset ?—Videte nunc illum,
primum egredientem e villa, subito : cur ? vesperi : quid
necesse est ? tarde : qui convenit, praesertim id temporis ?
' Devertit in villam Pompei.'   Pompeium ut videret ? sciebat in Alsiensi esse ;   villam ut perspiceret ?   miliens in ea 25
fuerat.   Quid ergo erat ?   mora et tergiversatio : dum hic
21
55 veniret, locum relinquere noluit.   Age nunc iter expediti
latronis cum Milonis impedimentis comparate.   Semper ille
antea cum uxore, tum sine ea ; numquam nisi in raeda, tum

1 se Σ*H* : *om. cett.*   illo die] Romam *add. HET*δ (Roma *ed. R*) :
ego delevi   10 versabatur Σ*Ba, Aul. Gell.* i. 16. 5, *Macrob.* i. 5. 5 :
-bantur *HETb*   11 putabat *H*δ : -arat *ETw*   12 ad pugnandum *E*
13 legerat *Tw*   15 gesta non *T*   16 audiritis (-ior- *B*) Σ*BH*
videritis Σ   17 mali cogit. Σ*H*: cogit. mali *cett.*   18 impe-
ditum Σ   22 vespere Σ*H*   26 erat *om. E*   mora *H* : morae
*ET*δ   tergiversatio *H* : -tionis *ET*δ : -tiones *Baiter*

in equo; comites Graeculi, quocumque ibat, etiam cum in
castra Etrusca properabat, tum nugarum in comitatu nihil.
Milo qui numquam, tum casu pueros symphoniacos uxoris
ducebat et ancillarum greges ; ille qui semper secum scorta,
5 semper exoletos, semper lupas duceret, tum neminem, nisi
ut virum a viro lectum esse diceres.   Cur igitur victus est?
Quia non semper viator a latrone, non numquam etiam latro
a viatore occiditur ; quia, quamquam paratus in imparatos
Clodius, ipse Clodius tamen mulier inciderat in viros.   Nec 56
10 vero sic erat umquam non paratus Milo contra illum ut non
satis fere esset paratus.   Semper ipse et quantum interesset
P. Clodii se interire et quanto illi odio esset et quantum ille
auderet cogitabat.   Quam ob rem vitam suam quam
maximis praemiis propositam et paene addictam sciebat num-
15 quam in periculum sine praesidio et sine custodia proiciebat.
Adde casus, adde incertos exitus pugnarum Martemque
communem, qui saepe spoliantem iam et exsultantem evertit
et perculit ab abiecto ; adde inscitiam pransi, poti, oscitantis
ducis qui, cum a tergo hostem interclusum reliquisset, nihil
20 de eius extremis comitibus cogitavit, in quos incensos ira
vitamque domini desperantis cum incidisset, haesit in eis
poenis quas ab eo servi fideles pro domini vita expetiverunt.
Cur igitur eos manu misit?   Metuebat scilicet ne indica- 57
retur, ne dolorem perferre non possent, ne tormentis coge-
25 rentur occisum esse a servis Milonis in Appia via P. Clodium
confiteri.   Quid opus est terrore? quid quaeris?   Occideritne? occidit.   Iure an iniuria?   Nihil ad tortorem : facti
enim in eculeo quaestio est, iuris in iudicio.   Quod igitur in 22
causa quaerendum est, id agamus hic ; quod tormentis
30 inveniri vis, id fatemur.   Manu vero cur miserit, si id potius

2 in comitatu nugarum *E*   9 Clodius, ipse Clodius *H* : Clodius
ETδ : *del. Richter*   10 illum] ipsum Σ*H*   11 ipse *scripsi* (*ita Reid*) :
ille *codd.* : *del. Garatoni*   12 interire Σ*H*: perire *ETδ*   15 se
proiciebat *H*   21 eis *Manutius* : his *codd.*   26 terrore *H* : tortore
ETδ   occideritne *om. H*   27 occidit *om. E*   99 id agamus]
indagamus *Mommsen*   30 inveniri Σ*H*: -ire *cett.*

quaeris quam cur parum amplis adfecerit praemiis, nescis
58 inimici factum reprehendere. Dixit enim hic idem qui
semper omnia constanter et fortiter, M. Cato, et dixit in
turbulenta contione, quae tamen huius auctoritate placata
est, non libertate solum sed etiam omnibus praemiis dignis- 5
simos fuisse qui domini caput defendissent. Quod enim
praemium satis magnum est tam benevolis, tam bonis, tam
fidelibus servis, propter quos vivit? Etsi id quidem non
tanti est quam quod propter eosdem non sanguine et volneribus suis crudelissimi inimici mentem oculosque satiavit. 10
Quos nisi manu misisset, tormentis etiam dedendi fuerunt
conservatores domini, ultores sceleris, defensores necis.
Hic vero nihil habet in his malis quod minus moleste ferat
quam, etiam si quid ipsi accidat, esse tamen illis meritum
59 praemium persolutum. Sed quaestiones urgent Milonem, 15
quae sunt habitae nunc in atrio Libertatis. Quibusnam de
servis? 'Rogas? de P. Clodi.' Quis eos postulavit?
'Appius.' Quis produxit? 'Appius.' Vnde? 'ab Appio.'
Di boni! quid potest agi severius? Proxime deos Clodius
accessit, propius quam tum cum ad ipsos penetrarat, cuius 20
de morte tamquam de caerimoniis violatis quaeritur. Sed
tamen maiores nostri in dominum quaeri noluerunt, non
quia non posset verum inveniri, sed quia videbatur indignum
et dominis morte ipsa tristius: in reum de servo accu-
60 satoris cum quaeritur, verum inveniri potest? Age vero, 25
quae erat aut qualis quaestio? 'Heus tu, Rufio,' verbi
causa, 'cave sis mentiare: Clodius insidias fecit Miloni?'
'Fecit;' certa crux. 'Nullas fecit:' sperata libertas. Quid

---

3 semper omnia H: omnia semper *cett.*   M. *om. H*   et *om. H*
11 fuerunt] fuissent Σ   18 qui H 19 severius] de servis nulla
lege (*om.* lege $T\delta$) quaestio est in dominum nisi incesti (*ita* ΣHb^2 : de
incestu ET: de interitu ab^1) ut fuit in Clodium *add. codd.*, *del.*
Heumann   in deos E 20 accessit Clod. $T\delta$ 22 dominum HE:
dominum de servo $T\delta$ 23 quia non $H\delta$: quin non ET: quin *Halm*
possit Σ   indignum ΣH: indignum esse *cett.*   24 dominis ΣH
(*i.e.* mori mallent domini): domini $TE\delta$ 27 mentiare ΣHb^2: -aris
ET (cave ... ment. *om. ab¹*)

hac quaestione certius? Subito adrepti in quaestionem
tamen separantur ceteri et in arcas coniciuntur ne quis
cum eis conloqui possit: hi centum dies penes accusatorem
cum fuissent ab eo ipso accusatore producti sunt. Quid
5 hac quaestione dici potest integrius, quid incorruptius?

Quod si nondum satis cernitis, cum res ipsa tot tam claris **23** 61
argumentis signisque luceat, pura mente atque integra Milonem, nullo scelere imbutum, nullo metu perterritum, nulla
conscientia exanimatum Romam revertisse, recordamini, per
10 deos immortalis, quae fuerit celeritas reditus eius, qui ingressus in forum ardente curia, quae magnitudo animi, qui
voltus, quae oratio. Neque vero se populo solum sed
etiam senatui commisit, neque senatui modo sed etiam
publicis praesidiis et armis, neque his tantum verum etiam
15 eius potestati cui senatus totam rem publicam, omnem
Italiae pubem, cuncta populi Romani arma commiserat:
cui numquam se hic profecto tradidisset, nisi causae suae
confideret, praesertim omnia audienti, magna metuenti,
multa suspicanti, non nulla credenti. Magna vis est con-
20 scientiae, iudices, et magna in utramque partem, ut neque
timeant qui nihil commiserint et poenam semper ante oculos
versari putent qui peccarint. Neque vero sine ratione certa 62
causa Milonis semper a senatu probata est; videbant sapientissimi homines facti rationem, praesentiam animi, defensionis
25 constantiam. An vero obliti estis, iudices, recenti illo nuntio necis Clodianae non modo inimicorum Milonis sermones
et opiniones sed non nullorum etiam imperitorun? Negabant eum Romam esse rediturum. Sive enim illud animo 63
irato ac percito fecisset ut incensus odio trucidaret inimi-
30 cum, arbitrabantur eum tanti mortem P. Clodi putasse ut
aequo animo patria careret, cum sanguine inimici explesset

1 abrepti *E*   2 ceteri *scripsi*: a ceteris *codd.*   3 centum] C. *H*
4 accusatore *del. Halm*   sunt *om. a, cf. Zielinski, p.* 211   13 modo
om. H   14 iis *H*   etiam *om. E*   15 ˙cui] cuius *ET*   23 videbant *HE*: videbant enim *Tδ*   25 at vero *H*   29 percito *b²*,
Naugerius (1): perdito *HETab¹*

25

odium suum; sive etiam illius morte patriam liberare
voluisset, non dubitaturum fortem virum quin, cum suo
periculo salutem populo Romano attulisset, cederet aequo
animo legibus, secum auferret gloriam sempiternam, vobis
haec fruenda relinqueret quae ipse servasset.   Multi etiam 5
Catilinam atque illa portenta loquebantur: 'Erumpet,
occupabit aliquem locum, bellum patriae faciet.' Miseros
interdum civis optime de re publica meritos, in quibus
homines non modo res praeclarissimas obliviscuntur sed
64 etiam nefarias suspicantur!   Ergo illa falsa fuerunt quae 10
certe vera exstitissent, si Milo admisisset aliquid quod non
24 posset honeste vereque defendere.   Quid? quae postea sunt
in eum congesta, quae quamvis etiam mediocrium delicto-
rum conscientiam perculissent, ut sustinuit, di immortales!
sustinuit? immo vero ut contempsit ac pro nihilo putavit, 15
quae neque maximo animo nocens neque innocens nisi
fortissimus vir neglegere potuisset!   Scutorum, gladiorum, pilorum, frenorum etiam multitudo deprehendi posse
indicabatur; nullum in urbe vicum, nullum angiportum
esse dicebant in quo non Miloni conducta esset domus; 20
arma in villam Ocriculanam devecta Tiberi, domus in clivo
Capitolino scutis referta, plena omnia malleolorum ad urbis
incendia comparatorum: haec non delata solum, sed paene
credita, nec ante repudiata sunt quam quaesita.
65   Laudabam equidem incredibilem diligentiam Cn. Pom- 25
pei, sed dicam, ut sentio, iudices.   Nimis multa audire
coguntur neque aliter facere possunt ei quibus commissa
tota res publica est.   Quin etiam fuit audiendus popa Licinius

---

3 secederet *E*   4 nobis *ab*[1]   10 nefaria *H*   13 quamvis . . .
conscientiam (-a *H*) *Hδ*: quemvis . . . conscientia *ETW*: quemvis
etiam in med. del. conscientia *Ernesti*   18 pilorum, frenorum Σ*BH*:
frenorum pilorumque *ETδ*   20 Mil. cond. non *T*   22 refertas
Heumann   malleorum *Eδ*   26 cog. audire *E*   27 ii *k*: i Σ:
hi *cett.*   comm. tota res p. est (rei p.) Σ*H*: tota comm. est res. p.
cett.   28 fuit aud. *Baiter*: fuerit aud. Σ*HET*: aud. sit *δ*: aud. fuit
k, Angelius

nescio qui de circo maximo, servos Milonis apud se ebrios
factos sibi confessos se de interficiendo Cn. Pompeio con-
iurasse, dein postea se gladio percussum esse ab uno de
illis ne indicaret.   Pompeio nuntiatur in hortos; arcessor
5 in primis; de amicorum sententia rem defert ad senatum.
Non poteram in illius mei patriaeque custodis tanta suspicione non metu exanimari, sed mirabar tamen credi popae,
confessionem servorum audiri, volnus in latere quod acu
punctum videretur pro ictu gladiatoris probari.   Verum, 66
10 ut intellego, cavebat magis Pompeius quam timebat, non
ea solum quae timenda erant, sed omnia, ne vos aliquid
timeretis.   Oppugnata domus C. Caesaris, clarissimi ac fortissimi viri, multas noctis horas nuntiabatur: nemo audierat
tam celebri loco, nemo senserat; tamen audiebatur.   Non
15 poteram Cn. Pompeium, praestantissima virtute virum,
timidum suspicari; diligentiam pro tota re publica suscepta
nimiam nullam putabam.   Frequentissimo senatu nuper in
Capitolio senator inventus est qui Milonem cum telo esse
diceret.   Nudavit se in sanctissimo templo, quoniam vita
20 talis et civis et viri fidem non faciebat, ut eo tacente res
ipsa loqueretur.   Omnia false atque invidiose ficta comperta
sunt: tametsi metuitur etiam nunc Milo.

Non iam hoc Clodianum crimen timemus, sed tuas, Cn. **25**
Pompei—te enim appello et ea voce ut me exaudire possis 67
25 —tuas, inquam, suspiciones perhorrescimus.   Si Milonem
times, si hunc de tua vita nefarie aut nunc cogitare aut molitum

2 se ΣH, *ut voluit Heumann* : esse *cett.*   Cn. ΣH: om. ETδ   3
dein ΣHE: deinde Tδ   4 nuntiatur in hortos H: in hortos nun-
tiavit *cett.*   9 probari ΣHE: putari Tδ   12 ac ΣH: et *cett.*   13
multas ΣH: per multas *cett.*   14 aud. a senatu H   15 praestantissimum Σ   16 pro ΣH: om. ETδ   susceptam *Gulielmius*   21
false ΣH: falsa *cett.*   invidiose *unus Ox.*: insidiose ΣH: insidiosa
ETδ   22 tametsi *scripsi*: cum tamen si *codd.* (cum *ex* q̃, = quaere
ortum videtur; *cf.* §§ 18, 67, *Mur.* 51): quod si tamen *Lambinus*: cum
tamen *Madvig*   Miloni *Wolff*   24 enim ΣH, *Ascon.*: enim iam
ETδ   et *Ascon.*: om. *codd.*   exaudire *Ascon.*: audire *codd.*   25
tuas Hδ, *Ascon.*: tuas, tuas ET   si Milonem times om. H

aliquando aliquid putas, si Italiae dilectus, ut non nulli
conquisitores tui dictitarunt, si haec arma, si Capitolinae
cohortes, si excubiae, si vigiliae, si delecta iuuentus quae
tuum corpus domumque custodit contra Milonis impetum
armata est, atque illa omnia in hunc unum constituta, parata, 5
intenta sunt, magna in hoc certe vis et incredibilis animus
et non unius viri vires atque opes iudicantur, si quidem
in hunc unum et praestantissimus dux electus et tota res
68 publica armata est.   Sed quis non intellegit omnis tibi rei
publicae partis aegras et labantis, ut eas his armis sanares 10
et confirmares, esse commissas? Quod si locus Miloni
datus esset, probasset profecto tibi ipsi, neminem umquam
hominem homini cariorem fuisse quam te sibi; nullum se
umquam periculum pro tua dignitate fugisse, cum illa ipsa
taeterrima peste se saepissime pro tua gloria contendisse; 15
tribunatum suum ad salutem meam, quae tibi carissima
fuisset, consiliis tuis gubernatum; se a te postea defensum
in periculo capitis, adiutum in petitione praeturae; duos se
habere semper amicissimos sperasse, te tuo beneficio, me
suo.   Quae si non probaret, si tibi ita penitus inhaesisset 20
ista suspicio ut nullo evelli posset modo, si denique Italia
a dilectu, urbs ab armis sine Milonis clade numquam esset
conquietura, ne ipse haud dubitans cessisset patria, is qui
ita natus est et ita consueuit; te, Magne, tamen ante testa-
26 retur, quod nunc etiam facit.   Vides quam sit varia vitae 25
69 commutabilisque ratio, quam vaga volubilisque fortuna,
quantae infidelitates in amicitiis, quam ad tempus aptae simu-
lationes, quantae in periculis fugae proximorum, quantae
timiditates.   Erit, erit illud profecto tempus et inlucescet

     5 est] sunt ΣH (R. = require *add. H, cf.* § 18)   constituta ΣH : insti-
tuta *cett.*   6 certe in hoc E 13 homini] hominum H 14 illa
ipsa HEb^2 : ipsa illa TW : illa ab^1 21 ut nullo ΣHb^2 : nullo ut *cett.*
posset modo H : modo posset $ET\delta$ 23 ipse *Madvig* : iste *codd.* : ille
ed. V : is *Garat.*   24 est et] est et esset ΣH ante testaretur ΣH :
an testaretur E : antestaretur TW : attestaretur δ 25 vides HE :
vide $T\delta$ 27 in amicitiis ΣHE : in amicis $T\delta$ 29 erit, erit] erit et T

ille aliquando dies, cum tu salvis, ut spero, rebus tuis, sed
fortasse *in* motu aliquo communium temporum, qui quam
crebro accidat experti scire debemus, et amicissimi benevolentiam et gravissimi hominis fidem et unius post homines
5 natos fortissimi viri magnitudinem animi desideres. Quam- 70
quam quis hoc credat, Cn. Pompeium, iuris publici, moris
maiorum, rei denique publicae peritissimum, cum senatus
ei commiserit ut videret ne quid res publica detrimenti
caperet, quo uno versiculo satis armati semper consules fue-
10 runt etiam nullis armis datis, hunc exercitu, hunc dilectu
dato, iudicium exspectaturum fuisse in eius consiliis vindi-
candis qui vi iudicia ipsa tolleret? Satis iudicatum est a
Pompeio, satis, falso ista conferri in Milonem, qui legem
tulit qua, ut ego sentio, Milonem absolvi a vobis oporteret,
15 ut omnes confitentur, liceret. Quod vero in illo loco atque 71
illis publicorum praesidiorum copiis circumfusus sedet, satis
declarat se non terrorem inferre vobis—quid enim minus
illo dignum quam cogere ut vos eum condemnetis in quem
animadvertere ipse et more maiorum et suo iure possit? —,
20 sed praesidio esse, ut intellegatis contra hesternam illam
contionem licere vobis quod sentiatis libere iudicare.

Nec vero me, iudices, Clodianum crimen movet, nec tam **27**
sum demens tamque vestri sensus ignarus atque expers ut 72
nesciam quid de morte Clodi sentiatis. De qua si iam
25 nollem ita diluere crimen ut dilui, tamen impune Miloni
palam clamare ac mentiri gloriose liceret: 'Occidi, occidi,
non Sp. Maelium qui annona levanda iacturisque rei familiaris, quia nimis amplecti plebem videbatur, in suspicionem
incidit regni appetendi, non Ti. Gracchum qui conlegae

1 ille aliquando Σ*HE* : aliquando ille *T*δ   salvis *Ant. Augustinus* :
salutaribus *HE*δ : salubritatibus *T*   2 in *suppl. Luterbacher*   motu
*T*δ : metu *HE*   in communium *ET* : impendente comm. *Lange*   im-
mutatis *post* temp. *add.* *b*²   12 vi *H* : vel *ET*δ   13 satis *om.* Σ*H*
14 oportet Σ*H*   15 licet Σ   in *om.* Σ*H*   18 ut vos eum *ET*δ : ut
vuum Σ : ut vos *H* (eum ut vos eum *Asconii cod. S*, eum *codd. PM*)
19 possit Σ, *A. Eberhard* : posset *cett.*   26 occidi *bis ET*δ, *Quintil.*
ix. 3. 28, *Aquila Rom. Rhet. L. p.* 27 : *semel H, Quintil.* v. 11. 12 *codd.*
Βϛ, *Isidorus*, ii. 21. 31   28 videbatur *P, Quintil.* v. 11. 12 : putabatur
*HET*δ

magistratum per seditionem abrogavit, quorum interfectores
implerunt orbem terrarum nominis sui gloria, sed eum—
auderet enim dicere, cum patriam periculo suo liberasset —
cuius nefandum adulterium in pulvinaribus sanctissimis nobi-
73 lissimae feminae comprehenderunt; eum cuius supplicio 5
senatus sollemnis religiones expiandas saepe censuit; eum
quem cum sorore germana nefarium stuprum fecisse L. Lucullus iuratus se quaestionibus habitis dixit comperisse;
eum qui civem quem senatus, quem populus Romanus,
quem omnes gentes urbis ac vitae civium conservatorem 10
iudicarant servorum armis exterminavit; eum qui regna
dedit, ademit, orbem terrarum quibuscum voluit partitus est;
eum qui plurimis caedibus in foro factis singulari virtute et
gloria civem domum vi et armis compulit; eum cui nihil
umquam nefas fuit nec in facinore nec in libidine; eum qui 15
aedem Nympharum incendit ut memoriam publicam recensionis tabulis publicis impressam exstingueret; eum denique
74 cui iam nulla lex erat, nullum civile ius, nulli possessionum
termini, qui non calumnia litium, non iniustis vindiciis ac
sacramentis alienos fundos, sed castris, exercitu, signis infe- 20
rendis petebat; qui non solum Etruscos—eos enim penitus
contempserat — sed hunc P. Varium, fortissimum atque
optimum civem, iudicem nostrum, pellere possessionibus
armis castrisque conatus est, qui cum architectis et decem-
pedis villas multorum hortosque peragrabat, qui Ianiculo et 25
Alpibus spem possessionum terminarat suarum, qui cum ab
equite Romano splendido et forti, M. Paconio, non impe-
trasset, ut sibi insulam in lacu Prilio venderet, repente lin-
tribus in eam insulam materiem, calcem, caementa, harenam

1 abrogavit *PBHδ* : -abit *E* : -abat *T*   2 impleverunt *P*   3 suo
om. Quintil.   7 L. *om. BH*   9 Romanus *PΣH* : *om. ETδ*   10
gentes *om. P*   11 iudicarant *PΣH* : -abant *ETδ*   13 in singulari
ΣH   15 fuit] sit *H*   nec . . . nec] neque . . . neque *ΣH*   18 lex
nulla *T*   22 P. *H* : C. (*vel* Γ.) *P teste Zuretti* : c. p *ETWa* : Cn. Pompeium *b*   Varium *PETW* : Varum *H* : narrum *a* : virum *b*   26 terminarat *P* : -abat *HETδ*   27 forti, M.] fortissimo *H*   28 Prilio *P* :
Prelio *Ha* : Perelio *ET*   29 materiem *PΣH* : -iam *BETδ*   harenam *ΣBHb²* : arma *cett.* (*P*)

convexit dominoque trans ripam inspectante non dubitavit aedificium exstruere in alieno ; qui huic T. Furfanio,
cui viro, di immortales ! — quid enim ego de muliercula 75
Scantia, quid de adulescente P. Aponio dicam ? quorum
5 utrique mortem est minatus, nisi sibi hortorum possessione
cessissent — ; sed ausum esse T. Furfanio dicere, si sibi
pecuniam quantam posceret non dedisset, mortuum se in
domum eius inlaturum, qua invidia huic esset tali viro
conflagrandum ; qui Appium fratrem, hominem mihi con-
10 iunctum fidissima gratia, absentem de possessione fundi
deiecit ; qui parietem sic per vestibulum sororis instituit
ducere, sic agere fundamenta ut sororem non modo vestibulo
privaret sed omni aditu et limine.'   Quamquam haec qui- **28**
dem iam tolerabilia videbantur, etsi aequabiliter in rem 76
15 publicam, in privatos, in longinquos, in propinquos, in
alienos, in suos inruebat, sed nescio quo modo usu iam
obduruerat et percalluerat civitatis incredibilis patientia :
quae vero aderant iam et impendebant, quonam modo ea
aut depellere potuissetis aut ferre ?   Imperium ille si nactus
20 esset, omitto socios, exteras nationes, reges, tetrarchas ; vota
enim faceretis ut in eos se potius immitteret quam in vestras
possessiones, vestra tecta, vestras pecunias : pecunias dico ?
a liberis, me dius fidius, et a coniugibus vestris numquam
ille effrenatas suas libidines cohibuisset.   Fingi haec putatis
25 quae patent, quae nota sunt omnibus, quae tenentur, servorum exercitus illum in urbe conscripturum fuisse, per quos
totam rem publicam resque privatas omnium possideret ?
Quam ob rem si cruentum gladium tenens clamaret T. An- 77

2 exstruere aed. *P*   4 Scantia] Stantia *P* : Sanctia *Hδ*   P.
Aponio *scripsi* : Papinio *P* : Aponio *HEδ* : Apinio *T*   5 minatus *ΣH* :
minitatus *PETδ* (*cf. Zielinski, Philol.* 1906, *p.* 615)   6 cessissent *PH* :
-isset *ETδ*   ausus *P¹E*   esse T. *Richter* : esset *ΣHE* : esse *PTδ*
7 posceret *H* : poposcerat *PETδ*   13 lumine *H* (*contra B*)   16 iam
hoc loco hab. H, ante usu *Tδ, om. ΣE*   20 externas Σ   21 inmit-
teret *ΣHE* : mitteret *TWδ*   22 vestras pecunias, vestra tecta *TW*
pecunias *bis hab.* *ΣHb²* : *semel ETδ*   24 putatis haec *ΣBH*   25
patentur haec quae *H*

nius : ' Adeste, quaeso, atque audite, cives ! P. Clodium
interfeci, eius furores, quos nullis iam legibus, nullis iudiciis
frenare poteramus. hoc ferro et hac dextera a cervicibus vestris
reppuli, per me ut unum ius aequitas, leges libertas, pudor
pudicitia maneret in civitate,' esset vero timendum quonam 5
modo id ferret civitas ! Nunc enim quis est qui non probet,
qui non laudet, qui non unum post hominum memoriam
T. Annium plurimum rei publicae profuisse, maxima laetitia
populum Romanum, cunctam Italiam, nationes omnis ad-
fecisse et dicat et sentiat ? Non queo vetera illa populi 10
Romani gaudia quanta fuerint iudicare : multas tamen iam
summorum imperatorum clarissimas victorias aetas nostra
vidit, quarum nulla neque tam diuturnam laetitiam attulit
78 nec tantam. Mandate hoc memoriae, iudices. Spero multa
vos liberosque vestros in re publica bona esse visuros : in 15
eis singulis ita semper existimabitis, vivo P. Clodio nihil
eorum vos visuros fuisse. In spem maximam et, quem ad
modum confido, verissimam sumus adducti, hunc ipsum
annum, hoc summo viro consule, compressa hominum licen-
tia, cupiditatibus confractis, legibus et iudiciis constitutis, 20
salutarem civitati fore. Num quis igitur est tam demens
qui hoc P. Clodio vivo contingere potuisse arbitretur ?
Quid ? ea quae tenetis privata atque vestra dominante
homine furioso quod ius perpetuae possessionis habere
potuissent ? 25

29 Non timeo, iudices, ne odio mearum inimicitiarum inflammatus libentius haec in illum evomere videar quam
verius. Etenim si praecipuum esse debebat, tamen ita communis erat omnium ille hostis ut in communi odio paene

---

5 maneret *BHETa*: -erent *b*   in civitate *ante* leges *hab.* Σ*BH*
post leges *E*, *ante* maneret *T*δ ; *hoc loco posuit Zielinski* (*numeri gratia*)
9 affecisse et Σ*H*δ : affecisset *E* : affecisse *T*   13 laet. attulit Σ*H* :
attulit laet. *cett.*   15 bona *Hb* : multa bona *TWa* : vestra bona *E*
16 eis *Garatoni* : his *codd.*   17 eorum *ET* : horum Σ*Hb*² (nihil
eorum . . . P Clodio vivo *om. ab*¹)   19 hoc Σ*H* : hoc ipso *cett.*
20 confractis *H* : fractis *cett.* (Σ)   21 igitur est Σ*H* : est igitur *ET*
22 arbitretur *Naugerius* (1) : -traretur *codd*   24 possessionis *b*,
edd. VR : possessiones *HETa*   26 inimic. mearum *T*   28 si]
etsi *H*   praecipue meus *Richter*

aequaliter versaretur odium meum.   Non potest dici satis,
ne cogitari quidem, quantum in illo sceleris, quantum exiti
fuerit.   Quin sic attendite, iudices.   Fingite animis—liberae 79
sunt enim nostrae cogitationes et quae volunt sic intuentur
5 ut ea cernimus quae videmus—fingite igitur cogitatione
imaginem huius condicionis meae, si possimus efficere
Milonem ut absolvatis, sed ita si P. Clodius revixerit—quid
voltu extimuistis? quonam modo ille vos vivus adficeret
quos mortuus inani cogitatione percussit? Quid? si ipse
10 Cn. Pompeius, qui ea virtute ac fortuna est ut ea potuerit
semper quae nemo praeter illum, si is, inquam, potuisset
aut quaestionem de morte P. Clodi ferre aut ipsum ab
inferis excitare, utrum putatis potius facturum fuisse? Etiam
si propter amicitiam vellet illum ab inferis evocare, propter
15 rem publicam non fecisset.   Eius igitur mortis sedetis ultores
cuius vitam si putetis per vos restitui posse nolitis, et de
eius nece lata quaestio est qui si lege eadem reviviscere
posset, ista lex lata numquam esset.   Huius ergo interfector
si esset, in confitendo ab eisne poenam timeret quos libera-
20 visset?   Graeci homines deorum honores tribuunt eis viris 80
qui tyrannos necaverunt—quae ego vidi Athenis, quae in
aliis urbibus Graeciae ! quas res divinas talibus institutas
viris, quos cantus, quae carmina ! prope ad immortalitatis
et religionem et memoriam consecrantur—vos tanti conser-
25 vatorem populi, tanti sceleris ultorem non modo honoribus
nullis adficietis sed etiam ad supplicium rapi patiemini?

3 iudices] nempe. de interitu P. Clodi *add. H*: nempe haec est
quaestio de interitu P. Clodi *add. E T*ò, *ego delevi*   4 sunt enim Σ*BE*:
enim sunt *HT*δ   5 cernamus quae videmus Σ*B*: cernamus quae non
videmus *H* (*cf. Quintil.* ix. 2. 41)   6 possimus *H*: -sum H *vel* iǎ) Σ:
-sim *T*δ: -sum *E*   7 Mil. ut *H*: ut Mil. *ET*δ   8 voltu *H*δ: -um
T: -us *E*   vivos *HET*   adficeret Σ*Hb*²: adfecerat *T*δ: efficeret *E*
9 mortuos *H*   perculsit *E*   13 facturum esse *H*   14 evoc.
Σ*HW*: avoc. *ET*δ   16 nolitis *H*δ, *Quintil.* v. 14. 2, *Isidorus* ii. 9:
nolletis *ET*   18 ista lex lata numq. Σ: ista lex numq. lata *H*:
lata lex numq. *cett.*   19 iisne *b*², *ed. R*: hisne (*om.* ne *H*) *HETab*¹
21 in aliis *H*: aliis in *ET*ò   23 immortalitatem *T*δ

Confiteretur, confiteretur, inquam, si fecisset, et magno animo
et libenter, se fecisse libertatis omnium causa quod esset non
30
81
confitendum modo sed etiam vere praedicandum. Etenim si
id non negat ex quo nihil petit nisi ut ignoscatur, dubitaret
id fateri ex quo etiam praemia laudis essent petenda? nisi 5
vero gratius putat esse vobis sui se capitis quam vestri
defensorem fuisse ; cum praesertim in tali confessione, si
grati esse velletis, honores adsequeretur amplissimos. Sin
factum vobis non probaretur—quamquam qui poterat salus
sua cuiquam non probari ?—sed tamen si minus fortissimi 10
viri virtus civibus grata cecidisset, magno animo constanti-
que cederet ex ingrata civitate. Nam quid esset ingratius
quam laetari ceteros, lugere eum solum propter quem ceteri
82 laetarentur ? Quamquam hoc animo semper fuimus omnes
in patriae proditoribus opprimendis ut, quoniam futura 15
esset nostra gloria, periculum quoque et invidiam nostram
putaremus. Nam quae mihi tribuenda ipsi laus esset, cum
tantum in consulatu meo pro vobis ac liberis vestris ausus
essem, si id quod conabar sine maximis dimicationibus meis
me esse ausurum arbitrarer ? Quae mulier interficere scele- 20
ratum ac perniciosum civem non auderet, si periculum non
timeret ? Proposita invidia, morte, poena qui nihilo segnius
rem publicam defendit, is vir vere putandus est. Populi
grati est praemiis adficere bene meritos de re publica civis,
viri fortis ne suppliciis quidem moveri ut fortiter fecisse 25
83 paeniteat. Quam ob rem uteretur eadem confessione T.
Annius qua Ahala, qua Nasica, qua Opimius, qua Marius,
qua nosmet ipsi, et, si grata res publica esset, laetaretur ; si
ingrata, tamen in gravi fortuna conscientia sua niteretur.

---

1 et magno] magno Σ   2 libente *H*   se fec. *H* : fec. se *cett.*
esset Σ*H* : esset ei *ETa*   3 sed etiam vere Σ*H* : verum etiam *cett.* :
verum etiam vere *Lambin.*   4 quod dubitaret *H*   5 id *H*δ : is *ET*
6 vestri Σ*H* : vestri ordinis *cett.*   7 tali *H* : ea *ET*δ   8 sin Σ*H* :
si *TE*δ   13 potius quam Σ*H*   14 fuimus omn. Σ*Hw* : omn. fuimus
cett.   15 fut. esset nostra *H* : nostra fut. esset *ET*δ   17 ipsi trib.
Σ*ET* : trib. ipsa *H*   18 meo *om. H*   19 quod] cum *E*   cogitationibus *H*   20 interficere *post* civem *hab. T*   24 civis viri *om. H*
28 publica *om. H*   sin ingrata Σ

Sed huius benefici gratiam, iudices, Fortuna populi Romani et vestra felicitas et di immortales sibi deberi putant. Nec vero quisquam aliter arbitrari potest, nisi qui nullam vim esse ducit numenque divinum, quem neque imperi
5 nostri magnitudo nec sol ille nec caeli signorumque motus nec vicissitudines rerum atque ordines movent neque, id quod maximum est, maiorum nostrorum sapientia, qui sacra, qui caerimonias, qui auspicia et ipsi sanctissime coluerunt et nobis suis posteris prodiderunt. Est, est illa vis pro- **31**
10 fecto, neque in his corporibus atque in hac imbecillitate **84** nostra inest quiddam quod vigeat et sentiat, non inest in hoc tanto naturae tamque praeclaro motu. Nisi forte idcirco non putant quia non apparet nec cernitur, proinde quasi nostram ipsam mentem qua sapimus, qua providemus, qua
15 haec ipsa agimus ac dicimus, videre ac plane qualis aut ubi sit sentire possimus. Ea vis igitur ipsa quae saepe incredibilis huic urbi felicitates atque opes attulit illam perniciem exstinxit ac sustulit, cui primum mentem iniecit ut vi inritare ferroque lacessere fortissimum virum auderet vincereturque
20 ab eo quem si vicisset habiturus esset impunitatem et licentiam sempiternam. Non est humano consilio, ne mediocri **85** quidem, iudices, deorum immortalium cura res illa perfecta. Regiones me hercule ipsae quae illam beluam cadere viderunt, commosse se videntur et ius in illo suum retinuisse.
25 Vos enim iam, Albani tumuli atque luci, vos, inquam, imploro atque testor, vosque, Albanorum obrutae arae, sacrorum populi Romani sociae et aequales, quas ille praeceps amentia caesis prostratisque sanctissimis lucis substructio-

---

1 Fortuna *om. H*   4 numenque Σ*H* : -ve *cett.*   5 nec sol Σ*H* : neque sol *cett.*   7 nostrorum Σ*Hw* : *om. ET*δ   9 est, est Σ*Hb²* : est *T* : est igitur *E* : et est *ab¹*   illa vis prof. Σ*BH* : prof. illa vis *cett.* 12 tamque Σ*H* : tam *cett.*   15 ac plane Σ*BH* : aut plane *cett.*   16 igitur ipsa Σ*BE* : ipsa igitur *T* : igitur *H*δ   23 regiones Σ*H* : religiones *ET*δ   23 me hercules Σ*H* · *cf. Orat.* 157)   quae *HE* : quae tum *W* : quae cum *T*δ   24 commovisse *E*   26 testor *H et Quintil.* xi. 1. 34 : obtestor *ET*δ

num insanis molibus oppresserat; vestrae tum religiones
viguerunt, vestra vis valuit, quam ille omni scelere polluerat;
tuque ex tuo edito monte Latiari, sancte Iuppiter, cuius ille
lacus, nemora finisque saepe omni nefario stupro et scelere
maculabat, aliquando ad eum puniendum oculos aperuisti : 5
vobis illae, vobis vestro in conspectu serae, sed iustae tamen
86 et debitae poenae solutae sunt. Nisi forte hoc etiam casu
factum esse dicemus ut ante ipsum sacrarium Bonae deae,
quod est in fundo T. Serti Galli, in primis honesti et ornati
adulescentis, ante ipsam, inquam, Bonam deam, cum proe- 10
lium commisisset, primum illud volnus acciperet quo taeterrimam mortem obiret, ut non absoluto iudicio illo nefario
32 videretur, sed ad hanc insignem poenam reservatus. Nec
vero non eadem ira deorum hanc eius satellitibus iniecit
amentiam ut sine imaginibus, sine cantu atque ludis, sine 15
exsequiis, sine lamentis, sine laudationibus, sine funere, oblitus cruore et luto, spoliatus illius supremi diei celebritate
cui cedere inimici etiam solent ambureretur abiectus. Non
fuisse credo fas clarissimorum virorum formas illi taeterrimo
parricidae aliquid decoris adferre, neque ullo in loco potius 20
87 mortem eius lacerari quam in quo esset vita damnata. Dura,
me dius fidius, mihi iam fortuna populi Romani et crudelis
videbatur, quae tot annos illum in hanc rem publicam in-
sultare pateretur. Polluerat stupro sanctissimas religiones,
senatus gravissima decreta perfregerat, pecunia se a iudici- 25
bus palam redemerat, vexarat in tribunatu senatum, omnium
ordinum consensu pro salute rei publicae gesta resciderat,
me patria expulerat, bona diripuerat, domum incenderat,
liberos, coniugem meam vexarat, Cn. Pompeio nefarium

---

1 impresserat *H*   tum Σ*H* : tum arae vestrae *cett.* : tum irae,
vestrae *Richter*   3 Latiari Σ*H*T*a* (-rei *T*a) : -aret *W* : aris *E* : -alis *b*
4 lucus Σ   5 poeniendum *T*   aperuistis *H*   9 T. *om.* P*H*
Sergi *P*   11 acciperet *P*Σ*H* : -erit *E*Tω*δ*   16 sine lamentis *om.*
B*H*   18 ambureretur *PH*) : imbueretur *ET*   etiam abiectus T*δ*
21 vita esset *ab*[1]   22 mihi *ante* me *hab.* T*δ*   23 in hac re p. *P*Σ
25 a *P*Σ*Hb*[2] : *om. ET*a*b*[1]   palam *ante* se *hab.* Σ*H*   26 vexarat
(-erat *H*) *PHδ* : vexaverat *ET*

bellum indixerat, magistratuum privatorumque caedis effecerat, domum mei fratris incenderat, vastarat Etruriam,
multos sedibus ac fortunis eiecerat; instabat, urgebat;
capere eius amentiam civitas, Italia, provinciae, regna non
5 poterant; incidebantur iam domi leges quae nos servis
nostris addicerent; nihil erat cuiusquam, quod quidem ille
adamasset, quod non hoc anno suum fore putaret. Obstabat 88
eius cogitationibus nemo praeter Milonem. Illum ipsum
qui poterat obstare novo reditu in gratiam sibi devinctum
10 arbitrabatur; Caesaris potentiam suam esse dicebat; bonorum animos in meo casu contempserat: Milo unus urgebat.
Hic di immortales, ut supra dixi, mentem illi perdito ac **33**
furioso dederunt ut huic faceret insidias. Aliter perire
pestis illa non potuit; numquam illum res publica suo iure
15 esset ulta. Senatus, credo, praetorem eum circumscripsisset.
Ne cum solebat quidem id facere, in privato eodem hoc
aliquid profecerat. An consules in praetore coercendo 89
fortes fuissent? Primum Milone occiso habuisset suos consules; deinde quis in eo praetore consul fortis esset per
20 quem tribunum virtutem consularem crudelissime vexatam
esse meminisset? Oppressisset omnia, possideret, teneret;
lege nova, quae est inventa apud eum cum reliquis legibus
Clodianis, servos nostros libertos suos effecisset; postremo,
nisi eum di immortales in eam mentem impulissent ut homo
25 effeminatus fortissimum virum conaretur occidere, hodie
rem publicam nullam haberetis. An ille praetor, ille vero 90
consul, si modo haec templa atque ipsa moenia stare eo
vivo tam diu et consulatum eius exspectare potuissent, ille
denique vivus mali nihil fecisset cui mortuo unus ex suis

1 induxerat *P*   5 nos iam *Ascon.*   servis nostris Σ*HE, Ascon.* :
nostris servis *Tδ*   9 obstare poterat *P*   in gratiam] gratia Σ   sibi
Lambin. : quasi *codd.*   devinctum *PΣk* : devictum *HETδ*   10 suam
PΣH : suam potentiam *ETδ*   19 in om. Σ*H*   fortis esset] fuisset
fortis *H*   21 oppressisset Σ*HE* : om. *Tδ*   22 quae est . . .
Clodianis *del. Bake*   23 effecisset Σ*H* : fecisset *cett.*   29 cui
mortuo unus *scripsi* : qui mortuo unus *H* : cui mortuus uno *Ea* : cum
mortuus uno *Tw* : qui mortuus uno *b*

satellitibus curiam incenderit? Quo quid miserius, quid
acerbius, quid luctuosius vidimus? templum sanctitatis,
amplitudinis, mentis, consili publici, caput urbis, aram sociorum, portum omnium gentium, sedem ab universo populo
concessam uni ordini, inflammari, exscindi, funestari, neque 5
id fieri a multitudine imperita, quamquam esset miserum
id ipsum, sed ab uno? Qui cum tantum ausus sit ustor
pro mortuo, quid signifer pro vivo non esset ausurus? In
curiam potissimum abiecit, ut eam mortuus incenderet
91 quam vivus everterat. Et sunt qui de via Appia querantur, 10
taceant de curia, et qui ab eo spirante forum putent potuisse defendi, cuius non restiterit cadaveri curia? Excitate,
excitate ipsum, si potestis, a mortuis: frangetis impetum
vivi cuius vix sustinetis furias insepulti? Nisi vero susti-
nuistis eos qui cum facibus ad curiam concurrerunt, cum 15
fascibus ad Castoris, cum gladiis toto foro volitaverunt.
Caedi vidistis populum Romanum, contionem gladiis dis-
turbari, cum audiretur silentio M. Caelius, tribunus plebis,
vir et in re publica fortissimus, in suscepta causa firmis-
simus, et bonorum voluntati, auctoritati senatus deditus, et 20
in hac Milonis sive invidia sive fortuna, singulari, divina,
incredibili fide.

34
92 Sed iam satis multa de causa, extra causam etiam nimis
fortasse multa. Quid restat nisi ut orem obtesterque vos,
iudices, ut eam misericordiam tribuatis fortissimo viro 25
quam ipse non implorat, ego etiam repugnante hoc et imploro et exposco? Nolite, si in nostro omnium fletu nullam lacrimam aspexistis Milonis, si voltum semper eundem,
si vocem, si orationem stabilem ac non mutatam videtis,

1 satellitibus] Sex. Clodio duce *add. codd.* (*ex Asconio, p.* 33. 5):
Sex. Clodio *del. Madv.*, *etiam* duce *ego*   3 orbis ΣH   8 ausurus H:
ausus ETδ   13 a mortuis Σ *mg.*, ETδ: ab inferis ΣHb² (*peiore numero*)
14 sustinetis . . . vero *om.* H   15 concurr. *k, Madv.*: cucurr. *cett.*
cum fascibus ad Castoris *Lambin.* (*cf. Ascon. p.* 33. 13. *Phil.* xiv. 15):
cum facibus ad Castoris HETab²: cum falcibus ac rastris *b*¹   16 volitaverunt *Wüst*: -arunt *codd.*   19 in sus. ΣH: et in sus. *cett.*
20 auctor. ΣE: atque *ante* auct. *add.* H: et *add.* Tδ   22 incred.
ΣH: et incred. *cett.*   28 aspexeritis Σ

hoc minus ei parcere : haud scio an multo etiam sit adiu-
vandus magis. Etenim si in gladiatoriis pugnis et *in* infimi
generis hominum condicione atque fortuna timidos et sup-
plices et ut vivere liceat obsecrantis etiam odisse solemus,
5 fortis et animosos et se acriter ipsos morti offerentis servari
cupimus, eorumque nos magis miseret qui nostram misericordiam non requirunt quam qui illam efflagitant, quanto
hoc magis in fortissimis civibus facere debemus ! Me 93
quidem, iudices, exanimant et interimunt hae voces Milonis
10 quas audio adsidue et quibus intersum cotidie. ' Valeant,'
inquit ' valeant cives mei ; sint incolumes, sint florentes,
sint beati ; stet haec urbs praeclara mihique patria carissima, quoquo modo erit merita de me ; tranquilla re publica
mei cives, quoniam mihi cum illis non licet, sine me ipsi,
15 sed propter me tamen perfruantur. Ego cedam atque abibo.
Si mihi bona re publica frui non licuerit, at carebo mala, et
quam primum tetigero bene moratam et liberam civitatem,
in ea conquiescam. O frustra ' inquit ' mei suscepti labores, 94
o spes fallaces, o cogitationes inanes meae ! Ego cum tri-
20 bunus plebis re publica oppressa me senatui dedissem
quem exstinctum acceperam, equitibus Romanis quorum
vires erant debiles, bonis viris qui omnem auctoritatem
Clodianis armis abiecerant, mihi umquam bonorum praesidium defuturum putarem ? Ego cum te '—mecum enim
25 saepissime loquitur— 'patriae reddidissem, mihi putarem in
patria non futurum locum ? Vbi nunc senatus est quem

1 etiam sit adiuv. *HEδ*: etiam adiuv. sit *T*: sit etiam adiuv. *P*.   2 in
infimi *duo Oxx. ed R*: *om.* in *PHETδ*   3 hominum *PΣHb* : omnium
ETa   atque suppl. *P*   5 atque anim. *P* (*contra Severian. Rhet. L.
p.* 368)   ipsos *PHb, Severian.* : ipsi *ETa*   servari *ΣHb²*, *Severian.* :
-are *PETab¹*   8 civibus *om. H*   10 valeant] valeant valeant *H*
11 mei cives valeant *ΣH*   12 urbs cara *H*   13 merita de me erit
Tδ   15 propter *PΣH* : per *cett.*   16 bona re p *PΣH* : re p. bona
ETwδ   17 primam *Ernesti*   18 mihi *P* (*contra Quintil.* vi. 1. 27)
19 o cogit. *ETδ*, *Quintil.* : et cogit. *P*: cogit *H*   20 me *om. H* : *fort.*
senatui me (*numeri gratia*)   dedidissem *Garatoni*   25 put. in patr.
non fut. *P*: fut. in patr. non put. *ΣHEw* : non fut. in patr. put. *Tδ*

secuti sumus, ubi equites Romani illi, illi' inquit 'tui? ubi
studia municipiorum, ubi Italiae voces, ubi denique tua,
M. Tulli, quae plurimis fuit auxilio, vox atque defensio?

35
95 Mihine ea soli qui pro te totiens morti me obtuli nihil
potest opitulari?' Nec vero haec, iudices, ut ego nunc, 5
flens, sed hoc eodem loquitur voltu quo videtis. Negat
enim se, negat ingratis civibus fecisse quae fecerit, timidis
et omnia pericula circumspicientibus non negat. Plebem
et infimam multitudinem, quae P. Clodio duce fortunis
vestris imminebat, eam quo tutior esset vestra vita suam 10
se fecisse commemorat, ut non modo virtute flecteret sed
etiam tribus suis patrimoniis deleniret, nec timet ne, cum
plebem muneribus placarit, vos non conciliarit meritis in
rem publicam singularibus. Senatus erga se benevolentiam
temporibus his ipsis saepe esse perspectam, vestras vero et 15
vestrorum ordinum occursationes, studia, sermones, quemcumque cursum fortuna ceperit, secum se ablaturum esse
96 dicit. Meminit etiam vocem sibi praeconis modo defuisse,
quam minime desiderarit, populi vero cunctis suffragiis,
quod unum cupierit, se consulem declaratum ; nunc deni- 20
que, si haec arma contra se sint futura, sibi facinoris suspicionem, non facti crimen obstare. Addit haec, quae certe
vera sunt, fortis et sapientis viros non tam praemia sequi
solere recte factorum quam ipsa recte facta ; se nihil in
vita nisi praeclarissime fecisse, si quidem nihil sit praesta- 25
bilius viro quam periculis patriam liberare. Beatos esse
97 quibus ea res honori fuerit a suis civibus, nec tamen eos
miseros qui beneficio civis suos vicerint. Sed tamen ex
omnibus praemiis virtutis, si esset habenda ratio praemiorum,

---

1 illi *semel P*   2 tua illa *P*   3 atque *PΣHE* : et *Tδ*   5 neque
H   6 hoc eodem illo *ΣH, cf. Tusc.* iii. 31 hic est enim ille voltus
semper idem, *Att.* i. 18. 3 instat hic nunc ille annus egregius   7 se
om. P, qui deficit in verbo insequenti : se *post* fecisse *inser. Baiter*
8 peric. circumsp *ΣHE* : circumsp. peric. *Tδ*   10 suam *H* : *om.*
ETδ   12 deliniret *Ea*   17 fortuna ceperit *Ioergensen* : fortunae
ceperit *Σ* ?)*H* : fortuna dederit *ETδ*   se *ΣH* : *om. cett.*   18 vocem
'sibi *ΣHE* : sibi vocem *Tδ*   21 arma *ΣHE* : *om. Tδ*

amplissimum esse praemium gloriam ; esse hanc unam
quae brevitatem vitae posteritatis memoria consolaretur,
quae efficeret ut absentes adessemus, mortui viveremus ;
hanc denique esse cuius gradibus etiam in caelum homines
5 viderentur ascendere. 'De me' inquit 'semper populus 98
Romanus, semper omnes gentes loquentur, nulla umquam
obmutescet vetustas. Quin hoc tempore ipso, cum omnes
a meis inimicis faces invidiae meae subiciantur, tamen
omni in hominum coetu gratiis agendis et gratulationibus
10 habendis et omni sermone celebramur. Omitto Etruriae
festos et actos et institutos dies. Centesima lux est haec ab
interitu P. Clodi et, opinor, altera. Qua fines imperi
populi Romani sunt, ea non solum fama iam de illo sed
etiam laetitia peragravit. Quam ob rem ubi corpus hoc
15 sit non' inquit 'laboro, quoniam omnibus in terris et iam
versatur et semper hic habitabit nominis mei gloria.' Haec **36**
tu mecum saepe his absentibus, sed isdem audientibus haec 99
ego tecum, Milo : 'Te quidem, cum isto animo sis, satis
laudare non possum, sed, quo est ista magis divina virtus,
20 eo maiore a te dolore divellor. Nec vero, si mihi eriperis,
reliqua est illa saltem ad consolandum querela ut eis
irasci possim a quibus tantum volnus accepero. Non enim
inimici mei te mihi eripient, sed amicissimi, non male
aliquando de me meriti, sed semper optime.' Nullum mihi
25 umquam, iudices, tantum dolorem inuretis—tametsi quis
potest esse tantus ?—sed ne hunc quidem ipsum ut obli-
viscar quanti me semper feceritis. Quae si vos cepit oblivio
aut si in me aliquid offendistis, cur non id in meo
capite potius luitur quam Milonis ? Praeclare enim vixero,

1 hanc esse Σ   2 brevitatem *Hb* : -tate *ETa*   8 meis Σ*Hb²* :
suis *ET*δ tuis *Lambin.*   tamen *om.* Σ   9 in *om.* Σ   10 celebramur *Hb* : -emur *ETa*   16 versabitur Σ   hic Σ*H* : *om. cett.*
18 sis *H* : es *ET*δ   19 ista Σ*H* : illa *cett*   20 eripieris *b²*   21
saltem Σ*Hw* : tamen *ET*δ   querella *H*   eis] his *E*   25 umq. iud.
mihi *T*δ   tametsi *H* : etsi *ET*δ   27 ceperit Σ   oblivio mei
H : *fort.* quod si . . . obl. mei (*contra Arusian. K.* vii. 497)   28 id in
H : *om.* in *ET*δ

si quid mihi acciderit prius quam hoc tantum mali videro.
100 Nunc me una consolatio sustentat, quod tibi, T. Anni,
nullum a me amoris, nullum studi, nullum pietatis officium
defuit. Ego inimicitias potentium pro te appetivi ; ego
meum saepe corpus et vitam obieci armis inimicorum tuo- 5
rum ; ego me plurimis pro te supplicem abieci ; bona,
fortunas meas ac liberorum meorum in communionem
tuorum temporum contuli ; hoc denique ipso die, si qua
vis est parata, si qua dimicatio capitis futura, deposco.
Quid iam restat ? quid habeo quod faciam pro tuis in me 10
meritis nisi ut eam fortunam quaecumque erit tua ducam
meam ? Non abnuo, non recuso, vosque obsecro, iudices,
ut vestra beneficia quae in me contulistis aut in huius
salute augeatis aut in eiusdem exitio occasura esse videatis.

37
101 His lacrimis non commovetur Milo—est quodam incre- 15
dibili robore animi — exsilium ibi esse putat ubi virtuti
non sit locus ; mortem naturae finem esse, non poenam.
Sit hic ea mente qua natus est : quid ? vos, iudices, quo
tandem eritis animo ? Memoriam Milonis retinebitis, ipsum
eicietis ? Et erit dignior locus ullus in terris qui hanc 20
virtutem excipiat quam hic qui procreavit ? Vos, vos appello, fortissimi viri, qui multum pro re publica sanguinem
effudistis ; vos, inquam, in civis invicti periculo appello, centuriones, vosque, milites : vobis non modo inspectantibus
sed etiam armatis et huic iudicio praesidentibus haec tanta 25
virtus ex hac urbe expelletur, exterminabitur, proicietur ?
102 O me miserum, o me infelicem ! Revocare tu me in
patriam, Milo, potuisti per hos, ego te in patria per eosdem
retinere non potero ? Quid respondebo liberis meis qui te

8 temporum *om. E*   si qua Σ*BH* : si quae *cett.*   9 si qua Σ*BHE* :
si quae *Tδ*   dimicatio] diminutio *E*   10 quod fac. Σ*BHb²* : quid
fac. *cett*   12 non abnuo, non recuso Σ*BH* : non recuso, non abnuo *Tδ*
14 salutem *BH*   15 commovetur Σ*BH* : movetur *ETδ*   18 sit
Σ*BH* : sed *cett.*   19 eritis animo *BH* : animo eritis *cett.*   20 ullus
in terris Σ*BH* : in terris ullus *TEδ*   21 vos *semel hab. E*   22 sanguinis Σ*B*   23 vos, inquam, in civis *scripsi* : vos inquam et civis
(-es *H*) *BH* : vos in viri et in civis *cett.*   peric. appello Σ*BH* : appello
peric. *Tδ*   27 tu *post* potuisti *hab. T*   29 qui . . . ͻutant *om. Schol.*

parentem alterum putant? quid tibi, Quinte frater, qui nunc
abes, consorti mecum temporum illorum? mene non potuisse Milonis salutem tueri per eosdem per quos nostram
ille servasset? At in qua causa non potuisse? Quae est
5 grata *omnibus* gentibus. A quibus non potuisse? Ab eis
qui maxime P. Clodi morte acquierunt. Quo deprecante?
Me. Quodnam ego concepi tantum scelus aut quod in me 103
tantum facinus admisi, iudices, cum illa indicia communis
exiti indagavi, patefeci, protuli, exstinxi? Omnes mihi
10 meisque redundant ex fonte illo dolores. Quid me re-
ducem esse voluistis? an ut inspectante me expellerentur
ei per quos essem restitutus? Nolite, obsecro vos, acer-
biorem mihi pati reditum esse quam fuerit ille ipse dis-
cessus. Nam qui possum putare me restitutum, si
15 distrahor ab his per quos restitutus sum? Vtinam di im- **38**
mortales fecissent—pace tua, patria, dixerim: metuo enim
ne scelerate dicam in te quod pro Milone dicam pie—
utinam P. Clodius non modo viveret sed etiam praetor,
consul, dictator esset potius quam hoc spectaculum vide-
20 rem! O di immortales! fortem et a vobis, iudices, conser- 104
vandum virum! 'Minime, minime'; inquit 'immo vero
poenas ille debitas luerit: nos subeamus, si ita necesse est,
non debitas.' Hicine vir patriae natus usquam nisi in
patria morietur, aut, si forte, pro patria? huius vos animi
25 monumenta retinebitis, corporis in Italia nullum sepulcrum
esse patiemini? hunc sua quisquam sententia ex hac urbe
expellet quem omnes urbes expulsum a vobis ad se voca-
bunt? O terram illam beatam quae hunc virum exceperit, 105
hanc ingratam si eiecerit, miseram si amiserit! Sed finis

5 grata omnibus gentibus *Garat.*: grã ingentibus *H*: *fort.* gratia
ingenti omnibus in gentibus   omnibus. At quibus iudicantibus *post*
gent. *inser. Madvig*   a quibus non potuisse? ab eis Σ*BHb*²: non
potuisse eis *cett.*   9 mihi meisque Σ*BH*: in me meosque *cett.*
11 spectante *B*   12 hi *Eb*   14 restitutum *BH*: restitutum esse
ETδ   15 distrahor Σ*BHδ*: -har *ETW*   18 praetor, consul *BHb*²:
proconsul *ETab*¹   20 virum conserv. iud. Σ*BH*   21 minime
semel B   23 hicne Σ*B*   27 quem nos *E*   28 illam beatam *om.*
BH   excipiet *B*: excipit *H*

sit ; neque enim prae lacrimis iam loqui possumus, et hic
se lacrimis defendi vetat. Vos oro obtestorque, iudices, ut
in sententiis ferendis, quod sentietis, id audeatis. Vestram
virtutem, iustitiam, fidem, mihi credite, is maxime comprobabit qui in iudicibus legendis optimum et sapientissimum 5
et fortissimum quemque delegit.

1 pro lacrimis *BH*   possumus Σ(?)*BH* : possum *cett. et Quintil* xi.
3. 173   3 ferundis *Schol.*   sentietis *ETδ* : sentiatis *Schol.* :
sentitis (-tentiis *B*) Σ*BH*   4 comprobabit (-vit) Σ*BH* : probabit *cett.*
6 et fortissimum *om.* *Tδ*   delegit Σ*Bh²* : elegit *HTw* : legit *Eδ*

ORATIONES

SIGLA

C = cod. Cluniacensis 498, nunc Holkhamicus 387, saec. ix (*continet* Lig. §§ 18–28 hoc victore... sed tum, Lig. § 38–Deiot. § 6 si illi ... disceptante, Deiot. §§ 15–43 finitimi ... tuae)

A = cod. Ambrosianus, saecl. x

H = cod. Harleianus 2682, saecl. xi (*exemplar secundum*)

V = cod. Vossianus, Lat. O, 2, saecl. xi

B = cod. Bruxellensis 5345, saecl. xi

D = cod. Dorvillianus, 77, saecl. xi

E = cod. Erfurtensis, saecl. xii/xiii

L = cod. Harleianus 2716, saecl. xi

$\mathbf{a}$ = cod. Harleianus 4927, saecl. xii

g = cod. Gudianus 335, saecl. x

h = cod. Harleianus 2682 (*exemplar primum*)

m = cod. Mediceus, L. xlv, saecl. xi

σ = cod. Auct. Rawl. G. 138, saecl. xv

a = codd. *AHV*

β = codd. *BDEL* (*deficit* L Lig. 6)

γ = codd. *ahm* in Marc. et Lig. 1–32

　　　　codd. *ahσ* in Lig. 32 *ad fin. orat.*

　　　　codd. *ahg* in Deiot. 1–26

　　　　codd. *aσ* in Deiot. 26 *ad fin. orat.*

Schol.=Scholiasta Gronovianus

M. TVLLI CICERONIS

PRO M. MARCELLO ORATIO

DIUTURNI silenti, patres conscripti, quo eram his tem- **1**
poribus usus, non timore aliquo, sed partim dolore, partim
verecundia, finem hodiernus dies attulit, idemque initium
quae vellem quaeque sentirem meo pristino more dicendi.
5 Tantam enim mansuetudinem, tam inusitatam inauditamque
clementiam, tantum in summa potestate rerum omnium
modum, tam denique incredibilem sapientiam ac paene
divinam tacitus praeterire nullo modo possum. M. enim **2**
Marcello vobis, patres conscripti, reique publicae reddito
10 non illius solum sed etiam meam vocem et auctoritatem
vobis et rei publicae conservatam ac restitutam puto.
Dolebam enim, patres conscripti, et vehementer angebar,
cum viderem virum talem, cum in eadem causa in qua
ego fuisset, non in eadem esse fortuna, nec mihi persua-
15 dere poteram nec fas esse ducebam versari me in nostro
vetere curriculo illo aemulo atque imitatore studiorum
ac laborum meorum quasi quodam socio a me et comite
distracto. Ergo et mihi meae pristinae vitae consuetudinem, C. Caesar, interclusam aperuisti et his omnibus ad

5 invisitatam *Eberhard*   8 nullo modo praet. β   10 solum
illius γ   meam *hoc loco hab. HBDE, post* vocem *L*γ, *om. AV*   11 et
vobis β   conservatam ac *om. a*   13 cum viderem γ : *om. a*β
cum *BDL* : qui cum a : qui *E*γ   14 fuisset a : fuisse *h* : fuissem
Bam   16 vetere *V*γ : veteri *H*β : *om. A*   18 et mihi meae
k, ed. Cratand. : mihi et meae *L* : et mihi et meae *cett.*

bene de re publica sperandum quasi signum aliquod sustu-
3 listi. Intellectum est enim mihi quidem in multis et maxime
in me ipso, sed paulo ante omnibus, cum M. Marcellum
senatui reique publicae concessisti, commemoratis praesertim
offensionibus, te auctoritatem huius ordinis dignitatemque 5
rei publicae tuis vel doloribus vel suspicionibus anteferre.
Ille quidem fructum omnis ante actae vitae hodierno die
maximum cepit, cum summo consensu senatus tum iudicio
tuo gravissimo et maximo. Ex quo profecto intellegis quanta
in dato beneficio sit laus, cum in accepto sit tanta gloria. 10
4 Est vero fortunatus cuius ex salute non minor paene
ad omnis quam ad illum ventura sit laetitia pervenerit:
quod quidem merito atque optimo iure contigit. Quis
enim est illo aut nobilitate aut probitate aut optimarum
artium studio aut innocentia aut ullo in laudis genere 15
praestantior?

2   Nullius tantum flumen est ingeni, nulla dicendi aut scri-
bendi tanta vis, tantaque copia quae non dicam exornare,
sed enarrare, C. Caesar, res tuas gestas possit. Tamen hoc
adfirmo et pace dicam tua, nullam in his esse laudem am- 20
5 pliorem quam eam quam hodierno die consecutus es. Soleo
saepe ante oculos ponere idque libenter crebris usurpare
sermonibus, omnis nostrorum imperatorum, omnis exterarum
gentium potentissimorumque populorum, omnis regum clarissimorum res gestas cum tuis nec contentionum magnitu- 25
dine nec numero proeliorum nec varietate regionum nec
celeritate conficiendi nec dissimilitudine bellorum posse
conferri, nec vero disiunctissimas terras citius passibus cuiusquam potuisse peragrari quam tuis non dicam cursibus, sed

1 de re p. *a* : de omni re p. *βγ*   3 omnibus *Victorius* : in omnibus *codd.*   7 vitae *om. σ* : aetatis *h*   8 tum praeterea *γ*   11
es *H*   fortun. *ahm* : fortun. ille *βa*   12 ipsum *Ernesti*   13
merito *a* : ei merito *βγ*   15 in *a* : *om. βγ*   17 nulla *aBhm* :
nulli *DELa* : nullius *R. Klotz*   18 tantaque *a* : tanta *βγ*   20 adfirmo et hoc *β*   24 clariss. regum *β*

victoriis lustratae sunt. Quae quidem ego nisi ita magna 6
esse fatear ut ea vix cuiusquam mens aut cogitatio capere
possit, amens sim; sed tamen sunt alia maiora. Nam
bellicas laudes solent quidam extenuare verbis easque detra-
5 here ducibus, communicare cum multis, ne propriae sint
imperatorum. Et certe in armis militum virtus, locorum
opportunitas, auxilia sociorum, classes, commeatus multum
iuvant, maximam vero partem quasi suo iure Fortuna sibi
vindicat et, quicquid est prospere gestum, id paene omne
10 ducit suum. At vero huius gloriae, C. Caesar, quam es 7
paulo ante adeptus socium habes neminem: totum hoc
quantumcumque est, quod certe maximum est, totum est,
inquam, tuum. Nihil sibi ex ista laude centurio, nihil prae-
fectus, nihil cohors, nihil turma decerpit; quin etiam illa
15 ipsa rerum humanarum domina, Fortuna, in istius se societatem gloriae non offert: tibi cedit, tuam esse totam et
propriam fatetur. Numquam enim temeritas cum sapientia
commiscetur nec ad consilium casus admittitur. Domuisti
gentis immanitate barbaras, multitudine innumerabilis, locis
20 infinitas, omni copiarum genere abundantis: ea tamen
vicisti quae et naturam et condicionem ut vinci possent
habebant. Nulla est enim tanta vis quae non ferro et
viribus debilitari frangique possit. Animum vincere, iracun-
diam cohibere, victo temperare, adversarium nobilitate,
25 ingenio, virtute praestantem non modo extollere iacentem
sed etiam amplificare eius pristinam dignitatem, haec qui
faciat, non ego eum cum summis viris comparo, sed simillimum deo iudico. Itaque, C. Caesar, bellicae tuae laudes 9
celebrabuntur illae quidem non solum nostris sed paene

1 lustratae β : illustratae αγ   ita αγ : tam β   8 sibi β
hm : om. αa   9 est *post* gestum *hab.* β   10 C. *om.* αa   15 se
ante non *hab.* β   16 tuam *ahm* : tuam se βa (se *sup. lin. in* D)   20
sed tamen ea β   22 vis, tanta copia γ *fort. recte*   24 victo αD :
victum *hm* : victoriam *BELa (Arus. Mess. K.* viii. *p* 512. 17 'temperat
huic *Cic. de M. Marc.*')   27 facit β (*contra Lactant. Div. Inst.* i. 9. 3)

omnium gentium litteris atque linguis, neque ulla umquam
aetas de tuis laudibus conticescet ; sed tamen eius modi res
nescio quo modo, etiam cum leguntur, obstrepi clamore
militum videntur et tubarum sono. At vero cum aliquid
clementer, mansuete, iuste, moderate, sapienter factum, in 5
iracundia praesertim quae est inimica consilio, et in victoria
quae natura insolens et superba est, audimus aut legimus,
quo studio incendimur, non modo in gestis rebus sed etiam
in fictis ut eos saepe quos numquam vidimus diligamus !
10 Te vero quem praesentem intuemur, cuius mentem sen- 10
susque et os cernimus, ut, quicquid belli fortuna reliquum
rei publicae fecerit, id esse salvum velis, quibus laudibus
efferemus, quibus studiis prosequemur, qua benevolentia
complectemur ? Parietes, me dius fidius, ut mihi videtur,
huius curiae tibi gratias agere gestiunt, quod brevi tempore 15
futura sit illa auctoritas in his maiorum suorum et suis sedi-
4 bus. Equidem cum C. Marcelli, viri optimi et comme-
morabili pietate praediti lacrimas modo vobiscum viderem,
omnium Marcellorum meum pectus memoria offudit, quibus
tu etiam mortuis M. Marcello conservato dignitatem suam 20
reddidisti nobilissimamque familiam iam ad paucos redactam
11 paene ab interitu vindicasti. Hunc tu diem tuis maximis
et innumerabilibus gratulationibus iure anteponis. Haec
enim res unius est propria C. Caesaris ; ceterae duce te
gestae magnae illae quidem, sed tamen multo magnoque 25
comitatu. Huius autem rei tu idem dux es et comes : quae
quidem tanta est ut tropaeis et monumentis tuis adlatura
finem sit aetas – nihil est enim opere et manu factum quod
12 non conficiat et consumat vetustas—at haec tua iustitia et

3 obstrepit clamor mil. (videntur *add. V*) et tub. soni *AV*   7 et
insolens *a*   aut audimus *γ*   14 videntur *HVm et Sacerdos* i. 166
19 effudit *Dhm* (in meum pectus se memoria effudit *Madvig*)   21
iam *om. β*   22 tu *am* : tu igitur *βah*   23 anteponis *aβa* :
-pones *hm*   24 C. *om. a*   26 dux es *a* : et dux es *γ* : es et
dux *β*   27 ut *am* : ut nulla *βah*   29 non *a, Schol. Lucani* vi. 20,
Lactant. Div. Inst. vi. 11. 25 : non aliquando *βγ*   tua *om. Lactant.*

50

lenitas florescet cotidie magis. Ita quantum operibus tuis
diuturnitas detrahet, tantum adferet laudibus. Et ceteros
quidem omnis victores bellorum civilium iam antea aequitate
et misericordia viceras: hodierno vero die te ipse vicisti.
5 Vereor ut hoc quod dicam perinde intellegi possit auditu
atque ipse cogitans sentio: ipsam victoriam vicisse videris,
cum ea quae erant adempta victis remisisti. Nam cum
ipsius victoriae iure omnes victi occidissemus, clementiae tuae iudicio conservati sumus. Recte igitur unus
10 invictus es a quo etiam ipsius victoriae condicio visque
devicta est.

Atque hoc C. Caesaris iudicium, patres conscripti, quam 5
late pateat attendite. Omnes enim qui ad illa arma fato 13
sumus nescio quo rei publicae misero funestoque compulsi,
15 etsi aliqua culpa tenemur erroris humani, ab scelere certe
liberati sumus. Nam cum M. Marcellum deprecantibus
vobis rei publicae conservavit, me et mihi et item rei
publicae, nullo deprecante, reliquos amplissimos viros et
sibi ipsos et patriae reddidit, quorum et frequentiam et
20 dignitatem hoc ipso in consessu videtis, non ille hostis
induxit in curiam, sed iudicavit a plerisque ignoratione
potius et falso atque inani metu quam cupiditate aut crudelitate bellum esse susceptum. Quo quidem in bello semper 14
de pace audiendum putavi semperque dolui non modo
25 pacem sed etiam orationem civium pacem flagitantium
repudiari. Neque enim ego illa nec ulla umquam secutus
sum arma civilia semperque mea consilia pacis et togae

1 lenitas *aa et Lactant.*: lenitas animi *βhm*   florescit *β* (*contra Lactant.*)   ita *α*: ita ut *βγ*   tuis oper. *β*   2 adferet *AHDLm*: adferat *BEah*: adfert *V*   3 antea *α*: ante *βγ*   4 ipse *α*: ipsum *βγ*   5 auditum *Patricius*   7 quae erant adempta *Harl.* 2545, *Madvig*: quae erant (erat *AV*) adepta *α*: quae illa erat adepta *βγ*   8 iure omnes *scripsi*: condicione iure omnes *aah*: condicione omnes iure *m*: condicione omnes *β*   10 es *γ*: om. *αβ*: diceris *mallet Müller*   15 ab om. *β*   24 audiendum *aEm*: agendum audiendum *BDL*: agendum audiendumque *ah*

socia, non belli atque armorum fuerunt. Hominem sum
secutus privato officio, non publico, tantumque apud me
grati animi fidelis memoria valuit ut nulla non modo cupiditate sed ne spe quidem prudens et sciens tamquam ad
15 interitum ruerem voluntarium. Quod quidem meum consi- 5
lium minime obscurum fuit. Nam et in hoc ordine integra
re multa de pace dixi et in ipso bello eadem etiam cum
capitis mei periculo sensi. Ex quo nemo erit tam iniustus
rerum existimator qui dubitet quae Caesaris de bello voluntas
fuerit, cum pacis auctores conservandos statim censuerit, 10
ceteris fuerit iratior. Atque id minus mirum fortasse tum
cum esset incertus exitus et anceps fortuna belli : qui vero
6 victor pacis auctores diligit, is profecto declarat maluisse se
16 non dimicâre quam vincere. Atque huius quidem rei M.
Marcello sum testis. Nostri enim sensus ut in pace semper, 15
sic tum etiam in bello congruebant. Quotiens ego eum et
quanto cum dolore vidi, cum insolentiam certorum hominum
tum etiam ipsius victoriae ferocitatem extimescentem ! Quo
gratior tua liberalitas, C. Caesar, nobis qui illa vidimus
debet esse. Non enim iam causae sunt inter se, sed victo- 20
17 riae comparandae. Vidimus tuam victoriam proeliorum
exitu terminatam : gladium vagina vacuum in urbe non vidimus. Quos amisimus civis, eos vis Martis perculit, non ira
victoriae, ut dubitare debeat nemo quin multos, si posset,
C. Caesar ab inferis excitaret, quoniam ex eadem acie con- 25
servat quos potest. Alterius vero partis nihil amplius dico
quam id quod omnes verebamur, nimis iracundam futuram
18 fuisse victoriam. Quidam enim non modo armatis sed
interdum etiam otiosis minabantur, nec quid quisque sen-

7 cum partis meae per. γ   8 iam erit β   9 existim. rerum β
11 mirum fort. tum *aBDL* : fort. mirum tum *E* : mirum videretur fort.
tum γ (videtur *h*)   13 se maluisse β   14 M. *om* β   17 certorum *Em* : ceterorum *aBDLah*   19 illam β   20 iam *aah* : tam
m : *om.* β   23 vis Martis *ah* : Martis vis β*am*   24 posset *a* :
fieri posset βγ   26 dicam β

sisset, sed ubi fuisset cogitandum esse dicebant ; ut mihi
quidem videantur di immortales, etiam si poenas a populo
Romano ob aliquod delictum expetiverunt, qui civile bellum
tantum et tam luctuosum excitaverunt, vel placati iam vel
5 satiati aliquando omnem spem salutis ad clementiam victoris
et sapientiam contulisse.

Qua re gaude tuo isto tam excellenti bono et fruere cum 19
fortuna et gloria tum etiam natura et moribus tuis ; ex quo
quidem maximus est fructus iucunditasque sapienti. Cetera
10 cum tua recordabere, etsi persaepe virtuti, tamen plerumque
felicitati tuae gratulabere : de nobis quos in re publica
tecum simul esse voluisti quotiens cogitabis, totiens de
maximis tuis beneficiis, totiens de incredibili liberalitate,
totiens de singulari sapientia cogitabis : quae non modo
15 summa bona sed nimirum audebo vel sola dicere. Tantus
est enim splendor in laude vera, tanta in magnitudine animi
et consili dignitas ut haec a virtute donata, cetera a fortuna commodata esse videantur. Noli igitur in conser- 20
vandis viris bonis defetigari, non cupiditate praesertim
20 aliqua aut pravitate lapsis, sed opinione offici stulta fortasse, certe non improba, et specie quadam rei publicae.
Non enim tua ulla culpa est, si te aliqui timuerunt, contraque summa laus, quod minime timendum fuisse senserunt.

Nunc venio ad gravissimam querelam et atrocissimam 7
21
25 suspicionem tuam, quae non tibi ipsi magis quam cum
omnibus civibus, tum maxime nobis qui a te conservati
sumus providenda est : quam etsi spero falsam esse, numquam tamen extenuabo, tua enim cautio nostra cautio est.
Quod si in alterutro peccandum sit, malim videri nimis
30 timidus quam parum prudens. Sed quisnam est iste tam

4 excitaverint *cod. Faerni*   7 gaude tuo] gaudeto *A*   12
simul *αβ* : salvos *γ*   14 sapientia tua *γ*   16 est *αDEL* : *om.*
Bγ   19 bonis viris *β*   defet.*BDH* : defat. *AVEh*   21 specie]
facie *hm* (-ce *m*)   22 culpa ulla *γ*   27 tamen numquam *β*
28 extenuabo verbis *γ*   29 quod si *H, Priscian. K.* ii. *pp.* 181, 226 :
ut si *cett.*

demens? de tuisne?—tametsi qui magis sunt tui quam
quibus tu salutem insperantibus reddidisti?—anne ex eo numero qui una tecum fuerunt?   Non est credibilis tantus in
ullo furor ut quo duce omnia summa sit adeptus, huius
vitam non anteponat suae.   An si nihil tui cogitant sceleris, 5
cavendum est ne quid inimici?   Qui? omnes enim qui
fuerunt aut sua pertinacia vitam amiserunt aut tua misericordia retinuerunt, ut aut nulli supersint de inimicis aut
22 qui fuerunt sint amicissimi.   Sed tamen cum in animis
hominum tantae latebrae sint et tanti recessus, augeamus 10
sane suspicionem tuam : simul enim augebimus diligentiam.
Nam quis est omnium tam ignarus rerum, tam rudis in re
publica, tam nihil umquam nec de sua nec de communi
salute cogitans, qui non intellegat tua salute contineri suam
et ex unius tua vita pendere omnium?   Equidem de te dies 15
noctesque, ut debeo, cogitans casus dumtaxat humanos et
incertos eventus valetudinis et naturae communis fragili-
tatem extimesco, doleoque, cum res publica immortalis esse
23 debeat, eam in unius mortalis anima consistere.   Si vero
ad humanos casus incertosque motus valetudinis sceleris 20
etiam accedit insidiarumque consensio, quem deum, si
cupiat, posse opitulari rei publicae credimus?

8   Omnia sunt excitanda tibi, C. Caesar, uni quae iacere
sentis belli ipsius impetu, quod necesse fuit, perculsa atque
prostrata : constituenda iudicia, revocanda fides, compri- 25
mendae libidines, propaganda suboles, omnia quae dilapsa
24 iam diffluxerunt severis legibus vincienda sunt.   Non fuit
recusandum in tanto civili bello, tanto animorum ardore et
armorum quin quassata res publica, quicumque belli even-

    2 anne ex eo *scripsi* : axeneone ex *H* : anexeo ne *V* : an ex eone
ex *A* : an ex eo γ : an ex hoc *β*   6 qui superfuerunt *hm*   13 communi *αβ* : omnium *hm* : communi omnium *a*   14 qui non] quin
AV   15 pendere omnia *a et Schol. Lucani* v. 686   17 fragili-
tatēs *H*   21 accedat γ   22 credimus α : -amus *βγ*   26
dilapsa *Hαγ* : delapsa *AVβ*   27 difflux. *Bm* : deflux. *αELa* : flu-
xerunt *h*   28 tantoque an. γ

tus fuisset, multa perderet et ornamenta dignitatis et praesidia stabilitatis suae, multaque uterque dux faceret armatus
quae idem togatus fieri prohibuisset. Quae quidem tibi
nunc omnia belli volnera sananda sunt, quibus praeter te
5 mederi nemo potest. Itaque illam tuam praeclarissimam et 25
sapientissimam vocem invitus audivi: 'Satis diu vel naturae
vixi vel gloriae.' Satis, si ita vis, fortasse naturae, addam
etiam, si placet, gloriae: at, quod maximum est, patriae
certe parum. Qua re omitte, quaeso, istam doctorum homi-
10 num in contemnenda morte prudentiam: noli nostro periculo esse sapiens. Saepe enim venit ad meas auris te idem
istud nimis crebro dicere, satis te tibi vixisse. Credo, sed
tum id audirem, si tibi soli viveres aut si tibi etiam soli
natus esses. Omnium salutem civium cunctamque rem
15 publicam res tuae gestae complexae sunt; tantum abes a
perfectione maximorum operum ut fundamenta nondum
quae cogitas ieceris. Hic tu modum vitae tuae non salute
rei publicae, sed aequitate animi definies? Quid, si istud
ne gloriae quidem satis est? cuius te esse avidissimum,
20 quamvis sis sapiens, non negabis. Parumne, inquies, magna 26
relinquemus? Immo vero aliis quamvis multis satis, tibi
uni parum. Quicquid est enim, quamvis amplum sit, id
est parum tum cum est aliquid amplius. Quod si rerum
tuarum immortalium, C. Caesar, hic exitus futurus fuit ut
25 devictis adversariis rem publicam in eo statu relinqueres in
quo nunc est, vide, quaeso, ne tua divina virtus admirationis
plus sit habitura quam gloriae; si quidem gloria est inlus-
tris et pervagata magnorum vel in suos civis vel in patriam
vel in omne genus hominum fama meritorum. Haec igitur 9
27

3 nunc tibi γ   4 sananda αβ: curanda γ   6 diu ... vixi αβα:
te diu ... vixisse hm   7 addam α: addo βγ   9 quaeso, istam
aah: istam, quaeso βm   11 auris meas β   12 satis te tibi α: tibi
satis te BDLγ: tibi te satis E   14 nunc cum omnium ... compl.
sunt (sint a) γ   19 quidem Schol.: quidem tuae αγ: tuae quidem β
20 parumne aL: parumne igitur BDEγ   magna αβ: gloriam magnam γ   28 civis om. γ

tibi reliqua pars est ; hic restat actus, in hoc elaborandum
est ut rem publicam constituas, eaque tu in primis summa
tranquillitate et otio perfruare : tum te, si voles, cum et
patriae quod debes solveris et naturam ipsam expleveris
satietate vivendi, satis diu vixisse dicito. Quid enim est 5
omnino hoc ipsum diu in quo est aliquid extremum ?
Quod cum venit, omnis voluptas praeterita pro nihilo est,
quia postea nulla est futura. Quamquam iste tuus animus
numquam his angustiis quas natura nobis ad vivendum
dedit contentus fuit, semper immortalitatis amore flagravit. 10
28 Nec vero haec tua vita ducenda est quae corpore et spiritu
continetur : illa, inquam, illa vita est tua quae vigebit
memoria saeculorum omnium, quam posteritas alet, quam
ipsa aeternitas semper tuebitur. Huic tu inservias, huic te
ostentes oportet, quae quidem quae miretur iam pridem 15
multa habet ; nunc etiam quae laudet exspectat. Obstu-
pescent posteri certe imperia, provincias, Rhenum, Ocea-
num, Nilum, pugnas innumerabilis, incredibilis victorias,
monumenta, munera, triumphos audientes et legentes tuos.
29 Sed nisi haec urbs stabilita tuis consiliis et institutis erit, 20
vagabitur modo tuum nomen longe atque late, sedem
stabilem et domicilium certum non habebit. Erit inter eos
etiam qui nascentur, sicut inter nos fuit, magna dissensio,
cum alii laudibus ad caelum res tuas gestas efferent, alii
fortasse aliquid requirent, idque vel maximum, nisi belli 25
civilis incendium salute patriae restinxeris, ut illud fati fuisse
videatur, hoc consili. Servi igitur eis iudicibus qui multis
post saeculis de te iudicabunt et quidem haud scio an incorruptius quam nos ; nam et sine amore et sine cupiditate
30 et rursus sine odio et sine invidia iudicabunt. Id autem 30

3 cum patriae β   5 vixisse] te vixisse *H* : vixisse *in ras. hab. A*
est enim *Schol. et Servius Aen.* x. 467   6 omnino *om. Schol. et Serv.*
hoc *om.* γ   11 ducenda *Aβ* : dicenda *HV*γ   21 sedem quidem γ
26 fuisse *hoc loco hab. βhm, post* videatur *a, post* hoc a   27 eis *a:*
etiam *h* : eis etiam *βam*

etiam si tum ad te, ut quidam falso putant, non pertinebit,
nunc certe pertinet esse te talem ut tuas laudes obscuratura
nulla umquam sit oblivio.

   Diversae voluntates civium fuerunt distractaeque senten- 10
5 tiae.   Non enim consiliis solum et studiis sed armis etiam
et castris dissidebamus.   Erat obscuritas quaedam, erat
certamen inter clarissimos duces ; multi dubitabant quid
optimum esset, multi quid sibi expediret, multi quid deceret,
non nulli etiam quid liceret.   Perfuncta res publica est hoc 31
10 misero fatalique bello: vicit is qui non fortuna inflam-
maret odium suum, sed bonitate leniret ; neque omnis
quibus iratus esset eosdem etiam exsilio aut morte dignos
iudicaret.   Arma ab aliis posita, ab aliis erepta sunt.   Ingratus est iniustusque civis qui armorum periculo liberatus
15 animum tamen retinet armatum, ut etiam ille melior sit qui
in acie cecidit, qui in causa animam profudit.   Quae enim
pertinacia quibusdam, eadem aliis constantia videri potest.
Sed iam omnis fracta dissensio est armis, exstincta aequi- 32
tate victoris: restat ut omnes unum velint qui habent
20 aliquid non sapientiae modo sed etiam sanitatis.   Nisi
te, C. Caesar, salvo et in ista sententia qua cum antea
tum hodie maxime usus es manente salvi esse non possumus.   Qua re omnes te qui haec salva esse volumus et
hortamur et obsecramus ut vitae, ut saluti tuae consulas,
25 omnesque tibi, ut pro aliis etiam loquar quod de me ipso
sentio, quoniam subesse aliquid putas quod cavendum sit,
non modo excubias et custodias sed etiam laterum nostrorum oppositus et corporum pollicemur.   11
   Sed ut, unde est orsa, in eodem terminetur oratio, maxi- 33

---

   6 erat *ah* : erat enim *β* : erat autem *am*   8 deceret *AVDELa* :
diceret *HBhm*   9 hoc *om. a*   11 nec qui omn. *β*   12 etiam
aDEL : om. *Bγ*   15 melior sit *Hβ* : sit melior *AVγ*   19 habent
am : modo habent *βah*   20 non sap. modo *AVam* : non modo sap.
IIh : non solum sap. *β*   22 vel maxime *β*   24 ut vitae, ut saluti
tuae *a* : ut vitae tuae et saluti *βa* : ut vitae *hm*   25 me ipse *β*   29
ut *aEm* : om. *BDah*   oratio mea *hm*

mas tibi omnes gratias agimus, C. Caesar, maiores etiam
habemus. Nam omnes idem sentiunt, quod ex omnium
precibus et lacrimis sentire potuisti. Sed quia non est
omnibus stantibus necesse dicere, a me certe dici volunt,
cui necesse est quodam modo, et quod fieri decet M. Mar- 5
cello a te huic ordini populoque Romano et rei publicae
reddito, fieri id intellego. Nam laetari omnis non ut de
34 unius solum sed ut de omnium salute sentio. Quod
autem summae benevolentiae est, quae mea erga illum
omnibus nota semper fuit, ut vix C. Marcello, optimo et 10
amantissimo fratri, praeter eum quidem cederem nemini,
cum id sollicitudine, cura, labore tam diu praestiterim
quam diu est de illius salute dubitatum, certe hoc tempore
magnis curis, molestiis, doloribus liberatus praestare debeo.
Itaque, C. Caesar, sic tibi gratias ago ut me omnibus 15
rebus a te non conservato solum sed etiam ornato, tamen
ad tua in me unum innumerabilia merita, quod fieri iam
posse non arbitrabar, magnus hoc tuo facto cumulus accesserit.

3 et quoniam non γ   4 omnibus *post* stant. *hab. a* : *om. hm*   7
non ut de unius solum sed ut de (*om.* solum *ah*) *aah* : non de unius
solum sed de β : non de unius sed de *m* : *fort.* salute *post* solum *transponendum* (*de numero cf. Zie'inski, p.* 212)   8 omnium *AV* : omni
H : communi βγ   10 semper nota β   C. *aD* : M. *BEL* : *om.* γ
14 debebo *H sol.*   15 omnibus me rebus β   17 unum β : *om.* aγ
18 maximus β

M. TVLLI CICERONIS

PRO Q. LIGARIO ORATIO

NOVUM crimen, C. Caesar, et ante hunc diem non au- 1
ditum propinquus meus ad te Q. Tubero detulit, Q. Ligarium
in Africa fuisse, idque C. Pansa, praestanti vir ingenio, fretus
fortasse familiaritate ea quae est ei tecum ausus est confi-
5 teri. Itaque quo me vertam nescio. Paratus enim veneram,
cum tu id neque per te scires neque audire aliunde potuisses,
ut ignoratione tua ad hominis miseri salutem abuterer. Sed
quoniam diligentia inimici investigatum est quod latebat,
confitendum est, opinor, praesertim cum meus necessarius
10 Pansa fecerit ut id integrum iam non esset, omissaque controversia omnis oratio ad misericordiam tuam conferenda
est, qua plurimi sunt conservati, cum a te non liberationem
culpae, sed errati veniam impetravissent. Habes igitur, 2
Tubero, quod est accusatori maxime optandum, confitentem
15 reum, sed tamen hoc confitentem, se in ea parte fuisse qua
te, qua virum omni laude dignum, patrem tuum. Itaque
prius de vestro delicto confiteamini necesse est quam Ligari ullam culpam reprehendatis.

Q. enim Ligarius, cum esset nulla belli suspicio, legatus in
20 Africam C. Considio profectus est, qua in legatione et civi-

1 hanc *Quintil.* xi. 3. 108, 110   non auditum *aBDL et Quintil.* : inauditum *Eγ et Aquila Rom. Rhet. L. p* 24   6 scires *βa* : scire *ahm*
7 abuterer] *mallem* uterer (*numeri gratia*) *sed vulg tuetur Quintil.*
9 opinor *a* : ut opinor *βγ*   15 hoc ita *γ*   16 te, Tubero *γ*   ita-
que] quare *Quintil.* viii. 5. 13   17 vestro facto fateamini *Quintil.*
19 Q. igitur *γ*   esset adhuc *γ*   20 C. *a, Quintil.* iv. 2. 109 *cod.*
A : cum C. *β* : cum consule *γ*

bus et sociis ita se probavit ut decedens Considius provincia
satis facere hominibus non posset, si quemquam alium provinciae praefecisset. Itaque Ligarius, cum diu recusans
nihil profecisset, provinciam accepit invitus ; cui sic praefuit
in pace ut et civibus et sociis gratissima esset eius integritas 5
3 et fides. Bellum subito exarsit, quod qui erant in Africa
ante audierunt geri quam parari. Quo audito partim cupiditate inconsiderata, partim caeco quodam timore primo
salutis, post etiam studi sui quaerebant aliquem ducem,
cum Ligarius domum spectans, ad suos redire cupiens, nullo 10
se implicari negotio passus est. Interim P. Attius Varus,
qui tum praetor Africam obtinuerat, Vticam venit. Ad eum
statim concursum est. Atque ille non mediocri cupiditate
adripuit imperium, si illud imperium esse potuit quod ad privatum clamore multitudinis imperitae, nullo publico consilio de- 15
4 ferebatur. Itaque Ligarius, qui omne tale negotium fugeret,
2 paulum adventu Vari conquievit. Adhuc, C. Caesar, Q.
Ligarius omni culpa vacat. Domo est egressus non modo
nullum ad bellum sed ne ad minimam quidem suspicionem
belli ; legatus in pace profectus in provincia pacatissima ita se 20
gessit ut ei pacem esse expediret. Profectio certe animum
tuum non debet offendere : num igitur remansio ? Multo
minus. Nam profectio voluntatem habuit non turpem,
remansio necessitatem etiam honestam. Ergo haec duo
tempora carent crimine : unum cum est legatus profectus, 25
alterum cum efflagitatus a provincia praepositus Africae est.
5 Tertium tempus quod post adventum Vari in Africa restitit,
si est criminosum, necessitatis crimen est, non voluntatis.
An ille, si potuisset illinc ullo modo evadere, Vticae quam

6 ac fides β   9 post etiam *AVβam* : postea *H* : post *h*   10
et ad γ   12 tum α: *om.* βγ   14 ad privatum αγ : a privato
DEL : in privato *B* : privato *unus det.*   16 fugeret α: cuperet
effugere βγ   18 vacat] caret *Quintil.* iv. 2. 51   19 belli suspicionem *Quintil.*   20 profectus est *B*   27 tempus quod . . . si *H*,
ut voluit Baiter : t. est quod . . . si *AV* : t. est quod . . . quod si (*om.*
est *DL*) β : est t. quo . . . quod si γ   29 illinc *om.* β   potius
quam γ

Romae, cum P. Attio quam cum concordissimis fratribus,
cum alienis esse quam cum suis maluisset? Cum ipsa
legatio plena desideri ac sollicitudinis fuisset propter incredibilem quendam fratrum amorem, hic aequo animo esse
5 potuit belli discidio distractus a fratribus?

Nullum igitur habes, Caesar, adhuc in Q. Ligario signum 6
alienae a te voluntatis; cuius ego causam animadverte,
quaeso, qua fide defendam : prodo meam. O clementiam
admirabilem atque omnium laude, praedicatione, litteris
10 monumentisque decorandam! M. Cicero apud te defendit
alium in ea voluntate non fuisse in qua se ipsum confitetur
fuisse, nec tuas tacitas cogitationes extimescit nec quid tibi
de alio audienti de se occurrat reformidat. Vide quam non 3
reformidem; vide quanta lux liberalitatis et sapientiae tuae
15 mihi apud te dicenti oboriatur : quantum potero voce con-
tendam ut hoc populus Romanus exaudiat. Suscepto bello, 7
Caesar, gesto etiam ex parte magna, nulla vi coactus, iudicio
ac voluntate ad ea arma profectus sum quae erant sumpta
contra te. Apud quem igitur hoc dico ? Nempe apud eum
20 qui, cum hoc sciret, tamen me, ante quam vidit, rei publicae
reddidit; qui ad me ex Aegypto litteras misit ut essem
idem qui fuissem; qui me, cum ipse imperator in toto
imperio populi Romani unus esset, esse alterum passus est;
a quo hoc ipso C. Pansa mihi hunc nuntium perferente con-
25 cessos fascis laureatos tenui quoad tenendos putavi; qui
mihi tum denique salutem se putavit dare, si eam nullis
spoliatam ornamentis dedisset. Vide, quaeso, Tubero, ut, 8
qui de meo facto non dubitem, de Ligari audeam dicere.
Atque haec propterea de me dixi ut mihi Tubero, cum de

10 cum M. β   12 tacitas *om.* γ   13 de se ipso β   16 hoc
hab. aβ *hoc loco, ante* Rom. a *et Quintil.* xi. 3. 166, *om. h* (hoc Rom.
hoc *m*)   17 iam etiam *Quintil.* ix. 2. 28, xi. 3. 166   consilio ac
voluntate mea *Quintil.* ix. 2. 28   22 me *hoc loco hab.* aγ : *post* esse β
23 orbe populi R. γ   24 hunc a : *om.* Bγ   26 sal. se putavit dare
aam : se sal. put. reddere βh   28 dubitem dicere γ   audeam
dicere a *et Quintil.* v. 10. 93 : audeam confiteri γ : non aud. confiteri β

se eadem dicerem, ignosceret ; cuius ego industriae gloriaeque faveo vel propter propinquam cognationem, vel quod
eius ingenio studiisque delector, vel quod laudem adulescentis propinqui existimo etiam ad meum aliquem fructum

9 redundare.   Sed hoc quaero :   Quis putat esse crimen fuisse 5
in Africa ?   Nempe is qui et ipse in eadem provincia esse
voluit et prohibitum se a Ligario queritur, et certe contra
ipsum Caesarem est congressus armatus.   Quid enim, Tubero,
tuus ille destrictus in acie Pharsalica gladius agebat ?   cuius
latus ille mucro petebat ? qui sensus erat armorum tuorum ? 10
quae tua mens, oculi, manus, ardor animi ? quid cupiebas,
quid optabas ?   Nimis urgeo ; commoveri videtur adule-

4
10 scens.   Ad me revertar.   Isdem in armis fui.   Quid autem
aliud egimus, Tubero, nisi ut quod hic potest nos possemus ?
Quorum igitur impunitas, Caesar, tuae clementiae laus est, 15
eorum ipsorum ad crudelitatem te acuet oratio ?   Atque in
hac causa non nihil equidem, Tubero, etiam tuam, sed multo
magis patris tui prudentiam desidero, quod homo cum
ingenio tum etiam doctrina excellens genus hoc causae quod
esset non viderit.   Nam si vidisset, quovis profecto quam 20
isto modo a te agi maluisset.   Arguis fatentem.   Non est
satis : accusas eum qui causam habet aut, ut ego dico,

11 meliorem quam tu aut, ut tu vis, parem.   Haec admirabilia,
sed prodigi simile est quod dicam.   Non habet eam vim
ista accusatio ut Q. Ligarius condemnetur, sed ut necetur. 25
Hoc egit civis Romanus ante te nemo : externi sunt isti
mores aut levium Graecorum aut immanium barbarorum.
Nam quid agis aliud ? ut Romae ne sit, ut domo careat, ne

     5 putet γ   6 Afr. Ligarium γ   provincia *a* : Africa βγ   8
tuus ille, Tub. *Quintil. quinque locis*   16 te *ante* ipsorum *hab.*
Quintil. viii. 5. 10 *et Diomedes K.* i. 471   acuit β, *Diomedes* (*contra*
Quintil.)   23 haec admirabilia *a* : haec non modo mirabilia (*add.*
sunt γ) βγ   24 similia quae γ   25 sed necetur γ   26 sunt
isti *AH* : isti sunt *Va* : isti β*hm*   27 mores] *Schol.* : qui usque ad
sanguinem incitari solent odio *add. aa* : usque ad sang. incitari solent
odio *add.* β : usque ad sang incitare solent odium *add. hm*   28 ut
domo *a* : domo βγ, *Prisc. k* iii. 64

cum optimis fratribus, ne cum hoc T. Broccho avunculo, ne
cum eius filio consobrino suo, ne nobiscum vivat, ne sit in
patria? Num est, num potest magis carere his omnibus
quam caret? Italia prohibetur, exsulat. Non tu hunc ergo
5 patria privare, qua caret, sed vita vis. At istud ne apud 12
eum quidem dictatorem qui omnis quos oderat morte multa-
bat quisquam egit isto modo. Ipse iubebat occidi nullo
postulante, praemiis invitabat; quae tamen crudelitas ab
hoc eodem aliquot annis post quem tu nunc crudelem esse
10 vis vindicata est. 'Ego vero istud non postulo' inquies. 5
Ita me hercule existimo, Tubero. Novi enim te, novi
patrem, novi domum nomenque vestrum; studia generis ac
familiae vestrae virtutis, humanitatis, doctrinae, plurimarum
artium atque optimarum nota mihi sunt. Itaque certo scio 13
15 vos non petere sanguinem, sed parum attenditis. Res enim eo
spectat ut ea poena in qua adhuc Q. Ligarius sit non vide-
amini esse contenti. Quae est igitur alia praeter mortem?
Si enim est in exsilio, sicuti est, quid amplius postulatis?
an, ne ignoscatur? Hoc vero multo acerbius multoque
20 durius. Quodne nos petimus precibus ac lacrimis, strati ad
pedes, non tam nostrae causae fidentes quam huius humanitati, id ne impetremus pugnabis, et in nostrum fletum in-
rumpes, et nos iacentis ad pedes supplicum voce prohibebis?
Si, cum hoc domi faceremus, quod et fecimus et, ut spero, 14
25 non frustra fecimus, tu repente inruisses et clamare coepisses
'C. Caesar, cave credas, cave ignoscas, cave te fratrum pro
fratris salute obsecrantium misereat,' nonne omnem humanitatem exuisses? Quanto hoc durius, quod nos domi petimus,

1 avunc. suo β   4 hunc *hoc loco hab. a, post* ergo *DE*γ, *om. B*:
eum (*sine* ergo) *Mart. Cap. Rhet. L. p.* 476   8 praemiis *aBD*: praem.
etiam *E*γ   9 eodem] etiam γ   12 studia denique γ   14 sunt
omnia β   15 eo mortem *hm*   16 est *Wesenberg*   19 ignoscatur
ed. R: ignoscat *codd.* (*etiam E e coll. mea*)   multoque *aEa*: multo
hm: est *post* -que *add. B* (*in ras.*) *D, Zielinski, p.* 212   20 quodne
am: quod β*a*: si quod *h*   petimus *cod. Gruteri*: domi petimus *cett.*
(domi *ex l.* 24 *irrepsit*)   ac *a*: et γ: *om.* β   22 oppugnabis β
26 cave credas γ: *om. a*β   27 misereatur *Priscian K.* ii. 392

id a te in foro oppugnari et in tali miseria multorum
perfugium misericordiae tolli?   Dicam plane, Caesar, quod
15 sentio.   Si in tanta tua fortuna lenitas tanta non esset, quam
tu per te, per te, inquam, obtines—intellego quid loquar —,
acerbissimo luctu redundaret ista victoria.   Quam multi 5
enim essent de victoribus qui te crudelem esse vellent, cum
etiam de victis reperiantur ! quam multi qui cum a te ignosci
nemini vellent, impedirent clementiam tuam, cum hi quibus
16 ipsis ignovisti nolint te esse in alios misericordem !   Quod
si probare Caesari possemus in Africa Ligarium omnino non 10
fuisse, si honesto et misericordi mendacio saluti civi calami-
toso esse vellemus, tamen hominis non esset in tanto
discrimine et periculo civis refellere et coarguere nostrum
mendacium, et, si esset alicuius, eius certe non esset qui in
eadem causa et fortuna fuisset.   Sed tamen aliud est errare 15
Caesarem nolle, aliud est nolle misereri.   Tum diceres :
'Caesar, cave credas : fuit in Africa, tulit arma contra te.'
Nunc quid dicis ?   'Cave ignoscas.'   Haec nec hominis nec
ad hominem vox est.   Qua qui apud te, C. Caesar, utetur,
6 suam citius abiciet humanitatem quam extorquebit tuam.   20
17 Ac primus aditus et postulatio Tuberonis haec, ut opinor,
fuit, velle se de Q. Ligari scelere dicere.   Non dubito quin
admiratus sis, vel quod nullo de alio quisquam, vel quod
is qui in eadem causa fuisset, vel quidnam novi sceleris
adferret.   'Scelus' tu illud vocas, Tubero ? cur ? isto enim 25
nomine illa adhuc causa caruit.   Alii errorem appellant, alii
timorem ; qui durius, spem, cupiditatem, odium, pertina-
ciam ; qui gravissime, temeritatem : scelus praeter te adhuc

---

1 id te . . . oppugnare *cod. Lambini*   2 tolli *scripsi* : tollere *codd.*
3 in hac tanta βa   tua fortuna lenitas] fortuna bonitas *Quintil.* viii.
3. 85   4 per te. per te γ : per te aβ (*variant codd. Quintil.*)   7 qui
om. β   8 cum etiam β   9 ipsis *AV* : ipse *cett.*   13 redarguere β
16 est nolle aβ : nolle *a* : non *hm*   tunc β   17 Afr. Ligarius γ
19 utetur aBDa : utitur *Ehm*   23 nullo de alio ‹a : de nullo alio
βhm   quisquam aβm : quicquam *ah, ut voluit Haupt* : *del. Mommsen*   24 sceleris *del. Patricius*

nemo. Ac mihi quidem, si proprium et verum nomen
nostri mali quaeritur, fatalis quaedam calamitas incidisse
videtur et improvidas hominum mentis occupavisse, ut nemo
mirari debeat humana consilia divina necessitate esse supe-
5 rata. Liceat esse miseros — quamquam hoc victore esse 18
non possumus ; sed non loquor de nobis, de illis loquor
qui occiderunt—fuerint cupidi, fuerint irati, fuerint perti-
naces : sceleris vero crimine, furoris, parricidi liceat Cn.
Pompeio mortuo, liceat multis aliis carere. Quando hoc ex
10 te quisquam, Caesar, audivit, aut tua quid aliud arma
voluerunt nisi a te contumeliam propulsare ? Quid egit
tuus invictus exercitus nisi uti suum ius tueretur et dignitatem tuam ? Quid ? tu, cum pacem esse cupiebas, idne
agebas ut tibi cum sceleratis an ut cum bonis civibus con-
15 veniret ? Mihi vero, Caesar, tua in me maxima merita 19
tanta certe non viderentur, si me ut sceleratum a te conservatum putarem. Quo modo autem tu de re publica bene
meritus esses, cum tot sceleratos incolumi dignitate esse
voluisses? Secessionem tu illam existimavisti, Caesar, initio,
20 non bellum, nec hostile odium, sed civile discidium, utrisque cupientibus rem publicam salvam, sed partim consiliis,
partim studiis a communi utilitate aberrantibus. Principum
dignitas erat paene par, non par fortasse eorum qui sequebantur ; causa tum dubia, quod erat aliquid in utraque
25 parte quod probari posset; nunc melior ea iudicanda est
quam etiam di adiuverunt. Cognita vero clementia tua
quis non eam victoriam probet in qua occiderit nemo nisi
armatus ?

Sed, ut omittam communem causam, veniamus ad no- **7**
30 stram. Vtrum tandem existimas facilius fuisse, Tubero, 20

2 quaeratur β   9 quisquam ex te β   11 propulsare Caβa :
-sari hm   12 uti Ca : ut βγ   14 civibus om. Ca   15 Caesar
β : om. aγ   18 esses si γ   20 neque β   21 salvam esse γ
25 melior certe γ

65

Ligario ex Africa exire an vobis in Africam non venire?
'Poteramusne,' inquies, 'cum senatus censuisset?' Si me
consulis, nullo modo; sed tamen Ligarium senatus idem
legaverat. Atque ille eo tempore paruit cum parere senatui necesse erat; vos tum paruistis cum paruit nemo qui 5
noluit. Reprehendo igitur? Minime vero. Neque enim
licuit aliter vestro generi, nomini, familiae, disciplinae. Sed
hoc non concedo ut, quibus rebus gloriemini in vobis,
21 easdem in aliis reprehendatis. Tuberonis sors coniecta est
ex senatus consulto, cum ipse non adesset, morbo etiam 10
impediretur : statuerat excusari. Haec ego novi propter
omnis necessitudines quae mihi sunt cum L. Tuberone :
domi una eruditi, militiae contubernales, post adfines, in
omni vita familiares ; magnum etiam vinculum quod isdem
studiis semper usi sumus. Scio Tuberonem domi manere 15
voluisse : sed ita quidam agebant, ita rei publicae sanctissimum nomen opponebant ut, etiam si aliter sentiret, viro-
22 rum tamen ipsorum pondus sustinere non posset. Cessit
auctoritati amplissimi viri vel potius paruit : una est profectus cum eis quorum erat una causa. Tardius iter fecit ; 20
itaque in Africam venit iam occupatam. Hinc in Ligarium
crimen oritur vel ira potius. Nam si crimen est voluisse,
non minus magnum est vos Africam, arcem omnium provinciarum, natam ad bellum contra hanc urbem gerendum,
obtinere voluisse quam aliquem se maluisse. Atque is 25
tamen aliquis Ligarius non fuit : Varus imperium se habere
23 dicebat ; fascis certe habebat. Sed quoquo modo se illud
habet, haec querela, Tubero, vestra quid valet? 'Recepti
in provinciam non sumus.' Quid, si essetis? Caesarine

1 Ligario *Ca* : Ligarium *βγ*   vobis *D*[1] : nobis *Ca* (*etiam A e coll.
mea*) : vos *D*[2]*BE* (exire . . . Africam *om.* γ)   5 tunc *β*   9 Tuberoni *β*   11 excusari *C*[2]*H* (*cf. Phil.* v. 14) : excusare *cett.*   13
domo *Ca*   14 omni *Ca* : omni denique *βγ*   15 scio igitur *β*
16 agebat . . . opponebat *BE*   17 virorum *Caa* : verborum *βhm*
19 ampl. viri auct. *Isidorus* v. 25. 32   22 voluisse *Baiter* : prohibere illa voluisse *Caa* : illum voluisse *βhm* : illa voluisse *Zielinski*
28 habeat *β*

eam tradituri fuistis an contra Caesarem retenturi? Vide **8**
quid licentiae, Caesar, nobis tua liberalitas det vel potius
audaciae. Si responderit Tubero, Africam, quo senatus
eum sorsque miserat, tibi patrem suum traditurum fuisse,
5 non dubitabo apud ipsum te cuius id eum facere interfuit
gravissimis verbis eius consilium reprehendere. Non enim,
si tibi ea res grata fuisset, esset etiam approbata. Sed 24
iam hoc totum omitto, non ultra offendam tuas patien-
tissimas auris quam ne Tubero quod numquam cogitavit
10 facturus fuisse videatur. Veniebatis igitur in provinciam,
unam ex omnibus huic victoriae maxime infensam, in qua
rex potentissimus inimicus huic causae, aliena voluntas con-
ventus firmi atque magni. Quaero: Quid facturi fuistis?
quamquam quid facturi fueritis dubitem, cum videam quid
15 feceritis? Prohibiti estis in provincia vestra pedem ponere
et prohibiti summa cum iniuria. Quo modo id tulistis? 25
acceptae iniuriae querelam ad quem detulistis? Nempe
ad eum cuius auctoritatem secuti in societatem belli veneratis. Quod si Caesaris causa in provinciam veniebatis, ad
20 eum profecto exclusi provincia venissetis. Venistis ad Pompeium. Quae est ergo apud Caesarem querela, cum eum
accusetis a quo queramini prohibitos vos contra Caesarem
gerere bellum? Atque in hoc quidem vel cum mendacio, si
voltis, gloriemini per me licet, vos provinciam fuisse Caesari
25 tradituros. Etiam si a Varo et a quibusdam aliis prohibiti
estis, ego tamen confitebor culpam esse Ligari qui vos

1 fuistis α: fuissetis βγ   2 nobis Caesar *Ca*: Caesar nobis βγ
7 adprobata *CAVa*: eadem probata *H*: probata βhm   8 non ultra
(nontra *C¹A¹*) *Ca*: non tam ne *Dm*: non tam ut non *ah*: non tam propter id ne *BE*   10 in provinciam] in (*om. C²*) Africam *add. post* in
prov. *H, ante* in prov. *CAV, ante* prov. (*sine* in) βγ, *ego delevi*   11
infensam *Ca*: infestam βγ   12 rex *Caam*: erat rex β: rex erat *h*
13 fuissetis γ   14 dubitem *CaD*: non dubitem *BEγ*   16 et
prohibiti *Caβ*: ut prohibitis *m*: ut perhibetis *ah*   17 acceptae
iniuriae *Caβa*: accepta iniuria *hm*   22 proh. vos *Ca*: vos proh. γ:
proh. esse vos β   24 vultis *CaBa*: velitis *DE*: vis *hm et Prisc. K.*
iii. *p.* 367   gloriemini *CaB¹a*: -iari *B²DEhm*   25 et a] et *Ca*
26 estis *C¹, Garatoni:* essetis *cett.*

9
26 tantae laudis occasione privarit. Sed vide, quaeso, Caesar,
constantiam ornatissimi viri L. Tuberonis, quam ego, quamvis ipse probarem, ut probo, tamen non commemorarem,
nisi a te cognovissem in primis eam virtutem solere laudari.
Quae fuit igitur umquam in ullo homine tanta constantia? 5
Constantiam dico; nescio an melius patientiam possim
dicere. Quotus enim istud quisque fecisset ut, a quibus
partibus in dissensione civili non esset receptus, essetque
etiam cum crudelitate reiectus, ad eas ipsas partis rediret?
Magni cuiusdam animi atque eius viri quem de suscepta 10
causa propositaque sententia nulla contumelia, nulla vis,
27 nullum periculum posset depellere. Vt enim cetera paria
Tuberoni cum Varo fuissent, honos, nobilitas, splendor,
ingenium, quae nequaquam fuerunt, hoc certe praecipuum
Tuberonis quod iusto cum imperio ex senatus consulto 15
in provinciam suam venerat. Hinc prohibitus non ad
Caesarem ne iratus, non domum ne iners, non aliquam in
regionem ne condemnare causam illam quam secutus esset
videretur: in Macedoniam ad Cn. Pompei castra venit, in
28 eam ipsam causam a qua erat reiectus iniuria. Quid? 20
cum ista res nihil commovisset eius animum ad quem
veneratis, languidiore, credo, studio in causa fuistis; tantum modo in praesidiis eratis, animi vero a causa abhor-
rebant: an, ut fit in civilibus bellis—nec in vobis magis
quam in reliquis; omnes enim vincendi studio tenebamur. 25
Pacis equidem semper auctor fui, sed tum sero; erat enim
amentis, cum aciem videres, pacem cogitare. Omnes, inquam, vincere volebamus; tu certe praecipue, qui in eum
locum venisses ubi tibi esset pereundum, nisi vicisses. Quam-

1 privarit *Ca*: privaverit *βγ*   2 L. *om. β* (*etiam* viri *E*): L. Tub.
del. Baiter   7 istuc *Ca*   8 esset etiam *β*   9 cum *om. Ca*   eas
ipsas partis *Caa*: eas ipsas *hm*: eos ipsos *β*   10 est *post* viri *add.*
Paris. 7779 (*k*), *ed. V*   12 posset *Ca*: possit *βγ*   13 honos *om. ahm*
17 in aliquam *β* (*contra Rufinianum Rhet. L. p.* 46)   18 erat *β*
19 ad] in *Ca*   20 cum iniuria *γ*   24 *post* bellis *lacunam statuit*
Madvig: '*anacoluthian ex parenthesi ortam*' *defendit Rau*   neque *Ca*
28 praecipue *om. a*   29 veneras *β*   tibi *om. a*

quam, ut nunc se res habet, non dubito quin hanc salutem
anteponas illi victoriae.   Haec ego non dicerem, Tubero, si
aut vos constantiae vestrae aut Caesarem benefici sui
paeniteret.   Nunc quaero utrum vestras iniurias an rei pub-
5 licae persequamini.   Si rei publicae, quid de vestra in illa
causa perseverantia respondebitis ?   si vestras, videte ne
erretis qui Caesarem vestris inimicis iratum fore putetis,
cum ignoverit suis.

Itaque num tibi videor in causa Ligari esse occupatus,
10 num de eius facto dicere ?   Quicquid dixi, ad unam summam referri volo vel humanitatis vel clementiae vel misericordiae.   Causas, Caesar, egi multas equidem tecum,
dum te in foro tenuit ratio honorum tuorum, certe numquam hoc modo : 'Ignoscite, iudices ; erravit, lapsus est,
15 non putavit ; si umquam posthac.'   Ad parentem sic agi
solet, ad iudices : 'Non fecit, non cogitavit ; falsi testes,
fictum crimen.'   Dic te, Caesar, de facto Ligari iudicem
esse ; quibus in praesidiis fuerit quaere :   taceo, ne haec
quidem conligo, quae fortasse valerent etiam apud iudicem :
20 'Legatus ante bellum profectus, relictus in pace, bello
oppressus, in eo ipso non acerbus, totus animo et studio
tuus.'   Ad iudicem sic, sed ego apud parentem loquor :
'Erravi, temere feci, paenitet ; ad clementiam tuam con-
fugio, delicti veniam peto, ut ignoscatur oro.'   Si nemo
25 impetravit, adroganter : si plurimi, tu idem fer opem qui
spem dedisti.   An sperandi de Ligario causa non erit, cum
mihi apud te locus sit etiam pro altero deprecandi ?   Quamquam nec in hac oratione spes est posita causae nec in
eorum studiis qui a te pro Ligario petunt tui necessarii.

11 misericordiae β. *Zielinski*: misericordiae tuae αγ   12 equidem
Aah: et quidem *HVD*βm   18 quaere βh: quaerere *aam*   21 acerbus fuit γ   totus animo *aa*: tametsi totus *hm*: tametsi totus animo β:
iam est totus animo *Madvig*   ac studio β   22 sic *ah*: sic agi
solet βa   apud β: ad αγ   23 erravit . . . fecit γ   24 ignoscas γ
26 de Lig. causa non erit α: Lig. causa non sit βγ

11 Vidi enim et cognovi quid maxime spectares, cum pro alicuius salute multi laborarent : causas apud te rogantium
gratiosiores esse quam voltus, neque te spectare quam tuus
esset necessarius is qui te oraret, sed quam illius pro quo
laboraret.   Itaque tribuis tu quidem tuis ita multa ut mihi 5
beatiores illi videantur interdum qui tua liberalitate fruantur quam tu ipse qui illis tam multa concedas ; sed video
tamen apud te, ut dixi, causas valere plus quam preces, ab
eisque te moveri maxime quorum iustissimum videas dolo-
rem in petendo.   10

32   In Q. Ligario conservando multis tu quidem gratum facies
necessariis tuis, sed hoc, quaeso, considera, quod soles.
Possum fortissimos viros, Sabinos, tibi probatissimos, totum-
que agrum Sabinum, florem Italiae ac robur rei publicae,
proponere. Nosti optime homines.   Animadverte horum 15
omnium maestitiam et dolorem ; huius T. Brocchi de quo
non dubito quid existimes lacrimas squaloremque ipsius et
33 fili vides.   Quid de fratribus dicam ?   Noli, Caesar, putare
de unius capite agere : aut tres Ligarii retinendi in civitate sunt aut tres ex civitate exterminandi.   Quodvis exsi- 20
lium his est optatius quam patria, quam domus, quam di
penates, illo uno exsulante.   Si fraterne, si pie, si cum
dolore faciunt, moveant te horum lacrimae, moveat pietas,
moveat germanitas ; valeat tua vox illa quae vicit.   Te
enim dicere audiebamus nos omnis adversarios putare, nisi 25
qui nobiscum essent ; te omnis qui contra te non essent
tuos.   Videsne igitur hunc splendorem omnem, hanc Broc-
chorum domum, hunc L. Marcium, C. Caesetium, L. Corfi-
dium, hos omnis equites Romanos qui adsunt veste mutata,

3 voltus *aγ* : preces *β*   4 quam illius *ρβa* : quae (quam *m*) illius
causa *hm*   5 tribuis tu *a* : tribuisti *γ* : tribuis *β*   6 esse *ante* illi
add. E, post illi *BD, ante* beat. *γ*   fruantur *aa* : fruuntur *βhm*   8
ut dixi causas *a* : causas ut dixi *β* : ut dixi caus. rogantium *γ*   15 proponere.   Nosti *AH, ed. R* (cf. *Phil.* xiii. 30) : proponere, nosti *vulg.*
optime *aγ* : optimos *β*   19 tibi *ante* in *add. a, ante* Lig. *β, post* Lig. *γ*
20 e *HDE*   nam quodvis *β*   22 illo uno *a* : uno illo *βγ*   27 omnium *β*

non solum notos tibi verum etiam probatos viros.   Atque
his irascebamur, hos requirebamus, his non nulli etiam
minabantur.   Conserva igitur tuis suos ut, quem ad modum
cetera quae dicta sunt a te, sic hoc verissimum reperiatur.
5 Quod si penitus perspicere posses concordiam Ligariorum,
omnis fratres tecum iudicares fuisse.   An potest quisquam
dubitare quin, si Q. Ligarius in Italia esse potuisset, in
eadem sententia futurus fuerit in qua fratres fuerunt? Quis
est qui horum consensum conspirantem et paene conflatum
10 in hac prope aequalitate fraterna noverit qui hoc non
sentiat, quidvis prius futurum fuisse quam ut hi fratres
diversas sententias fortunasque sequerentur ?   Voluntate
igitur omnes tecum fuerunt : tempestate abreptus est unus
qui, si consilio id fecisset, esset eorum similis quos tu tamen
15 salvos esse voluisti.   Sed ierit ad bellum, dissenserit non a 35
te solum verum etiam a fratribus : hi te orant tui.   Equidem, cum tuis omnibus negotiis interessem, memoria teneo
qualis T. Ligarius quaestor urbanus fuerit erga te et dignitatem tuam.   Sed parum est me hoc meminisse : spero
20 etiam te qui oblivisci nihil soles nisi iniurias—cum hoc
est animi, tum etiam ingeni tui—te aliquid de huius illo
quaestorio officio, etiam de aliis quibusdam quaestoribus
reminiscentem recordari.   Hic igitur T. Ligarius, qui tum 36
nihil egit aliud—neque enim haec divinabat—nisi ut tui se
25 studiosum et bonum virum iudicares, nunc a te supplex
fratris salutem petit.   Quam huius admonitus officio cum
utrisque his dederis, tris fratres optimos et integerrimos non
solum sibi ipsos neque his tot talibus viris neque nobis
necessariis tuis sed etiam rei publicae condonaveris.   Fac 37

12
34

---

1 viros] tecum fuisse *add.* αγ : qui tecum fuerunt *add.* β : *del. Nohl
e cod. Barberino, ego e coni.* (*Anecd. p.* xxxv)   3 minabamur β
8 fuisset futurus β   10 noverit *Hansing* : non noverit *codd.*
20 cum . . . tum *scripsi* : quam . . . tam *aa* : quam . . . quam βhσ :
quoniam . . . quoniam *edV.*   24 tui se *scripsi* : eum tuis *H* : eum
tui *AV* : tu eum βγ : tui eum *Patricius*   28 ipsos αβa : ipsis hσ
tot *aBD* : tot ac *Eγ*   29 tuis β : *om.* αγ

igitur, quod de homine nobilissimo et clarissimo fecisti
nuper in curia, nunc idem in foro de optimis et huic omni
frequentiae probatissimis fratribus. Vt concessisti illum
senatui, sic da hunc populo, cuius voluntatem carissimam
semper habuisti, et, si ille dies tibi gloriosissimus, populo 5
Romano gratissimus fuit, noli, obsecro, dubitare, C. Caesar,
similem illi gloriae laudem quam saepissime quaerere. Nihil
est tam populare quam bonitas, nulla de virtutibus tuis
plurimis nec admirabilior nec gratior misericordia est.
38 Homines enim ad deos nulla re propius accedunt quam 10
salutem hominibus dando. Nihil habet nec fortuna tua
maius quam ut possis, nec natura melius quam ut velis
servare quam plurimos. Longiorem orationem causa forsitan postulet, tua certe natura breviorem. Qua re cum
utilius esse arbitrer te ipsum quam aut me aut quemquam 15
loqui tecum, finem iam faciam : tantum te admonebo, si illi
absenti salutem dederis, praesentibus te his daturum.

1 clar. M. Marcello restituto γ   11 salute hom. danda *hσ, ut
voluit Müller*   14 postulet *H* : postulat *cett.*   15 quam me β
17 te his daturum α : his te dat. γ : his omnibus dat. β

M. TVLLI CICERONIS

PRO REGE DEIOTARO AD
C. CAESAREM ORATIO

Cum in omnibus causis gravioribus, C. Caesar, initio 1
dicendi commoveri soleam vehementius quam videtur vel
usus vel aetas mea postulare, tum in hac causa ita multa
me perturbant ut, quantum mea fides studi mihi adferat
5 ad salutem regis Deiotari defendendam, tantum facultatis
timor detrahat. Primum dico pro capite fortunisque regis,
quod ipsum, etsi non iniquum est in tuo dumtaxat periculo,
tamen est ita inusitatum, regem reum capitis esse, ut ante
hoc tempus non sit auditum. Deinde eum regem quem 2
10 ornare antea cuncto cum senatu solebam pro perpetuis eius
in nostram rem publicam meritis, nunc contra atrocissimum
crimen cogor defendere. Accedit ut accusatorum alterius
crudelitate, alterius indignitate conturber. Crudelis Castor,
ne dicam sceleratum et impium, qui nepos avum in
15 capitis discrimen adduxerit adulescentiaeque suae terrorem
intulerit ei cuius senectutem tueri et tegere debebat, com-
mendationemque ineuntis aetatis ab impietate et ab scelere
duxerit; avi servum corruptum praemiis ad accusandum dominum impulerit, a legatorum pedibus abduxerit. Fugitivi 3

3 multa me a, *Prisc. K.* iii. *p.* 369 : me multa βγ   6 regis
Deiotari γ   7 etsi aβa : si *gh*   10 ante *CAVB*   solebamus β
(*contra Mart. Cap. Rhet. L. p.* 470)   13 perturber γ   crudelis
Castor *C¹Vβ* : crudelis Castor est *C²AH* : crudelem Castorem γ, *Mad-*
vig   15 discr. capitis γ   16 debeat γ   17 et scelere β

autem dominum accusantis et dominum absentem et dominum amicissimum nostrae rei publicae cum os videbam,
cum verba audiebam, non tam adflictam regiam condicionem dolebam quam de fortunis communibus extimescebam.
Nam cum more maiorum de servo in dominum ne tormentis 5
quidem quaeri liceat, in qua quaestione dolor elicere veram
2 vocem possit etiam ab invito, exortus est servus qui, quem
4 in eculeo appellare non posset, eum accuset solutus.   Per-
turbat me, C. Caesar, etiam illud interdum quod tamen,
cum te penitus recognovi, timere desino : re enim iniquum 10
est, sed tua sapientia fit aequissimum.   Nam dicere apud
eum de facinore contra cuius vitam consilium facinoris
inisse arguare, cum per se ipsum consideres, grave est ; nemo
enim fere est qui sui periculi iudex non sibi se aequiorem
quam reo praebeat.   Sed tua, Caesar, praestans singularisque 15
natura hunc mihi metum minuit.   Non enim tam timeo quid
tu de rege Deiotaro, quam intellego quid de te ceteros velis
5 iudicare.   Moveor etiam loci ipsius insolentia, quod tantam
causam quanta nulla umquam in disceptatione versata est
dico intra domesticos parietes, dico extra conventum et eam 20
frequentiam in qua oratorum studia niti solent : in tuis
oculis, in tuo ore voltuque acquiesco, te unum intueor, ad te
unum omnis spectat oratio : quae mihi ad spem obtinendae
veritatis gravissima sunt, ad motum animi et ad omnem
6 impetum dicendi contentionemque leviora.   Hanc enim, 25
C. Caesar, causam si in foro dicerem eodem audiente et
disceptante te, quantam mihi alacritatem populi Romani
concursus adferret ! Quis enim civis ei regi non faveret
cuius omnem aetatem in populi Romani bellis consumptam
esse meminisset ? Spectarem curiam, intuerer forum, caelum 30
denique testarer ipsum.   Sic, cum et deorum immortalium

---

   3 cum verba audiebam *om. DE*   8 possit *CAV*   9 C. *om. Ca*
13 cum] si *D (ante ras.) g*   20 domesticos *βa* : *om. Cagh*   23 omnis
mea *β*   26 causam C. Caesar *β*   28 ei regi *aa* : ei rei *gh* : regi *β*

et populi Romani et senatus beneficia in regem Deiotarum
recordarer, nullo modo mihi deesse posset oratio.   Quae 7
quoniam angustiora parietes faciunt actioque maximae
causae debilitatur loco, tuum est, Caesar, qui pro multis
5 saepe dixisti, quid mihi nunc animi sit ad te ipsum referre,
quo facilius cum aequitas tua tum audiendi diligentia minuat
hanc perturbationem meam.

   Sed ante quam de accusatione ipsa dico, de accusatorum
spe pauca dicam ; qui cum videantur neque ingenio neque
10 usu atque exercitatione rerum valere, tamen ad hanc causam 3
non sine aliqua spe et cogitatione venerunt.   Iratum te regi 8
Deiotaro fuisse non erant nescii ; adfectum illum quibusdam
incommodis et detrimentis propter offensionem animi tui
meminerant, teque cum huic iratum, tum sibi amicum esse
15 cognoverant, quodque apud ipsum te de tuo periculo dice-
rent, fore putabant ut in exulcerato animo facile fictum
crimen insideret.   Quam ob rem hoc nos primum metu,
Caesar, per fidem et constantiam et clementiam tuam libera,
ne residere in te ullam partem iracundiae suspicemur.   Per
20 dexteram istam te oro quam regi Deiotaro hospes hospiti
porrexisti, istam, inquam, dexteram non tam in bellis neque
in proeliis quam in promissis et fide firmiorem.   Tu illius
domum inire, tu vetus hospitium renovare voluisti ; te eius
di penates acceperunt, te amicum et placatum Deiotari regis
25 arae focique viderunt.   Cum facile orari, Caesar, tum semel 9
exorari soles.   Nemo umquam te placavit inimicus ⌐qui
ullas resedisse in te simultatis reliquias senserit.   Quamquam
cui sunt inauditae cum Deiotaro querelae tuae ?   Numquam
tu illum accusavisti ut hostem, sed ut amicum officio parum
30 functum, quod propensior in Cn. Pompei amicitiam fuisset

1 in regem Deiotarum *αβa* : in rege Deiotaro *hg*   9 nec . . .
nec *β*   12 adfectum *Hγ* : adflictum *Aβ*   14 teque . . . cognoverant *del. Madvig* : te[que cum huic iratum, tum] sibi *Eberhard*
15 cumque *β*   18 et per clem. *β*   21 tam *del. Manutius*
(*contra Prisc. K.* ii. 93)   22 in *om. β* (*contra Prisc.*)   25 exorari *γ*

quam in tuam : cui tamen ipsi rei veniam te daturum fuisse
dicebas, si tum auxilia Pompeio vel si etiam filium mi-
10 sisset, ipse aetatis excusatione usus esset. Ita cum maximis
eum rebus liberares, perparvam culpam relinquebas. Itaque
non solum in eum non animadvertisti sed omni metu libe- 5
ravisti, hospitem agnovisti, regem reliquisti. Neque enim
ille odio tui progressus, sed errore communi lapsus est. Is
rex quem senatus hoc nomine saepe honorificentissimis
decretis appellavisset, quique illum ordinem ab adulescentia
gravissimum sanctissimumque duxisset, isdem rebus est 10
perturbatus homo longinquus et alienigena quibus nos in
4
11 media re publica nati semperque versati. Cum audiret
senatus consentientis auctoritate arma sumpta, consulibus,
praetoribus, tribunis plebis, nobis imperatoribus rem publicam defendendam datam, movebatur animo et vir huic 15
imperio amicissimus de salute populi Romani extimescebat,
in qua etiam suam esse inclusam videbat. In summo tamen
timore quiescendum esse arbitrabatur. Maxime vero perturbatus est, ut audivit consules ex Italia profugisse, omnis
consularis— sic enim ei nuntiabatur—cunctum senatum, 20
totam Italiam effusam. Talibus enim nuntiis et rumoribus
patebat ad orientem via nec ulli veri subsequebantur. Nihil
ille de condicionibus tuis, nihil de studio concordiae et
pacis, nihil de conspiratione audiebat certorum hominum
contra dignitatem tuam. Quae cum ita essent, tamen usque 25
eo se tenuit quoad a Cn. Pompeio legati ad eum litteraeque
12 venerunt. Ignosce, ignosce, Caesar, si eius viri auctoritati

---

2 tum *dett. aliquot* : cum αβ*a*g : tantum *h*   3 ipse tamen β
ita cum *aah* : itaque cum β : ita si cum *g*   4 perparvam] in
amicitia *add.* α : inimicitiae *add.* γ : amicitiae *add.* β : *ego delevi*
7 progr. est γ   9 quique cum illum β   13 sumpta esse γ
14 nobis α*D* : novis *BE*γ   18 esse αβ : ut sibi esset (-se *g*) γ   19
omnis α*g* : omnisque β*a* : omnis et *h*   20 ei nunt.] enunt. β
21 esse effusam β   22 nulli veri nuntii γ   24 certorum *HBDE*[1] :
ceterorum *AVE*[2]γ   26 leg. ad eum α : ad eum leg. βγ

rex Deiotarus cessit quem nos omnes secuti sumus; ad
quem cum di atque homines omnia ornamenta congessis-
sent, tum tu ipse plurima et maxima. Nec enim, si tuae res
gestae ceterorum laudibus obscuritatem attulerunt, idcirco
5 Cn. Pompei memoriam amisimus. Quantum nomen illius
fuerit, quantae opes, quanta in omni genere bellorum gloria,
quanti honores populi Romani, quanti senatus, quanti tui,
quis ignorat? Tanto ille superiores vicerat gloria quanto
tu omnibus praestitisti. Itaque Cn. Pompei bella, victorias,
10 triumphos, consulatus admirantes numerabamus : tuos enu-
merare non possumus. Ad eum igitur rex Deiotarus venit **5**
hoc misero fatalique bello quem antea iustis hostilibusque **13**
bellis adiuverat, quocum erat non hospitio solum verum
etiam familiaritate coniunctus, et venit vel rogatus ut amicus,
15 vel arcessitus ut socius, vel evocatus ut is qui senatui parere
didicisset : postremo venit ut ad fugientem, non ut ad in-
sequentem, id est ad periculi, non ad victoriae societatem.
Itaque Pharsalico proelio facto a Pompeio discessit ; spem
infinitam persequi noluit ; vel officio si quid debuerat, vel
20 errori si quid nescierat, satis factum esse duxit ; domum se
contulit, teque Alexandrinum bellum gerente utilitatibus tuis
paruit. Ille exercitum Cn. Domiti, amplissimi viri, suis **14**
tectis et copiis sustentavit ; ille Ephesum ad eum quem
tu ex tuis fidelissimum et probatissimum omnibus delegisti
25 pecuniam misit ; ille iterum, ille tertio auctionibus factis
pecuniam dedit qua ad bellum uterere ; ille corpus suum
periculo obiecit, tecumque in acie contra Pharnacem fuit
tuumque hostem esse duxit suum. Quae quidem a te in
eam partem accepta sunt, Caesar, ut eum amplissimo regis
30 honore et nomine adfeceris.

1 in quem *E*²γ (*contra Arusian. K*. vii. *p*. 461)   3 neque
enim β   5 eius β   8 quanto ... tanto β (*contra Serv. Aen*. xi.
438)   9 omnibus *A*β : in omnibus *VE*²γ : omnia *H*   15 evocatus γ :
vocatus *a*β   16 non ut ad *a*a : non ad *β*h : non ut *g*   17 periculi
aBDa : -culum *Egh* .   24 ex civibus fid. γ   et probat. *om*. γ (et prob.
omnibus *del. Garat.*)   26 uterere *oDE* : -ris *B* : -remini γ

15   Is igitur non modo a te periculo liberatus sed etiam
honore amplissimo ornatus, arguitur domi te suae interficere
voluisse : quod tu, nisi eum furiosissimum iudicas, suspicari
profecto non potes.   Vt enim omittam cuius tanti sceleris
fuerit in conspectu deorum penatium necare hospitem, cuius 5
tantae importunitatis omnium gentium atque omnis memoriae clarissimum lumen exstinguere, cuius ferocitatis victorem orbis terrae non extimescere, cuius tam inhumani
et ingrati animi, a quo rex appellatus esset, in eo tyrannum
inveniri—ut haec omittam, cuius tanti furoris fuit omnis 10
reges, quorum multi erant finitimi, omnis liberos populos,
omnis socios, omnis provincias, omnia denique omnium
arma contra se unum excitare? Quonam ille modo cum
regno, cum domo, cum coniuge, cum carissimo filio distractus esset, tanto scelere non modo perfecto sed etiam 15
6 cogitato? At, credo, haec homo inconsultus et temerarius
16 non videbat.   Quis consideratior illo, quis tectior, quis
prudentior? quamquam hoc loco Deiotarum non tam ingenio et prudentia quam fide et religione vitae defendendum
puto.   Nota tibi est hominis probitas, C. Caesar, noti mores, 20
nota constantia.   Cui porro qui modo populi Romani
nomen audivit, Deiotari integritas, gravitas, virtus, fides
non audita est? Quod igitur facinus nec in hominem
imprudentem caderet propter metum praesentis exiti, nec
in facinerosum, nisi esset idem amentissimus, id vos et 25
a viro optimo et ab homine minime stulto cogitatum
17 esse confingitis? At quam non modo non credibiliter,
sed ne suspiciose quidem!   'Cum' inquit 'Blucium

2 te *hoc loco hab.* αβ, *ante* domi (domui *a*) γ, *post* suae *Cassiod.* ii.
543, *Mart. Cap. Rhet. L. p.* 468   3 iudices β   prof. suspicari γ
7 cuius tantae *a*   8 terrae α : terrarum βγ   9 animi *om. α*   11
omnis socios, omnis lib. pop. γ   13 quonam *BDg*: quoniam *Caah*:
quomodo *E*   14 cum domo *om.* γ   carissimo *CaDE*: clarissimo *B*γ
17 tectior *CaD¹*: rectior *D²BE*γ   23 sit audita β   24 prudentem
Ca   caderet *CHV*γ : cadere *A* : cadere posset β   27 atque non γ
28 inquit *Ca*: in castellum (*ex* § 21) *add.* βγ   Blucium *Garat.*: Reium
Wagner: Luceium (Lucc. *CH*) *codd.* (*cf. Strab.* xii. 5. 2)

venisses et domum regis hospitis tui devertisses, locus erat
quidam in quo erant ea composita quibus te rex munerari
constituerat. Huc te e balneo, prius quam accumberes,
ducere volebat. Erant enim armati ut te interficerent
5 in eo ipso loco conlocati.' En crimen, en causa, cur
regem fugitivus, dominum servus accuset. Ego mehercules,
Caesar, initio, cum est ad me ita causa delata, Phidippum
medicum, servum regium, qui cum legatis missus esset, ab
isto adulescente esse corruptum, hac sum suspicione per-
10 cussus : 'Medicum indicem subornavit ; finget videlicet
aliquod crimen veneni.' Etsi a veritate longe, tamen
a consuetudine criminandi non multum res abhorrebat.
Quid ait medicus ? Nihil de veneno. At id fieri potuit 18
primum occultius in potione, in cibo ; deinde etiam im-
15 punius fit quod, cum est factum, negari potest. Si palam
te interemisset, omnium in se gentium non solum odia
sed etiam arma convertisset : si veneno, Iovis illius hos-
pitalis numen numquam celare potuisset, homines fortasse
celasset. Quod igitur et conari occultius et efficere cautius
20 potuit, id tibi et medico callido et servo, ut putabat, fideli
non credidit : de armis, de ferro, de insidiis celare te noluit?
At quam festive crimen contexitur ! 'Tua te' inquit 19
' eadem quae saepe fortuna servavit : negavisti tum te
inspicere velle.' Quid postea ? an Deiotarus, re illo tem- 7
25 pore non perfecta, continuo dimisit exercitum ? nullus erat
alius insidiandi locus ? At eodem te, cum cenavisses,
rediturum dixeras, itaque fecisti. Horam unam aut duas
eodem loco armatos, ut conlocati fuerant, retineri magnum
fuit? Cum in convivio comiter et iucunde fuisses, tum

2 munerari *Ca* : -rare *βγ*   3 balineo *CA, ita* § 21 *CA* (*ter*) *et* § 42
CH   4 ibi enim erant *β*   qui te *β*   6 mehercule *γ, cf. Mil.* 85
7 ita *Müller* : ista *codd.*   Phidippum *β* : Philippum *Caγ*   8 ab
ipso *β*   9 percussus *CHVβgh* : perculsus *Aa*   10 fingit *gh*
14 primo *β*   vel in cibo *γ* : *del. Kayser*   15 quod cum est factum]
quicquid cum est *Ca*   17 illius *a* : illius quidem *cett.* : ille quidem
Ernesti   23 quae semper *β*   24 re illo . . . perfecta *CaBD* : rex
illo . . . perfecta re *Eγ*   28 retineri *CA* : retine *H* : retinere *cett.*

illuc isti, ut dixeras : quo in loco Deiotarum talem erga te
cognovisti qualis rex Attalus in P. Africanum fuit, cui
magnificentissima dona, ut scriptum legimus, usque ad
Numantiam misit ex Asia, quae Africanus inspectante exercitu accepit. Quod cum praesens Deiotarus regio animo 5
20 et more fecisset, tu in cubiculum discessisti. Obsecro,
Caesar, repete illius temporis memoriam, pone ante oculos
illum diem, voltus hominum te intuentium atque ·admiran-
tium recordare. Num quae trepidatio, num qui tumultus,
num quid nisi modeste, nisi quiete, nisi ex hominis 10
gravissimi et sanctissimi disciplina ? Quid igitur causae
excogitari potest cur te lautum voluerit, cenatum noluerit
21 occidere ? 'In posterum' inquit 'diem distulit ut, cum
in castellum ventum esset, ibi cogitata perficeret.' Non
video causam loci mutandi, sed tamen acta res criminose 15
est. 'Cum' inquit 'vomere post cenam te velle dixisses, in
balneum te ducere coeperunt: ibi enim erant insidiae. At
te eadem tua fortuna servavit: in cubiculo malle dixisti.'
Di te perduint, fugitive ! ita non modo nihili et improbus,
sed fatuus et amens es. Quid? ille signa aenea in balneo 20
posuerat, quae e balneo in cubiculum transire non possent ?
Habes crimina insidiarum : nihil enim dixit amplius.
'Horum' inquit 'eram conscius.' Quid tum ? ita ille
demens erat ut eum quem conscium tanti sceleris habebat
ab se dimitteret, Romam etiam mitteret ubi et inimicissimum 25
sciret esse nepotem suum et C. Caesarem cui fecisset insidias, praesertim cum is unus esset qui posset de absente

---

1 illuc] illuc istum *C*¹ : istum illuc *H*   4 P. Afr. *Ca*   5 regio *gh* :
et *Ca* : et regio *a* : regio et *β*   7 illum ante oculos *β*   9 quae (qua *a*)
... qui *CHβa* : quid ... quid *AVg* : ei quā ... quid *h* (quid trepidationis
coni Halm)   10 modeste *β* : modo *Ca* : moderate *γ*   14 castellum]
Luceium (Lucc *H*) *add. codd., ego delevi, cf.* § 17   15 mut. loci *β*
18 eadem tua *Caβ* : illa tua *g* : eadem tua illa *ah*   in cubiculum
(-lo *D*¹) te ire malle *βa*   19 perduint *BD* : -dunt *CHVE* : -dent *A* :
-dant *γ*   non ita *Ca*   nihili et *scripsi* : nihil sed *D*¹ : nequam
et *D*²*γ* : *om.* α*BE*   improbus et fatuus, sed etiam (eiam *D*¹) amens *β*
20 in balneo *a* : in insidiis (in *sup. lin. in β*) *βγ*   21 transire (-ent
AV) *Cagh* : transferri *βa*   24 haberet *γ*   25 ab *Ca* : a *βγ*

se indicare? 'Et fratres meos,' inquit, 'quod erant conscii, ²²
in vincla coniecit.' Cum igitur eos vinciret quos secum
habebat, te solutum Romam mittebat qui eadem scires
quae illos scire dicis?

5 Reliqua pars accusationis duplex fuit: una regem in 8
speculis semper fuisse, cum a te animo esset alieno, altera
exercitum eum contra te magnum comparasse. De exercitu
dicam breviter, ut cetera. Numquam eas copias rex
Deiotarus habuit quibus inferre bellum populo Romano
10 posset, sed quibus finis suos ab excursionibus et latrociniis
tueretur et imperatoribus nostris auxilia mitteret. Atque
antea quidem maiores copias alere poterat; nunc exiguas
vix tueri potest. At misit ad nescio quem Caecilium: sed ²³
eos quos misit, quod ire noluerunt, in vincla coniecit.
15 Non quaero quam veri simile sit aut non habuisse regem
quos mitteret aut eos qui missi essent non paruisse, aut,
qui dicto audientes in tanta re non fuissent, eos vinctos
potius quam necatos. Sed tamen cum ad Caecilium mittebat, utrum causam illam victam esse nesciebat an Caecilium
20 istum magnum hominem putabat? quem profecto is qui
optime nostros homines novit vel quia non nosset vel si
nosset, contemneret. Addit etiam illud, equites non ²⁴
optimos misisse. Credo, Caesar, nihil ad tuum equitatum,
sed misit ex eis quos habuit electos. Ait nescio quem ex
25 eo numero servum iudicatum. Non arbitror, non audivi:
sed in eo, etiam si accidisset, culpam regis nullam fuisse
arbitrarer.

Alieno autem a te animo quo modo? Speravit, credo, 9

1 indicare *Victorius*: iud. *CAV*: uind. *βah*: diud. *H*   2 vincla
CaD: vincula *cett.* (*ita l.* 14)   coegit *Ca*   5 in spec. semp. fu. *Cah*:
in spec. fu. semp. *ag*: semp. in spec. fu. *β*   6 esset animo *β*
10 latroc. hostium *γ*   13 ad Caec. nescio quem *β*   15 non sit *γ*
veri simile sit aut] verissiles itaut *C*: veris si lesit aut *H*: simile sit
veri *A*   non *ante* habuisse *del. Cardenus*   16 quos misisset *β*
17 audientes *CaDag*: obaud. *h*: obed. *BE*   23 credo *gh*: veteris
credo (-es. Credo a) *Caβa* (*voc.* veteris *ex* veri *l.* 15 *repetitum videtur*)
24 ait etiam *Caa*   28 fuit *ante* quo modo (quia a) *add.* *γ*

difficilis tibi Alexandreae fore exitus propter regionum naturam et fluminis. At eo tempore ipso pecuniam dedit, exercitum aluit, ei quem Asiae praefeceras nulla in re defuit; tibi victori non solum ad hospitium sed ad peri-
25 culum etiam atque ad aciem praesto fuit. Secutum bellum 5 est Africanum. Graves de te rumores, qui etiam furiosum illum Caecilium excitaverunt. Quo tum rex animo, qui auctionatus sit seseque spoliare maluerit quam tibi pecuniam non subministrare. 'At eo' inquit 'tempore ipso Nicaeam Ephesumque mittebat qui rumores Africanos exciperent et 10 celeriter ad se referrent. Itaque cum esset ei nuntiatum Domitium naufragio perisse, te in castello circumsederi, de Domitio dixit versum Graecum eadem sententia qua etiam nos habemus Latinum:

Pereant amici, dum inimici una intercidant.' 15
Quod ille, si tibi esset inimicissimus, numquam tamen dixisset: ipse enim mansuetus, versus immanis. Qui autem Domitio poterat esse amicus, qui tibi esset inimicus? Tibi porro inimicus cur esset a quo, cum vel interfici belli lege potuisset, regem et se et filium suum constitutos esse 20
26 meminisset? Quid deinde? furcifer quo progreditur? Ait hac laetitia Deiotarum elatum vino se obruisse in con-vivioque nudum saltavisse. Quae crux huic fugitivo potest satis supplici adferre? Deiotarum saltantem quisquam aut ebrium vidit umquam? Omnes sunt in illo rege 25 virtutes, quod te, Caesar, ignorare non arbitror, sed prae-cipue singularis et admiranda frugalitas: etsi hoc verbo scio laudari reges non solere. Frugi hominem dici non multum habet laudis in rege: fortem, iustum, severum, gravem, magni animi, largum, beneficum, liberalem: hae sunt regiae 30

1 Alexandriae *mei*   3 ei *om. β*   in *om. β*   5 etiam atque ad (ad *om. V*) aciem *CHVag*: etiam atque etiam *A*: etiam *et* ad *om. β* 6 rumores sparsi *E²γ*   7 animo *Ca*: fuit *add. β*: erga te fuit *add. γ* 8 spoliare *CHβ*: exspol. *AVa*   16 tibi esset *Ca*: esset tibi *βγ* 20 potuisset] et inposuisset *C*: et potuisset *H*: *fort.* et iure potuisset 22 in convivio nudumque *AV*   23 se salt. *C*   25 in illo sunt *β* regiae *a*   28 reges *CHVγ*: regem *Aβ*   30 magni animi *CaBD*: magnianimum *σ*: magnanimum *Eh*   hae *CAVβh*: haec *Hag* (*cf. Phil.* v. 8)

laudes, illa privata est.   Vt volet quisque, accipiat: ego
tamen frugalitatem, id est modestiam et temperantiam,
virtutem maximam iudico.   Haec in illo est ab ineunte
aetate cum a cuncta Asia, cum a magistratibus legatisque
5 nostris, tum ab equitibus Romanis qui in Asia negotiati
sunt perspecta et cognita.   Multis ille quidem gradibus 27
officiorum erga rem publicam nostram ad hoc regium nomen
ascendit; sed tamen quicquid a bellis populi Romani vaca-
bat, cum hominibus nostris consuetudines, amicitias, res
10 rationesque iungebat, ut non solum tetrarches nobilis sed
etiam optimus pater familias et diligentissimus agricola et
pecuarius haberetur.   Qui igitur adulescens nondum tanta
gloria praeditus nihil umquam nisi severissime et gravissime
fecerit, is ea existimatione eaque aetate saltavit?   Imitari, **10**
15 Castor, potius avi mores disciplinamque debebas quam   28
optimo et clarissimo viro fugitivi ore male dicere.   Quod si
saltatorem avum habuisses neque eum virum unde pudoris
pudicitiaeque exempla peterentur, tamen hoc maledictum
minime in illam aetatem conveniret.   Quibus ille studiis
o ab ineunte aetate se imbuerat, non saltandi, sed bene ut
armis, optime ut equis uteretur, ea tamen illum cuncta iam
aetate defecerant.   Itaque Deiotarum cum plures in equum
sustulissent, quod haerere in eo senex posset, admirari
solebamus: hic vero adulescens qui meus in Cilicia miles,
25 in Graecia commilito fuit, cum in illo nostro exercitu
equitaret cum suis delectis equitibus quos una cum eo ad
Pompeium pater miserat, quos concursus facere solebat,
quam se iactare, quam ostentare, quam nemini in illa causa
studio et cupiditate concedere!   Tum vero exercitu amisso 29
30 ego, qui pacis semper auctor, post Pharsalicum autem proe-

4 aetate] *hic defic. gh (ex hoc loc.* γ = aσ)   6 ille quidem *CH*σ :
quidem ille *AV*βa   9 amicitias res rationes *om. Ca*   11 etiam βa :
*om. C*1σ   et dil.] dil. *Ca*   21 cuncta *om. Ca*   22 aetate
Ca : exacta aetate *BD*γ : exacta *E*   29 tum *scripsi* : cum *codd.*
30 auctor *Ca*σ : auctor fui *BDa*   post Pharsal. aut. proelium *del.*
Ernesti   autem *om. BE*

lium suasor fuissem armorum non ponendorum, sed abicien
dorum, hunc ad meam auctoritatem non potui adducere,
quod et ipse ardebat studio illius belli et patri satis faciendum
arbitrabatur.   Felix ista domus quae non impunitatem solum
adepta sit sed etiam accusandi licentiam : calamitosus 5
Deiotarus qui et ab eo qui in isdem castris fuerit, et non
modo apud te sed etiam a suis accusetur ! Vos vestra
secunda fortuna, Castor, non potestis sine propinquorum
calamitate esse contenti ?

II
30   Sint sane inimicitiae, quae esse non debebant—rex enim 10
Deiotarus vestram familiam abiectam et obscuram e tenebris
in lucem evocavit : quis tuum patrem ante quis esset quam
cuius gener esset audivit?—sed quamvis ingrate et impie
necessitudinis nomen repudiaretis, tamen inimicitias hominum more gerere poteratis, non ficto crimine insectari, non 15
expetere vitam, non capitis arcessere.   Esto : concedatur
haec quoque acerbitatis et odi magnitudo : adeone ut omnia
vitae salutisque communis atque etiam humanitatis iura
violentur?   Servum sollicitare verbis, spe promissisque cor-
rumpere, abducere domum, contra dominum armare, hoc 20
est non uni propinquo, sed omnibus familiis nefarium bellum
indicere.   Nam ista corruptela servi si non modo impunita
fuerit sed etiam a tanta auctoritate approbata, nulli parietes
nostram salutem, nullae leges, nulla iura custodient.   Vbi
enim id quod intus est atque nostrum impune evolare 25
potest contraque nos pugnare, fit in dominatu servitus, in
31 servitute dominatus.   O tempora, o mores ! Cn. Domitius
ille quem nos pueri consulem, censorem, pontificem maximum vidimus, cum tribunus plebis M. Scaurum principem

1 ponendorum *Caa* : depon. *βσ*   3 ipsius *β*   faciendum *Caa* :
fac. esse *βσ*   5 accus. etiam *β*   6 eisdem *Ca*   et *ante* non
modo *om. β*   non modo apud te sed etiam *del. Halm*   8 Castor
om. AV   12 ante *Caa* : antea *βσ*   13 gener *C²AVγ* : genere
C¹Hβ   14 repudiaretis (*ex* -itis *D*) *β* : -ritis *Caγ*   17 acerbitatis
CHVβa : acerbitas *Aσ*   20 abducere *Caa* : adducere *βσ*   26 in
serv. *βσ* : et in serv. *Caa*

civitatis in iudicium populi vocavisset Scaurique servus ad
eum clam domum venisset et crimina in dominum delatu-
rum se esse dixisset, prendi hominem iussit ad Scaurumque
deduci.   Vide quid intersit, etsi inique Castorem cum
5 Domitio comparo : sed tamen ille inimico servum remisit,
tu ab avo abduxisti ; ille incorruptum audire noluit, tu
corrupisti ; ille adiutorem servum contra dominum repudiavit, tu etiam accusatorem adhibuisti.   At semel iste
est corruptus a vobis.   Nonne, cum esset perductus et 32
10 cum tecum fuisset, refugit ad legatos ? nonne ad hunc Cn.
Domitium venit ? nonne audiente hoc Ser. Sulpicio,
clarissimo viro, qui tum casu apud Domitium cenabat, et
hoc T. Torquato, optimo adulescente, se a te corruptum,
tuis promissis in fraudem impulsum esse confessus est ?
15 Quae est ista tam impotens, tam crudelis, tam immoderata 12
inhumanitas ?   Idcirco in hanc urbem venisti ut huius
urbis iura et exempla corrumperes domesticaque immanitate
nostrae civitatis humanitatem inquinares ?

At quam acute conlecta crimina ! ' Blesamius ' inquit, 33
20 — eius enim nomine, optimi viri nec tibi ignoti, male dicebat tibi—' ad regem ' inquit ' scribere solebat te in invidia
esse, tyrannum existimari, statua inter reges posita animos
hominum vehementer offensos, plaudi tibi non solere.'
Nonne intellegis, Caesar, ex urbanis malevolorum sermun-
25 culis haec ab istis esse conlecta ?   Blesamius tyrannum
Caesarem scriberet ?   Multorum enim capita civium viderat,
multos iussu Caesaris vexatos, verberatos, necatos, multas
adflictas et eversas domos, armatis militibus refertum forum !
Quae semper in civili victoria sensimus, ea te victore non

3 prendi Caa : apprehendi (adprendi D) βσ   5 comparo βσ et
Priscian. K. ii. 239 : confero Caa   8 iste est corr. CHβσ : est
corr. iste AVa   9 perductus CaDγ : productus BE   15 tam
impudens BE   17 inhumanitate BE   20 nomine optimi viri H,
Prisc. K. iii. 325 : hominis nom. opt. viri CAV : nom. opt. hominis β :
nom. viri opt. γ   21 inquit om. unus cod. Halmii (cf. Phil. viii. 27)
in invidia esse CaDa (in om. AD) : invidiose BE

34 vidimus. Solus, inquam, es, C. Caesar, cuius in victoria
ceciderit nemo nisi armatus. Et quem nos liberi in summa
populi Romani libertate nati non modo non tyrannum
sed etiam clementissimum in victoria ducimus, is Blesamio
qui vivit in regno tyrannus videri potest? Nam de statua 5
quis queritur, una praesertim, cum tam multas videat?
Valde enim invidendum est eius statuis cuius tropaeis non
invidemus. Nam si locus adfert invidiam, nullus est ad
statuam quidem rostris clarior. De plausu autem quid
respondeam? qui nec desideratus umquam in te est et non 10
numquam obstupefactis hominibus ipsa admiratione com-
pressus est et fortasse eo praetermissus quia nihil volgare te
dignum videri potest.

13
35   Nihil a me arbitror praeteritum, sed aliquid ad extremam
partem causae reservatum. Id autem aliquid *quid* est? te ut 15
plane Deiotaro reconciliet oratio mea. Non enim iam metuo
ne illi tu suscenseas; illud vereor ne tibi illum suscensere
aliquid suspicere: quod abest longissime, mihi crede, Caesar.
Quid enim retineat per te meminit, non quid amiserit;
neque se a te multatum arbitratur, sed, cum existimares 20
multis tibi multa esse tribuenda, quo minus a se qui in
36 altera parte fuisset ea sumeres non recusavit. Etenim
si Antiochus Magnus ille, rex Asiae, cum, postea quam
a L. Scipione devictus Tauro tenus regnare iussus est,
omnem hanc Asiam quae est nunc nostra provincia 25
amisisset, dicere est solitus benigne sibi a populo Romano
esse factum, quod nimis magna procuratione liberatus

1 solus ... cuius in *om. Ca*   2 liberi *om. H*   3 populi Romani
del. Halm   4 ducimus *Caγ*: ducem vidimus *E*: vidimus ducem *BD*
8 invidimus *β*   est *Caσ*: locus est *βa*   10 in te *Ca*: a te *βγ*
14 praeteritum *Caa*: praetermissum *βσ*   extremam partem causae
CH: extremum causae *AVa*: extremam (-um σ) causae partem *βσ*
15 aliquid quid *scripsi* (*cf. Lig.* 22)   aliquid *codd.*: quid *Halm*
16 conciliet *CH*   20 existimaret *CH*: existimarer *A*   21 a se
qui *H*: assequi *cett.* (*C*)   22 fuisset *Caσ*: potuisset *βa*   23 cum
postea quam *CAVβa*: cum postea *H*: qui postquam σ   24 L. *om.* *C¹β*
devictus est *Lambin.*   est *CaDγ*: esset *BE*   25 omnem *Garatoni*:
omnemque *codd.*

modicis regni terminis uteretur, potest multo facilius hoc
se Deiotarus consolari.   Ille enim furoris multam sustulerat,
hic erroris.   Omnia tu Deiotaro, Caesar, tribuisti, cum et
ipsi et filio nomen regium concessisti.   Hoc nomine retento
5 atque servato nullum beneficium populi Romani, nullum
iudicium de se senatus imminutum putat.   Magno animo
et erecto est, nec umquam succumbet inimicis, ne fortunae
quidem.   Multa se arbitratur et peperisse ante factis et 37
habere in animo atque virtute, quae nullo modo possit
10 amittere.   Quae enim fortuna aut quis casus aut quae
tanta possit iniuria omnium imperatorum de Deiotaro
decreta delere?   Ab omnibus est enim is ornatus qui,
postea quam in castris esse potuit per aetatem, in Asia,
Cappadocia, Ponto, Cilicia, Syria bella gesserunt: senatus
15 vero iudicia de illo tam multa tamque honorifica, quae
publicis populi Romani litteris monumentisque consignata
sunt, quae umquam vetustas obruet aut quae tanta delebit
oblivio?   Quid de virtute eius dicam, de magnitudine animi,
gravitate, constantia?   quae omnes docti atque sapientes
20 summa, quidam etiam bona sola esse dixerunt, eisque non
modo ad bene sed etiam ad beate vivendum contentam esse
virtutem.   Haec ille reputans et dies noctesque cogitans non 38
modo tibi non suscenset—esset enim non solum ingratus
sed etiam amens—, verum omnem tranquillitatem et quietem
25 senectutis refert acceptam clementiae tuae.   Quo quidem 14
animo cum antea fuit, tum non dubito quin tuis litteris,
quarum exemplum legi, quas ad eum Tarracone huic
Blesamio dedisti, se magis etiam erexerit ab omnique sollicitudine abstraxerit.   Iubes enim eum bene sperare et bono
30 esse animo, quod scio te non frustra scribere solere.   Memini enim isdem fere verbis ad me te scribere meque tuis

1 hoc *Caa*: *om. βσ*   2 sustulerat *CH*: distulerat *AV*: sustinuerat
βa: subierat *σ*   8 et reperisse *β*   12 est enim is orn. *Caa*: enim
his orn. est *σ*: enim est orn. *β*   20 bona sola *Caa*: sola bona *βσ*
eisque *Nohl*: isque (hisque) *codd.*   25 accept. refert *β*

39 litteris bene sperare non frustra esse iussum. Laboro equidem regis Deiotari causa quocum mihi amicitiam res
publica conciliavit, hospitium voluntas utriusque coniunxit,
familiaritatem consuetudo attulit, summam vero necessitu-
dinem magna eius officia in me et in exercitum meum 5
effecerunt: sed cum de illo laboro, tum de multis amplissimis viris quibus semel ignotum a te esse oportet, nec tuum
beneficium in dubium vocari, nec haerere in animis hominum sollicitudinem sempiternam, nec accidere ut quisquam
te timere incipiat eorum qui sint semel a te liberati timore. 10

40 Non debeo, Caesar, quod fieri solet in tantis periculis, tem-
ptare ecquonam modo dicendo misericordiam tuam com-
movere possim. Nihil opus est. Occurrere solet ipsa
supplicibus et calamitosis, nullius oratione evocata. Pro-
pone tibi duos reges et id animo contemplare quod oculis 15
non potes: dabis profecto id misericordiae quod iracundiae
denegasti. Multa sunt monumenta clementiae tuae, sed
maxime eorum incolumitates quibus salutem dedisti. Quae
si in privatis gloriosa sunt, multo magis commemorabuntur
in regibus. Semper regium nomen in hac civitate sanctum 20
fuit, sociorum vero regum et amicorum sanctissimum.

15
41 Quod nomen hi reges ne amitterent te victore timuerunt,
retentum vero et a te confirmatum posteris etiam suis tradituros se esse confidunt. Corpora sua pro salute regum
suorum hi legati regii tradunt, Hieras et Blesamius et 25
Antigonus, tibi nobisque omnibus iam diu noti, eademque
fide et virtute praeditus Dorylaus, qui nuper cum Hiera
legatus est ad te missus, cum regum amicissimi, tum tibi
42 etiam, ut spero, probati. Exquire de Blesamio num quid

      7 benefic. tuum *β*   10 timere] iterum timere *Lehmann*   11
Caesar *Caa*: C. Caesar *βσ*   12 ecquonam *Gulielmius*: et quonam
CH: quonam *A* (*e coll. mea*) *Vβγ*   movere *CAH*   18 maxime]
maxima *Wesenberg*   24 se esse confidunt *Caa*: esse confido *BDσ*:
confido *E*   25 legati *Caa*: tibi *ante* regii *add. β*: *post* reg. *σ*   26
Antigonus *BD²σ*: Antigenus *D¹E*: Artignus *Ca*: Antigronus *a*:
Antiochus *Probus K.* iv *p.* 27, *Sacerdos* ii. 40   27 Dorulaus *Ca*

ad regem contra dignitatem tuam scripserit.   Hieras quidem
causam omnem suscipit et criminibus illis pro rege se sup-
ponit reum.   Memoriam tuam implorat, qua vales plurimum ; negat umquam se a te in Deiotari tetrarchia pedem
5 discessisse ; in primis finibus tibi praesto se fuisse dicit,
usque ad ultimos prosecutum ; cum e balneo exisses, tecum
se fuisse, cum illa munera inspexisses cenatus, cum in
cubiculo recubuisses ; eandemque adsiduitatem tibi se prae-
buisse postridie.   Quam ob rem si quid eorum quae 43
10 obiecta sunt cogitatum sit, non recusat quin id suum
facinus iudices.   Quocirca, C. Caesar, velim existimes
hodierno die sententiam tuam aut cum summo dedecore
miserrimam pestem importaturam esse regibus aut incolumem famam cum salute : quorum alterum optare illorum
15 crudelitatis est, alterum conservare clementiae tuae.

1 tuam $H\beta\sigma$: suam $CAVa$ 5 praesto se Caa : se praesto $\beta\sigma$
6 cum . . . tecum *om.* C^1 7 se *om. Ca*   munera *om. CH*

ORATIONES PHILIPPICAE

SIGLA

$V =$ cod. tabularii Basilicae Vaticanae H. 25, saecl. ix
Cus. = cod. Nicolai Cusani, saecl. xii, excerpta quaedam
    continens, ab I. Klein collatus
$D =$ codd. (*b*) *cnst* consensus
$b =$ cod. Bernensis 104, saecl. xiii
$c =$ familia Colotiana, i.e. codd. Paris. 5802, 6602, et
    Berol. Philipp. 201 consensus
$n =$ cod. Vossianus, Lat. O. 2, saecl. x
$s =$ cod. Vaticanus 3228, saecl. x (codex Scalae)
$t =$ cod. Tegernseensis, saecl. xi
$v =$ cod. Vaticanus 3227, saecl. xii (codex Lango-
    bardicus Ferrarii)

$h =$ cod. Harleianus 2682, saecl. xi
$l =$ cod. Regius 15 A. xiv, saecl. xi
$o =$ cod. CCLII Collegii Novi Oxon., saecl. xii
$\pi =$ cod. Parcensis, nunc Bruxellensis 14492, saecl. xiv
cod. Amst. = codex Amstelodamensis Univ. 77, saecl. xiii, ex
    quo lectiones aliquot exscripsit Deiterus
cod. P. Laeti = cod. Vaticanus 3229, saecl. xv
$\delta =$ codd. deteriores

Poggii emendationes in cod Laur. xlviii. 22 inveniuntur

M. TVLLI CICERONIS

IN M. ANTONIVM

ORATIO PHILIPPICA PRIMA

ANTE quam de re publica, patres conscripti, dicam ea **1**
quae dicenda hoc tempore arbitror, exponam vobis breviter
consilium et profectionis et reversionis meae. Ego cum
sperarem aliquando ad vestrum consilium auctoritatemque
5 rem publicam esse revocatam, manendum mihi statuebam
quasi in vigilia quadam consulari ac senatoria. Nec vero
usquam discedebam nec a re publica deiciebam oculos ex
eo die quo in aedem Telluris convocati sumus. In quo
templo, quantum in me fuit, ieci fundamenta pacis Atheni-
10 ensiumque renovavi vetus exemplum; Graecum etiam verbum usurpavi quo tum in sedandis discordiis usa erat civitas
illa, atque omnem memoriam discordiarum oblivione sempiterna delendam censui. Praeclara tum oratio M. Antoni, **2**
egregia etiam voluntas; pax denique per eum et per liberos
15 eius cum praestantissimis civibus confirmata est. Atque his
principiis reliqua consentiebant. Ad deliberationes eas quas
habebat domi de re publica principes civitatis adhibebat;
ad hunc ordinem res optimas deferebat; nihil tum nisi quod

10 renovavi *Vns*: revocavi *ct*   11 discordiis usa erat *V*: discorda-
verat *c*: discordiis erat *t*: discors erat *ns*   18 referebat *Reid*   nisi
. . . omnibus *om. D*

erat notum omnibus in C. Caesaris commentariis reperie-
batur ; summa constantia ad ea quae quaesita erant re-
3 spondebat. Num qui exsules restituti? Unum aiebat, praeterea
neminem. Num immunitates datae ? 'Nullae' respondebat.
Adsentiri etiam nos Ser. Sulpicio, clarissimo viro, voluit, ne 5
qua tabula post Idus Martias ullius decreti Caesaris aut
benefici figeretur. Multa praetereo eaque praeclara ; ad
singulare enim M. Antoni factum festinat oratio. Dictaturam,
quae iam vim regiae potestatis obsederat, funditus ex re
publica sustulit; de qua ne sententias quidem diximus. Scri- 10
ptum senatus consultum quod fieri vellet attulit, quo recitato
auctoritatem eius summo studio secuti sumus eique amplis-
2 simis verbis per senatus consultum gratias egimus. Lux
4 quaedam videbatur oblata non modo regno, quod pertu-
leramus, sed etiam regni timore sublato, magnumque pignus 15
ab eo rei publicae datum, se liberam civitatem esse velle,
cum dictatoris nomen, quod saepe iustum fuisset, propter
perpetuae dictaturae recentem memoriam funditus ex re
5 publica sustulisset. Liberatus periculo caedis paucis post
diebus senatus ; uncus impactus est fugitivo illi qui in 20
Mari nomen invaserat. Atque haec omnia communiter cum
conlega ; alia porro propria Dolabellae quae, nisi conlega
afuisset, credo eis futura fuisse communia. Nam cum ser-
peret in urbe infinitum malum idque manaret in dies latius,
idemque bustum in foro facerent qui illam insepultam sepul- 25
turam effecerant, et cotidie magis magisque perditi homines
cum sui similibus servis tectis ac templis urbis minarentur,
talis animadversio fuit Dolabellae cum in audacis sceleratos-
que servos, tum in impuros et nefarios liberos, talisque eversio
illius exsecratae columnae ut mihi mirum videatur tam 30

1 reperiebat *Kraffert*   2 summa cum dignitate constantia *D*   4
nullae respondebat *om. D* : nullas respondebat *Wesenberg*   7 ea
quae clara sunt *D*   9 iam vim *Vt* : vim iam *cns*   possederat *Hirschfelder*   10 qua *VD* : qua re *cod. Amst ut voluit Klussmann* : quo
Stangl   24 urbem *Vns*   27 suis *codd. (cf.* ii. 2 ; iii 18) : *corr.
Angelius*   minitarentur *V (cf. Zielinski, Philol.* 1906, *p.* 614)

valde reliquum tempus ab illo uno die dissensisse.   Ecce 6
enim Kalendis Iuniis, quibus ut adessemus edixerant, mutata omnia : nihil per senatum, multa et magna per populum
et absente populo et invito.   Consules designati negabant se
5 audere in senatum venire ; patriae liberatores urbe carebant
ea cuius a cervicibus iugum servile deiecerant, quos tamen
ipsi consules in contionibus et in omni sermone laudabant.
Veterani qui appellabantur, quibus hic ordo diligentissime
caverat, non ad conservationem earum rerum quas habe-
10 bant, sed ad spem novarum praedarum incitabantur.   Quae
cum audire mallem quam videre haberemque ius legationis
liberum, ea mente discessi ut adessem Kalendis Ianuariis,
quod initium senatus cogendi fore videbatur.   Exposui, 3
patres conscripti, profectionis consilium : nunc reversionis, 7
15 quae plus admirationis habet, breviter exponam.   Cum
Brundisium iterque illud quod tritum in Graeciam est non
sine causa vitavissem, Kalendis Sextilibus veni Syracusas,
quod ab ea urbe transmissio in Graeciam laudabatur : quae
tamen urbs mihi coniunctissima plus una me nocte cupiens
20 retinere non potuit.   Veritus sum ne meus repentinus ad
meos necessarios adventus suspicionis aliquid adferret, si
essem commoratus.   Cum autem me ex Sicilia ad Leucope-
tram, quod est promunturium agri Regini, venti detulissent,
ab eo loco conscendi ut transmitterem ; nec ita multum
25 provectus reiectus Austro sum in eum ipsum locum unde
conscenderam.   Cumque intempesta nox esset mansissemque 8
in villa P. Valeri, comitis et familiaris mei, postridieque
apud eundem ventum exspectans manerem, municipes
Regini complures ad me venerunt, ex eis quidam Roma
30 recentes : a quibus primum accipio M. Antoni contionem,

2 edixerat *t*   7 in cont. *V* : et in cont. *D*   8 qui appellabantur
Vns : qui appellantur *ct* : *om. Arusianus K.* vii. *p.* 488 : *del. Jordan* : appellabantur *transponit post* habebant *Hirschfelder* (*del.* qui)   9 cave-
rant (*sup. l.* timebant) *V* : timebat, caverat *t*   18 ab urbe ea *D*   24
transmitteremus austro *V*¹ *med. omissis* : nec ita multum si coniuctus
proiectus *add. V*²   30 M. *om. V*

quae mihi ita placuit ut ea lecta de reversione primum
coeperim cogitare. Nec ita multo post edictum Bruti adfertur et Cassi, quod quidem mihi, fortasse quod eos plus
etiam rei publicae quam familiaritatis gratia diligo, plenum
aequitatis videbatur. Addebant praeterea—fit enim plerum- 5
que ut ei qui boni quid volunt adferre adfingant aliquid
quo faciant id quod nuntiant laetius—rem conventuram :
Kalendis senatum frequentem fore ; Antonium, repudiatis
malis suasoribus, remissis provinciis Galliis, ad auctoritatem

4
9 senatus esse rediturum. Tum vero tanta sum cupiditate 10
incensus ad reditum ut mihi nulli neque remi neque venti
satis facerent, non quo me ad tempus occursurum non
putarem, sed ne tardius quam cuperem rei publicae gratu-
larer. Atque ego celeriter Veliam devectus Brutum vidi :
quanto meo dolore non dico. Turpe mihi ipsi videbatur in 15
eam urbem me audere reverti ex qua Brutus cederet, et ibi
velle tuto esse ubi ille non posset. Neque vero illum simi-
liter atque ipse eram commotum esse vidi. Erectus enim
maximi ac pulcherrimi facti sui conscientia nihil de suo
10 casu, multa de vestro querebatur. Exque eo primum cog- 20
novi quae Kalendis Sextilibus in senatu fuisset L. Pisonis
oratio : qui quamquam parum erat—id enim ipsum a Bruto
audieram—a quibus debuerat adiutus, tamen et Bruti testimonio—quo quid potest esse gravius ?—et omnium praedicatione quos postea vidi magnam mihi videbatur gloriam 25
consecutus. Hunc igitur ut sequerer properavi quem praesentes non sunt secuti, non ut proficerem aliquid—nec enim
sperabam id nec praestare poteram— sed ut, si quid mihi
humanitus accidisset — multa autem impendere videntur
praeter naturam etiam praeterque fatum— huius tamen diei 30

7 quo *cs* : quod *Vnt*   8 Kalendis] Sextilibus (Sex. *V*) *add. codd.,*
del. Madvig : Kal. Sept. *Halm*   senatum frequentem *om. V*[1]   12
non *ante* putarem *om. D* : *del. Bake*   17 non posset *om. V*[1] : non
esset *coni. Halm*   19 ac *V* : atque *ns* : et *ct*   20 ex quo *D*   26
quem *om. V*[1] : q. *V*[2]   27 neque enim *D, et Gellius* xiii. 1   29
videntur *V et Gellius* : videbantur *D*   30 etiam *V et Gellius* : *om. D*
tamen *V* : *om. D et Gellius*

vocem testem rei publicae relinquerem meae perpetuae erga
se voluntatis.

Quoniam utriusque consili causam, patres conscripti, pro- 11
batam vobis esse confido, prius quam de re publica dicere
5 incipio, pauca querar de hesterna M. Antoni iniuria : cui sum
amicus, idque me non nullo eius officio debere esse prae me
semper tuli.   Quid tandem erat causae cur die hesterno in **5**
senatum tam acerbe cogerer ?   Solusne aberam, an non
saepe minus frequentes fuistis, an ea res agebatur ut etiam
10 aegrotos deferri oporteret ?   Hannibal, credo, erat ad portas
aut de Pyrrhi pace agebatur, ad quam causam etiam Appium
illum et caecum et senem delatum esse memoriae proditum
est.   De supplicationibus referebatur, quo in genere senatores 12
deesse non solent.   Coguntur enim non pignoribus, sed
15 eorum de quorum honore agitur gratia ; quod idem fit,
cum de triumpho refertur.   Ita sine cura consules sunt ut
paene liberum sit senatori non adesse.   Qui cum mihi mos
notus esset cumque e via languerem et mihimet displicerem,
misi pro amicitia qui hoc ei diceret.   At ille vobis audien-
20 tibus cum fabris se domum meam venturum esse dixit.
Nimis iracunde hoc quidem et valde intemperanter.   Cuius
enim malefici tanta ista poena est ut dicere in hoc ordine
auderet se publicis operis disturbaturum publice ex senatus
sententia aedificatam domum ?   Quis autem umquam tanto
25 damno senatorem coegit ?   aut quid est ultra pignus aut
multam ?   Quod si scisset quam sententiam dicturus essem,
remisisset aliquid profecto de severitate cogendi.   An me   **6**
censetis, patres conscripti, quod vos inviti secuti estis, decre-   13
turum fuisse, ut parentalia cum supplicationibus miscerentur,
30 ut inexpiabiles religiones in rem publicam inducerentur,
ut decernerentur supplicationes mortuo ?   Nihil dico cui.

---

4 confido etiam *V*   5-8 quaerar hs (= *hic supple*) de hesterna in
senatum tam acerbe *V*¹ *med. omissis*   **5** M. *om. V*²   **7** die
hesterno in sen. *Halm* (*e vestigiis cod. V*) : in sen. hesterno die *D*
10 deferre *V*   **15** quorum de *D*   **19** hoc ediceret *D*   audientibus
... se *om. V*¹   **22** tanta *om. D*   **31** mortuorum *D*   cui *c* : cui'
n : qui *Vst*

Fuerit ille L. Brutus qui et ipse dominatu regio rem publicam
liberavit et ad similem virtutem et simile factum stirpem iam
prope in quingentesimum annum propagavit : adduci tamen
non possem ut quemquam mortuum coniungerem cum dec‑
rum immortalium religione ; ut, cuius sepulcrum usquam 5
exstet ubi parentetur, ei publice supplicetur. Ego vero eam
sententiam dixissem ut me adversus populum Romanum, si
qui accidisset gravior rei publicae casus, si bellum, si morbus,
si fames, facile possem defendere ; quae partim iam sunt,
partim timeo ne impendeant. Sed hoc ignoscant di immor‑ 10
tales velim et populo Romano qui id non probat, et huic
14 ordini qui decrevit invitus. Quid ? de reliquis rei publicae
malis licetne dicere ? Mihi vero licet et semper licebit
dignitatem tueri, mortem contemnere. Potestas modo veni‑
endi in hunc locum sit : dicendi periculum non recuso. 15
Atque utinam, patres conscripti, Kalendis Sextilibus adesse
potuissem ! non quo profici potuerit aliquid, sed ne unus
modo consularis, quod tum accidit, dignus illo honore,
dignus re publica inveniretur. Qua quidem ex re magnum
accipio dolorem, homines amplissimis populi Romani bene‑ 20
ficiis usos L. Pisonem ducem optimae sententiae non secutos.
Idcircone nos populus Romanus consules fecit ut in altissimo
gradu dignitatis locati rem publicam pro nihilo haberemus ?
Non modo voce nemo L. Pisoni consulari sed ne voltu
15 quidem adsensus est. Quae, malum, est ista voluntaria 25
servitus ? Fuerit quaedam necessaria ; neque ego hoc ab
omnibus eis desidero qui sententiam consulari loco dicunt.
Alia causa est eorum quorum silentio ignosco ; alia eorum,
quorum vocem requiro. Quos quidem doleo in suspicionem

1 L. Brutus] Bru̱tus V (ui = Lu.)   2 iam prope in V : in prope *ns* :
prope in *c* : in *t*   4 deorum *om.* V 5 usquam *h* : nusquam *cett.*
7 dixissem P. C. D si qui Vns : si quis *c* : si quid *t*   13 dicere
mihi. Verum *cns* : mihi dicere verum *t*   18 a̱cci̱di̱t V 22 altissimo
amplissimoque V^2 24 Pisoni Vn^2s : Pisonis *cett.*   consulari V
cn^2s^2, *ed.* R : consularis n^1s^1t

populo Romano venire non metu, quod ipsum esset turpe,
sed alium alia de causa deesse dignitati suae.   Qua re 7
primum maximas gratias et ago et habeo Pisoni, qui non
quid efficere posset in re publica cogitavit, sed quid facere
5 ipse deberet.   Deinde a vobis, patres conscripti, peto ut,
etiam si sequi minus audebitis orationem atque auctoritatem
meam, benigne me tamen, ut fecistis adhuc, audiatis.

Primum igitur acta Caesaris servanda censeo, non quo 16
probem—quis enim id quidem potest?—sed quia rationem
10 habendam maxime arbitror pacis atque oti.   Vellem adesset
M. Antonius, modo sine advocatis—sed, ut opinor, licet ei
minus valere, quod mihi heri per illum non licuit—doceret
me vel potius vos, patres conscripti, quem ad modum ipse
Caesaris acta defenderet.   An in commentariolis et chiro-
15 graphis et libellis se uno auctore prolatis, ne prolatis quidem
sed tantum modo dictis, acta Caesaris firma erunt : quae ille
in aes incidit, in quo populi iussa perpetuasque leges esse
voluit, pro nihilo habebuntur ?   Equidem existimo nihil tam 17
esse in actis Caesaris quam leges Caesaris.   An, si cui quid
20 ille promisit, id erit fixum quod idem facere non potuit ? ut
multis multa promissa non fecit : quae tamen multo plura
illo mortuo reperta sunt quam a vivo beneficia per omnis
annos tributa et data.   Sed ea non muto, non moveo :
summo studio illius praeclara acta defendo.   Pecunia utinam
25 ad Opis maneret !   cruenta illa quidem, sed his temporibus,
quoniam eis quorum est non redditur, necessaria.   Quamquam ea quoque sit effusa, si ita in actis fuit.   Ecquid est 18
quod tam proprie dici possit actum eius qui togatus in re
publica cum potestate imperioque versatus sit quam lex ?
30 Quaere acta Gracchi: leges Semproniae proferentur; quaere

1 non metu *D* : non modo metus *V*   3 et habeo et ago *D*   L.
Pisoni *D*   4 quisquam *post* quid *add Reid*   7 fecistis adhuc *D* :
adhuc fecistis *V* (*peiore numero*)   9 enim çam *V*   10 adesset M.
Halm : adessem *V* : adesset *D*   12 licuit *V*² : om. *V*¹ : licebat *D*
doceret om. *V*¹   15 ac ne *D*   20 non facere *Muretus*   24 summo
etiam studio praeclara illius *D*   25 ad Opis *Vc* : ad opes *n*¹*s* : ad
opus *n*²*t*

M. TVLLI CICERONIS

Sullae : Corneliae. Quid ? Pompei tertius consulatus in
quibus actis constitit ? Nempe in legibus. De Caesare ipso
si quaereres quidnam egisset in urbe et in toga, leges multas
responderet se et praeclaras tulisse, chirographa vero aut
mutaret aut non daret aut, si dedisset, non istas res in actis 5
suis duceret. Sed haec ipsa concedo ; quibusdam etiam in
rebus coniveo ; in maximis vero rebus, id est in legibus, acta

8
19
Caesaris dissolvi ferendum non puto. Quae lex melior,
utilior, optima etiam re publica saepius flagitata quam ne
praetoriae provinciae plus quam annum neve plus quam 10
biennium consulares obtinerentur ? Hac lege sublata viden-
turne vobis posse Caesaris acta servari ? Quid ? lege quae
promulgata est de tertia decuria nonne omnes iudiciariae
leges Caesaris dissolvuntur ? Et vos acta Caesaris defenditis
qui leges eius evertitis ? Nisi forte, si quid memoriae causa 15
rettulit in libellum, id numerabitur in actis et, quamvis iniquum et inutile sit, defendetur : quod ad populum centu-
20 riatis comitiis tulit, id in actis Caesaris non habebitur. At
quae est ista tertia decuria ? 'Centurionum' inquit. Quid ?
isti ordini iudicatus lege Iulia, etiam ante Pompeia, Aurelia 20
non patebat ? 'Census praefiniebatur,' inquit. Non centu-
rioni quidem solum sed equiti etiam Romano ; itaque viri
fortissimi atque honestissimi qui ordines duxerunt res et
iudicant et iudicaverunt. 'Non quaero' inquit 'istos : quicumque ordinem duxit, iudicet.' At si ferretis quicumque 25
equo meruisset, quod est lautius, nemini probaretis ; in
iudice enim spectari et fortuna debet et dignitas. 'Non
quaero' inquit 'ista : addo etiam iudices manipularis ex
legione Alaudarum. Aliter enim nostri negant posse se

salvos esse.' O contumeliosum honorem eis quos ad iudicandum nec opinantis vocatis ! Hic enim est legis index ut
ei res in tertia decuria iudicent qui libere iudicare non
audeant. In quo quantus error est, di immortales ! eorum
5 qui istam legem excogitaverunt ! Vt enim quisque sordidis-
simus videbitur, ita libentissime severitate iudicandi sordis
suas eluet laborabitque ut honestis decuriis potius dignus
videatur quam in turpem iure coniectus. Altera promulgata **9**
lex est ut et de vi et maiestatis damnati ad populum provo- 21
10 cent, si velint. Haec utrum tandem lex est an legum
omnium dissolutio ? Quis est enim hodie cuius intersit istam
legem manere ? Nemo reus est legibus illis, nemo quem
futurum putemus. Armis enim gesta numquam profecto in
iudicium vocabuntur. ' At res popularis.' Vtinam quidem
15 aliquid velletis esse populare ! Omnes enim iam cives de rei
publicae salute una et mente et voce consentiunt. Quae est
igitur ista cupiditas legis eius ferendae quae turpitudinem summam habeat, gratiam nullam ? Quid enim turpius quam qui
maiestatem populi Romani minuerit per vim, eum damnatum
20 iudicio ad eam ipsam vim reverti propter quam sit iure damnatus ? Sed quid plura de lege disputo ? Quasi vero id agatur ut **22**
quisquam provocet : id agitur, id fertur ne quis omnino
umquam istis legibus reus fiat. Quis enim aut accusator tam
amens reperietur qui reo condemnato obici se multitudini
25 conductae velit, aut iudex qui reum damnare audeat, ut ipse
ad operas mercennarias statim protrahatur ? Non igitur provocatio ista lege datur, sed duae maxime salutares leges quae-
stionesque tolluntur. Quid est aliud hortari adulescentis ut
turbulenti, ut seditiosi, ut perniciosi cives velint esse ? Quam

---

2 ut ii *t*: uti *V*: ut hi *cns*   3 res *om. D*   9 ut et *V*: ut *D*
maiestatis *Halm* : maiestates *V*: de maiestate *D*   10 haec] haec
cum *t* : haecum *cn*¹*s*¹   12 manere *V*: venire *D* : valere *Orelli*
istis legibus *D*   14 ad res populares (-is *V*²) *codd.* : *corr. Nau-*
gerius (1)   15 esse *del. Eberhard*   24 obici se *D*: obicere *V*¹ :
obicere se *V*²   28 adhortari *D*

autem ad pestem furor tribunicius impelli non poterit his
23 duabus quaestionibus de vi et maiestate sublatis? Quid, quod
obrogatur legibus Caesaris, quae iubent ei qui de vi itemque
ei qui maiestatis damnatus sit aqua et igni interdici? quibus
cum provocatio datur, nonne acta Caesaris rescinduntur? 5
Quae quidem ego, patres conscripti, qui illa numquam probavi, tamen ita conservanda concordiae causa arbitratus sum
ut non modo, quas vivus leges Caesar tulisset, infirmandas hoc
tempore non putarem, sed ne illas quidem quas post mortem
10 Caesaris prolatas esse et fixas videtis. De exsilio reducti a 10
24 mortuo; civitas data non solum singulis sed nationibus et
provinciis universis a mortuo; immunitatibus infinitis sublata
vectigalia a mortuo. Ergo haec uno, verum optimo auctore
domo prolata defendimus: eas leges quas ipse nobis inspectantibus recitavit, pronuntiavit, tulit, quibus latis gloriabatur 15
eisque legibus rem publicam contineri putabat, de provinciis,
de iudiciis, eas, inquam, Caesaris leges nos qui defendimus
25 acta Caesaris evertendas putamus? Ac de his tamen legibus
quae promulgatae sunt saltem queri possumus: de eis quae
iam latae dicuntur ne illud quidem licuit. Illae enim sine 20
ulla promulgatione latae sunt ante quam scriptae. Quaero
autem quid sit cur aut ego aut quisquam vestrum, patres
conscripti, bonis tribunis plebi leges malas metuat. Paratos
habemus qui intercedant; paratos qui rem publicam religione defendant: vacui metu esse debemus. 'Quas tu mihi' 25
inquit 'intercessiones, quas religiones?' Eas scilicet quibus
rei publicae salus continetur. 'Neglegimus ista et nimis
antiqua ac stulta ducimus: forum saepietur; omnes clau-
dentur aditus; armati in praesidiis multis locis conloca-

1 ad rei p. pestem *D*   2 de vi et maiestate *V*: de vi et de maiestate *D, del. Cobet (peiore numero)*   3 itemque ei qui *D et Arusian.
K*, vii. *p.* 469: itemque *V*   7 tamen *om. D*   8 Caesar leges
D   12 a mortuo *om. ns*   13 verum *V*: viro *D*   14 nobis] nouos
V[1]: vobis *Naugerius* (1)   16 continere *D*   18 vertendas *D*   putamus *Vc*: putabimus *nt*: putavimus *s*   20 illud *om. V*[1]: id *Halm*
sine ulla *V*: nulla *D*   23 plebi *V*[1]: plebis (pl.) *V*[2]*D*

buntur.' Quid tum? quod ita erit gestum, id lex erit? et in 26
aes incidi iubebitis, credo, illa legitima: CONSULES POPULUM
IURE ROGAVERUNT — hocine a maioribus accepimus ius
rogandi? — POPULUSQUE IURE SCIVIT. Qui populus? isne
5 qui exclusus est? Quo iure? an eo quod vi et armis omne
sublatum est? Atque haec dico de futuris, quod est amicorum
ante dicere ea quae vitari possint: quae si facta non erunt,
refelletur oratio mea. Loquor de legibus promulgatis, de
quibus est integrum vobis, demonstro vitia: tollite! denuntio
10 vim : arma removete !

Irasci quidem vos mihi, Dolabella, pro re publica dicenti $\overset{11}{27}$
non oportebit. Quamquam te quidem id facturum non arbi-
tror — novi facilitatem tuam — conlegam tuum aiunt in
hac sua fortuna quae bona ipsi videtur—mihi, ne gravius
15 quippiam dicam, avorum et avunculi sui consulatum si
imitaretur, fortunatior videretur—sed eum iracundum audio
esse factum. Video autem quam sit odiosum habere eundem
iratum et armatum, cum tanta praesertim gladiorum sit
impunitas : sed proponam ius, ut opinor, aequum, quod
20 M. Antonium non arbitror repudiaturum. Ego, si quid in
vitam eius aut in mores cum contumelia dixero, quo minus
mihi inimicissimus sit non recusabo ; sin consuetudinem
meam quam in re publica semper habui tenuero, id est si
libere quae sentiam de re publica dixero, primum deprecor
25 ne irascatur ; deinde, si hoc non impetro, peto ut sic irascatur ut civi. Armis utatur, si ita necesse est, ut dicit, sui
defendendi causa : eis qui pro re publica quae ipsis visa
erunt dixerint ista arma ne noceant. Quid hac postulatione
dici potest aequius? Quod si, ut mihi a quibusdam eius 28
30 familiaribus dictum est, omnis eum quae habetur contra

3 hoc enim a V^2D 6 atque ego haec (haec ego n) D   10 vim :
arma removete ed. R (ita cns) : vim arma, removete Poggius   12
oportebat V^1 13 novi enim D   17 esse om. D   iratum eundem
D   22 sin V : si D   23 quam in re p. semper habui om. V^1

voluntatem eius oratio graviter offendit, etiam si nulla inest
contumelia, feremus amici naturam.   Sed idem illi ita mecum
loquuntur : 'non idem tibi adversario Caesaris licebit quod
Pisoni socero,' et simul admonent quiddam quod cavebimus :
'nec erit iustior in senatum non veniendi morbi causa quam 5
12 mortis.'   Sed per deos immortalis !—te enim intuens, Dola-
29 bella, qui es mihi carissimus, non possum de utriusque vestrum errore reticere. Credo enim vos nobilis homines magna
quaedam spectantis non pecuniam, ut quidam nimis creduli
suspicantur, quae semper ab amplissimo quoque clarissimo- 10
que contempta est, non opes violentas et populo Romano
minime ferendam potentiam, sed caritatem civium et gloriam
concupivisse.   Est autem gloria laus recte factorum magno-
rumque in rem publicam fama meritorum, quae cum optimi
cuiusque, tum etiam multitudinis testimonio comprobatur. 15
30 Dicerem, Dolabella, qui recte factorum fructus esset, nisi te
praeter ceteros paulisper esse expertum viderem. Quem
potes recordari in vita inluxisse tibi diem laetiorem quam
cum expiato foro, dissipato concursu impiorum, principibus
sceleris poena adfectis, urbe incendio et caedis metu libe- 20
rata te domum recepisti ? Cuius ordinis, cuius generis, cuius
denique fortunae studia tum laudi et gratulationi tuae se
non obtulerunt ? Quin mihi etiam, quo auctore te in his
rebus uti arbitrabantur, et gratias boni viri agebant et tuo
nomine gratulabantur. Recordare, quaeso, Dolabella, con- 25
sensum illum theatri, cum omnes earum rerum obliti propter
quas fuerant tibi offensi significarent se beneficio novo
31 memoriam veteris doloris abiecisse. Hanc tu, P. Dolabella,—

---

2 mecum loquuntur *V* : mecum *D*   7 qui es mihi carissimus *om.*
*V*¹   de . . . errore *D* : errorem *V*   13 est autem *V*¹ : ea est
autem *V*²*ct* : ea autem est *ns*   et laus *V*²*D* : *fort.* est autem gloria ea
laus   14 fama *c et Isidorus Origg.* ii. 30. 2 (*cf. Marc.* 26 ; *de Invent.*
ii. 166) : *om. cett.*   17 praeter ceteros *om. D*   20 urbe incendio
et caedis metu liberata *V*² (*cf. Fam.* ix. 14. 8) : *om. V*¹*D*   23 obtulerunt *ct* : tulerunt *V* : optarent *ns*   27 significarent *Vt* : significarr̃t
c : significaverunt *ns*   se *om. V*

magno loquor cum dolore—hanc tu, inquam, potuisti aequo
animo tantam dignitatem deponere? Tu autem, M. Antoni, **13**
—absentem enim appello—unum illum diem quo in aede
Telluris senatus fuit non omnibus his mensibus quibus te
5 quidam multum a me dissentientes beatum putant anteponis?
Quae fuit oratio de concordia! quanto metu *senatus*, quanta
sollicitudine civitas tum a te liberata est cum conlegam
tuum, depositis inimicitiis, oblitus auspiciorum a te ipso
augure populi Romani nuntiatorum, illo primum die conlegam
10 tibi esse voluisti; cum tuus parvus filius in Capitolium a te
missus pacis obses fuit! quo senatus die laetior, quo popu- 32
lus Romanus? qui quidem nulla in contione umquam
frequentior fuit. Tum denique liberati per viros fortissimos
videbamur, quia, ut illi voluerant, libertatem pax conseque-
15 batur. Proximo, altero, tertio, denique reliquis consecutis
diebus non intermittebas quasi donum aliquod cotidie
adferre rei publicae; maximum autem illud quod dictaturae
nomen sustulisti. Haec inusta est a te, a te, inquam, mortuo
Caesari nota ad ignominiam sempiternam. Vt enim propter
20 unius M. Manli scelus decreto gentis Manliae neminem
patricium Manlium *Marcum* vocari licet, sic tu propter
unius dictatoris odium nomen dictatoris funditus sustulisti.
Num te, cum haec pro salute rei publicae tanta gessisses, 33
fortunae tuae, num amplitudinis, num claritatis, num gloriae
25 paenitebat? Unde igitur subito tanta ista mutatio? Non
possum adduci ut suspicer te pecunia captum. Licet quod
cuique libet loquatur, credere non est necesse. Nihil enim

---

2 te *D*   3 enim *om. D*   6 oratio tua *Muretus*   senatus *Ernesti*:
veteranis *V*¹: veteri *s*: veter *v*: cetera *n*: veterani *V*²ct, *del. Manutius*
(corruptelas e varia lectione ad veteris § 30 in mg. archetypi posita ortas
esse arbitror, cf. Deiot. 24)   7 cum collegam tuum *V*: tum collegam *t*:
tu collegam *c*: tuum collegam *ns*   8 auspiciorum . . . nuntiatorum
Faernus: auspiciorum a te ipso augure pronuntiate *V*¹ (-ante *V*²):
auspicia te ipso augure nuntiante *D*   9 primo *D*   10 cum *Halm*:
K. (R. *s*) *D*: om. *V*   11 populus Rom. *om. V*¹   15 proximo *del.*
Eberhard   altero *del. Cobet*   21 Marcum *suppl. Gulielmius*   23
haec cum te *D*   24 num gloriae *V*²*D, Cus.*: om. *V*¹

umquam in te sordidum, nihil humile cognovi. Quamquam
solent domestici depravare non numquam; sed novi firmi-
tatem tuam. Atque utinam ut culpam, sic etiam suspicionem
14 vitare potuisses! Illud magis vereor ne ignorans verum
iter gloriae gloriosum putes plus te unum posse quam omnis 5
et metui a civibus tuis quam diligi malis. Quod si ita putas,
totam ignoras viam gloriae. Carum esse civem, bene de re
publica mereri, laudari, coli, diligi gloriosum est; metui
vero et in odio esse invidiosum, detestabile, imbecillum,
34 caducum. Quod videmus etiam in fabula illi ipsi qui 10
'Oderint, dum metuant' dixerit perniciosum fuisse. Vtinam,
M. Antoni, avum tuum meminisses! de quo tamen audisti
multa ex me eaque saepissime. Putasne illum immortalitatem
mereri voluisse, ut propter armorum habendorum licentiam
metueretur? Illa erat vita, illa secunda fortuna, libertate esse 15
parem ceteris, principem dignitate. Itaque, ut omittam res
avi tui prosperas, acerbissimum eius supremum diem malim
quam L. Cinnae dominatum, a quo ille crudelissime est
35 interfectus. Sed quid oratione te flectam? Si enim exitus
C. Caesaris efficere non potest ut malis carus esse quam 20
metui, nihil cuiusquam proficiet nec valebit oratio. Quem
qui beatum fuisse putant, miseri ipsi sunt. Beatus est nemo
qui ea lege vivit ut non modo impune sed etiam cum summa
interfectoris gloria interfici possit. Qua re flecte te, quaeso,
et maiores tuos respice atque ita guberna rem publicam 25
ut natum esse te cives tui gaudeant: sine quo nec beatus
15 nec carus nec iucundus quisquam esse omnino potest. Po-
36 puli quidem Romani iudicia multa ambo habetis, quibus

1 in te . . . quamquam *om. D*   6 quam diligi malis *D* (*cf. Off.*
ii. 29): *om. V*   10 in fabulis ipsi illi *D*   11 dixerint *D*   12
M. *Vc*: *om. nst*   audisti multa ex me *V*: multa audisti ex me *cns*:
multa ex me audisti *t*   13 eaque *Faernus*: aquae *V*: *om. D*   16
cum ceteris *D*   17 mallem *D*   22 fuisse *om. t*   26 te *om. V*[1]
27 carus *scripsi*: clarus *codd.* (*cf.* v. 49, x 8, *Cael.* 72, *Deiot.* 15)
nec iucundus *Weber* (*cf.* § 37): nec unctus *V*: *om. D*: nec tutus
Muretus: nec diuturnus *Mittelmeyer*: nec munitus *P. R. Müller* esse
quisquam *D*   omnino potest *Muretus*: omni potestate *V*: potest *D*

vos non satis moveri permoleste fero.   Quid enim gladiatoribus
clamores innumerabilium civium? quid populi versus? quid
Pompei statuae plausus infiniti? quid duobus tribunis plebis
qui vobis adversantur? parumne haec significant incredibiliter
5 consentientem populi Romani universi voluntatem? Quid?
Apollinarium ludorum plausus vel testimonia potius et
iudicia populi Romani parum magna vobis videbantur?
O beatos illos qui, cum adesse ipsis propter vim armorum
non licebat, aderant tamen et in medullis populi Romani ac
10 visceribus haerebant! Nisi forte Accio tum plaudi et sexa-
gesimo post anno palmam dari, non Bruto putabatis, qui
ludis suis ita caruit ut in illo apparatissimo spectaculo studium
populus Romanus tribueret absenti, desiderium liberatoris
sui perpetuo plausu et clamore leniret.   Equidem is sum 37
15 qui istos plausus, cum popularibus civibus tribuerentur,
semper contempserim; idemque cum a summis, mediis,
infimis, cum denique ab universis hoc idem fit, cumque ei
qui ante sequi populi consensum solebant fugiunt, non
plausum illum, sed iudicium puto.   Sin haec leviora vobis
20 videntur quae sunt gravissima, num etiam hoc contemnitis
quod sensistis tam caram populo Romano vitam A. Hirti
fuisse? Satis erat enim probatum illum esse populo Romano,
ut est; iucundum amicis, in quo vincit omnis; carum suis,
quibus est ipse carissimus: tantam tamen sollicitudinem
25 bonorum, tantum timorem omnium in quo meminimus?
Certe in nullo.   Quid igitur? hoc vos, per deos immortalis! 38
quale sit non interpretamini?   Quid? eos de vestra vita
cogitare non censetis quibus eorum quos sperant rei publicae
consulturos vita tam cara sit?
30   Cepi fructum, patres conscripti, reversionis meae, quoniam

1 vos non *Poggius*: vobis vo *V*: non *s*²: *om. cett.*   gladiatoriis
D   3 duobus *Faernus*: ii *V*: u *t*: hi *n*: his *cs*   7 parum magna
V: parva *D*   11 non putabitis (-batis *t*) Bruto *D*   12 studium
suum *V*²   13 tr bueret *V*²: tribuerit *V*¹*D*   ut absenti *V*: absenti,
ut *Faernus*   15 a popularibus *c* (*at vid. Madvig, Opusc.* i. 203):
a populi parte *Campe*   21 A. *om. V*¹   23 esset *D*   24 ipse
om. D   25 omnium *om. V*   28 non *om. D*

et ea dixi, ut quicumque casus consecutus esset, exstaret constantiae meae testimonium, et sum a vobis benigne ac diligenter auditus. Quae potestas si mihi saepius sine meo vestroque periculo fiet, utar : si minus, quantum potero, non tam mihi me quam rei publicae reservabo. Mihi fere satis 5 est quod vixi vel ad aetatem vel ad gloriam : huc si quid accesserit, non tam mihi quam vobis reique publicae ac- cesserit.

1 et *om. D*   5 mihi fere *D* : qui mihi fere *V* : quia mihi fere *coni. Halm*

M. TVLLI CICERONIS

IN M. ANTONIVM

ORATIO PHILIPPICA SECVNDA

Quonam meo fato, patres conscripti, fieri dicam ut nemo 1
his annis viginti rei publicae fuerit hostis qui non bellum
eodem tempore mihi quoque indixerit ? Nec vero necesse
est quemquam a me nominari : vobiscum ipsi recordamini.
5 Mihi poenarum illi plus quam optarem dederunt : te miror,
Antoni, quorum facta imitere, eorum exitus non perhorre-
scere. Atque hoc in aliis minus mirabar. Nemo enim
illorum inimicus mihi fuit voluntarius : omnes a me rei
publicae causa lacessiti. Tu ne verbo quidem violatus, ut au-
10 dacior quam Catilina, furiosior quam Clodius viderere, ultro
me maledictis lacessisti, tuamque a me alienationem commendationem tibi ad impios civis fore putavisti. Quid putem ? 2
contemptumne me ? Non video nec in vita nec in gratia nec
in rebus gestis nec in hac mea mediocritate ingeni quid
15 despicere possit Antonius. An in senatu facillime de me
detrahi posse credidit ? qui ordo clarissimis civibus bene
gestae rei publicae testimonium multis, mihi uni conservatae
dedit. An decertare mecum voluit contentione dicendi ?
Hoc quidem est beneficium. Quid enim plenius, quid

---

4 a me quemquam *D*   5 optaram *Heumann*   6 pertimescere
t et Isidorus Origg. ii. 9. 12   10 L. Catilina *V²D*   P. Clodius *V²D*
ultro me maledictis *Faernus* : ut romae maledictis *V¹* : ultro maledictis
me *V²D*   19 beneficium est *ns et Quintil.* xi. 1. 25

uberius quam mihi et pro me et contra Antonium dicere?
Illud profecto : non existimavit sui similibus probari posse

3 se esse hostem patriae, nisi mihi esset inimicus. Cui prius
quam de ceteris rebus respondeo, de amicitia quam a me
violatam esse criminatus est, quod ego gravissimum crimen 5
iudico, pauca dicam.

2   Contra rem suam me nescio quando venisse questus est.
An ego non venirem contra alienum pro familiari et
necessario, non venirem contra gratiam non virtutis spe,
sed aetatis flore conlectam, non venirem contra iniuriam 10
quam iste intercessoris iniquissimi beneficio obtinuit, non
iure praetorio? Sed hoc idcirco commemoratum a te puto
ut te infimo ordini commendares, cum omnes *te* recorda-
rentur libertini generum et liberos tuos nepotes Q. Fadi,
libertini hominis, fuisse. At enim te in disciplinam meam 15
tradideras—nam ita dixisti— domum meam ventitaras.
Ne tu, si id fecisses, melius famae, melius pudicitiae tuae
consuluisses. Sed neque fecisti nec, si cuperes, tibi id per

4 C. Curionem facere licuisset. Auguratus petitionem mihi
te concessisse dixisti. O incredibilem audaciam, o impu- 20
dentiam praedicandam! Quo enim tempore me augurem
a toto conlegio expetitum Cn. Pompeius et Q. Hortensius
nominaverunt—nec enim licebat a pluribus nominari—tu
nec solvendo eras nec te ullo modo nisi eversa re publica
incolumem fore putabas. Poteras autem eo tempore augu- 25
ratum petere cum in Italia Curio non esset, aut tum cum
es factus unam tribum sine Curione ferre potuisses? cuius
etiam familiares de vi condemnati sunt, quod tui nimis

3 studiosi fuissent. At beneficio sum tuo usus. Quo?
5

---

1 mihi quam *Campe*   2 profecto est *D*   suis *D* (*cf.* 1. 5)
3 se *om. V*   9 necessario meo *D*   12–15 sed hoc . . . fuisse
om. D   13 ut] uit *V*: uti *Halm*   cum omnes te *Halm* : cum omnes
*V*²: *om. V*¹   16 ventitabas *Cobet*   19 C. *om V*   23 neque *D*
24 nec solvendo eras *Vc*: nec eras *t*: nec solus deeras *ns*   25 incolumem fore *c* ('quo numero ita iuvantur aures meae ut non dubitem
quin ita scriptum sit a Cicerone' *Ferrarius*): fore incolumem *cett.*   26
Italiae *V*: Italia C. *Halm*

Quamquam illud ipsum quod commemoras semper prae
me tuli : malui me tibi debere confiteri quam cuiquam
minus prudenti non satis gratus videri. Sed quo beneficio ?
quod me Brundisi non occideris ? Quem ipse victor qui
5 tibi, ut tute gloriari solebas, detulerat ex latronibus suis
principatum, salvum esse voluisset, in Italiam ire iussisset,
eum tu occideres ? Fac potuisse. Quod est aliud, patres
conscripti, beneficium latronum nisi ut commemorare
possint eis se dedisse vitam quibus non ademerint ? Quod
10 si esset beneficium, numquam qui illum interfecerunt a quo
erant conservati, quos tu ipse clarissimos viros soles appellare, tantam essent gloriam consecuti. Quale autem
beneficium est quod te abstinueris nefario scelere ? Qua in
re non tam iucundum mihi videri debuit non interfectum
15 *me* a te quam miserum te id impune facere potuisse. Sed 6
sit beneficium, quando quidem maius accipi a latrone
nullum potuit : in quo potes me dicere ingratum ? An de
interitu rei publicae queri non debui, ne in te ingratus
viderer ? At in illa querela misera quidem et luctuosa, sed
20 mihi pro hoc gradu in quo me senatus populusque
Romanus conlocavit necessaria, quid est dictum a me cum
contumelia, quid non moderate, quid non amice ? Quod
quidem cuius temperantiae fuit, de M. Antonio querentem
abstinere maledicto, praesertim cum tu reliquias rei publicae
25 dissipavisses, cum domi tuae turpissimo mercatu omnia
essent venalia, cum leges eas quae numquam promulgatae
essent et de te et a te latas confiterere, cum auspicia augur,
intercessionem consul sustulisses, cum esses foedissime
stipatus armatis, cum omnis impuritates impudica in domo
30 cotidie susciperes vino lustrisque confectus. At ego, tam- 7
quam mihi cum M. Crasso contentio esset, quocum multae

3 pudenti *Bake*   4 quod *Vc* : quo *nst*   7 tu] ut *V* (*cf.* § 76)
10 qui *V* : ii qui *D*   11 servati *D*   ipse *om.* *V*   appellare
soles *D*   14 videri mihi *D*   15 me *suppl. Madvig*   id te *D*
19 an in *D*   24 maledicti *V* : -tis *Faernus*   29 impudica *V¹ et
Nonius, p.* 333 : pudica *V²D*   30 quamquam *t* : tam *V*

et magnae fuerunt, non cum uno gladiatore nequissimo, de
re publica graviter querens de homine nihil dixi. Itaque
hodie perficiam ut intellegat quantum a me beneficium tum
4 acceperit. At etiam litteras, quas me sibi misisse diceret,
recitavit homo et humanitatis expers et vitae communis 5
ignarus. Quis enim umquam qui paulum modo bonorum
consuetudinem nosset, litteras ad se ab amico missas offensione aliqua interposita in medium protulit palamque
recitavit? Quid est aliud tollere ex vita vitae societatem,
tollere amicorum conloquia absentium? Quam multa ioca 10
solent esse in epistulis quae, prolata si sint, inepta videantur, quam multa seria neque tamen ullo modo divol-
8 ganda! Sit hoc inhumanitatis: stultitiam incredibilem
videte. Quid habes quod mihi opponas, homo diserte, ut
Mustelae tamen Seio et Tironi Numisio videris? Qui cum 15
hoc ipso tempore stent cum gladiis in conspectu senatus,
ego quoque te disertum putabo, si ostenderis quo modo sis
eos inter sicarios defensurus. Sed quid opponas tandem, si
negem me umquam ad te istas litteras misisse? Quo me
teste convincas? An chirographo? in quo habes scientiam 20
quaestuosam. Qui possis? sunt enim librari manu. Iam
invideo magistro tuo, qui te tanta mercede quantam iam
9 proferam nihil sapere doceat. Quid enim est minus non
dico oratoris, sed hominis quam id obicere adversario quod
ille si verbo negarit longius progredi non possit qui obie- 25
cerit? At ego non nego, teque in isto ipso convinco non
inhumanitatis solum sed etiam amentiae. Quod enim
verbum in istis litteris est non plenum humanitatis, offici,

1 et iam *V* : et tam *Halm*   6 paulum modo *D* : paulo *V*   9
ex *Halm* : et *V* : e *D*   10 ioca *n* : loca *cett.*   11 esse *om. V*   13
inhum. tuae *D*   15 ut Mustelae tamen Seio et Tironi Numisio
scripsi, ita fere D (tamen scio *nst* : tam inscio *c, quod probat Landgraf*),
cf. xii. 14 : mus et laetam esse *V cett. omissis* : ut Tironi et Mustelae
iam esse *Halm*   16 ipso] ipsūo *V* : isto *D*   17 te quoque *V*
20 convinces *D*   21 libera *D*   23 docuit *D*   27–28 solum . . .
humanitatis *om. D*

benevolentiae ? Omne autem crimen tuum est quod de te in
his litteris non male existimem, quod scribam tamquam ad
civem, tamquam ad bonum virum, non tamquam ad sceleratum et latronem.   At ego tuas litteras, etsi iure poteram
5 a te lacessitus, tamen non proferam : quibus petis ut tibi
per me liceat quendam de exsilio reducere, adiurasque id
te invito me non esse facturum ; idque a me impetras.
Quid enim me interponerem audaciae tuae, quam neque
auctoritas huius ordinis neque existimatio populi Romani
10 neque leges ullae possent coercere ?   Verum tamen quid 10
erat quod me rogares, si erat is de quo rogabas Caesaris
lege reductus ?   Sed videlicet meam gratiam voluit esse, in
quo ne ipsius quidem ulla esse poterat lege lata.

Sed cum mihi, patres conscripti, et pro me aliquid et in 5
15 M. Antonium multa dicenda sint, alterum peto a vobis ut
me pro me dicentem benigne, alterum ipse efficiam ut,
contra illum cum dicam, attente audiatis.   Simul illud oro :
si meam cum in omni vita tum in dicendo moderationem
modestiamque cognostis, ne me hodie, cum isti, ut provo-
20 cavit, respondero, oblitum esse putetis mei.   Non tractabo
ut consulem : ne ille quidem me ut consularem.   Etsi ille
nullo modo consul, vel quod ita vivit vel quod ita rem
publicam gerit vel quod ita factus est ; ego sine ulla controversia consularis.   Vt igitur intellegeretis qualem ipse se 11
25 consulem profiteretur, obiecit mihi consulatum meum.   Qui
consulatus verbo meus, patres conscripti, re vester fuit.
Quid enim ego constitui, quid gessi, quid egi nisi ex huius
ordinis consilio, auctoritate, sententia ?   Haec tu homo
sapiens, non solum eloquens, apud eos quorum consilio
30 sapientiaque gesta sunt ausus es vituperare ?   Quis autem
meum consulatum praeter te et P. Clodium qui vituperaret

1 tuum] meum *n*[2] : *del. Manutius*   2 scribebam *V*   7 impe-
trasti *Bake*   8 quem *D*   20 respondero *V* : -deo *t* : -debo *cns*
22 est consul *D*   25 consulem *Vn*[2] : consul *cett.*   31 te et P. Clod.
Muretus : te P. aut Clod. *V* : P. Clod. *D* : te Publiumque Clod. *P. R.*
Müller

inventus est? cuius quidem tibi fatum, sicuti C. **Curioni,**
manet, quoniam id domi tuae est quod fuit illorum utrique
12 fatale.   Non placet M. Antonio consulatus meus.   At
placuit P. Servilio, ut eum primum nominem ex illius temporis consularibus qui proxime est mortuus; placuit 5
Q. Catulo, cuius semper in hac re publica vivet auctoritas;
placuit duobus Lucullis, M. Crasso, Q. Hortensio, C. Curioni, C. Pisoni, M'. Glabrioni, M'. Lepido, L. Volcatio,
C. Figulo, D. Silano, L. Murenae, qui tum erant consules
designati; placuit idem quod consularibus M. Catoni, qui 10
cum multa vita excedens providit, tum quod te consulem
non vidit.   Maxime vero consulatum meum Cn. Pompeius
probavit qui, ut me primum decedens ex Syria vidit, complexus et gratulans meo beneficio patriam se visurum esse
dixit.   Sed quid singulos commemoro? Frequentissimo 15
senatui sic placuit ut esset nemo qui mihi non ut parenti
gratias ageret, qui mihi non vitam suam, fortunas, liberos,
6 rem publicam referret acceptam.   Sed quoniam illis quos
13 nominavi tot et talibus viris res publica orbata est, veniamus
ad vivos qui duo de consularium numero reliqui sunt. 20
L. Cotta, vir summo ingenio summaque prudentia, rebus eis
gestis quas tu reprehendis supplicationem decrevit verbis
amplissimis, eique illi ipsi quos modo nominavi consulares
senatusque cunctus adsensus est; qui honos post conditam
14 hanc urbem habitus est togato ante me nemini.   L. Caesar, 25
avunculus tuus, qua oratione, qua constantia, qua gravitate
sententiam dixit in sororis suae virum, vitricum tuum!
Hunc tu cum auctorem et praeceptorem omnium consiliorum totiusque vitae debuisses habere, vitrici te similem

---

1 C Curioni *V* (C. *om. V*[1]): C. Curionem *D*   2 domi *st et*
Arusian. K. vii. *p.* 491: domui *c*: domu *n*: domus *V*   4 primo *D*
5 placuitque L. *D*   6 vivit *D*   8 M'. Lepido *ante* C. Pisoni
habent D   Volcatio *cns*: Vulcatio *Vt*   13 ut me primum
Vcn[2]: ut te primum *n*[1]*s*: ut primum te *t*   14 congratulans *c*   17
non mihi *D*   20 ex (e *t*) consulari *D*   24 est] pĭ *add. V*[2] *sup. l.*

quam avunculi maluisti.   Huius ego alienus consiliis consul
usus sum : tu, sororis filius, ecquid ad eum umquam de re
publica rettulisti ?   At ad quos refert ? di immortales ! Ad
eos scilicet quorum nobis etiam dies natales audiendi sunt.
5 Hodie non descendit Antonius.   Cur ? Dat nataliciam in 15
hortis.   Cui ? Neminem nominabo : putate tum Phormioni
alicui, tum Gnathoni, tum etiam Ballioni.   O foeditatem
hominis flagitiosam, o impudentiam, nequitiam, libidinem
non ferendam ! Tu cum principem senatorem, civem sin-
10 gularem tam propinquum habeas, ad eum de re publica
nihil referas, referas ad eos qui suam rem nullam habent,
tuam exhauriunt ?   Tuus videlicet salutaris consulatus,
perniciosus meus.   Adeone pudorem cum pudicitia perdi- 7
disti ut hoc in eo templo dicere ausus sis in quo ego
15 senatum illum qui quondam florens orbi terrarum praeside-
bat consulebam, tu homines perditissimos cum gladiis
conlocavisti ?   At etiam ausus es—quid autem est quod tu 16
non audeas ?—clivum Capitolinum dicere me consule plenum
servorum armatorum fuisse.   Vt illa, credo, nefaria senatus
20 consulta fierent, vim adferebam senatui.   O miser, sive illa
tibi nota non sunt—nihil enim boni nosti—sive sunt, qui
apud talis viros tam impudenter loquare ! Quis enim eques
Romanus, quis praeter te adulescens nobilis, quis ullius
ordinis qui se civem esse meminisset, cum senatus in hoc
25 templo esset, in clivo Capitolino non fuit, quis nomen non
dedit ? quamquam nec scribae sufficere nec tabulae nomina
illorum capere potuerunt.   Etenim cum homines nefarii de 17
patriae parricidio confiterentur, consciorum indiciis, sua
manu, voce paene litterarum coacti se urbem inflammare,
30 civis trucidare, vastare Italiam, delere rem publicam consen-

1 esse maluisti *D*   consultus ussum *V*: consul tum usus sum
Halm   3 publica *om.* *V*¹   at *Faernus*: ad *V*: *om.* *D*   5
natalicia *D*   6 putatote eum *D*   7 etiam *om.* *D*   11 refers,
ad eos refers *D*   suam rem *V*: domum suam *D*   20 consulta
tum *D*   miserum *D*   24 esse *om.* *D*

sisse, quis esset qui ad salutem communem defendendam
non excitaretur, praesertim cum senatus populusque Romanus haberet ducem, qualis si qui nunc esset, tibi idem quod
illis accidit contigisset ?   Ad sepulturam corpus vitrici sui
negat a me datum.   Hoc vero ne P. quidem Clodius dixit 5
umquam : quem, quia iure ei inimicus fui, doleo a te
18 omnibus vitiis iam esse superatum.   Qui autem tibi venit in
mentem redigere in memoriam nostram te domi P. Lentuli
esse educatum ?   An verebare ne non putaremus natura te
potuisse tam improbum evadere, nisi accessisset etiam 10
8 disciplina ? Tam autem eras excors ut tota in oratione tua
tecum ipse pugnares, non modo non cohaerentia inter se
diceres, sed maxime diiuncta atque contraria, ut non tanta
mecum quanta tibi tecum esset contentio.   Vitricum tuum
fuisse in tanto scelere fatebare, poena adfectum querebare. 15
Ita quod proprie meum est laudasti ; quod totum est
senatus reprehendisti. Nam comprehensio sontium mea,
animadversio senatus fuit.   Homo disertus non intellegit
eum quem contra dicit laudari a se ; eos apud quos dicit
19 vituperari.   Iam illud cuius est, non dico audaciae—cupit 20
enim se audacem— sed, quod minime volt, stultitiae, qua
vincit omnis, clivi Capitolini mentionem facere, cum inter
subsellia nostra versentur armati, cum in hac cella Concordiae, di immortales ! in qua me consule salutares sententiae
dictae sunt, quibus ad hanc diem viximus, cum gladiis 25
homines conlocati stent ? Accusa senatum ; accusa equestrem ordinem qui tum cum senatu copulatus fuit ; accusa
omnis ordines, omnis civis, dum confiteare hunc ordinem
hoc ipso tempore ab Ituraeis circumsederi.   Haec tu non
propter audaciam dicis tam impudenter, sed quia tantam 30
rerum repugnantiam non vides.   Nihil profecto sapis.   Quid

7 iam *D* : eum *V* (cui quia iure inimicus fui, doleo . . . eum esse
Stürenburg)   11 tua *om. D*   12 ut non modo *D*   13 disiuncta
codd. : *corr. Klotz*   16 est *post* totum *om. D*   21 audacem dici *D*
30 quia *Vc* : qui *nst*   31 vides *Ernesti* : videas *codd.* : quia, qui . . .
videas . . . sapis *Halm*

est enim dementius quam, cum rei publicae perniciosa arma
ipse ceperis, obicere alteri salutaria ? At etiam quodam loco 20
facetus esse voluisti.   Quam id te, di boni, non decebat !
In quo est tua culpa non nulla.   Aliquid enim salis a mima
5 uxore trahere potuisti.   ' Cedant arma togae.'   Quid ? tum
nonne cesserunt ?   At postea tuis armis cessit toga.   Quaeramus igitur utrum melius fuerit libertati populi Romani
sceleratorum arma an libertatem nostram armis tuis cedere.
Nec vero tibi de versibus plura respondebo : tantum dicam
10 breviter, te neque illos neque ullas omnino litteras nosse ;
me nec rei publicae nec amicis umquam defuisse, et tamen
omni genere monumentorum meorum perfecisse operis subsicivis ut meae vigiliae meaeque litterae et iuventuti utilitatis
et nomini Romano laudis aliquid adferrent.   Sed haec non
15 huius temporis : maiora videamus.

P. Clodium meo consilio interfectum esse dixisti.   Quidnam 9
homines putarent, si tum occisus esset cum tu illum in foro 21
inspectante populo Romano gladio insecutus es negotium-
que transegisses, nisi se ille in scalas tabernae librariae
20 coniecisset eisque oppilatis impetum tuum compressisset ?
Quod quidem ego favisse me tibi fateor, suasisse ne tu
quidem dicis.   At Miloni ne favere quidem potui ; prius
enim rem transegit quam quisquam eum facturum id suspicaretur.   At ego suasi.   Scilicet is animus erat Milonis ut
25 prodesse rei publicae sine suasore non posset.   At laetatus
sum.   Quid ergo ? in tanta laetitia cunctae civitatis me
unum tristem esse oportebat ? Quamquam de morte Clodi 22
fuit quaestio non satis prudenter illa quidem constituta—
quid enim attinebat nova lege quaeri de eo qui hominem

1 ipse *ante* rei publicae *hab. D*   3 te *V et Arusian. K.* vii. *p.* 465 :
om. D   4 culpa nulla *D*   9 plura *om. D*   10 te *om ct.*
ante omnino *habent ns*   12 operis subsicivis (operis *om. t*) *D* :
om. V : *cf. de Or.* ii. 364 : *Legg.* I. 9 *et* 13   15 ad maiora veniamus
D   18 inspectante *ct, Schol. Bob. ad Mil.* § 40 : spectante *Vns*
gladio *V et Schol.* : gladio stricto *D*   21 quod quidem *V* : sed quid *D*
23 eum *om. n²*   fact. id suspicaretur *V* : suspicaretur (sciscitaretur *ct*)
eum rem *t* : *om. c*) fact. esse *D*   27 P. Clodii *D*

occidisset, cum esset legibus quaestio constituta?—quaesitum est tamen.   Quod igitur, cum res agebatur, nemo in
me dixit, id tot annis post tu es inventus qui diceres?

23   Quod vero dicere ausus es idque multis verbis, opera mea
Pompeium a Caesaris amicitia esse diiunctum ob eamque 5
causam culpa mea bellum civile esse natum, in eo non tu
quidem tota re sed, quod maximum est, temporibus errasti.

10 Ego M. Bibulo, praestantissimo civi, consule nihil praeter-
misi, quantum facere enitique potui, quin Pompeium a Caesaris coniunctione avocarem.   In quo Caesar felicior fuit. 10
Ipse enim Pompeium a mea familiaritate diiunxit.   Postea
vero quam se totum Pompeius Caesari tradidit, quid ego
illum ab eo distrahere conarer?   Stulti erat sperare, suadere

24 impudentis.   Duo tamen tempora inciderunt quibus aliquid
contra Caesarem Pompeio suaserim.   Ea velim reprehendas, 15
si potes: unum ne quinquenni imperium Caesari proro-
garet, alterum ne pateretur ferri ut absentis eius ratio
haberetur.   Quorum si utrumvis persuasissem, in has miserias numquam incidissemus.   Atque idem ego, cum iam
opes omnis et suas et populi Romani Pompeius ad Caesarem 20
detulisset, seroque ea sentire coepisset quae multo ante
provideram, inferrique patriae bellum viderem nefarium,
pacis, concordiae, compositionis auctor esse non destiti,
meaque illa vox est nota multis: 'Vtinam, Cn. Pompei, cum
C Caesare societatem aut numquam coisses aut numquam 25
diremisses!   Fuit alterum gravitatis, alterum prudentiae
tuae.'   Haec mea, M. Antoni, semper et de Pompeio et de
re publica consilia fuerunt.   Quae si valuissent, res publica

11 staret, tu tuis flagitiis, egestate, infamia concidisses.
25   Sed haec vetera, illud vero recens, Caesarem meo consilio 30

3 id *Vcn²*: at *n¹t*: et *s*   5 disiunctum *D*   8 civi (cui *t*) *D*:
cive *V*   9 enitique *Vc*: innitique *nst*   11 disiunxit *D*   17
fieri *D*   20 omnes opes *D*   22 nefarium viderem *D*   23 non
om. D   24 Cn. Pompei *D et Priscian. K.* ii. *pp.* 395, 407:
Pompei *V*   25 C. Caesare *D et Priscian.*: Caesare *V*   26 gravitatis
alterum *om. V¹*

interfectum. Iam vereor, patres conscripti, ne, quod turpissimum est, praevaricatorem mihi apposuisse videar, qui
me non solum meis laudibus ornaret sed etiam oneraret
alienis. Quis enim meum in ista societate gloriosissimi
5 facti nomen audivit ? Cuius autem qui in eo numero fuisset
nomen est occultatum ? Occultatum dico ? cuius non statim
divolgatum ? Citius dixerim iactasse se aliquos ut fuisse in
ea societate viderentur, cum conscii non fuissent, quam ut
quisquam celari vellet qui fuisset. Quam veri simile porro 26
10 est in tot hominibus partim obscuris, partim adulescentibus
neminem occultantibus meum nomen latere potuisse ?
Etenim si auctores ad liberandam patriam desiderarentur illis
actoribus, Brutos ego impellerem, quorum uterque L. Bruti
imaginem cotidie videret, alter etiam Ahalae ? Hi igitur his
15 maioribus ab alienis potius consilium peterent quam a suis
et foris potius quam domo ? Quid ? C. Cassius in ea familia
natus quae non modo dominatum, sed ne potentiam quidem
cuiusquam ferre potuit, me auctorem, credo, desideravit :
qui etiam sine his clarissimis viris hanc rem in Cilicia ad
20 ostium fluminis Cydni confecisset, si ille ad eam ripam
quam constituerat, non ad contrariam navis appulisset.
Cn. Domitium non patris interitus, clarissimi viri, non avun- 27
culi mors, non spoliatio dignitatis ad recuperandam libertatem, sed mea auctoritas excitavit ? An C. Trebonio ego
25 persuasi ? cui ne suadere quidem ausus essem. Quo etiam
maiorem ei res publica gratiam debet qui libertatem populi
Romani unius amicitiae praeposuit depulsorque dominatus
quam particeps esse maluit. An L. Tillius Cimber me est

3 oneraret om. V   4 istius conscientia glor. facti ct : istius f.
conscientia glor. ns   8 ea V : ista D   conscii V : socii D,
del. Ferrarius   9 celare D   fuisset om. D   13 actoribus
Madvig : auctoribus codd   14 hi igitur his V : his igitur D   15
ab V : orti ab D   16 domo Vcn : domi t : modo s   C. V²c :
om. V¹nst   23 ad liberandam (patriam add. n²) ad recipiendam D
24-6 An C. . . . debet ante Cn. Domitium (l. 22) hab. V   24 ego
om. D   25 quo D : quae V : quare coni. Halm   28 Tillius
Barbadorius : T. V : Tullius D

auctorem secutus? quem ego magis fecisse illam rem sum
admiratus quam facturum putavi, admiratus autem ob eam
causam quod immemor beneficiorum, memor patriae fuisset.
Quid duos Servilios — Cascas dicam an Ahalas?—et hos
auctoritate mea censes excitatos potius quam caritate rei 5
publicae? Longum est persequi ceteros, idque rei publicae
12 praeclarum fuisse tam multos, ipsis gloriosum. At quem ad
28 modum me coarguerit homo acutus recordamini. 'Caesare
interfecto' inquit 'statim cruentum alte extollens Brutus
pugionem Ciceronem nominatim exclamavit atque ei recupe- 10
ratam libertatem est gratulatus.' Cur mihi potissimum?
quia sciebam? Vide ne illa causa fuerit appellandi mei
quod, cum rem gessisset consimilem rebus eis quas ipse
gesseram, me potissimum testatus est se aemulum mearum
29 laudum exstitisse. Tu autem, omnium stultissime, non 15
intellegis, si, id quod me arguis, voluisse interfici Caesarem
crimen sit, etiam laetatum esse morte Caesaris crimen esse?
Quid enim interest inter suasorem facti et probatorem? aut
quid refert utrum voluerim fieri an gaudeam factum? Ecquis
est igitur exceptis eis qui illum regnare gaudebant qui illud 20
aut fieri noluerit aut factum improbarit? Omnes ergo in
culpa. Etenim omnes boni, quantum in ipsis fuit, Caesarem
occiderunt: aliis consilium, aliis animus, aliis occasio defuit;
30 voluntas nemini. Sed stuporem hominis vel dicam pecudis
attendite. Sic enim dixit: 'Brutus, quem ego honoris 25
causa nomino, cruentum pugionem tenens Ciceronem exclamavit: ex quo intellegi debet eum conscium fuisse.' Ergo
ego sceleratus appellor a te quem tu suspicatum aliquid
suspicaris; ille qui stillantem prae se pugionem tulit, is a te

2 autem *V*: sum autem *cns*: autem sum *t*   4 Servilios *Vc*: Servilios
nomina (·e *n²*) propria (-o *n²*) *nst*   7 tamen multo ipsis gloriosius
est *D*   12 quia *Graevius* : qui *codd.* : quod *Ferrarius*   mei *V*:
me *D*   15 laudium *V*   non] illud non *Cus.*   20 te excepto
is qui *D*: te excepto et iis qui *Gruter*   gaudebat *D*   21 improba-
vit *V*   ergo *V*: enim *D*   25 M. Brutus *D*   28 a te *D*: ante *V*:
abs te *coni. Halm*   29 ille (*vel* is) *del. Gruter*

honoris causa nominatur? Esto; sit in verbis tuis hic stupor:
quanto in rebus sententiisque maior? Constitue hoc, consul,
aliquando, Brutorum, C. Cassi, Cn. Domiti, C. Treboni,
reliquorum quam velis esse causam; edormi crapulam,
5 inquam, et exhala. An faces admovendae sunt quae excitent
tantae causae indormientem? Numquamne intelleges statu-
endum tibi esse utrum illi qui istam rem gesserunt homicidaene sint an vindices libertatis? Attende enim paulisper 13
cogitationemque sobrii hominis punctum temporis suscipe. 31
10 Ego qui sum illorum, ut ipse fateor, familiaris, ut a te
arguor, socius, nego quicquam esse medium: confiteor eos,
nisi liberatores populi Romani conservatoresque rei publicae
sint, plus quam sicarios, plus quam homicidas, plus etiam
quam parricidas esse, si quidem est atrocius patriae parentem
15 quam suum occidere. Tu homo sapiens et considerate,
quid dicis? si parricidas, cur honoris causa a te sunt et in
hoc ordine et apud populum Romanum semper appellati?
cur M. Brutus referente te legibus est solutus, si ab urbe
plus quam decem dies afuisset? cur ludi Apollinares in-
20 credibili M. Bruti honore celebrati? cur provinciae Bruto,
Cassio datae, cur quaestores additi, cur legatorum numerus
auctus? Atqui haec acta per te. Non igitur homicidas.
Sequitur ut liberatores tuo iudicio, quando quidem tertium
nihil potest esse. Quid est? num conturbo te? Non enim 32
25 fortasse satis quae diiunctius dicuntur intellegis. Sed
tamen haec summa est conclusionis meae: quoniam scelere
a te liberati sunt, ab eodem amplissimis praemiis dignissimos iudicatos. Itaque iam retexo orationem meam. Scribam
ad illos ut, si qui forte, quod a te mihi obiectum est, quaerent

5 quae te V^2D 7 homicidaene c: -ne *om. Vt* (-ę rei *ns*)   8
enim *om. Cus.*   9 per punctum *Cus.*   10 ut a Vns: aut ut a *ct*
16 parricidae D 18 te referente D 20 Cassio et Bruto D
22 atqui *O. Jahn*: atque *codd.*   homicidae D 23 iudicio sint D
25 distinctius *nst*: *om. c*   26 est summa D 27 eodem te D
dignissimos iudicatos Vc: -simi iudicantur t: -simi iudicati (-andi n^2) *ns*
29 quaerent Vc: quaerenti *nst*

sitne verum, ne cui negent. Etenim vereor ne aut celatum
me illis ipsis non honestum aut invitatum refugisse mihi sit
turpissimum. Quae enim res umquam, pro sancte Iuppiter!
non modo in hac urbe sed in omnibus terris est gesta
maior; quae gloriosior, quae commendatior hominum memo- 5
riae sempiternae? In huius me tu consili societatem tam-
33 quam in equum Troianum cum principibus includis? Non
recuso; ago etiam gratias, quoquo animo facis. Tanta enim
res est ut invidiam istam quam tu in me vis concitare cum
laude non comparem. Quid enim beatius illis quos tu 10
expulsos a te praedicas et relegatos? qui locus est aut tam
desertus aut tam inhumanus qui illos, cum accesserint, non
adfari atque appetere videatur? qui homines tam agrestes
qui se, cum eos aspexerint, non maximum cepisse vitae
fructum putent? quae vero tam immemor posteritas, quae 15
tam ingratae litterae reperientur quae eorum gloriam non
immortalitatis memoria prosequantur? Tu vero ascribe me
14 talem in numerum. Sed unam rem vereor ne non probes:
34 si enim fuissem, non solum regem sed etiam regnum de re
publica sustulissem; et, si meus stilus ille fuisset, ut dicitur, 20
mihi crede, non solum unum actum sed totam fabulam
confecissem. Quamquam si interfici Caesarem voluisse
crimen est, vide, quaeso, Antoni, quid tibi futurum sit,
quem et Narbone hoc consilium cum C. Trebonio cepisse
notissimum est et ob eius consili societatem, cum interfice- 25
retur Caesar, tum te a Trebonio vidimus sevocari. Ego
autem—vide quam tecum agam non inimice—quod bene
cogitasti aliquando, laudo; quod non indicasti, gratias ago;
35 quod non fecisti, ignosco. Virum res illa quaerebat. Quod
si te in iudicium quis adducat usurpetque illud Cassianum, 30

2 ab ipsis illis *D*   5 erit hominum *D*   12 cum *ed Crat.* (*in mg.*): quo *codd.*: quoquo *Angelius*   19 in eo fuissem *coni. Müller*: regnum etiam *D*   24 C. *om.* *V*[1]   27 video *D*   28 non *om.* *V* 29 virum *Vcn*[2]: verum *n*[1]*st*

'cui bono fuerit,' vide, quaeso, ne haereas.   Quamquam illud
quidem fuit, ut tu dicebas, omnibus bono qui servire nolebant,
tibi tamen praecipue qui non modo non servis sed etiam
regnas ; qui maximo te aere alieno ad aedem Opis liberavisti ;
5 qui per easdem tabulas innumerabilem pecuniam dissipavisti ;
ad quem e domo Caesaris tam multa delata sunt ; cuius
domi quaestuosissima est falsorum commentariorum et chirographorum officina, agrorum, oppidorum, immunitatium,
vectigalium flagitiosissimae nundinae.   Etenim quae res 36
10 egestati et aeri alieno tuo praeter mortem Caesaris subvenire
potuisset ?   Nescio quid conturbatus esse videris : num quid
subtimes ne ad te hoc crimen pertinere videatur ?   Libero te
metu : nemo credet umquam ; non est tuum de re publica
bene mereri ; habet istius pulcherrimi facti clarissimos viros
15 res publica auctores ; ego te tantum gaudere dico, fecisse
non arguo.   Respondi maximis criminibus : nunc etiam
reliquis respondendum est.
                                                                    15
      Castra mihi Pompei atque illud omne tempus obie-   37
cisti.   Quo quidem tempore si, ut dixi, meum consilium
20 auctoritasque valuisset, tu hodie egeres, nos liberi essemus ;
res publica non tot duces et exercitus amisisset.   Fateor
enim me, cum ea quae acciderunt providerem futura, tanta
in maestitia fuisse quanta ceteri optimi cives, si idem
providissent, fuissent.   Dolebam, dolebam, patres con-
25 scripti, rem publicam vestris quondam meisque consiliis
conservatam brevi tempore esse perituram.   Nec vero eram
tam indoctus ignarusque rerum ut frangerer animo propter
vitae cupiditatem, quae me manens conficeret angoribus,
dimissa molestiis omnibus liberaret.   Illos ego praestan-
30 tissimos viros, lumina rei publicae, vivere volebam, tot

1 illud fuit tu ut dicebas quidem *V*   4 liberasti *n* : liberabis *V*
7 domus *D*   8 officina . . . oppidorum *om. V*   immunitas *c* :
-tatis *nst*   11 mihi esse *D*   16 nunc *ed. R* : num *Vcns* : tunc *t*
19 diximus consilium *V*   22 providem futuram *V*   29 illos]
hos *Cus.*

consularis, tot praetorios, tot honestissimos senatores, omnem praeterea florem nobilitatis ac iuventutis, tum optimorum civium exercitus; qui si viverent, quamvis iniqua
condicione pacis—mihi enim omnis pax cum civibus bello
civili utilior videbatur—rem publicam hodie teneremus. 5
38 Quae sententia si valuisset ac non ei maxime mihi quorum
ego vitae consulebam spe victoriae elati obstitissent, ut alia
omittam, tu certe numquam in hoc ordine vel potius numquam in hac urbe mansisses. At vero Cn. Pompei voluntatem a me alienabat oratio mea. An ille quemquam plus 10
dilexit, cum ullo aut sermones aut consilia contulit saepius?
Quod quidem erat magnum, de summa re publica dissen-
tientis in eadem consuetudine amicitiae permanere. Ego
quid ille et contra ille quid ego sentirem et spectarem videbat. Ego incolumitati civium primum, ut postea dignitati 15
possemus, ille praesenti dignitati potius consulebat. Quod
autem habebat uterque quid sequeretur, idcirco tolerabilior
39 erat nostra dissensio. Quid vero ille singularis vir ac
paene divinus de me senserit sciunt qui eum de Pharsalia
fuga Paphum persecuti sunt. Numquam ab eo mentio de 20
me nisi honorifica, nisi plena amicissimi desideri, cum me
vidisse plus fateretur, se speravisse meliora. Et eius viri
nomine me insectari audes cuius me amicum, te sectorem
16 esse fateare? Sed omittatur bellum illud in quo tu
nimium felix fuisti. Ne *de* iocis quidem respondebo 25
quibus me in castris usum esse dixisti: erant quidem illa
castra plena curae; verum tamen homines, quamvis in
turbidis rebus sint, tamen, si modo homines sunt, interdum
40 animis relaxantur. Quod autem idem maestitiam meam

10 abalienabat *D*   12 publica *om. D*   dissidentes *n*   13
sed et (et *sup. l. in s*) ego *D*: *an* et ego?   15 ut *V*: et *cns*: ac *t*
16 possemus *om. D*   dignitati *om. D*   17 quod sequeretur
Lambinus   18 singularis *V*: consularis *D*   19 eum Pharsalica
D   23 me *ante* amicum *om. V¹*: amicum me *coni. Halm*   secta-
torem *s²t*   25 de iocis *Wesenberg*: iocis *D*: totis *V*   26 quidem
illa *Vns*: illa quidem *ct*

reprehendit, idem iocum, magno argumento est me in utroque fuisse moderatum.

Hereditates mihi negasti venire.   Vtinam hoc tuum verum crimen esset! plures amici mei et necessarii vive-
5 rent. Sed qui istuc tibi venit in mentem? Ego enim amplius sestertium ducentiens acceptum hereditatibus rettuli. Quamquam in hoc genere fateor feliciorem esse te.   Me nemo nisi amicus fecit heredem, ut cum illo commodo, si quod erat, animi quidam dolor iungeretur; te
10 is quem tu vidisti numquam, L. Rubrius Casinas fecit heredem.   Et quidem vide quam te amarit is qui albus aterne 41 fuerit ignoras.   Fratris filium praeterit, Q. Fufi, honestissimi equitis Romani suique amicissimi, quem palam heredem semper factitarat, ne nominat quidem : te, quem numquam
15 viderat aut certe numquam salutaverat, fecit heredem. Velim mihi dicas, nisi molestum est, L. Turselius qua facie fuerit, qua statura, quo municipio, qua tribu. 'Nihil scio' inquies 'nisi quae praedia habuerit.' Igitur fratrem exhere-dans te faciebat heredem.   In multas praeterea pecunias
20 alienissimorum hominum vi eiectis veris heredibus, tamquam heres esset, invasit. Quamquam hoc maxime admiratus 42 sum, mentionem te hereditatum ausum esse facere, cum ipse hereditatem patris non adisses.

Haec ut conligeres, homo amentissime, tot dies in aliena 17
25 villa declamasti? quamquam tu quidem, ut tui familiaris-simi dictitant, vini exhalandi, non ingeni acuendi causa declamitas.   At vero adhibes ioci causa magistrum suffragio tuo et compotorum tuorum rhetorem, cui concessisti ut in

3 hereditates *Naugerius* (1): -tate *V*: -tatem *D*   7 retuli *VD*
10 fecit heredem *del. Madvig* (*peiore numero*)   12 praeterit *Vns*:
-riit *c*: -reo *t*   14 ne nomen quidem perscripsit *D*   15 aut certe
numq. *Faernus*: ut (aut *V*²) cere numq. *V*: ac ne umq. *D*   16 Turse-
cius *D*   18 inques *V*: inquis *Klotz*   is igitur *V*²   26 ingenii
acuendi *D*: ingeniendi *V*: ingenii augendi *Stangl*   27 declamas *V*
(*peiore numero*)   at *Vt*: et *c*: tu *ns*

te quae vellet diceret, salsum omnino hominem, sed materia
facilis in te et in tuos dicta dicere. Vide autem quid
intersit inter te et avum tuum. Ille sensim dicebat quod
43 causae prodesset; tu cursim dicis aliena. At quanta
merces rhetori data est! Audite, audite, patres con- 5
scripti, et cognoscite rei publicae volnera. Duo milia
iugerum campi Leontini Sex. Clodio rhetori adsignasti et
quidem immunia, ut populi Romani tanta mercede nihil
sapere disceres. Num etiam hoc, homo audacissime, ex
Caesaris commentariis? Sed dicam alio loco et de 10
Leontino agro et de Campano, quos iste agros ereptos
rei publicae turpissimis possessoribus inquinavit. Iam
enim, quoniam criminibus eius satis respondi, de ipso
emendatore et correctore nostro quaedam dicenda sunt.
Nec enim omnia effundam, ut, si saepius decertandum sit, 15
ut erit, semper novus veniam: quam facultatem mihi
multitudo istius vitiorum peccatorumque largitur.

18
    Visne igitur te inspiciamus a puero? Sic opinor; a
44 principio ordiamur. Tenesne memoria praetextatum te
decoxisse? 'Patris' inquies 'ista culpa est.' Concedo. 20
Etenim est pietatis plena defensio. Illud tamen audaciae
tuae quod sedisti in quattuordecim ordinibus, cum esset
lege Roscia decoctoribus certus locus constitutus, quamvis
quis fortunae vitio, non suo decoxisset. Sumpsisti virilem,
quam statim muliebrem togam reddidisti. Primo volgare 25
scortum; certa flagiti merces nec ea parva; sed cito
Curio intervenit qui te a meretricio quaestu abduxit et,
tamquam stolam dedisset, in matrimonio stabili et certo
45 conlocavit. Nemo umquam puer emptus libidinis causa

2 facilis *D et Sueton. de Rhet.* 5: facilis est *V*   vide autem
quid intersit *V*: vide quid s^2: *om. cett.*   3 tuum] tum tuum *V*
(*cf.* §§ 49, 88): tuum intersit *nst*: tuum quid intersit *c*   sensim *om. V*
5 audite *semel habet Suetonius*   8 populi Romani *V*: pro *D*: *om.
Suet.*   19 tenes V^1 23 constitutus *om.* V^1 24 virilem
togam *D*   25 togam *V*: stolam *D*   28 et certo et V^1: et certo
te *coni. Halm*   29 locavit *D*

tam fuit in domini potestate quam tu in Curionis.   Quotiens te pater eius domu sua eiecit, quotiens custodes posuit
ne limen intrares ? cum tu tamen nocte socia, hortante
libidine, cogente mercede, per tegulas demitterere.   Quae
5 flagitia domus illa diutius ferre non potuit.   Scisne me de
rebus mihi notissimis dicere ?   Recordare tempus illud
cum pater Curio maerens iacebat in lecto ; filius se ad
pedes meos prosternens, lacrimans, te mihi commendabat ;
orabat ut se contra suum patrem, si sestertium sexagiens
10 peteret, defenderem ; tantum enim se pro te intercessisse
dicebat.   Ipse autem amore ardens confirmabat, quod
desiderium tui discidi ferre non posset, se in exsilium
iturum.   Quo tempore ego quanta mala florentissimae 46
familiae sedavi vel potius sustuli ! Patri persuasi ut aes
15 alienum fili dissolveret ; redimeret adulescentem, summa
spe et animi et ingeni praeditum, rei familiaris facultatibus
eumque non modo tua familiaritate sed etiam congressione
patrio iure et potestate prohiberet.   Haec tu cum per me
acta meminisses, nisi illis quos videmus gladiis confideres, 19
20 maledictis me provocare ausus esses ?   Sed iam stupra et 47
flagitia omittamus : sunt quaedam quae honeste non possum
dicere ; tu autem eo liberior quod ea in te admisisti quae
a verecundo inimico audire non posses.   Sed reliquum
vitae cursum videte, quem quidem celeriter perstringam.
25 Ad haec enim quae in civili bello, in maximis rei publicae
miseriis fecit, et ad ea quae cotidie facit, festinat animus.
Quae peto ut, quamquam multo notiora vobis quam mihi
sunt, tamen, ut facitis, attente audiatis.   Debet enim talibus
in rebus excitare animos non cognitio solum rerum sed
30 etiam recordatio ; etsi incidamus, opinor, media ne nimis
sero ad extrema veniamus.

2 domo D   4 demitt. *Ferrarius* : dimitt. *codd.*   9 se *Vn²* : te
cett.   11 confirmauiat *V* : confirmavit *Halm*   13 esse iturum D
tanta D   17 eumque a tua non modo D   30 etsi *V* : tametsi *ns* :
iam etsi *ct*   opinor *V* : oportet D

48   Intimus erat in tribunatu Clodio qui sua erga me beneficia commemorat; eius omnium incendiorum fax, cuius
etiam domi iam tum quiddam molitus est. Quid dicam
ipse optime intellegit. Inde iter Alexandream contra
senatus auctoritatem, contra rem publicam et religiones; 5
sed habebat ducem Gabinium, quicum quidvis rectissime
facere posset. Qui tum inde reditus aut qualis? Prius in
ultimam Galliam ex Aegypto quam domum. Quae autem
domus? Suam enim quisque domum tum obtinebat nec
erat usquam tua. Domum dico? Quid erat in terris ubi 10

20 in tuo pedem poneres praeter unum Misenum quod cum
49 sociis tamquam Sisaponem tenebas? Venis e Gallia ad
quaesturam petendam. Aude dicere te prius ad parentem
tuam venisse quam ad me. Acceperam iam ante Caesaris
litteras ut mihi satis fieri paterer a te : itaque ne loqui 15
quidem sum te passus de gratia. Postea sum cultus a te, tu
a me observatus in petitione quaesturae ; quo quidem tempore P. Clodium approbante populo Romano in foro es
conatus occidere, cumque eam rem tua sponte conarere, non
impulsu meo, tamen ita praedicabas, te non existimare, nisi 20
illum interfecisses, umquam mihi pro tuis in me iniuriis
satis esse facturum. In quo demiror cur Milonem impulsu
meo rem illam egisse dicas, cum te ultro mihi idem illud
deferentem numquam sim adhortatus. Quamquam, si in
eo perseverares, ad tuam gloriam rem illam referri malebam 25
50 quam ad meam gratiam. Quaestor es factus : deinde continuo sine senatus consulto, sine sorte, sine lege ad
Caesarem cucurristi. Id enim unum in terris egestatis,
aeris alieni, nequitiae perditis vitae rationibus perfugium esse

i
3 quiddam iam tum *D*   **4** Alexandiriem (*i.e.* -ream) *V*, *cf.* viii 23 :
Alexandriam *D* (*ubique*)   **5** rem p. et *om. D*   **9** domus V^1 :
erat domus *cett.*   nec *V* : neque *D*   **12** venis e *Halm* : venisse
Vct : venisti (in *add. n*) *ns*   Galliam *D*   **13** parentem *Vct* : patrem
ns   **14** tuam *Manutius* : tuum *codd.* : tum *Frotscher*   **16** postea sum
cultus *Muretus* : potense sum cultus *V* : postea cultus sum *c* : postea
custoditus sum *nt*   **17** observatus *D* : ovatus *V*   **24** quamquam
codd. : quoniam *Manutius*   **25** rem ... malebam *om. V*

ducebas. Ibi te cum et illius largitionibus et tuis rapinis
explevisses, si hoc est explere, *expilare* quod statim effundas,
advolasti egens ad tribunatum, ut in eo magistratu, si posses,
viri tui similis esses.

5   Accipite nunc, quaeso, non ea quae ipse in se atque **21**
in domesticum decus impure et intemperanter, sed quae
in nos fortunasque nostras, id est in universam rem publicam, impie ac nefarie fecerit. Ab huius enim scelere
omnium malorum principium natum reperietis. Nam cum **51**
10 L. Lentulo C. Marcello consulibus Kalendis Ianuariis labentem et prope cadentem rem publicam fulcire cuperetis
ipsique C. Caesari, si sana mente esset, consulere velletis,
tum iste venditum atque emancipatum tribunatum consiliis
vestris opposuit cervicesque suas ei subiecit securi qua
15 multi minoribus in peccatis occiderunt.   In te, M. Antoni,
id decrevit senatus et quidem incolumis, nondum tot luminibus exstinctis quod in hostem togatum decerni est solitum
more maiorum.   Et tu apud patres conscriptos contra me
dicere ausus es, cum ab hoc ordine ego conservator essem,
20 tu hostis rei publicae iudicatus?   Commemoratio illius tui
sceleris intermissa est, non memoria deleta. Dum genus
hominum, dum populi Romani nomen exstabit—quod
quidem erit, si per te licebit, sempiternum—tua illa pestifera intercessio nominabitur. Quid cupide a senatu, quid **52**
25 temere fiebat, cum tu unus adulescens universum ordinem
decernere de salute rei publicae prohibuisti, neque semel,
sed saepius, neque tu tecum de senatus auctoritate agi
passus es? quid autem agebatur nisi ne deleri et everti
rem publicam funditus velles, cum te neque principes civi-

2 expilare *supplevi* (*cf. Rull.* ii. 98, *Pis.* 52) : devorare *aut* haurire
suppl. Faernus   quod⟩ cum *Ernesti*   3 advolas *D*   6 decus
Madvig: dedecus *codd.*   10 labentem *Vnt*: labantem *cs*   15 in te
Vc: in menta *t*: in te autem *ns*   16 luminibus *Vc*: luminaribus *nst*
23 pro te *V*   licuerit *D*   26 neque id semel *D*   28 deleri
cn¹s: -ere *Vn²t*   evertere *D*

tatis rogando neque maiores natu monendo neque frequens
senatus agendo de vendita atque addicta sententia movere
potuit? Tum illud multis rebus ante temptatis necessario
tibi volnus inflictum est quod paucis ante te, quorum
53 incolumis fuit nemo : tum contra te dedit arma hic ordo 5
consulibus reliquisque imperiis et potestatibus: quae non
22 effugisses, nisi te ad arma Caesaris contulisses. Tu, tu,
inquam, M. Antoni, princeps C. Caesari omnia perturbare
cupienti causam belli contra patriam ferendi dedisti. Quid
enim aliud ille dicebat, quam causam sui dementissimi 10
consili et facti adferebat, nisi quod intercessio neglecta, ius
tribunicium sublatum, circumscriptus a senatu esset Antonius? Omitto quam haec falsa, quam levia, praesertim
cum omnino nulla causa iusta cuiquam esse possit contra
patriam arma capiendi. Sed nihil de Caesare : tibi certe 15
confitendum est causam perniciosissimi belli in persona tua
54 constituisse. O miserum te, si haec intellegis, miseriorem,
si non intellegis hoc litteris mandari, hoc memoriae prodi,
huius rei ne posteritatem quidem omnium saeculorum umquam immemorem fore, consules ex Italia expulsos, cumque 20
eis Cn. Pompeium quod imperi populi Romani decus ac
lumen fuit, omnis consularis qui per valetudinem exsequi
cladem illam fugamque potuissent, praetores, praetorios,
tribunos plebis, magnam partem senatus, omnem subolem
iuventutis, unoque verbo rem publicam expulsam atque 25
55 exterminatam suis sedibus ! Vt igitur in seminibus est
causa arborum et stirpium, sic huius luctuosissimi belli
semen tu fuisti. Doletis tris exercitus populi Romani
interfectos : interfecit Antonius. Desideratis clarissimos
civis : eos quoque vobis eripuit Antonius. Auctoritas huius 30
ordinis adflicta est: adflixit Antonius. Omnia denique,

---

1 neque ... monendo *om. V*   3 potuit] potuisset *Madvig. qui*
supra velles? Cum (*ita ns*) *scribit*   4 est *om. D*   9 ferendi *Eber-*
hard : inferendi *codd.*   12 sublatum circ. *om. V¹*   15 de *om. D*
16 est *V*: si *ct*: sit *ns*   causa *D*   in *om. V¹*   17 haec *om. D*
20 cumque] que *V¹*   30 vobis *D* : bonis *V*: nobis *Halm*

quae postea vidimus—quid autem mali non vidimus?—si
recte ratiocinabimur, uni accepta referemus Antonio.   Vt
Helena Troianis, sic iste huic rei publicae belli causa,
causa pestis atque exiti fuit.   Reliquae partes tribunatus
5 principi similes.   Omnia perfecit quae senatus salva re
publica ne fieri possent profecerat.   Cuius tamen scelus
in scelere cognoscite.   Restituebat multos calamitosos : in **23**
eis patrui nulla mentio.   Si severus, cur non in omnis? si   56
misericors, cur non in suos?   Sed omitto ceteros : Licinium
10 Lenticulam de alea condemnatum, conlusorem suum, restituit, quasi vero ludere cum condemnato non liceret, sed
ut quod in alea perdiderat beneficio legis dissolveret.
Quam attulisti rationem populo Romano cur eum restitui
oporteret?   Absentem, credo, in reos relatum ; rem indicta
15 causa iudicatam ; nullum fuisse de alea lege iudicium ; vi
oppressum et armis ; postremo, quod de patruo tuo dicebatur, pecunia iudicium esse corruptum?   Nihil horum.
At vir bonus et re publica dignus.   Nihil id quidem ad rem ;
ego tamen, quoniam condemnatum esse pro nihilo est, si
20 ita esset, ignoscerem.   Hominem omnium nequissimum qui
non dubitaret vel in foro alea ludere, lege quae est de alea
condemnatum qui in integrum restituit, is non apertissime
studium suum ipse profitetur?   In eodem vero tribunatu, 57
cum Caesar in Hispaniam proficiscens huic conculcandam
25 Italiam tradidisset, quae fuit eius peragratio itinerum, lu-
stratio municipiorum !   Scio me in rebus celebratissimis
omnium sermone versari, eaque quae dico dicturusque
sum notiora esse omnibus qui in Italia tum fuerunt quam
mihi qui non fui : notabo tamen singulas res, etsi nullo

3 belli causa, causa *Klotz* : belli causa *V* : causa belli, causa *D*
5 principii *h* : -iis *Vt* : -io *ns* : ·ibus *c*   6 profecerat *scripsi* : per-
fecerat *codd.* (*cf.* x. 23) : effecerat *Cobet* : *fort.* confecerat (*cf.* x. 4)
7 restituerat *V*   10 Lenticulam *ns* (Λεντίκουλον *nominat Dio Cassius*
xlv. 47) : Denticulam *Vct* : Denticulum *Bücheler*   11 sed *codd.* :
scilicet *Koch*   19 et ego *D*   est si ita esset *D* : si ita *V* : est ita
Halm

modo poterit oratio mea satis facere vestrae scientiae.
Etenim quod umquam in terris tantum flagitium exstitisse
24 auditum est, tantam turpitudinem, tantum dedecus? Vehe-
58 batur in essedo tribunus plebis; lictores laureati antece-
debant, inter quos aperta lectica mima portabatur, quam ex 5
oppidis municipales homines honesti, obviam necessario
prodeuntes, non noto illo et mimico nomine, sed Volum-
niam consalutabant. Sequebatur raeda cum lenonibus,
comites nequissimi; reiecta mater amicam impuri fili tamquam nurum sequebatur. O miserae mulieris fecunditatem 10
calamitosam! Horum flagitiorum iste vestigiis omnia
municipia, praefecturas, colonias, totam denique Italiam
impressit.

59 Reliquorum factorum eius, patres conscripti, difficilis est
sane reprehensio et lubrica. Versatus in bello est; saturavit 15
se sanguine dissimillimorum sui civium: felix fuit, si potest
ulla in scelere esse felicitas. Sed quoniam veteranis cautum
esse volumus, quamquam dissimilis est militum causa et
tua—illi secuti sunt, tu quaesisti ducem—tamen, ne apud
illos me in invidiam voces, nihil de genere belli dicam. 20
Victor e Thessalia Brundisium cum legionibus revertisti.
Ibi me non occidisti. Magnum beneficium! potuisse enim
fateor. Quamquam nemo erat eorum qui tum tecum
60 fuerunt qui mihi non censeret parci oportere. Tanta est
enim caritas patriae ut vestris etiam legionibus sanctus 25
essem, quod eam a me servatam esse meminissent. Sed
fac id te dedisse mihi quod non ademisti, meque a te
habere vitam, quia non a te sit erepta: licuitne mihi per
tuas contumelias hoc tuum beneficium sic tueri ut tuebar,

---

8 sequebantur rhedam *n* leonibus *h, ut voluit Victorius ex
Plin. N. H. viii. 16. 55 9 comites nequissimi *del. Koch* recta *V*
15 lubrice versatus *D* 16 fuit felix *D* 20 belli genere *D*
27 fac id (facit *n*) te *cns*[1]: faciut e (didisse) *V*: fac te *t*: fas sit te *s*[2]:
fac illud te *coni. Halm* 28 quia *D*: qua *V*: quae *Graevius* non
a te sit *Vc*: non sit a te *t*: a te non sit *ln* liceatne *D*

praesertim cum te haec auditurum videres? Venisti Brun-   **25**
disium, in sinum quidem et in complexum tuae mimulae.   61
Quid est? num mentior? Quam miserum est id negare
non posse quod sit turpissimum confiteri! Si te muni-
5 cipiorum non pudebat, ne veterani quidem exercitus? Quis
enim miles fuit qui Brundisi illam non viderit? quis qui
nescierit venisse eam tibi tot dierum viam gratulatum? quis
qui non indoluerit tam sero se quam nequam hominem
secutus esset cognoscere? Italiae rursus percursatio eadem 62
10 comite mima; in oppida militum crudelis et misera de-
ductio; in urbe auri, argenti maximeque vini foeda direptio.
Accessit ut Caesare ignaro, cum esset ille Alexandreae,
beneficio amicorum eius magister equitum constitueretur.
Tum existimavit se suo iure cum Hippia vivere et equos
15 vectigalis Sergio mimo tradere; tum sibi non hanc quam
nunc male tuetur, sed M. Pisonis domum ubi habitaret
legerat. Quid ego istius decreta, quid rapinas, quid hereditatum possessiones datas, quid ereptas proferam? Cogebat
egestas; quo se verteret non habebat: nondum ei tanta
20 a L. Rubrio, non a L. Turselio hereditas venerat; nondum
in Cn. Pompei locum multorumque aliorum qui aberant
repentinus heres successerat. Erat vivendum latronum ritu,
ut tantum haberet, quantum rapere potuisset.

Sed haec quae robustioris improbitatis sunt, omittamus: 63
25 loquamur potius de nequissimo genere levitatis. Tu istis
faucibus, istis lateribus, ista gladiatoria totius corporis firmi-
tate tantum vini in Hippiae nuptiis exhauseras ut tibi
necesse esset in populi Romani conspectu vomere postridie.
O rem non modo visu foedam sed etiam auditu! Si inter
30 cenam in ipsis tuis immanibus illis poculis hoc tibi acci-

1 ausurum viderem *Eberhard*   5 non *om. V*   7 viam *D* :
via *V* : iter obviam *Müller*   8 quam nequam *V* : quem *D*   15
tum . . . legerat *om. D*   21 Cn. *om. V*   22 herus *Jeep*   erat
ei *ns*   30 et in illis imm. poc. tuis *Quintil.* viii. 4. 10 : atque in ipsis
tuis imm. poc. *Arusian. K.* vii. *p.* 482

disset, quis non turpe duceret? In coetu vero populi
Romani negotium publicum gerens, magister equitum, cui
ructare turpe esset, is vomens frustis esculentis vinum redo-
lentibus gremium suum et totum tribunal implevit. Sed
haec ipse fatetur esse in suis sordibus: veniamus ad splen- 5
dida.

26   Caesar Alexandrea se recepit, felix, ut sibi quidem vide-
64 batur, mea autem sententia, qui rei publicae sit infelix, felix
esse nemo potest. Hasta posita pro aede Iovis Statoris
bona Cn. Pompei—miserum me! consumptis enim lacri- 10
mis tamen infixus animo haeret dolor—bona, inquam, Cn.
Pompei Magni voci acerbissimae subiecta praeconis. Una
in illa re servitutis oblita civitas ingemuit servientibusque
animis, cum omnia metu tenerentur, gemitus tamen populi
Romani liber fuit. Exspectantibus omnibus quisnam esset 15
tam impius, tam demens, tam dis hominibusque hostis qui
ad illud scelus sectionis auderet accedere, inventus est nemo
praeter Antonium, praesertim cum tot essent circum hastam
illam qui alia omnia auderent: unus inventus est qui id
auderet quod omnium fugisset et reformidasset audacia. 20
65 Tantus igitur te stupor oppressit vel, ut verius dicam, tantus
furor ut primum, cum sector sis isto loco natus, deinde cum
Pompei sector, non te exsecratum populo Romano, non
detestabilem, non omnis tibi deos, non omnis homines et
esse inimicos et futuros scias? At quam insolenter statim 25
helluo invasit in eius viri fortunas cuius virtute terribilior
27 erat populus Romanus exteris gentibus, iustitia carior! In

---

1 duceret *Quintil.* viii. 4. 10, ix. 4. 107 : diceret *codd.*   2 Romani
om. D   gerens *n*² *et Quintil.* viii. 4. 8, xi. 3. 39 : gens *V* : regens *cett.*
5 splendidiora *V* (*malo numero*)   7 Alexandriam *D*   8 infelix
D : hostis *V*   10 Cn. Pompei *Faernus* : subiecta Cn. Pompei *codd.*
11 animo haeret *D* : haberet animo *V* : haeret animo *Faernus* : pectori
haeret *Quintil.* ix. 2. 26   12 Magni *om. Quintil.*   acerbissimae
voci *Quintil.*   14 cum . . . tenerentur *om. D*   23 exsecrandum *D*
24 non *post* deos *om. cns, ed. R*   et esse *D* : esse *V*

eius igitur viri copias cum se subito ingurgitasset, exsultabat
gaudio persona de mimo, modo egens, repente dives.   Sed,
ut est apud poetam nescio quem 'male parta male dilabun-
tur.'   Incredibile ac simile portenti est quonam modo illa 66
5 tam multa quam paucis non dico mensibus sed diebus
effuderit.   Maximus vini numerus fuit, permagnum optimi
pondus argenti, pretiosa vestis, multa et lauta supellex et
magnifica multis locis, non illa quidem luxuriosi hominis,
sed tamen abundantis.   Horum paucis diebus nihil erat.
10 Quae Charybdis tam vorax?   Charybdin dico?   quae si 67
fuit, animal unum fuit : Oceanus, me dius fidius, vix videtur
tot res tam dissipatas, tam distantibus in locis positas tam
cito absorbere potuisse.   Nihil erat clausum, nihil obsigna-
tum, nihil scriptum.   Apothecae totae nequissimis homini-
15 bus condonabantur ;   alia mimi rapiebant, alia mimae ;
domus erat aleatoribus referta, plena ebriorum ;   totos dies
potabatur atque id locis pluribus ;   suggerebantur etiam
saepe—non enim semper iste felix—damna aleatoria ;   con-
chyliatis Cn. Pompei peristromatis servorum in cellis lectos
20 stratos videres.   Quam ob rem desinite mirari haec tam
celeriter esse consumpta.   Non modo unius patrimonium
quamvis amplum, ut illud fuit, sed urbis et regna celeriter
tanta nequitia devorare potuisset.   At idem aedis etiam et
hortos.   O audaciam immanem !   tu etiam ingredi illam 68
25 domum ausus es, tu illud sanctissimum limen intrare, tu
illarum aedium dis penatibus os impurissimum ostendere ?
Quam domum aliquamdiu nemo aspicere poterat, nemo
sine lacrimis praeterire, hac te in domo tam diu deversari
non pudet ?   in qua, quamvis nihil sapias, tamen nihil tibi

1 viri *om.* D   10 tam vorax, tam inexplebilis *Cus.*   Charybdin
Quintil. viii. 6. 70 : Charybdim *V*: Caribdin *D*   11 animal unum
fuit *V*, *Seneca Suasor.* vi. 5 : anim. fuit unum *Servius ad Aen.* iii. 420 :
fuit anim. unum *cns*, *Quintil.* : fuit unum anim. *t*   18 ipse *D*   19
stratos lectos *Quintil.* viii. 4. 25   24 etiam *om.* D   26 impor-
tunissimum *D*   28 diversari *D*

28 potest esse iucundum.   An tu illa in vestibulo rostra cum
aspexisti, domum tuam te introire putas?   Fieri non potest.
Quamvis enim sine mente, sine sensu sis, ut es, tamen et te
et tua et tuos nosti.   Nec vero te umquam neque vigilantem
neque in somnis credo posse mente consistere.   Necesse 5
est, quamvis sis, ut es, violentus et furens, cum tibi obiecta
sit species singularis viri, perterritum te de somno excitari,
69 furere etiam saepe vigilantem.   Me quidem miseret parie-
tum ipsorum atque tectorum.   Quid enim umquam domus
illa viderat nisi pudicum, quid nisi ex optimo more et 10
sanctissima disciplina?   Fuit enim ille vir, patres conscripti,
sicuti scitis, cum foris clarus tum domi admirandus, neque
rebus externis magis laudandus quam institutis domesticis.
Huius in sedibus pro cubiculis stabula, pro conclavibus
popinae sunt.   Etsi iam negat.   Nolite quaerere; frugi 15
factus est: illam suam suas res sibi habere iussit, ex duodecim tabulis clavis ademit, exegit.   Quam porro spectatus
civis, quam probatus!   Cuius ex omni vita nihil est honestius
70 quam quod cum mima fecit divortium.   At quam crebro
usurpat: 'et consul et Antonius!'   Hoc est dicere, et 20
consul et impudicissimus, et consul et homo nequissimus.
Quid est enim aliud Antonius?   Nam si dignitas significa-
retur in nomine, dixisset, credo, aliquando avus tuus se et
consulem et Antonium.   Numquam dixit.   Dixisset etiam
conlega meus, patruus tuus, nisi si tu es solus Antonius. 25
Sed omitto ea peccata quae non sunt earum partium propria quibus tu rem publicam vexavisti: ad ipsas tuas partis
redeo, id est ad civile bellum, quod natum, conflatum, su-

---

1 in vestibulo *Muretus*: in vestibuloa *V*: vestibula *D*   rostra
Orelli: rostra (-an *V*) spolia *codd.*: rostra an (*vel* ac) spolia *Graevius*
2 *fort.* putas introire (*numeri gratia*)   3 et te et tua] te (*mg. add.*)
et ei tua *V*   6 vinolentus *n²t*   10 quid *om. D*   14 in aedibus
Vrsinus   conclavibus popinae *Halm*: conclavibus popinae triclinis *V*:
tricliniis popinae *D*   16 illam suam *codd.* (minimam *sup. lin. in h*
add m. 1): illam mimam *Halm*: mimulam suam *Cornelissen*   17
clavis *Vc*: clausa *cett.*   19 cum *Vc*: *om. nst*   21 homi *V*: omnium
Nohl   22 est enim *Vc*: est *t*: enim est *ns*   23 se et *V*: se *D*
24 numquam dixit *D*: numquid *V*: numquid dixit *Muretus*

sceptum opera tua est.   Cui bello cum propter timiditatem ²⁹
tuam tum propter libidines defuisti.   Gustaras civilem san- ⁷¹
guinem vel potius exsorbueras; fueras in acie Pharsalica
antesignanus; L. Domitium, clarissimum et nobilissimum
5 virum, occideras multosque praeterea qui e proelio effuge-
rant, quos Caesar, ut non nullos, fortasse servasset, crudelissime persecutus trucidaras.   Quibus rebus tantis talibus
gestis quid fuit causae cur in Africam Caesarem non seque-
rere, cum praesertim belli pars tanta restaret?   Itaque quem
10 locum apud ipsum Caesarem post eius ex Africa reditum
obtinuisti?   quo numero fuisti?   Cuius tu imperatoris
quaestor fueras, dictatoris magister equitum, belli princeps,
crudelitatis auctor, praedae socius, testamento, ut dicebas
ipse, filius, appellatus es de pecunia quam pro domo, pro
15 hortis, pro sectione debebas.   Primo respondisti plane fero- ⁷²
citer et, ne omnia videar contra te, prope modum aequa et
iusta dicebas: 'A me C. Caesar pecuniam?   cur potius
quam ego ab illo?   an sine me ille vicit?   At ne potuit
quidem.   Ego ad illum belli civilis causam attuli; ego leges
20 perniciosas rogavi; ego arma contra consules imperatores-
que populi Romani, contra senatum populumque Romanum,
contra deos patrios arasque et focos, contra patriam tuli.
Num sibi soli vicit?   Quorum facinus est commune, cur
non sit eorum praeda communis?'   Ius postulabas, sed
25 quid ad rem?   Plus ille poterat.   Itaque excussis tuis voci- ⁷³
bus et ad te et ad praedes tuos milites misit, cum repente
a te praeclara illa tabula prolata est.   Qui risus hominum,
tantam esse tabulam, tam varias, tam multas possessiones,
ex quibus praeter partem Miseni nihil erat quod is qui

---

1 cur ei bello tum *D*   5 praeterea *om. D*   e *Vc*: eo *t*: de *ns*
6 servasset *Vns*: -aret *ct*   7 tantis ac *Schütz*   8 quid . . . Africam
om. V   9 praestaret *V*   13 testamento *Vn*: -menti *cett.*   dicebat
D   17 C. *om. D*   18 at ne *V*: ac ne *t*: anne *cns*   19–20 ego
. . . rogavi *om. V* (*contra Nonium p.* 383)   25 exclusis *Manutius*
27 prolata est *Halm*: prolatas *V*: prolata *D*   hominum *V*: hominum de te erat *D*

auctionaretur posset suum dicere. Auctionis vero misera-
bilis aspectus : vestis Pompei non multa eaque maculosa ;
eiusdem quaedam argentea vasa conlisa, sordidata mancipia,
ut doleremus quicquam esse ex illis reliquiis quod videre
74 possemus. Hanc tamen auctionem heredes L. Rubri de- 5
creto Caesaris prohibuerunt. Haerebat nebulo : quo se
verteret non habebat. Quin his ipsis temporibus domi
Caesaris percussor ab isto missus deprehensus dicebatur
esse cum sica : de quo Caesar in senatu aperte in te invehens questus est. Proficiscitur in Hispaniam Caesar 10
paucis tibi ad solvendum propter inopiam tuam prorogatis
diebus. Ne tum quidem sequeris. Tam bonus gladiator
rudem tam cito ? Hunc igitur quisquam qui in suis partibus, id est in suis fortunis, tam timidus fuerit pertimescat ?
30 Profectus est aliquando tandem in Hispaniam ; sed tuto, ut 15
75 ait, pervenire non potuit. Quonam modo igitur Dolabella
pervenit ? Aut non suscipienda fuit ista causa, Antoni, aut,
cum suscepisses, defendenda usque ad extremum. Ter depugnavit Caesar cum civibus, in Thessalia, Africa, Hispania.
Omnibus adfuit his pugnis Dolabella ; in Hispaniensi etiam 20
volnus accepit. Si de meo iudicio quaeris, nollem ; sed
tamen consilium a primo reprehendendum, laudanda constantia. Tu vero quid es ? Cn. Pompei liberi tum primum
patriam repetebant. Esto, fuerit haec partium causa communis. Repetebant praeterea deos patrios, aras, focos, larem 25
suum familiarem, in quae tu invaseras. Haec cum peterent
armis ei quorum erant legibus — etsi in rebus iniquissimis
quid potest esse aequi ?—tamen quem erat aequissimum
contra Cn. Pompei liberos pugnare ? quem ? te sectorem.

4 reliquis *Vt* : reliqui *Pluygers*   7 quin *V* : quippe in *D*   eis
ipsis *coni. Halm*   13 cito accepisti *D*   14 fuerat *V*   15 tandem
aliquando *D*   20 in *ns* : *om. Vct*   23 liberi tum *V* : liberam *c* :
liberi *nst*   25 patrios *Faernus* : partios *V* : proprios *t* : penates
patrios *cns*   26 in quencumque inv. *V*   peterent *Vns* : repe-
terent *ct*   27 ei *t* : ii *V* : hi *ns* : eius *c*   28 tamen erat aequissimum contra Cn. P. liberos Cn. P. pugnare (te *add. c*) sectorem *D*

An ut tu Narbone mensas hospitum convomeres Dolabella 76
pro te in Hispania dimicaret?

Qui vero Narbone reditus! Etiam quaerebat cur ego
ex ipso cursu tam subito revertissem. Exposui nuper,
5 patres conscripti, causam reditus mei. Volui, si possem,
etiam ante Kalendas Ianuarias prodesse rei publicae.
Nam, quod quaerebas quo modo redissem, primum luce,
non tenebris; deinde cum calceis et toga, nullis nec Gallicis
nec lacerna. At etiam aspicis me et quidem, ut videris,
10 iratus. Ne tu iam mecum in gratiam redeas, si scias quam
me pudeat nequitiae tuae, cuius te ipsum non pudet. Ex
omnium omnibus flagitiis nullum turpius vidi, nullum audivi.
Qui magister equitum fuisse tibi viderere, in proximum
annum consulatum peteres vel potius rogares, per municipia
15 coloniasque Galliae, a qua nos tum cum consulatus pete-
batur, non rogabatur, petere consulatum solebamus, cum
Gallicis et lacerna cucurristi. At videte levitatem hominis. **31**
Cum hora diei decima fere ad Saxa rubra venisset, delituit **77**
in quadam cauponula atque ibi se occultans perpotavit ad
20 vesperum; inde cisio celeriter ad urbem advectus domum
venit capite involuto. Ianitor, 'Quis tu?' 'A Marco tabel-
larius.' Confestim ad eam deducitur cuius causa venerat,
eique epistulam tradidit. Quam cum illa legeret flens—erat
enim scripta amatorie; caput autem litterarum sibi cum
25 illa mima posthac nihil futurum; omnem se amorem abiecisse illim atque in hanc transfudisse—cum mulier fleret

1 ut tu *scripsi*: tutu *V*: ů *n*: tu *est*: cum *Servius K*. iv. 416: cum tu
Klotz convomeres *V*: cum vomeres *cns*: cum convom. *t* 3 etiam
V: ẽ (ei' *c*) iam *ct*: et tamen *ns* 8 Gallicis *Gellius* xiii. 22. 6:
caligis *codd. (ita mox), Rufinianus Rhet. p.* 40 12 turpius vidi
nullum *om. V* 14 is (*add.* qui *ns*) per *D* 15 a *D*: *om. V*: e
Halm nos tum *V*: nostrum *c*: nostrin *t*: noster *ns* 17 hominis *V
et Gell*. vi. 11. 6: *om. D* 20 vesperum *D et Gell.*: vesperam *V* 21
capite *codd.*: ore *Gell.* involuto *D et Gell.*: obvol. *V* 22
deducitur *D et Gell.*: *om. V* 24 scripta amat. *V et Gell.*: amat.
scripta *D* (am. causa script. *t*) litt. hoc erat *Gell.* 26 illim
Lambinus: illinon *V*: illic *ct*: illinc *ns*

uberius, homo misericors ferre non potuit, caput aperuit,
in collum invasit. O hominem nequam ! Quid enim aliud
dicam ? magis proprie nihil possum dicere. Ergo, ut te
catamitum, nec opinato cum te ostendisses, praeter spem
mulier aspiceret, idcirco urbem terrore nocturno, Italiam 5
78 multorum dierum metu perturbasti ? Et domi quidem
causam amoris habuisti, foris etiam turpiorem ne L. Plancus
praedes tuos venderet. Productus autem in contionem a
tribuno plebis cum respondisses te rei tuae causa venisse,
populum etiam dicacem in te reddidisti. Sed nimis multa 10
de nugis : ad maiora veniamus.

32   C. Caesari ex Hispania redeunti obviam longissime pro-
cessisti. Celeriter isti, redisti, ut cognosceret te si minus
fortem, at tamen strenuum. Factus es ei rursus nescio quo
modo familiaris. Habebat hoc omnino Caesar : quem 15
plane perditum aere alieno egentemque, si eundem nequam
hominem audacemque cognorat, hunc in familiaritatem
79 libentissime recipiebat. His igitur rebus praeclare commen-
datus iussus es renuntiari consul et quidem cum ipso.
Nihil queror de Dolabella qui tum est impulsus, inductus, 20
elusus. Qua in re quanta fuerit uterque vestrum perfidia in
Dolabellam quis ignorat ? ille induxit ut peteret, promissum
et receptum intervertit ad seque transtulit ; tu eius perfidiae
voluntatem tuam ascripsisti. Veniunt Kalendae Ianuariae ;
cogimur in senatum : invectus est copiosius multo in istum 25
80 et paratius Dolabella quam nunc ego. Hic autem iratus
quae dixit, di boni ! Primum cum Caesar ostendisset se,
prius quam proficisceretur, Dolabellam consulem esse iussu-
rum—quem negant regem, qui et faceret semper eius modi
aliquid et diceret—sed cum Caesar ita dixisset, tum hic 30

---

3 nihili *Reid*   4 cum te *V* : cum *D* : cum os *Cobet*   7 habuit
codd. : *corr. Ferrarius*   8 suos *h*   12 C. *om. D*   13 isti et *D*
17 cognoverat *D*   19 est *D*   20 qui tum . . . Dolabellam *om. V*[1]
21 utriusque *D*   22 induxit ut peteret *om. V*   26 iratus *Vc* :
mihi iratus *nst*   29 negat *V*

bonus augur eo se sacerdotio praeditum esse dixit ut
comitia auspiciis vel impedire vel vitiare posset, idque se
facturum esse adseveravit. In quo primum incredibilem
stupiditatem hominis cognoscite. Quid enim? istud quod 81
5 te sacerdoti iure facere posse dixisti, si augur non esses et
consul esses, minus facere potuisses? Vide ne etiam facilius.
Nos enim nuntiationem solum habemus, consules et reliqui
magistratus etiam spectionem. Esto: hoc imperite; nec
enim est ab homine numquam sobrio postulanda prudentia,
10 sed videte impudentiam. Multis ante mensibus in senatu
dixit se Dolabellae comitia aut prohibiturum auspiciis aut
id facturum esse quod fecit. Quisquamne divinare potest
quid viti in auspiciis futurum sit, nisi qui de caelo servare
constituit? quod neque licet comitiis per leges et si qui
15 servavit non comitiis habitis, sed prius quam habeantur,
debet nuntiare. Verum implicata inscientia impudentia est:
nec scit quod augurem nec facit quod pudentem decet.
Atque ex illo die recordamini eius usque ad Idus Martias 82
consulatum. Quis umquam apparitor tam humilis, tam
20 abiectus? Nihil ipse poterat; omnia rogabat; caput in
aversam lecticam inserens, beneficia quae venderet a conlega
petebat. Ecce Dolabellae comitiorum dies. Sortitio prae- 33
rogativae; quiescit. Renuntiatur: tacet. Prima classis
vocatur, deinde ita ut adsolet suffragia, tum secunda
25 classis, quae omnia sunt citius facta quam dixi. Confecto 83
negotio bonus augur—C. Laelium diceres—'Alio die' inquit.
O impudentiam singularem! Quid videras, quid senseras,
quid audieras? Neque enim te de caelo servasse dixisti nec
hodie dicis. Id igitur obvenit vitium quod tu iam Kalendis

---

4 enim est *V*   8 spectionem *ct* : spectationem *V*¹ : inspectionem
cett.   11 dixit se *Vn*² : dixisse *cett.*   12 posset *V*   15 habitis
comitiis *D* : comitiis *Cobet*   16 inscientia *Vn* : inscia *c* : inscitia *st*
est (sed *c*) nec scit *Vc* : si nescit *cett.*   18 atque *D* : itaque *V*   21
adversam *D*   inferens *D*   venderet *D* : videret *V*   24 vocatur]
renuntiatur *add. codd., del. Madvig*   ita *V* : *om. D*   sex *ante* suffrag.
add. Niebuhr : equitum *post* suffrag. *Mommsen*   25 classis vocatur
V   26 C. *om. D*   28 nec enim *D*   neque hodie *D*

Ianuariis futurum esse provideras et tanto ante praedixeras.
Ergo hercule magna, ut spero, tua potius quam rei publicae
calamitate ementitus es auspicia ; obstrinxisti religione
populum Romanum ; augur auguri, consul consuli obnun-
tiasti.   Nolo plura, ne acta Dolabellae videar convellere, 5
quae necesse est aliquando ad nostrum conlegium deferantur.

84 Sed adrogantiam hominis insolentiamque cognoscite. Quam
diu tu voles, vitiosus consul Dolabella ; rursus, cum voles,
salvis auspiciis creatus.   Si nihil est, cum augur eis verbis
nuntiat, quibus tu nuntiasti, confitere te, cum ‘ Alio die ’ 10
dixeris, sobrium non fuisse ; sin est aliqua vis in istis verbis,
ea quae sit augur a conlega requiro.

Sed ne forte ex multis rebus gestis M. Antoni rem unam
pulcherrimam transiliat oratio, ad Lupercalia veniamus.

34 Non dissimulat, patres conscripti : apparet esse commotum ; 15
sudat, pallet.   Quidlibet, modo ne nauseet, faciat quod in
porticu Minucia fecit.   Quae potest esse turpitudinis tantae
defensio ?   Cupio audire, ut videam ubi rhetoris sit tanta

85 merces, ubi campus Leontinus appareat. Sedebat in rostris
conlega tuus amictus toga purpurea, in sella aurea, coronatus 20
Escendis, accedis ad sellam—ita eras Lupercus ut te consulem
esse meminisse deberes—diadema ostendis. Gemitus toto
foro. Vnde diadema ? Non enim abiectum sustuleras, sed
attuleras domo meditatum et cogitatum scelus. Tu diadema
imponebas cum plangore populi ; ille cum plausu reiciebat. 25
Tu ergo unus, scelerate, inventus es qui cum auctor regni esses,
eumque quem conlegam habebas dominum habere velles,
idem temptares quid populus Romanus ferre et pati posset.

86 At etiam misericordiam captabas : supplex te ad pedes

3 P. R. religione *D*   4 nuntiavisti *D*   9 si *Vc*: sed *nst*   12
augur *Vc* : auguris *nst*   16 nauseet] nausiet *codd* : *del. Cobet*   18
sit *om. D*   19 ubi . . . appareat *D* : id est ubi . . . appareat *V* : *del
Campe* (*cf. Zielinski p.* 213)   21 ascendis *D*   25 reiciebat *Vn²s¹*:
recipiebat *cn¹s²* : accipiebat *t*   27 eumque quem *c* : eum quem *cett.*
collegam *Vc* : collegam regni *nst*

abiciebas.   Quid petens? ut servires? Tibi uni peteres
qui ita a puero vixeras ut omnia paterere, ut facile servires ;
a nobis populoque Romano mandatum id certe non habebas.
O praeclaram illam eloquentiam tuam, cum es nudus con-
5 tionatus! Quid hoc turpius, quid foedius, quid suppliciis
omnibus dignius? Num exspectas dum te stimulis fodiamus? Haec te, si ullam partem habes sensus, lacerat, haec
cruentat oratio.   Vereor ne imminuam summorum virorum
gloriam ; dicam tamen dolore commotus.   Quid indignius
10 quam vivere eum qui imposuerit diadema, cum omnes
fateantur iure interfectum esse qui abiecerit? At etiam 87
ascribi iussit in fastis ad Lupercalia : C. Caesari, dictatori
perpetuo, M. Antonium consulem populi iussu regnum
detulisse; Caesarem uti noluisse.   Iam iam minime miror
15 te otium perturbare; non modo urbem odisse sed etiam
lucem ; cum perditissimis latronibus non solum de die sed
etiam in diem bibere.   Vbi enim tu in pace consistes?
qui locus tibi in legibus et in iudiciis esse potest, quae tu,
quantum in te fuit, dominatu regio sustulisti?   Ideone
20 L. Tarquinius exactus, Sp. Cassius, Sp. Maelius, M. Manlius
necati ut multis post saeculis a M. Antonio, quod fas non
est, rex Romae constitueretur ?

Sed ad auspicia redeamus, de quibus Idibus Martiis fuit 35
in senatu Caesar acturus.   Quaero : tum tu quid egisses ? 88
25 Audiebam equidem te paratum venisse, quod me de ementitis auspiciis, quibus tamen parere necesse erat, putares
esse dicturum.   Sustulit illum diem fortuna rei publicae.
Num etiam tuum de auspiciis iudicium interitus Caesaris
sustulit ?   Sed incidi in id tempus quod eis rebus in quas

1 abic. *cn²t* : obic. *n¹s* : eic. *V*   2 ut facile servires *del. Cobet*
6 fodiamus *Vc* : fodiam *nst*   9 quid indignius quam vivere *V* : nonne
indignus tu tueri *D*   13 M. *om. V*   16 de *om. V*   17 bibere
Müller, alii (*cf.* § 104) : vivere *codd.*   20 exactus est *Madvig*   Sp.
(*ante* Maelius) *n²*, *ed. R* : *om. cett.*   23 quibus rebus *D*   Idibus
om. V   25 quidem *D*   27 rei p. *Vc* : populi R. *nst* (*peiore numero*)
28 tuum] tum *V*

ingressa erat oratio praevertendum est. Quae tua fuga,
quae formido praeclaro illo die, quae propter conscientiam
scelerum desperatio vitae, cum ex illa fuga beneficio eorum
qui te, si sanus esses, salvum esse voluerunt, clam te domum
89 recepisti! O mea frustra semper verissima auguria rerum 5
futurarum! Dicebam illis in Capitolio liberatoribus nostris,
cum me ad te ire vellent, ut ad defendendam rem publicam
te adhortarer, quoad metueres, omnia te promissurum;
simul ac timere desisses, similem te futurum tui. Itaque
cum ceteri consulares irent, redirent, in sententia mansi: 10
neque te illo die neque postero vidi neque ullam societatem
optimis civibus cum importunissimo hoste foedere ullo
confirmari posse credidi. Post diem tertium veni in aedem
Telluris et quidem invitus, cum omnis aditus armati ob-
90 siderent. Qui tibi dies ille, Antoni, fuit? Quamquam 15
mihi inimicus subito exstitisti, tamen me tui miseret quod
36 tibi invideris. Qui tu vir, di immortales, et quantus
fuisses, si illius diei mentem servare potuisses! Pacem
haberemus, quae erat facta per obsidem puerum nobilem,
M. Bambalionis nepotem. Quamquam bonum te timor 20
faciebat, non diuturnus magister offici, improbum fecit ea
quae, dum timor abest, a te non discedit, audacia. Etsi
tum, cum optimum te putabant me quidem dissentiente,
funeri tyranni, si illud funus fuit, sceleratissime praefuisti.
91 Tua illa pulchra laudatio, tua miseratio, tua cohortatio; tu, 25
tu, inquam, illas faces incendisti, et eas quibus semustilatus
ille est et eas quibus incensa L. Bellieni domus deflagravit.
Tu illos impetus perditorum hominum et ex maxima parte
servorum quos nos vi manuque reppulimus in nostras
domos immisisti. Idem tamen quasi fuligine abstersa 30
reliquis diebus in Capitolio praeclara senatus consulta

---

1 praetereundum *D*   2 praeclaro *om*. *D*   15 ille dies, M.
Antoni *D*   17 et *D*: sed *V*   19 M. Antoni filium *post* nobilem
add. *D*   20 te bonum *D*   24 tyranni illius sceleratissimi praef. *D*
26 inquam *om*. *D*   28 hominum *om*. *V*

fecisti, ne qua post Idus Martias immunitatis tabula neve
cuius benefici figeretur. Meministi ipse de exsulibus, scis
de immunitate quid dixeris. Optimum vero quod dictaturae nomen in perpetuum de re publica sustulisti : quo
5 quidem facto tantum te cepisse odium regni videbatur ut
eius omnem propter proximum dictatorem metum tolleres.
Constituta res publica videbatur aliis, mihi vero nullo modo, 92
qui omnia te gubernante naufragia metuebam. Num igitur
me fefellit, aut num diutius sui potuit esse dissimilis?
10 Inspectantibus vobis toto Capitolio tabulae figebantur,
neque solum singulis venibant immunitates sed etiam
populis universis : civitas non iam singillatim, sed provinciis
totis dabatur. Itaque si haec manent quae stante re publica
manere non possunt, provincias universas, patres conscripti,
15 perdidistis, neque vectigalia solum sed etiam imperium
populi Romani huius domesticis nundinis deminutum est.
Vbi est septiens miliens quod est in tabulis quae sunt ad **37**
Opis? Funestae illius quidem pecuniae, sed tamen quae 93
nos, si eis quorum erat non redderetur, a tributis posset
20 vindicare. Tu autem quadringentiens sestertium quod
Idibus Martiis debuisti quonam modo ante Kalendas
Aprilis debere desisti? Sunt ea quidem innumerabilia
quae a tuis emebantur non insciente te, sed unum egregium
de rege Deiotaro, populi Romani amicissimo, decretum in
25 Capitolio fixum : quo proposito nemo erat qui in ipso
dolore risum posset continere. Quis enim cuiquam ini- 94
micior quam Deiotaro Caesar ? aeque atque huic ordini, ut
equestri, ut Massiliensibus, ut omnibus quibus rem publicam
populi Romani caram esse sentiebat. Igitur a quo vivo nec

2 cuius (cui *c*) *Vc* : cuiusquam *cett*. 6 omnem *D* : omen nomen *V* :
omne nomen *Muretus* : omen omne *Halm* proximum dictatorem *D* :
proximum dictatoris *V* : proximi dictatoris *Muretus* metum tolleres
Vc : tolleres metum *nst* 9 dissimilis esse *V* (*peiore numero*) 11
venibant *Heusinger* : veniebant *codd*. 17–22 ubi est . . . desisti
post § 96 acta defendimus *transposuit Nägelsbach* 17 est in *V* :
in *D* 18 Opis patebat *D* quae nos *post* redd. hab. *D* 22
sunt ea . . . defendimus (§ 96) *om. D* : ante sunt ea hab. *V* (*e* § 97)
quid ego de commentaris Caesaris infinitos quiden numerabilibus
cyrigraphis Caesaris loquar (*sic*) 23 a tuis *Faernus* : ad ius *V* :
a diversis *Poggius* 29 is igitur *V²*

praesens nec absens rex Deiotarus quicquam aequi
boni impetravit, apud mortuum factus est gratiosus.   Com-
pellarat hospitem praesens, computarat pecuniam, in eius
tetrarchia unum ex Graecis comitibus suis conlocarat,
Armeniam abstulerat a senatu datam.   Haec vivus eripuit, 5
95 reddit mortuus.   At quibus verbis?   Modo aequum sibi
videri, modo non iniquum.   Mira verborum complexio!
At ille numquam — semper enim absenti adfui Deiotaro —
quicquam sibi quod nos pro illo postularemus aequum
dixit videri.   Syngrapha sesterti centiens per legatos, viros 10
bonos, sed timidos et imperitos, sine nostra, sine reliquorum
hospitum regis sententia facta in gynaecio est, quo in loco
plurimae res venierunt et veneunt.   Qua ex syngrapha quid
sis acturus meditere censeo : rex enim ipse sua sponte,
nullis commentariis Caesaris, simul atque audivit eius 15
96 interitum, suo Marte res suas recuperavit.   Sciebat homo
sapiens ius semper hoc fuisse ut, quae tyranni eripuissent,
ea tyrannis interfectis ei quibus erepta essent recuperarent.
Nemo igitur iure consultus, ne iste quidem, qui tibi uni est
iure consultus, per quem haec agis, ex ista syngrapha deberi 20
dicet pro eis rebus quae erant ante syngrapham recuperatae.
Non enim a te emit, sed prius quam tu suum sibi venderes
ipse possedit.   Ille vir fuit ; nos quidem contemnendi qui
38 auctorem odimus, acta defendimus.   Quid ego de com-
97 mentariis infinitis, quid de innumerabilibus chirographis 25
loquar ?   quorum etiam institores sunt qui ea tamquam
gladiatorum libellos palam venditent.   Itaque tanti acervi
nummorum apud istum construuntur ut iam expendantur,
non numerentur pecuniae.   At quam caeca avaritia est !

2 impetravit *Poggius* : imperavit *V*   apud eum mortuum *Ernest*
gratiosus *Vbaldinus* : gratus *V*   3 pecuniam] impetrarat *add. V,
ego delevi, videtur varia lectio e l.* 2 *migrasse* (computarat, pecuniam
imperarat *Poggius*)   4 tetrarchiam *Poggius*   6 reddidit *Poggius*
11 sine nostra *Muretus* : sinestra *V* : sine sua *Poggius* : sine Sexti
Ferrarius (*cf. Att.* xvi. 3. 6)   12 est *Halm* : et *V* : *del. Poggius*
19 iure *Poggius* : iureis *V*   21 dicet *Halm* : dicit *V*   24 actorem
Koch   26 institores *Pantagathus* : imitatores *VD*

Nuper fixa tabula est qua civitates locupletissimae Creten-
sium vectigalibus liberantur, statuiturque ne post M. Brutum
pro consule sit Creta provincia. Tu mentis compos, tu
non constringendus? An Caesaris decreto Creta post
5 M. Bruti decessum potuit liberari, cum Creta nihil ad
Brutum Caesare vivo pertineret? At huius venditione
decreti—ne nihil actum putetis—provinciam Cretam perdidistis. Omnino nemo ullius rei fuit emptor cui defuerit
hic venditor. Et de exsulibus legem quam fixisti Caesar 98
10 tulit? Nullius insector calamitatem : tantum queror,
primum eorum reditus inquinatos quorum causam Caesar
dissimilem iudicarit; deinde nescio cur non reliquis idem
tribuas : neque enim plus quam tres aut quattuor reliqui
sunt. Qui simili in calamitate sunt, cur tua misericordia
15 non simili fruuntur, cur eos habes in loco patrui? de quo
ferre, cum de reliquis ferres, noluisti : quem etiam ad cen-
suram petendam impulisti, eamque petitionem comparasti
quae et risus hominum et querelas moveret. Cur autem
ea comitia non habuisti? An quia tribunus plebis sini- 99
20 strum fulmen nuntiabat? Cum tua quid interest, nulla
auspicia sunt; cum tuorum, tum fis religiosus. Quid?
eundem in VII viratu nonne destituisti? intervenit enim cui
metuisti, credo, ne salvo capite negare non posses. Omnibus eum contumeliis onerasti quem patris loco, si ulla in
25 te pietas esset, colere debebas. Filiam eius, sororem tuam,
eiecisti, alia condicione quaesita et ante perspecta. Non
est satis : probri insimulasti pudicissimam feminam. Quid
est quod addi possit? Contentus eo non fuisti : frequentissimo senatu Kalendis Ianuariis sedente patruo hanc tibi

2 vectigalibus *om D*   3 pro consule *Halm* : pro cons. (cos. *V*)
codd.   mentis es *V²D*   4 an *Naugerius* (1) : in *codd., fort* num
8 defuit *V*   11 inquinatos] aequatos *Camerarius*   dissimilem
Caesar *D*   12 reliquis non *D*   14 calamitate sunt *Faernus* :
calamitates at *V* : calamitate fuerint *D*   19 an quia *D* : aut qua *V*
fulmen sin. *D*   20 cum *om. cns*   21 cum *om. D*   sis *D*
22 septem viratu *codd., ita fere semper, sed* v. 33, VII. virum *hab. V*
cui *Madvig* : cū *V* : quem *D*

esse cum Dolabella causam odi dicere ausus es quod ab
eo sorori et uxori tuae stuprum esse oblatum comperisses.
Quis interpretari potest, impudentiorne qui in senatu, an
improbior qui in Dolabellam, an impurior qui patre
audiente, an crudelior qui in illam miseram tam spurce, 5

39
100 tam impie dixeris ? Sed ad chirographa redeamus. Quae
tua fuit cognitio ? Acta enim Caesaris pacis causa confirmata sunt a senatu : quae quidem Caesar egisset, non
ea quae egisse Caesarem dixisset Antonius. Vnde ista
erumpunt, quo auctore proferuntur ? Si sunt falsa, cur 10
probantur ? si vera, cur veneunt ? At sic placuerat ut ex
Kalendis Iuniis de Caesaris actis cum consilio cognosceretis.
Quod fuit consilium, quem umquam convocasti, quas
Kalendas Iunias exspectasti ? an eas ad quas te peragratis
veteranorum coloniis stipatum armis rettulisti ? 15

O praeclaram illam percursationem tuam mense Aprili
atque Maio, tum cum etiam Capuam coloniam deducere
conatus es ! Quem ad modum illinc abieris vel potius paene
101 non abieris scimus. Cui tu urbi minitaris. Vtinam conere,
ut aliquando illud 'paene' tollatur ! At quam nobilis est 20
tua illa peregrinatio ! Quid prandiorum apparatus, quid
furiosam vinolentiam tuam proferam ? Tua ista detrimenta
sunt, illa nostra : agrum Campanum, qui cum de vectigalibus
eximebatur ut militibus daretur, tamen infligi magnum rei
publicae volnus putabamus, hunc tu compransoribus tuis et 25
conlusoribus dividebas. Mimos dico et mimas, patres conscripti, in agro Campano conlocatos. Quid iam querar de agro
Leontino ? quoniam quidem hae quondam arationes Cam-
pana et Leontina in populi Romani patrimonio grandiferae

1 ausus dicere es *D*   2 oblatum esse *ns, ed. R*   4 patre *D et
Priscian. K.* ii. *p.* 93 : patruo *V, Cus.*   7 tua *post* fuit *habent D*
9 quaeque *V*   gessisse *V*   11 ut ex *D : om. V* : ut *Muretus*
13 advocasti *D*   17 coloniam *om. D*   18 illinc abieris *Faernus* :
illī cauieris *V* : illam adieris *D*   19 abieris *Faernus* : habueris *V* :
adieris *D*   20 nobilitata sit tua *D*   27 in agro P C. *D*   queror
V   28 Campani et Leontini *D* : *tria verba abesse malim*   29
grandifacere *D*

et fructuosae ferebantur. Medico tria milia iugerum :
quid, si te sanasset ? rhetori duo : quid, si te disertum facere
potuisset ? Sed ad iter Italiamque redeamus. Deduxisti **40**
coloniam Casilinum, quo Caesar ante deduxerat. Consuluisti 102
5 me per litteras de Capua tu quidem, sed idem de Casilino
respondissem : possesne ubi colonia esset, eo coloniam
novam iure deducere. Negavi in eam coloniam quae esset
auspicato deducta, dum esset incolumis, coloniam novam.
iure deduci : colonos novos ascribi posse rescripsi. Tu
10 autem insolentia elatus omni auspiciorum iure turbato Casilinum coloniam deduxisti, quo erat paucis annis ante deducta,
ut vexillum tolleres, ut aratrum circumduceres ; cuius
quidem vomere portam Capuae paene perstrinxisti, ut
florentis coloniae territorium minueretur. Ab hac perturba- 103
15 tione religionum advolas in M. Varronis, sanctissimi atque
integerrimi viri, fundum Casinatem. Quo iure, quo ore ?
' Eodem,' inquies ' quo in heredum L. Rubri, quo in
heredum L. Turseli praedia, quo in reliquas innumerabilis
possessiones.' Et si ab hasta, valeat hasta, valeant tabulae
20 modo Caesaris, non tuae, quibus debuisti, non quibus tu te
liberavisti. Varronis quidem Casinatem fundum quis venisse
dicit, quis hastam istius venditionis vidit, quis vocem praeconis audivit ? Misisse te dicis Alexandream qui emeret
a Caesare ; ipsum enim exspectare magnum fuit. Quis vero 104
25 audivit umquam—nullius autem salus curae pluribus fuit—
de fortunis Varronis rem ullam esse detractam ? Quid ? si
etiam scripsit ad te Caesar ut redderes, quid satis potest
dici de tanta impudentia ? Remove gladios parumper illos
quos videmus : iam intelleges aliam causam esse hastae
30 Caesaris, aliam confidentiae et temeritatis tuae. Non enim

2 quid si V^1 : quasi V^2D sanum fecisset D quid si te]
quidiste V^1 : quid si c : quasiste V^2 : quasi *nst*   6 respondisset V
7 quae est D 12 tolleres V, *Schol. Cruq. ad Hor. Od.* i. 16. 21 :
videres D ut aratr. Vc : et aratr. *nst, Schol. Cruq.*   19 valeat
hasta *om.* D 20 tute te D 23 tè *om.* V 26 quid si D :
quod V

149

te dominus modo illis sedibus sed quivis amicus, vicinus,
41 hospes, procurator arcebit. At quam multos dies in ea
villa turpissime es perbacchatus ! Ab hora tertia bibebatur,
ludebatur, vomebatur.   O tecta ipsa misera, 'quam dispari
domino'—quamquam quo modo iste dominus—sed tamen 5
quam ab dispari tenebantur ! Studiorum enim suorum M.
105 Varro voluit illud, non libidinum deversorium.   Quae in illa
villa antea dicebantur, quae cogitabantur, quae litteris man-
dabantur ! iura populi Romani, monumenta maiorum, omnis
sapientiae ratio omnisque doctrinae.   At vero te inquilino 10
—non enim domino—personabant omnia vocibus ebriorum,
natabant pavimenta vino, madebant parietes, ingenui pueri
cum meritoriis, scorta inter matres familias versabantur.
Casino salutatum veniebant, Aquino, Interamna : admissus
est nemo. Iure id quidem ; in homine enim turpissimo 15
106 obsolefiebant dignitatis insignia.   Cum inde Romam proficiscens ad Aquinum accederet, obviam ei processit, ut
est frequens municipium, magna sane multitudo.   At iste
operta lectica latus per oppidum est ut mortuus.   Stulte
Aquinates : sed tamen in via habitabant.   Quid Anagnini ? 20
Qui, cum essent devii, descenderunt ut istum, tamquam si
esset consul, salutarent.   Incredibile dictu, sed inter omnis
constabat neminem esse resalutatum, praesertim cum duos
secum Anagninos haberet, Mustelam et Laconem, quorum
107 alter gladiorum est princeps, alter poculorum.   Quid ego 25
illas istius minas contumeliasque commemorem quibus
invectus est in Sidicinos, vexavit Puteolanos, quod

   1 aedibus *Pluygers*   vicinus] *variam lectionem* vinus^(ci) *in mg.*
archetypi fuisse arbitror : *cf. l.* 22 *et ad* xiv. 13   3 es *V* : est *ct* :
om. ns   6 a *D*   M. *om. V*¹   7 illud *V* : esse *s* : esse illud *cnt,*
fort. recte   8 ante *D*   quae cogitabantur *om. D*   10 doctrina *D*
14 Casilino *D*   16 obsolefiebant *V* : obsolefaciebant *c* : obsolebant
nst   19 est per oppidum *D*   21 devii *V* : devia ei *c* : devii
(-via *t*) obviam ei *nst*   22 consul *V*²*D* : colem *V*¹ : consulem
Faernus dictum *V* : dictu est *Ferrarius*   sed] cũ uinus *add. V* :
et simul unũ cinus *add. c*, et sermulcinus *add. t* : simul *add. ns* : sum
vicinus *Madvig* (*corruptelas ex* uiñus *ortas esse arbitror, cf. ad l.* 1 *et* xiv.
13)   25 gladiatorum *D*

C. Cassium et Brutos patronos adoptassent ?   Magno quidem
studio, iudicio, benevolentia, caritate, non, ut te et Basilum,
vi et armis, et alios vestri similis quos clientis nemo habere
velit, non modo illorum cliens esse.   Interea dum tu abes, **42**
5 qui dies ille conlegae tui fuit, cum illud quod venerari solebas bustum in foro evertit ? Qua re tibi nuntiata, ut constabat inter eos qui una fuerunt concidisti.   Quid evenerit
postea nescio—metum credo valuisse et arma—conlegam
quidem de caelo detraxisti effecistique non tu quidem etiam
10 nunc ut similis tui, sed certe ut dissimilis esset sui.   Qui 108
vero inde reditus Romam, quae perturbatio totius urbis !
Memineramus Cinnam nimis potentem, Sullam postea domi-
nantem, modo Caesarem regnantem videramus.   Erant
fortasse gladii, sed absconditi nec ita multi.   Ista vero quae
15 et quanta barbaria est ! Agmine quadrato cum gladiis
sequuntur ; scutorum lecticas portari videmus.   Atque his
quidem iam inveteratis, patres conscripti, consuetudine
obduruimus.   Kalendis Iuniis cum in senatum, ut erat
constitutum, venire vellemus, metu perterriti repente diffu-
20 gimus.   At iste, qui senatu non egeret, neque desideravit 109
quemquam et potius discessu nostro laetatus est statimque
illa mirabilia facinora effecit.   Qui chirographa Caesaris
defendisset lucri sui causa, is leges Caesaris easque praeclaras, ut rem publicam concutere posset, evertit.   Numerum
25 annorum provinciis prorogavit ; idemque, cum actorum
Caesaris defensor esse deberet, et in publicis et in privatis
rebus acta Caesaris rescidit.   In publicis nihil est lege
gravius ; in privatis firmissimum est testamentum.   Leges
alias sine promulgatione sustulit, alias ut tolleret promul-
30 gavit.   Testamentum inritum fecit, quod etiam infimis

---

1 et V: quod D 4 esse illorum cliens D 5 fuit *om.* D
quod tu D 9 et fecisti quae D 10 ut sit similis D 11 reditus
inde D 12 L. Cinam V 14 sed V: sed ita c: sed tamen *nst*
16 scutati milites, lecticas *ns*   21 et (*del. n²*) D: est V: sed *Halm*
26 publicis Vns: publ. actis a

civibus semper obtentum est. Signa, tabulas, quas populo
Caesar una cum hortis legavit, eas hic partim in hortos
Pompei deportavit, partim in villam Scipionis.

43
110   Et tu in Caesaris memoria diligens, tu illum amas mortuum? Quem is honorem maiorem consecutus erat quam 5
ut haberet pulvinar, simulacrum, fastigium, flaminem? Est
ergo flamen, ut Iovi, ut Marti, ut Quirino, sic divo Iulio
M. Antonius? Quid igitur cessas? Cur non inauguraris?
Sume diem, vide qui te inauguret: conlegae sumus; nemo
negabit. O detestabilem hominem, sive quod tyranni sacer- 10
dos es sive quod mortui! Quaero deinceps num hodiernus
dies qui sit ignores? Nescis heri quartum in circo diem
ludorum Romanorum fuisse? te autem ipsum ad populum
tulisse ut quintus praeterea dies Caesari tribueretur? Cur
non sumus praetextati? cur honorem Caesaris tua lege 15
datum deseri patimur? an supplicationes addendo diem
contaminari passus es, pulvinaria noluisti? Aut undique
111 religionem tolle aut usque quaque conserva. Quaeris
placeatne mihi pulvinar esse, fastigium, flaminem. Mihi
vero nihil istorum placet: sed tu qui acta Caesaris defendis 20
quid potes dicere cur alia defendas, alia non cures? Nisi
forte vis fateri te omnia quaestu tuo, non illius dignitate
metiri. Quid ad haec tandem? exspecto enim eloquentiam.
Disertissimum cognovi avum tuum, at te etiam apertiorem
in dicendo. Ille numquam nudus est contionatus: tuum 25
hominis simplicis pectus vidimus. Respondebisne ad haec,
aut omnino hiscere audebis? Ecquid reperies ex tanᴛ longa
oratione mea cui te respondere posse confidas? Sed prae-
44
112 terita omittamus: hunc unum diem, unum, inquam, hodiernum diem, hoc punctum temporis, quo loquor, defende, si 30

8 inauguraris *Halm*: inauguraras *V*: inaugurare *D*   10 eo
quod *V*   tyranni *D*: Caesaris *V*   11 es] ẽ *V²* *in ras.*: est *D*
16 die *coni. Müller*   17 contaminari noluisti *V*   18 aut usque *nst*:
aut ad usque *V*: actusque *c*   quaeres *D*   23 eloquentiam
tuam *unus cod. Halmii*   29 hunc *post* diem *add. D*

potes. Cur armatorum corona senatus saeptus est, cur me
tui satellites cum gladiis audiunt, cur valvae Concordiae non
patent, cur homines omnium gentium maxime barbaros,
Ituraeos, cum sagittis deducis in forum ? Praesidi sui causa
5 se facere dicit. Non igitur miliens perire est melius quam
in sua civitate sine armatorum praesidio non posse vivere ?
Sed nullum est istuc, mihi crede, praesidium : caritate te et
benevolentia civium saeptum oportet esse, non armis.
Eripiet et extorquebit tibi ista populus Romanus, utinam 113
10 salvis nobis ! Sed quoquo modo nobiscum egeris, dum istis
consiliis uteris, non potes, mihi crede, esse diuturnus.
Etenim ista tua minime avara coniunx quam ego sine contumelia describo nimium diu debet populo Romano tertiam
pensionem. Habet populus Romanus ad quos gubernacula
15 rei publicae deferat : qui ubicumque terrarum sunt, ibi
omne est rei publicae praesidium vel potius ipsa res publica,
quae se adhuc tantum modo ulta est, nondum recuperavit.
Habet quidem certe res publica adulescentis nobilissimos
paratos defensores. Quam volent illi cedant otio consulentes;
20 tamen a re publica revocabuntur. Et nomen pacis dulce
est et ipsa res salutaris ; sed inter pacem et servitutem plurimum interest. Pax est tranquilla libertas, servitus postremum malorum omnium, non modo bello sed morte etiam
repellendum. Quod si se ipsos illi nostri liberatores e con- 114
25 spectu nostro abstulerunt, at exemplum facti reliquerunt.
Illi quod nemo fecerat fecerunt. Tarquinium Brutus bello
est persecutus, qui tum rex fuit cum esse Romae licebat ;
Sp. Cassius, Sp. Maelius, M. Manlius propter suspicionem
regni appetendi sunt necati : hi primum cum gladiis non in
30 regnum appetentem, sed in regnantem impetum fecerunt.
Quod cum ipsum factum per se praeclarum est atque

4 Ituraeos *del.* O. *Müller*   5 nonne *D*   7 te *om.* *D*   9
et *Vc*: *om.* *nst*   13 rei p. *D*   17 ulta *b* : vita *Vt* : victa *ns*
24 repellenda *Isid.* *Origg.* ii. 29. 13   27 Romae *Muretus* : Roma
te *V* \,-ae. te. *V²*) : Romae regem *D*   29 primum *V* : primi *D*   31
est atque div. *V* : atque div. est *D*

153

divinum, tum expositum ad imitandum est, praesertim cum
illi eam gloriam consecuti sint quae vix caelo capi posse
videatur. Etsi enim satis in ipsa conscientia pulcherrimi
facti fructus erat, tamen mortali immortalitatem non arbitror
contemnendam.　　　　　　　　　　　　　　　　　　5

45
115
Recordare igitur illum, M. Antoni, diem quo dictaturam
sustulisti; pone ante oculos laetitiam senatus populique
Romani; confer cum hac nundinatione tua tuorumque:
tum intelleges quantum inter laudem et lucrum intersit.
Sed nimirum, ut quidam morbo aliquo et sensus stupore　10
suavitatem cibi non sentiunt, sic libidinosi, avari, facinerosi
verae laudis gustatum non habent. Sed si te laus adlicere
ad recte faciendum non potest, ne metus quidem a foedis-
simis factis potest avocare? Iudicia non metuis: si propter
innocentiam, laudo; sin propter vim, non intellegis, qui　15
116 isto modo iudicia non timeat, ei quid timendum sit? Quod
si non metuis viros fortis egregiosque civis, quod a corpore
tuo prohibentur armis, tui te, mihi crede, diutius non ferent.
Quae est autem vita dies et noctes timere a suis? Nisi vero
aut maioribus habes beneficiis obligatos quam ille quosdam　20
habuit ex eis a quibus est interfectus, aut tu es ulla re cum eo
comparandus. Fuit in illo ingenium, ratio, memoria, litterae,
cura, cogitatio, diligentia; res bello gesserat, quamvis rei
publicae calamitosas, at tamen magnas; multos annos
regnare meditatus, magno labore, magnis periculis quod' 25
cogitarat effecerat; muneribus, monumentis, congiariis, epulis
multitudinem imperitam delenierat; suos praemiis, adversarios
clementiae specie devinxerat. Quid multa? Attulerat iam

---

1 est *V*: si *n*¹*s*²: sit *c*: sic *n*²: sed *s*¹: *om. t*　　4 mortali] mortali
immortali *V*: *om. D*　arbitror esse *V* (*malo numero*)　6 igitur *om.*
D　8 hac nundinatione *Lambinus* (hac immani nund. *A. Augustinus*):
hac in manum latione *V*: nūmatione *D*　9 laudem et lucrum *D*:
lucrum et laudem *V* (*peiore numero*)　12 gustatum *Vc*: gustum *nst*
15 intellegeris qui ... et quid *V*¹: intellegis ei qui ... quid *V*²*D*: *corr.*
Muretus　19 vita *Vc*: multas *nst*　timere *ct*: timer *V*¹: timeri
*V*²*ns*　21 eo *V*: illo *D*　22 litterae, cura *Vc*: litteratura *nst*
25 magnis *D*: magmultis *V*¹: multis *V*²　26 cogitabat *V*　27
delenierat *Garatoni*: deleniebat *V*: lenierat *D*　28 quid ... attulerat
*om. V*¹

liberae civitati partim metu partim patientia consuetudinem
serviendi.   Cum illo ego te dominandi cupiditate conferre **46**
possum, ceteris vero rebus nullo modo comparandus es. 117
Sed ex plurimis malis quae ab illo rei publicae sunt inusta
5 hoc tamen boni est quod didicit iam popul:s Romanus
quantum cuique crederet, quibus se committeret, a quibus
caveret.   Haec non cogitas, neque intellegis satis esse viris
fortibus didicisse quam sit re pulchrum, beneficio gratum,
fama gloriosum tyrannum occidere? An, cum illum homines
10 non tulerint, te ferent? Certatim posthac, mihi crede, ad 118
hoc opus curretur neque occasionis tarditas exspectabitur.

Respice, quaeso, aliquando rem publicam, M. Antoni,
quibus ortus sis, non quibuscum vivas considera : mecum,
ut voles : redi cum re publica in gratiam.   Sed de te tu videris ;
15 ego de me ipse profitebor.   Defendi rem publicam adulescens, non deseram senex : contempsi Catilinae gladios, non
pertimescam tuos.   Quin etiam corpus libenter obtulerim,
si repraesentari morte mea libertas civitatis potest, ut aliquando dolor populi Romani pariat quod iam diu parturit !
20 Etenim si abhinc annos prope viginti hoc ipso in templo 119
negavi posse mortem immaturam esse consulari, quanto
verius nunc negabo seni? Mihi vero, patres conscripti, iam
etiam optanda mors est, perfuncto rebus eis quas adeptus
sum quasque gessi.   Duo modo haec opto, unum ut moriens
25 populum Romanum liberum relinquam — hoc mihi maius ab
dis immortalibus dari nihil potest — alterum ut ita cuique
eveniat ut de re publica quisque mereatur.

3 es comparandus *D*   5 boni est V^2D: bonis et V^1: boni
exstitit *Koch*   7 haec igitur non *D*   neque *V* : nec *D* (*ita l.* 11)
8 re *om. D*   9 an *V*: et *D*   12 respice . . . quibus *D* : respice
quaeso aliquibus *V med. omissis*: respice quaeso aliquando quibus *Halm*:

resipisce q. a. q. *Seidler*   14 ut voles *D* : utiles *V* : uti voles *Halm*
cum re p. redi *D*   tu ipse *D*   15 ipse *V* : ipso *cns* : ipse ipso *t*
16 deseram sextimescam tuos V^1 (*e coll. mea*) *med. omissis, unde* ex-
timescam *coni. Nohl*   19 parturii *D*   22 nunc *Vc* : non *nt* : *om. s*
23 adeptus . . . unum, ut *om.* V^1

M. TVLLI CICERONIS

IN M. ANTONIVM

ORATIO PHILIPPICA TERTIA

1 Serius omnino, patres conscripti, quam tempus rei publicae postulabat, aliquando tamen convocati sumus ; quod flagitabam equidem cotidie, quippe cum bellum nefarium contra aras et focos, contra vitam fortunasque nostras ab homine profligato ac perdito non comparari, sed geri iam viderem. 5 Exspectantur Kalendae Ianuariae, quas non exspectat Antonius qui in provinciam D. Bruti, summi et singularis viri, cum exercitu impetum facere conatur ; ex qua se instructum et paratum ad urbem venturum esse minitatur. **2** Quae est igitur exspectatio aut quae vel minimi dilatio 10 temporis ? Quamquam enim adsunt Kalendae Ianuariae, tamen breve tempus longum est imparatis. Dies enim adfert vel hora potius, nisi provisum est, magnas saepe clades ; certus autem dies non ut sacrificiis, sic consiliis exspectari solet. Quod si aut Kalendae Ianuariae fuissent 15 eo die quo primum ex urbe fugit Antonius, aut eae non essent exspectatae, bellum iam nullum haberemus. Auctoritate enim senatus consensuque populi Romani facile hominis amentis fregissemus audaciam. Quod confido

1 tempus *om.* V^1 2 postulabat *Manutius* : postulabatvit V^1 : postulavit V^2D 7 D. *om.* V^1 10 minima D 13 vel V : et D nisi D : nihil V : si nihil *Halm*   14 sacrificiis *Halm* : sacrificii VD consiliis V : consilii D 16 eae *Halm* : ae V : hae D

equidem consules designatos, simul ut magistratum inierint,
esse facturos; sunt enim optimo animo, summo consilio,
singulari concordia. Mea autem festinatio non victoriae
solum avida est sed etiam celeritatis. Quo enim usque 3
5 tantum bellum, tam crudele, tam nefarium privatis consiliis
propulsabitur? cur non quam primum publica accedit
auctoritas? C. Caesar adulescens, paene potius puer, in- 2
credibili ac divina quadam mente atque virtute, cum maxime
furor arderet Antoni cumque eius a Brundisio crudelis et
10 pestifer reditus timeretur, nec postulantibus nec cogitanti-
bus, ne optantibus quidem nobis, quia non posse fieri
videbatur, firmissimum exercitum ex invicto genere veteranorum militum comparavit patrimoniumque suum effudit:
quamquam non sum usus eo verbo quo debui; non enim
15 effudit: in salute rei publicae conlocavit. Cui quamquam 4
gratia referri tanta non potest quanta debetur, habenda
tamen est tanta quantam maximam animi nostri capere
possunt. Quis enim est tam ignarus rerum, tam nihil de re
publica cogitans qui hoc non intellegat, si M. Antonius
20 a Brundisio cum eis copiis quas se habiturum putabat,
Romam, ut minabatur, venire potuisset, nullum genus eum
crudelitatis praeteriturum fuisse? quippe qui in hospitis
tectis Brundisi fortissimos viros optimosque civis iugulari
iusserit; quorum ante pedes eius morientium sanguine os
25 uxoris respersum esse constabat. Hac ille crudelitate
imbutus, cum multo bonis omnibus veniret iratior quam
illis fuerat quos trucidarat, cui tandem nostrum aut cui
omnino bono pepercisset? Qua peste privato consilio 5

1 simul ac *D*   3 mea *D*: ea *V*   4 sed *om. V*   8 cum (c *in
ras.*) *V¹*: tum cum *V²*: tunc cum *D*   11 ne *Lambinus*: nec *codd.*
opinantibus *D*   fieri posse non *D*   12 ex *om. D*   14 sumus
usi *D*   debui *V*: decuit *D*   15 in rei (re) p. salute *V* (*malo
numero*)   17 tamen est tanta *Vs*: tamen tanta est *cnt*   20 eis *ed.
R*: his *VD*   putaverat *D*   23 cives optimos *D*   24 iussit *D*
26 bonis] nobis *Christ*   omnibus *Vn²*: hominibus *cett.*   27 vestrum
D   28 rem p. privato consilio *D*

rem publicam—neque enim fieri potuit aliter—Caesar liberavit : qui nisi in hac re publica natus esset, rem publicam
scelere Antoni nullam haberemus. Sic enim perspicio,
sic iudico, nisi unus adulescens illius furentis impetus
crudelissimosque conatus cohibuisset, rem publicam fun- 5
ditus interituram fuisse. Cui quidem hodierno die, patres
conscripti—nunc enim primum ita convenimus ut illius
beneficio possemus ea quae sentiremus libere dicere—
tribuenda est auctoritas, ut rem publicam non modo a se
susceptam sed etiam a nobis commendatam possit defendere. 10

3 6 Nec vero de legione Martia, quoniam longo intervallo loqui
nobis de re publica licet, sileri potest. Quis enim unus
fortior, quis amicior umquam rei publicae fuit quam legio
Martia universa? Quae cum hostem populi Romani
Antonium iudicasset, comes esse eius amentiae noluit : 15
reliquit consulem ; quod profecto non fecisset, si eum consulem iudicasset quem nihil aliud agere, nihil moliri nisi
caedem civium atque interitum civitatis videret. Atque ea
legio consedit Albae. Quam potuit urbem eligere aut
opportuniorem ad res gerendas aut fideliorem aut fortiorum 20

7 virorum aut amicorum rei publicae civium? Huius legionis
virtutem imitata quarta legio duce L. Egnatuleio quaestore,
civi optimo et fortissimo, C. Caesaris auctoritatem atque
exercitum persecuta est. Faciendum est igitur nobis, patres
conscripti, ut ea quae sua sponte clarissimus adulescens 25
atque omnium praestantissimus gessit et gerit hac auctoritate nostra comprobentur, veteranorumque, fortissimorum
virorum, tum legionis Martiae quartaeque mirabilis consensus ad rem publicam recuperandam laude et testimonio
nostro confirmetur, eorumque commoda, honores, praemia, 30

7 illius *Vc* : de illius *nst*   8 ea *om. D*   15 M. Antonium *D*
iudicavisset *D* (*ita mox*)   18 ea *om. V*   20 fortiorum . . .
amiciorum *Angelius* : fortium . . . amicorum *V* : fortiorem . . . amicorum *D*   21 rei p. *V* : p. R. *D*   huiusce *D*   23 cive *D*   24 est
igitur nobis *Vc* : igitur nobis est (est nob. *n*) *nst*   26 hac *scripsi* :
haec *codd.* : *del. Ernesti*   29 laude *Vc* : laudetur *nst*

cum consules designati magistratum inierint, curae nobis 4
fore hodierno die spondeamus. Atque ea quidem quae 8
dixi de Caesare deque eius exercitu iam diu nota sunt
nobis.   Virtute enim admirabili Caesaris constantiaque
5 militum veteranorum legionumque earum quae optimo
iudicio auctoritatem nostram, libertatem populi Romani,
virtutem Caesaris secutae sunt a cervicibus nostris est
depulsus Antonius.   Sed haec, ut dixi, superiora : hoc vero
recens edictum D. Bruti quod paulo ante propositum est
10 certe silentio non potest praeteriri.   Pollicetur enim se
provinciam Galliam retenturum in senatus populique
Romani potestate.   O civem natum rei publicae, memorem
sui nominis imitatoremque maiorum !   Neque enim Tarquinio expulso maioribus nostris tam fuit optata libertas
15 quam est depulso Antonio retinenda nobis.   Illi regibus 9
parere iam a condita urbe didicerant : nos post reges exactos
servitutis oblivio ceperat.   Atque ille Tarquinius quem
maiores nostri non tulerunt non crudelis, non impius, sed
superbus est habitus et dictus : quod nos vitium in privatis
20 saepe tulimus, id maiores nostri ne in rege quidem ferre
potuerunt.   L. Brutus regem superbum non tulit : D. Brutus
sceleratum atque impium regnare patietur Antonium ?   Quid
Tarquinius tale qualia innumerabilia et facit et fecit Antonius?
Senatum etiam reges habebant : nec tamen, ut Antonio sena-
25 tum habente, in consilio regis versabantur barbari armati.
Servabant auspicia reges ; quae hic consul augurque neglexit,
neque solum legibus contra auspicia ferendis sed etiam
conlega una ferente eo quem ipse ementitis auspiciis vitiosum fecerat.   Quis autem rex umquam fuit tam insignite 10
30 impudens ut haberet omnia commoda, beneficia, iura regni

5 optimo iud. quae *D*   7 C. Caesaris *D*   8 ut dixi haec *D*
12 potestatem *D*   15 repulso *D*   Antonio *D* : maioribus nostris
tam Antonio *V* : iam Antonio *Faernus*   16 *fort.* didicerunt (*numeri
gratia*)   18 non *ante* impius *om. D*   22 patietur *Vcn²* : -iatur *nst*
Antonium *om. D* (*tuetur numerus*)   28 referente *D*

venalia? quam hic immunitatem, quam civitatem, quod
praemium non vel singulis hominibus vel civitatibus vel
universis provinciis vendidit? Nihil humile de Tarquinio,
nihil sordidum accepimus: at vero huius domi inter quasilla
pendebatur aurum, numerabatur pecunia; una in domo 5
omnes quorum intererat totum imperium populi Romani
nundinabantur. Supplicia vero in civis Romanos nulla
Tarquini accepimus: at hic et Suessae iugulavit eos quos
in custodiam dederat et Brundisi ad ccc fortissimos
11 viros civisque optimos trucidavit. Postremo Tarquinius pro 10
populo Romano bellum gerebat tum cum est expulsus:
Antonius contra populum Romanum exercitum adducebat
tum cum a legionibus relictus nomen Caesaris exercitumque
pertimuit neglectisque sacrificiis sollemnibus ante lucem
vota ea quae numquam solveret nuncupavit, et hoc tem- 15
pore in provinciam populi Romani conatur invadere. Maius
igitur a D. Bruto beneficium populus Romanus et habet et
exspectat quam maiores nostri acceperunt a L. Bruto,
principe huius maxime conservandi generis et nominis.
5
12 Cum autem est omnis servitus misera, tum vero intolerabile 20
est servire impuro, impudico, effeminato, numquam ne in
metu quidem sobrio. Hunc igitur qui Gallia prohibet,
privato praesertim consilio, iudicat verissimeque iudicat non
esse consulem. Faciendum est igitur nobis, patres conscripti,
ut D. Bruti privatum consilium auctoritate publica compro- 25
bemus. Nec vero M. Antonium consulem post Lupercalia
debuistis putare: quo enim ille die, populo Romano inspectante, nudus, unctus, ebrius est contionatus et id egit
ut conlegae diadema imponeret, eo die se non modo con-

---

4 quasilla *Vt*: quas illa *c*: cives illius *ns*   5 non numerabatur
Curio Secundus   7 nundinabatur (-nantur *n²*) *D*   9 ad *c*: at *V*:
om. *nst*   ccc *VD, ed. R*: trecentos *Naugerius* (1)   11 expulsus est *D*
13 legionibus omnibus *V*   15 ea vota *D*   20 est *post* omnis *habent*
cns, post servitus *t*: *fort.* sit   intolerabile est *ed. R*: intolerabile
si *c*: intolerabilis est *cett.*   23 verissimeque iudicat *om. c*   24 P. C.
nobis *D*   28 contionatus est *D*   29 se *ante* abdic. *hab. D*

sulatu sed etiam libertate abdicavit.   Esset enim ipsi certe
statim serviendum, si Caesar ab eo regni insigne accipere
voluisset.   Hunc igitur ego consulem, hunc civem Romanum,
hunc liberum, hunc denique hominem putem qui foedo
5 illo et flagitioso die et quid pati C. Caesare vivo posset et
quid eo mortuo consequi ipse cuperet ostendit?   Nec vero 13
de virtute, constantia, gravitate provinciae Galliae taceri
potest.   Est enim ille flos Italiae, illud firmamentum imperi populi Romani, illud ornamentum dignitatis.   Tantus
10 autem est consensus municipiorum coloniarumque provinciae Galliae ut omnes ad auctoritatem huius ordinis
maiestatemque populi Romani defendendam conspirasse
videantur.

Quam ob rem, tribuni plebis, quamquam vos nihil aliud
15 nisi de praesidio ut senatum tuto consules Kalendis Ianuariis habere possint rettulistis, tamen mihi videmini magno
consilio atque optima mente potestatem nobis de tota re
publica fecisse dicendi.   Cum enim tuto haberi senatum
sine praesidio non posse iudicavistis, tum statuistis etiam
20 intra muros Antoni scelus audaciamque versari.

Quam ob rem omnia mea sententia complectar, vobis, 6
ut intellego, non invitis, ut et praestantissimis ducibus a 14
nobis detur auctoritas et fortissimis militibus spes ostendatur
praemiorum et iudicetur non verbo, sed re non modo non
25 consul sed etiam hostis Antonius.   Nam si ille consul,
fustuarium meruerunt legiones quae consulem reliquerunt,
sceleratus Caesar, Brutus nefarius qui contra consulem
privato consilio exercitus comparaverunt.   Si autem militibus exquirendi sunt honores novi propter eorum divinum
30 atque immortale meritum, ducibus autem ne referri quidem
potest gratia, quis est qui eum hostem non existimet quem

2 insigni *V*: insignia *Faernus*   5 C. *Halm*: e *V*: *om. D*   16
possint *Faernus*: possetint *V*: possent *D*   18 senatum haberi *D*
19 istud etiam statuistis *D*   24 non *ante* consul *om. ct*   28 sin
D   31 hostem non *Vs*: non hostem *cnt*

qui armis persequantur conservatores rei publicae iudi-
15 centur? At quam contumeliosus in edictis, quam barbarus,
quam rudis! primum in Caesarem ut maledicta congessit
deprompta ex recordatione impudicitiae et stuprorum
suorum! Quis enim hoc adulescente castior, quis modesti- 5
or, quod in iuventute habemus inlustrius exemplum veteris
sanctitatis? quis autem illo qui male dicit impurior? Igno-
bilitatem obicit C. Caesaris filio cuius etiam natura pater,
si vita suppeditasset, consul factus esset. 'Aricina mater.'
Trallianam aut Ephesiam putes dicere. Videte quam 10
despiciamur omnes qui sumus e municipiis id est, omnes
plane: quotus enim quisque nostrum non est? Quod
autem municipium non contemnit is qui Aricinum tanto
opere despicit, vetustate antiquissimum, iure foederatum,
propinquitate paene finitimum, splendore municipum ho- 15
16 nestissimum? Hinc Voconiae, hinc Atiniae leges; hinc
multae sellae curules et patrum memoria et nostra; hinc
equites Romani lautissimi et plurimi. Sed si Aricinam
uxorem non probas, cur probas Tusculanam? Quamquam
huius sanctissimae feminae atque optimae pater, M. Atius 20
Balbus, in primis honestus, praetorius fuit: tuae coniugis,
bonae feminae, locupletis quidem certe, Bambalio quidam
pater, homo nullo numero. Nihil illo contemptius qui
propter haesitantiam linguae stuporemque cordis cognomen
ex contumelia traxerit. 'At avus nobilis.' Tuditanus 25
nempe ille qui cum palla et cothurnis nummos populo
de rostris spargere solebat. Vellem hanc contemptionem

1 persequuntur D   iudicantur V   3 ut *om.* V   6 in
om. V¹: iuventuti *coni. Halm*   7 qui male dicit Vc (dict V):
maledico D   8 naturalis D   9 At Aricina *coni. Müller*   12
quotus V¹: notus V²D   nostrum *om.* D   13 non ... Aricinum
om. V¹   15 municipium D   16 Atiniae c: Atiniatae V:
Santiniae (sanct. *s*) *st*: Scantiniae (scat. *n²*) *n*   18 laut. plurimi et
honestissimi D   20 Atius *Ferrarius*: Attius *codd.*   25 traxerit D:
traxit tarxerat V: traxerat *Halm*   avus V¹c: huius *t*: avus huius
V²ns   26 nempe ille Vcn: nempe ille, ille *st*   27 *fort.* solebat
spargere (*numeri gratia*)

pecuniae suis reliquisset!   Habetis nobilitatem generis
gloriosam   Qui autem evenit ut tibi Iulia natus ignobilis 17
videatur, cum tu eodem materno genere soleas gloriari?
Quae porro amentia est eum dicere aliquid de uxorum
5 ignobilitate cuius pater Numitoriam Fregellanam, proditoris
filiam, habuerit uxorem, ipse ex libertini filia susceperit
liberos?   Sed hoc clarissimi viri viderint, L. Philippus qui
habet Aricinam uxorem, C. Marcellus qui Aricinae filiam:
quos certo scio dignitatis optimarum feminarum non paeni-
10 tere.   Idem etiam Q. Ciceronem, fratris mei filium, com- 7
pellat edicto, nec sentit amens commendationem esse
compellationem suam.   Quid enim accidere huic adulescenti potuit optatius quam cognosci ab omnibus Caesaris
consiliorum esse socium, Antoni furoris inimicum?   At 18
15 etiam gladiator ausus est scribere hunc de patris et patrui
parricidio cogitasse.   O admirabilem impudentiam, audaciam, temeritatem! in eum adulescentem hoc scribere
audere quem ego et frater meus propter eius suavissimos
atque optimos mores praestantissimumque ingenium cer-
20 tatim amamus omnibusque horis oculis, auribus, complexu
tenemus?   Nam me isdem edictis nescit laedat an laudet.
Cum idem supplicium minatur optimis civibus quod ego
de sceleratissimis ac pessimis sumpserim, laudare videtur,
quasi imitari velit; cum autem illam pulcherrimi facti me-
25 moriam refricat, tum a sui similibus invidiam aliquam in   8
me commoveri putat.   Sed quid fecit ipse?   Cum tot   19
edicta proposuisset, edixit ut adesset senatus frequens
a. d. VIII. Kalendas Decembris: eo die ipse non adfuit.
At quo modo edixit? haec sunt, ut opinor, verba in ex-

1 haberetis V^2D 2 ut is D Iulia V: vigilia c: Aricina *nst*   9
certe V^2 11 commendationem Vc: communem *nst*   14 se *ante* esse
inser. Müller   21 me isdem edictis Vt: in (*om. c*) eis de me dictis *cns*
nescit *om.* V^1: nescio *coni. Halm*   23 ac pessimis *om. D*   24
pulcherrimi Vc: pulcherrimam *nst*   25 sui *st*: suis Vcn 27 proposuisset *Naugerius* (1): posuisset *codd.* (*cf.* iv. 9)   edixit Vs: et
dixit *n*: dixit *ct*   28 a. d. *Lambinus*: ad *codd.*

tremo : 'Si quis non adfuerit, hunc existimare omnes
poterunt et interitus mei et perditissimorum consiliorum
auctorem fuisse.' Quae sunt perdita consilia ? an ea quae
pertinent ad libertatem populi Romani recuperandam ?
quorum consiliorum Caesari me auctorem et hortatorem 5
et esse et fuisse fateor. Quamquam ille non eguit consilio
cuiusquam, sed tamen currentem, ut dicitur, incitavi. Nam
interitus quidem tui quis bonus non esset auctor, cum in
eo salus et vita optimi cuiusque, libertas populi Romani
20 dignitasque consisteret ? Sed cum tam atroci edicto nos 10
concitavisset, cur ipse non adfuit ? Num putatis aliqua re
tristi ac severa ? vino atque epulis retentus, si illae epulae
potius quam popinae nominandae sunt, diem edicti obire
neglexit : in ante diem IV Kalendas Decembris distulit.
Adesse in Capitolio iussit ; quod in templum ipse nescio 15
qua per Gallorum cuniculum ascendit. Convenerunt con-
rogati et quidem ampli quidam homines sed immemores
dignitatis suae. Is enim erat dies, ea fama, is qui senatum
vocarat ut turpe senatori esset nihil timere. Ad eos tamen
ipsos qui convenerant ne verbum quidem ausus est facere 20
de Caesare, cum de eo constituisset ad senatum referre :
21 scriptam attulerat consularis quidam sententiam. Quid est
aliud de eo referre non audere qui contra se consulem
exercitum duceret nisi se ipsum hostem iudicare ? Necesse
erat enim alterutrum esse hostem ; nec poterat aliter de 25
adversariis ducibus iudicari. Si igitur Caesar hostis, cur
consul nihil refert ad senatum ? Sin ille a senatu
notandus non fuit, quid potest dicere quin, cum de illo
tacuerit, se hostem confessus sit ? Quem in edictis Sparta-

1 qui *D*   hunc *om.* *V*¹   omnes existimare *D*   4 pertit-
nenat *V*¹ : pertineant *Halm*   5 Caesari *V*¹ : Caes. *c* : Caesaris
*V*²*nst*   8 in *om.* *V*¹   9 et libertas *D*   11 putastis (-ti *V*¹) *V*
12 si *V* : est *D* : est, si *Faernus*   illae] ille *V* : eae *c* : çlea *t* : alea si
(est si *s*) *ns*   14 in *V*¹ : et *V*²*D*   ante diem *D* : ad *V*   24
se ipsum hostem iudicare nisi *post* quid est aliud *hab.* *D*   25
alterum *D*   26 iudicari ducibus *V* (*malo numero*)   27 referat *V*
(*peiore numero*)   29 hostem esse *D*

cum appellat, hunc in senatu ne improbum quidem dicere
audet.   At in rebus tristissimis quantos excitat risus !   Sen- 9
tentiolas edicti cuiusdam memoriae mandavi quas videtur
ille peracutas putare : ego autem qui intellegeret quid
5 dicere vellet adhuc neminem inveni.   'Nulla contumelia 22
est quam facit dignus.'   Primum quid est dignus ? nam
etiam malo multi digni, sicut ipse.   An quam facit is qui
cum dignitate est ?   Quae autem potest esse maior ?   Quid
est porro facere contumeliam ? quis sic loquitur ?   Deinde :
10 'nec timor quem denuntiat inimicus.'   Quid ergo ? ab
amico timor denuntiari solet ?   Horum similia deinceps.
Nonne satius est mutum esse quam quod nemo intellegat
dicere ?   En cur magister eius ex oratore arator factus sit,
possideat in agro publico campi Leontini duo milia iugerum
15 immunia, ut hominem stupidum magis etiam infatuet mercede publica.   Sed haec leviora fortasse : illud quaero cur 23
tam mansuetus in senatu fuerit, cum in edictis tam fuisset
ferus.   Quid enim attinuerat L. Cassio tribuno plebis,
fortissimo et constantissimo civi, mortem denuntiare, si in
20 senatum venisset ;   D. Carfulenum, bene de re publica
sentientem, senatu vi et minis mortis expellere ; Ti. Cannu-
tium, a quo erat honestissimis contionibus et saepe et iure
vexatus, non templo solum verum etiam aditu prohibere
Capitoli ?   Cui senatus consulto ne intercederent vere-
25 batur ?   De supplicatione, credo, M. Lepidi, clarissimi viri.
Atque id erat periculum, de cuius honore extraordinario
cotidie aliquid cogitabamus, ne eius usitatus honos impediretur.   Ac ne sine causa videretur edixisse ut senatus 24
adesset, cum de re publica relaturus fuisset, adlato nuntio
30 de legione quarta mente concidit, et fugere festinans senatus

4 intellegitat V 7 digni multi D 14 publico P R. D 15
stupidum V: stultum D 17 tam mans. V^1 : tam subito mans. V^2D
ferus fuisset V (*peiore numero*)   18 enim Vc: autem *ns*: *om. t*
attinuerit D 21 Cann. Vc: Can. *nst*   22 contentionibus D (*in*
V contentionibusque *add. post* iure)   26 at quod erat *coni. Halm*
30 et fugere V: effugere D

consultum de supplicatione per discessionem fecit, cum **id**
10 factum esset antea numquam.   Quae vero profectio postea,
quod iter paludati, quae vitatio oculorum, lucis, urbis, fori,
quam misera fuga, quam foeda, quam turpis !   Praeclara
tamen senatus consulta illo ipso die vespertina, provinciarum 5
religiosa sortitio, divina vero opportunitas ut, quae cuique
25 apta esset, ea cuique obveniret.   Praeclare igitur facitis,
tribuni plebis, qui de praesidio consulum senatusque re-
feratis, meritoque vestro maximas vobis gratias omnes et
agere et habere debemus.   Qui enim periculo carere pos- 10
sumus in tanta hominum cupiditate et audacia ?   Ille autem
homo adflictus et perditus quae de se exspectat iudicia
graviora quam amicorum suorum ?   Familiarissimus eius,
mihi homo coniunctus, L. Lentulus, et P. Naso, omni carens
cupiditate, nullam se habere provinciam, nullam Antoni 15
sortitionem fuisse iudicaverunt.   Quod idem fecit L. Philippus, vir patre, avo maioribusque suis dignissimus ; in eadem
sententia fuit homo summa integritate atque innocentia,
C. Turranius ; idem fecit Sp. Oppius ; ipsi etiam qui amicitiam M. Antoni veriti plus ei tribuerunt quam fortasse 20
vellent, M. Piso, necessarius meus, et vir et civis egregius,
parique innocentia M. Vehilius, senatus auctoritati se ob-
26 temperaturos esse dixerunt.   Quid ego de L. Cinna loquar ?
cuius spectata multis magnisque rebus singularis integritas
minus admirabilem facit huius honestissimi facti gloriam, 25
qui omnino provinciam neglexit, quam item magno animo
et constanti C. Cestius repudiavit.   Qui sunt igitur reliqui
quos sors divina delectet ?   T. Annius, M. Gallius.   O
felicem utrumque ! nihil enim maluerunt.   C. Antonius

---

5 illo ipso *Vc* : in illo ipso *ns* : in ipso illo *t*   8 consulis *V*
10 carere metu et periculo *D*   15 nullam . . . provinciam *om. V*[1]
17 vir *om. V*[1]   maioribus *t*   19 C. Turranius *V* : M Anturranius *D* :
M' Turran. *Gruter*   Sp. *V* : P. *D*   22 M. Vehilius *V* : vel *D*   27
C. Cestius *Vrsinus* : c. estius *V* : c cesetius *cn*[2] : c. cessedius *n*[1]*st*
28 T. *cn*[1]*s* : L. *Vn*[2] : *om. t*   Annius *V* : Antonius *D* (*cf.* xi. 14)
M. Gallius *scripsi* : M. Antonius *codd.* (*cf.* xiii. 26)   29 maluerunt *V* :
metuerunt *D*

Macedoniam. Hunc quoque felicem! hanc enim habebat
semper in ore provinciam. C. Calvisius Africam. Nihil
felicius! modo enim ex Africa decesserat et quasi divinans
se rediturum duos legatos Vticae reliquerat. Deinde M.
5 Cusini Sicilia, Q. Cassi Hispania.   Non habeo quid
suspicer: duarum credo provinciarum sortis minus divinas
fuisse. O C. Caesar — adulescentem appello — quam tu   11
salutem rei publicae attulisti, quam improvisam, quam re-   27
pentinam! Qui enim haec fugiens fecit, quid faceret
10 insequens? Etenim in contione dixerat se custodem fore
urbis, seque usque ad Kalendas Maias ad urbem exercitum
habiturum. O praeclarum custodem ovium, ut aiunt,
lupum! Custosne urbis an direptor et vexator esset Antonius? Et quidem se introiturum in urbem dixit exiturum-
15 que cum vellet. Quid illud? nonne audiente populo
sedens pro aede Castoris dixit, nisi qui vicisset, victurum
neminem?

Hodierno die primum, patres conscripti, longo intervallo 28
in possessionem libertatis pedem ponimus: cuius quidem ego
20 quoad potui non modo defensor sed etiam conservator fui.
Cum autem id facere non possem, quievi, nec abiecte nec
sine aliqua dignitate casum illum temporum et dolorem tuli.
Hanc vero taeterrimam beluam quis ferre potest aut quo
modo? Quid est in Antonio praeter libidinem, crudelitatem,
25 petulantiam, audaciam? Ex his totus vitiis conglutinatus
est. Nihil apparet in eo ingenuum, nihil moderatum, nihil
pudens, nihil pudicum. Quapropter, quoniam res in id dis- 29
crimen adducta est utrum ille poenas rei publicae luat an
nos serviamus, aliquando, per deos immortalis, patres con-

1 semper habebat *D*   2 Calvisius (-iss- *c*) *D* : Celusius *V*   4
M. Cusini Sicilia *V* : micus in isio illa *c* : micus nisi illa *t* : m. iccius
nisi illam *ns*   9 fecerit *D*   10 fore *Vb* : futurum *cett.*   11 seque
usque *Muretus* : sequasq. *V* : usque *D*   14 dixit *V* : om. *D*   18
In codd. Halmii abt ante Hodierno *spatium vacuum relictum est* : *in g
legitur* Explicit liber tercius. Incipit quartus : *in meis cns nulla est
lacuna*   P. C. *D* : om. *V*   21 quievi *Victorius* : vi *V*¹ : qui *V*² :
qui fui *D*   23 potest *V, Cus.* : posset *D*   25 totus vitiis (tot *c*)
Vc, Cus : totus *nst*

scripti, patrium animum virtutemque capiamus, ut aut libertatem propriam Romani et generis et nominis recuperemus
aut mortem servituti anteponamus. Multa quae in libera
civitate ferenda non essent tulimus et perpessi sumus, alii
spe forsitan recuperandae libertatis, alii vivendi nimia cupi- 5
ditate : sed, si illa tulimus quae nos necessitas ferre coegit,
quae vis quaedam paene fatalis—quae tamen ipsa non
tulimus —etiamne huius impuri latronis feremus taeterrimum
crudelissimumque dominatum ? Quid hic faciet, si poterit,
iratus qui, cum suscensere nemini posset, omnibus bonis 10
fuerit inimicus ? quid hic victor non audebit qui nullam
adeptus victoriam tanta scelera post Caesaris interitum fecerit, refertam eius domum exhauserit, hortos compilaverit,
ad se ex eis omnia ornamenta transtulerit, caedis et incendiorum causam quaesierit ex funere, duobus aut tribus senatus 15
consultis bene et e re publica factis reliquas res ad lucrum
praedamque revocaverit, vendiderit immunitates, civitates
liberaverit, provincias universas ex imperi populi Romani iure
sustulerit, exsules reduxerit, falsas leges C. Caesaris nomine
et falsa decreta in aes incidenda et in Capitolio figenda cura- 20
verit, earumque rerum omnium domesticum mercatum insti-
tuerit, populo Romano leges imposuerit, armis et praesidiis
populum et magistratus foro excluserit, senatum stiparit
armatis, armatos in cella Concordiae, cum senatum haberet,
incluserit, ad legiones Brundisium cucurrerit, ex eis optime 25
sentientis centuriones iugulaverit, cum exercitu Romam sit ad
interitum nostrum et ad dispertitionem urbis venire conatus?
31 Atque is ab hoc impetu abstractus consilio et copiis Caesaris,
consensu veteranorum, virtute legionum, ne fortuna quidem
fractus minuit audaciam nec ruere demens nec furere de- 30

12
30

1 ut *om.* D   2 et generis V : generis D   5 forsitan *om.* D
9 faciat *cs*   potuerit D   13 compilarit D   14 eis *Halm* : is V :
his D   16 bene et e re p. *Vc* : de re p. bene *t* : e re p. bene *ns*
18 imperio D   22 praesides et populum D   24 armatis V (*cf.* ii. 6) :
armis D, *del. Madvig* (*contra numerum*)   cellam *cn*   27 dispertitionem *Klotz* : disperditionem *cns* : dispersionem *Vt*   28 atque is
Vc : at qualis *nst*

sinit.   In Galliam mutilatum ducit exercitum ; cum una
legione et ea vacillante L. fratrem exspectat, quo neminem
reperire potest sui similiorem.   Ille autem ex myrmillone
dux, ex gladiatore imperator quas effecit strages, ubicumque
5 posuit vestigium ! *Fundit apothecas*, caedit greges armentorum reliquique pecoris quodcumque nactus est ; epulantur
milites ; ipse autem se, ut fratrem imitetur, obruit vino ;
vastantur agri, diripiuntur villae, matres familiae, virgines,
pueri ingenui abripiuntur, militibus traduntur.   Haec eadem,
10 quacumque exercitum duxit, fecit M. Antonius.   His vos 13
taeterrimis fratribus portas aperietis, hos umquam in urbem 32
recipietis ? non tempore oblato, ducibus paratis, animis
militum incitatis, populo Romano conspirante, Italia tota
ad libertatem recuperandam excitata, deorum immortalium
15 beneficio utemini ? Nullum erit tempus hoc amisso.   A
tergo, fronte, lateribus tenebitur, si in Galliam venerit.   Nec
ille armis solum sed etiam decretis nostris urgendus est.
Magna vis est, magnum numen unum et idem sentientis
senatus.   Videtisne refertum forum, populumque Romanum
20 ad spem recuperandae libertatis erectum ? qui longo intervallo cum frequentis hic videt nos, tum sperat etiam liberos
convenisse.   Hunc ego diem exspectans M. Antoni scele- 33
rata arma vitavi, tum cum ille in me absentem invehens non
intellegebat ad quod tempus me et meas viris reservarem.
25 Si enim tum illi caedis a me initium quaerenti respondere
voluissem, nunc rei publicae consulere non possem.   Hanc
vero nactus facultatem, nullum tempus, patres conscripti,
dimittam neque diurnum neque nocturnum quin de libertate populi Romani et dignitate vestra quod cogitandum sit

2 vaccillante *V*, *Nonius p.* 34   4 effecit *Klotz* : et fecit *c* : effecerit
V (*excidisse* quis vestrum ignorat *post* vestigium *putat Halm*) : fecit *nst*
5 vestigia *D*   fundit apothecas *add. Ernesti ex Servio ad Ecl.* vi. 55 ;
'fudit apothecas, cecidit greges armentorum' : *om VD, Cus.*   8
familias *D*   10 M. *om. V*   16 fronte, lateribus *Garatoni* : fronte
alteribus *V*[1] (a lateribus *V*[2]) : a fronte a lateribus *D*   tenetur *D*
17 nostris decretis *D*   18 vis et *V*   24 quod ad *c*   25 a me
post initium *habent D*   29 et *V* : de *nst* : *om. c*

cogitem, quod agendum atque faciendum, id non modo non
recusem sed etiam appetam atque deposcam. Hoc feci
dum licuit; intermisi quoad non licuit. Iam non solum
licet sed etiam necesse est, nisi servire malumus quam
34 ne serviamus animis armisque decernere. Di immortales 5
nobis haec praesidia dederunt: urbi Caesarem, Brutum
Galliae. Si enim ille urbem opprimere potuisset, statim,
si Galliam tenere, paulo post optimo cuique pereundum,
14 reliquis serviendum. Hanc igitur occasionem oblatam
tenete, per deos immortalis, patres conscripti, et amplissimi 10
orbis terrae consili principes vos esse aliquando recordamini. Signum date populo Romano consilium vestrum
non deesse rei publicae, quoniam ille virtutem suam non
defuturam esse profitetur. Nihil est quod moneam vos.
Nemo est tam stultus qui non intellegat, si indormierimus 15
huic tempori, non modo crudelem superbamque domina-
tionem nobis sed ignominiosam etiam et flagitiosam ferendam
35 esse. Nostis insolentiam Antoni, nostis amicos, nostis totam
domum. Libidinosis, petulantibus, impuris, impudicis, aleatoribus, ebriis servire, ea summa miseria est summo dedecore 20
coniuncta. Quod si iam—quod di omen avertant!—fatum
extremum rei publicae venit, quod gladiatores nobiles faciunt
ut honeste decumbant, faciamus nos, principes orbis terrarum gentiumque omnium, ut cum dignitate potius cadamus
36 quam cum ignominia serviamus. Nihil est detestabilius 25
dedecore, nihil foedius servitute. Ad decus et ad libertatem
nati sumus: aut haec teneamus aut cum dignitate moriamur. Nimium diu teximus quid sentiremus; nunc iam
apertum est; omnes patefaciunt in utramque partem quid

1 modo non *Vc*: modo *nst* 3 dum *V*: semper dum *D* 4
necesse est etiam *D*   malumus *cns*: malimus *V*: maluimus *t*
5 animis armisque *D et Nonius p.* 285: armis animisque *V* (*cf.* x. 21)
7 opprimere urbem *V* (*peiore numero*) 8 teneret *D* pereundum
erat *Halm* 9 reliquis] esset *add. s*: erat *add n* 11 vos *om. D*
17 ferendam esse *Muretus*: ferendē *V*: ferendam *c*: esse ferendam *nst*
20 est *V, Cus.*: *om. D* 26 et ad *V*: et *D* 29 omnes iam *D*
patefaciunt *Halm*: patefaciunt fecerunt *V*: patefecerunt *D*

sentiant, quid velint.   Sunt impii cives—pro caritate rei publicae nimium multi, sed contra multitudinem bene sentientium
admodum pauci —quorum opprimendorum di immortales
incredibilem rei publicae potestatem et fortunam dederunt.
5 Ad ea enim praesidia quae habemus iam accedent consules
summa prudentia, virtute, concordia, multos mensis de
populi Romani libertate commentati atque meditati.   His
auctoribus et ducibus, dis iuvantibus, nobis vigilantibus et
multum in posterum providentibus, populo Romano consen-
10 tiente, erimus profecto liberi brevi tempore.   Iucundiorem
autem faciet libertatem servitutis recordatio.

Quas ob res, quod tribuni plebis verba fecerunt uti **15**
senatus Kalendis Ianuariis tuto haberi sententiaeque de **37**
summa re publica libere dici. possint, de ea re ita censeo
15 uti C. Pansa A. Hirtius, consules designati, dent operam
uti senatus Kalendis Ianuariis tuto haberi possit.   Quodque
edictum D. Bruti, imperatoris, consulis designati, propositum sit, senatum existimare D. Brutum, imperatorem, consulem designatum, optime de re publica mereri, cum senatus
20 auctoritatem populique Romani libertatem imperiumque
defendat ; quodque provinciam Galliam citeriorem, optimo- **38**
rum et fortissimorum amicissimorumque rei publicae civium,
exercitumque in senatus potestate retineat, id eum exercitumque eius, municipia, colonias provinciae Galliae recte
25 atque ordine exque re publica fecisse et facere.   Senatum
ad summam rem publicam pertinere arbitrari a D. Bruto
et L. Planco imperatoribus, consulibus designatis itemque
a ceteris qui provincias obtinent obtineri ex lege Iulia,
quoad ex senatus consulto cuique eorum successum sit,

1 sentiat, quid velit *V*   2 sed *suppl. Lambinus hoc loco* : *post*
cives *hab. V, om. D*   pro multitudine *D*   5 accedent *Vc* :
accedunt *nst*   6 de populi R. *cns* : dei publicae *V* : de r. p. *t*
12, 15, 16 ut *D ter, ita* § 39   11 facit *Cus.*   17 designati] optime
de re p. meriti (mereri *t*) *add D*   21 virorum *post* optimorum
add. c : *post* fortiss. *nst*   22 amicorumque *V*   27 et ab L. *D*
28 Iulia *V* : Tullia *D*

eosque dare operam ut eae provinciae eique exercitus in
senati populique Romani potestate praesidioque rei publicae
sint.   Cumque opera, virtute, consilio C. Caesaris summo-
que consensu militum veteranorum, qui eius auctoritatem
secuti rei publicae praesidio sunt et fuerunt, a gravissimis 5
periculis populus Romanus defensus sit et hoc tempore
39 defendatur; cumque legio Martia Albae constiterit, in
municipio fidelissimo et fortissimo, seseque ad senatus
auctoritatem populique Romani libertatem contulerit; et
quod pari consilio eademque virtute legio quarta usa, 10
L. Egnatuleio duce quaestore optimo, civi egregio, senatus
auctoritatem populique Romani libertatem defendat ac defenderit, senatui magnae curae esse ac fore ut pro tantis
eorum in rem publicam meritis honores eis habeantur
gratiaeque referantur.   Senatui placere uti C. Pansa A. 15
Hirtius, consules designati, cum magistratum inissent, si
eis videretur, primo quoque tempore de his rebus ad
hunc ordinem referrent, ita uti e re publica fideque sua
videretur.

    1 eique *c* (ii-) : que *V* : Galliaeque *nst* : atque *Muretus*   2 senatus
D   Romani *om. V*   rei p. *V* : populi R. *D*   3 C. *om. V*   4
militum consensu *V*   5 a *Vc* : et a *nst*   9 et quod] equod *V* :
quod *D*   11 L. Egn. duce quaestore optimo, civi egregio *Muretus* :
L. Egn. que opti egregio mo *V* : L. Egn. duce civi egregio *D*   14 in
rem p. *om. D*   his *V*   15 ut *D*   18 referrent *Vc* : referent *t* :
referant *ns*   19 videretur censuerunt *c* : censuerint (*sine* videretur) *ns*

M. TVLLI CICERONIS

IN M. ANTONIVM

ORATIO PHILIPPICA QVARTA

FREQUENTIA vestrum incredibilis, Quirites, contioque **1**
tanta quantam meminisse non videor et alacritatem mihi
summam defendendae rei publicae adfert et spem recuperandae.   Quamquam animus mihi quidem numquam
5 defuit : tempora defuerunt, quae simul ac primum aliquid
lucis ostendere visa sunt, princeps vestrae libertatis defendendae fui.   Quod si id ante facere conatus essem, nunc
facere non possem.   Hodierno enim die, Quirites, ne mediocrem rem actam arbitremini, fundamenta iacta sunt
10 reliquarum actionum.   Nam est hostis a senatu nondum
verbo appellatus, sed re iam iudicatus Antonius.   Nunc **2**
vero multo sum erectior quod vos quoque illum hostem
esse tanto consensu tantoque clamore approbavistis.   Neque
enim, Quirites, fieri potest ut non aut ei sint impii qui
15 contra consulem exercitus comparaverunt, aut ille hostis
contra quem iure arma sumpta sunt.   Hanc igitur dubitationem, quamquam nulla erat, tamen ne qua posset esse
senatus hodierno die sustulit.   C. Caesar qui rem publicam libertatemque vestram suo studio, consilio, patrimonio

1 vestra *Ernesti* (*cf.* v. 2)   Quirites] quam *V* : que *c* : *om. ns* (*voc.*
Quirites *saepe compendio scribunt e.g.* Q. q̄. qr. quî ; *saepe corrumpunt*
e.g. quam, que, quia ; *saepe omittunt codd.* : *quod in singulis locis non*
notabimus)   3 adfert rei p. defend. *D*   recuperandae libertatis *D*
4 quidem mihi *D*   7 id *om. D*   12 hostem illum *D*

denique tutatus est et tutatur maximis senatus laudibus
3 ornatus est.   Laudo, laudo vos, Quirites, quod gratissimis
animis prosequimini nomen clarissimi adulescentis vel pueri
potius; sunt enim facta eius immortalitatis, nomen aetatis.
Multa memini, multa audivi, multa legi, Quirites : nihil ex 5
omnium saeculorum memoria tale cognovi : qui cum servitute premeremur, in dies malum cresceret, praesidi nihil
haberemus, capitalem et pestiferum a Brundisio tum M. Antoni reditum timeremus, hoc insperatum omnibus consilium,
incognitum certe ceperit, ut exercitum invictum ex paternis 10
militibus conficeret Antonique furorem crudelissimis con-
2
4 siliis incitatum a pernicie rei publicae averteret.   Quis est
enim qui hoc non intellegat, nisi Caesar exercitum para-
visset, non sine exitio nostro futurum Antoni reditum
fuisse?   Ita enim se recipiebat ardens odio vestri, cruentus 15
sanguine civium Romanorum quos Suessae, quos Brundisi
occiderat ut nihil nisi de pernicie populi Romani cogitaret.
Quod autem praesidium erat salutis libertatisque vestrae,
si C. Caesaris fortissimorum sui patris militum exercitus
non fuisset?   Cuius de laudibus et honoribus qui ei pro 20
divinis et immortalibus meritis divini immortalesque debentur mihi senatus adsensus paulo ante decrevit ut primo
5 quoque tempore referretur.   Quo decreto quis non perspicit
hostem esse Antonium iudicatum?   Quem enim possumus
appellare eum contra quem qui exercitus ducunt, eis senatus 25
arbitratur singularis exquirendos honores?   Quid? legio
Martia, quae mihi videtur divinitus ab eo deo traxisse
nomen a quo populum Romanum generatum accepimus,
non ipsa suis decretis prius quam senatus hostem iudicavit

2 quod V, Cus. : cum D   5 memini D : enim V, Cus.   6 omnium
saeculorum Vc : omnium singulorum ns : omnium memoria singulorum t   8 a Brundisio tum V : Brundisio D : om. Cus.   10 certe
ceperit D : ceteri reperit V, Cus.   paternis V, Cus. : Hispanis
paucis c : Hispanis nst   11 conduceret D   consiliis om. V, Cus.
16 Romanorum om. D   Brundisio V   17 rei p. D   18 erat
praesidium D   19 C. om. Vt   fortissimorum sui V : fortissimo-
rumque sui c : fortissimorum suique nst (fort. que = Quirites, post
vestrae collocandum)   24 appell. possumus D   29 nonne D

174

Antonium? Nam si ille non hostis, hos qui consulem
reliquerunt hostis necesse est iudicemus. Praeclare et
loco, Quirites, reclamatione vestra factum pulcherrimum
Martialium comprobavistis : qui se ad senatus auctoritatem,
5 ad libertatem vestram, ad universam rem publicam contulerunt, hostem illum et latronem et parricidam patriae
reliquerunt. Nec solum id animose et fortiter sed consi- 6
derate etiam sapienterque fecerunt : Albae constiterunt, in
urbe opportuna, munita, propinqua, fortissimorum virorum,
10 fidelissimorum civium atque optimorum. Huius legionis
legio quarta imitata virtutem, duce L. Egnatuleio, quem
senatus merito paulo ante laudavit, C. Caesaris exercitum
persecuta est. Quae exspectas, M. Antoni, iudicia graviora? 3
Caesar fertur in caelum qui contra te exercitum comparavit ;
15 laudantur exquisitissimis verbis legiones quae te reliquerunt,
quae a te arcessitae sunt, quae essent, si te consulem quam
hostem maluisses, tuae : quarum legionum fortissimum veris-
simumque iudicium confirmat senatus, comprobat universus
populus Romanus, nisi forte vos, Quirites, consulem, non
20 hostem iudicatis Antonium. Sic arbitrabar, Quirites, vos 7
iudicare ut ostenditis. Quid ? municipia, colonias, praefecturas num aliter iudicare censetis ? Omnes mortales
una mente consentiunt ; omnia arma eorum qui haec salva
velint contra illam pestem esse capienda. Quid ? D. Bruti
25 iudicium, Quirites, quod ex hodierno eius edicto perspicere
potuistis, num cui tandem contemnendum videtur ? Recte
et vere negatis, Quirites. Est enim quasi deorum immortalium beneficio et munere datum rei publicae Brutorum
genus et nomen ad libertatem populi Romani vel con-
30 stituendam vel recipiendam. Quid igitur D. Brutus de 8
M. Antonio iudicavit ? Excludit provincia ; exercitu obsistit ;

1 ille si *D*   hos *om. D*   2 et loco, Quirites *V* : eo loco quo *c* : et
iocosa *t* : et luculenta *ns*   4 comprobastis *nst*   10 fidelissimorum
om. V[1]   huius] Martiae *add. codd., del. Manutius*   11 quarta]
IIII *V*   L. *Vc* : om *nst* Egnatio *nt*   21 quid] quit *V* : qui *c* :
om *nst*   25 edicto *Vcn* : dicto *st*   27 negatis *Vc* : negastis *nst*
28-9 Brutorum . . . Romani *om. D*   31 obstitit *D*

Galliam totam hortatur ad bellum, ipsam sua sponte
suoque iudicio excitatam. Si consul Antonius, Brutus
hostis : si conservator rei publicae Brutus, hostis Antonius.
4 Num igitur utrum horum sit dubitare possumus? Atque
ut vos una mente unaque voce dubitare vos negatis, sic 5
modo decrevit senatus, D. Brutum optime de re publica
mereri, cum senatus auctoritatem populique Romani libertatem imperiumque defenderet. A quo defenderet? Nempe
9 ab hoste : quae est enim alia laudanda defensio? Deinceps
laudatur provincia Gallia meritoque ornatur verbis amplis- 10
simis ab senatu quod resistat Antonio. Quem si consulem
illa provincia putaret neque eum reciperet, magno scelere
se astringeret : omnes enim in consulis iure et imperio
debent esse provinciae. Negat hoc D. Brutus imperator,
consul designatus, natus rei publicae civis ; negat Gallia, 15
negat cuncta Italia, negat senatus, negatis vos. Quis illum
igitur consulem nisi latrones putant? Quamquam ne ei
quidem ipsi, quod loquuntur, id sentiunt nec ab iudicio
omnium mortalium, quamvis impii nefariique sint, sicut
sunt, dissentire possunt. Sed spes rapiendi atque prae- 20
dandi occaecat animos eorum quos non bonorum donatio,
non agrorum adsignatio, non illa infinita hasta satiavit ;
qui sibi urbem, qui bona et fortunas civium ad praedam
proposuerunt ; qui, dum hic sit quod rapiant, quod aufe-
rant, nihil sibi defuturum arbitrantur ; quibus M. Antonius 25
—o di immortales, avertite et detestamini, quaeso, hoc
10 omen ! — urbem se divisurum esse promisit. Ita vero,
Quirites, ei ut precamini eveniat atque huius amentiae
poena in ipsum familiamque eius recidat ! Quod ita

4 atque ut *Vc* : atqui *nst*   8 defenderit (*bis*) *D*   11 ab *V* : a *D*
13 in *om. D*   16 denegat cuncta *V*   vos, Quirites. *Bücheler*
igitur illum *D*   18 locuntur *Vnst*   ab *Faernus* : ad *V* : a *D*   19
sicut sunt *om. D*   21 caecat *D*   donatio *Vc* : dampnatio *nst*
22 Pompei hasta *D*   24 posuerunt *V* (*cf* iii. 19)   hic sit *Muretus* :
hic sic *V* : sit *D*   28 ei ut *c* : ut *Vnst*   atque huius *V* : huiusque *c* :
quo huius *nst*   29 reccidat *Zielinski* (*cf.* vii. 27)

futurum esse confido. Iam enim non solum homines sed
etiam deos immortalis ad rem publicam conservandam
arbitror consensisse. Sive enim prodigiis atque portentis
di immortales nobis futura praedicunt, ita sunt aperte pro-
5 nuntiata ut et illi poena et nobis libertas appropinquet ;
sive tantus consensus omnium sine impulsu deorum esse
non potuit, quid est quod de voluntate caelestium dubitare
possimus ?

Reliquum est, Quirites, ut vos in ista sententia quam prae **5**
10 vobis fertis perseveretis. Faciam igitur ut imperatores
instructa acie solent, quamquam paratissimos milites ad
proeliandum videant, ut eos tamen adhortentur, sic ego vos
ardentis et erectos ad libertatem recuperandam cohortabor.
Non est vobis, Quirites, cum eo hoste certamen cum quo
15 aliqua pacis condicio esse possit. Neque enim ille servitutem vestram, ut antea, sed iam iratus sanguinem concupiscit.
Nullus ei ludus videtur esse iucundior quam cruor, quam
caedes, quam ante oculos trucidatio civium. Non est vobis 12
res, Quirites, cum scelerato homine ac nefario, sed cum
20 immani taetraque belua quae, quoniam in foveam incidit,
obruatur. Si enim illim emerserit, nullius supplici crudelitas erit recusanda. Sed tenetur, premitur, urgetur nunc
eis copiis quas iam habemus, mox eis quas paucis diebus
novi consules comparabunt. Incumbite in causam, Quirites,
25 ut facitis. Numquam maior consensus vester in ulla causa
fuit ; numquam tam vehementer cum senatu consociati
fuistis. Nec mirum : agitur enim non qua condicione
victuri, sed victurine simus an cum supplicio ignominiaque
perituri. Quamquam mortem quidem natura omnibus pro- 13
30 posuit ; crudelitatem mortis et dedecus virtus propulsare
solet, quae propria est Romani generis et seminis. Hanc

4 praedicant (·cata *ct*) *D*   denuntiata *D*   5 nobis lib. *Vc* :
lib. nobis *ust*   12 vident *unus det*.   14 non est *Vs* : non est, non
est *cett*.   quocum *D*   17 videtur ludus *Cus*.   19 Quirites,
res *D*   21 illinc *D*   23 iam *om*. *V*¹   25 vester cons. maior *D*
29 omnibus natura *D*

retinete, quaeso, Quirites, quam vobis tamquam hereditatem
maiores vestri reliquerunt. Alia omnia falsa, incerta sunt,
caduca, mobilia: virtus est una altissimis defixa radicibus,
quae numquam vi ulla labefactari potest, numquam demo-
veri loco. Hac maiores vestri primum universam Italiam 5
devicerunt, deinde Karthaginem exciderunt, Numantiam
everterunt, potentissimos reges, bellicosissimas gentis in di-

6

14

cionem huius imperi redegerunt. Ac maioribus quidem
vestris, Quirites, cum eo hoste res erat qui haberet rem
publicam, curiam, aerarium, consensum et concordiam 10
civium, rationem aliquam, si ita res tulisset, pacis et foederis:
hic vester hostis vestram rem publicam oppugnat, ipse habet
nullam; senatum, id est orbis terrae consilium, delere gestit,
ipse consilium publicum nullum habet; aerarium vestrum
exhausit, suum non habet. Nam concordiam civium qui 15
habere potest, nullam cum habeat civitatem? pacis vero
quae potest esse cum eo ratio in quo est incredibilis crude-

15 litas, fides nulla? Est igitur, Quirites, populo Romano,
victori omnium gentium, omne certamen cum percussore,
cum latrone, cum Spartaco. Nam quod se similem esse 20
Catilinae gloriari solet, scelere par est illi, industria inferior.
Ille cum exercitum nullum habuisset, repente conflavit: hic
eum exercitum quem accepit amisit. Vt igitur Catilinam
diligentia mea, senatus auctoritate, vestro studio et virtute
fregistis, sic Antoni nefarium latrocinium vestra cum senatu 25
concordia tanta quanta numquam fuit, felicitate et virtute
exercituum ducumque vestrorum brevi tempore oppressum

1 quaeso, Quirites, quam *Naugerius* (1): Quirites, quaeso, quam *s*:
quaeso quam *Vc*: quaeso, quaesoque quam *t*: quaeso qr. p. r. quam *n*
2 alia] quamquam *ante* alia *add. codd., del. Madvig*: nam cum alia . . .
(sint) *P. R. Müller*   falsa *om. D*   sunt *D*: sint *V*   4 ulla vi *D*
5 hac *Naugerius* (1): hac virtute *codd.*   7 in *Vc*: inde *nst*   16
cum habeat *c*: cum habet *V*: qui habet *t*: qui habeat *ns*   19 cum
percussore, cum *Faernus*: cum depercursorem *V*: cum excursore,
cum *D*   20 quod se *V²ct*: quod ei *V¹*: quod D. Bruto se *ns*
similem esse . . . scelere *V*: similem re *D med. omissis*   21 illi *V*:
belli *D*   22 haberet *D*

audietis.   Equidem quantum cura, labore, vigiliis, auctori- 16
tate, consilio eniti atque efficere potero, nihil praetermittam
quod ad libertatem vestram pertinere arbitrabor; neque
enim id pro vestris amplissimis in me beneficiis sine scelere
5 facere possum.   Hodierno autem die primum referente viro
fortissimo vobisque amicissimo, hoc M. Servilio, conlegisque
eius, ornatissimis viris, optimis civibus, longo intervallo me
auctore et principe ad spem libertatis exarsimus.

1 cura *V*: cum *D*   2 eniti *D*: niti *V*   6 M. hoc *D* (*cf.*
xiii. 20)

M. TVLLI CICERONIS

IN M. ANTONIVM

ORATIO PHILIPPICA QVINTA

1 NIHIL umquam longius his Kalendis Ianuariis mihi visum
est, patres conscripti : quod idem intellegebam per hos dies
uni cuique vestrum videri.   Qui enim bellum cum re publica
gerunt, hunc diem non exspectabant; nos autem, tum cum
maxime consilio nostro subvenire communi saluti oporteret, 5
in senatum non vocabamur.   Sed querelam praeteritorum
dierum sustulit oratio consulum, qui ita locuti sunt ut
magis exoptatae Kalendae quam serae esse videantur.
Atque ut oratio consulum animum meum erexit spemque
attulit non modo salutis conservandae verum etiam digni- 10
tatis pristinae recuperandae, sic me perturbasset eius
sententia qui primus rogatus est, nisi vestrae virtuti con-
2 stantiaeque confiderem.   Hic enim dies vobis, patres
conscripti, inluxit, haec potestas data est ut quantum
virtutis, quantum constantiae, quantum gravitatis in huius 15
ordinis consilio esset, populo Romano declarare possetis.
Recordamini qui dies nudius tertius decimus fuerit, quantus
consensus vestrum, quanta virtus, quanta constantia ; quantam sitis a populo Romano laudem, quantam gloriam,

1 his *om.* D   4 nos *V* : non *D*   6 non voc.] convoc. *bns* :
voc. *t*   13 dies vobis *V, Cus.* : vobis dies *D*   14 haec . . . est
del. Cobet   18 vester *Reid* (*cf.* iv. 1)   19 sitis a *ns* : sit ista *V,
Cus.* : sint a *bt*

quantam gratiam consecuti. Atque illo die, patres conscripti, ea constituistis ut vobis iam nihil sit integrum nisi
aut honesta pax aut bellum necessarium. Pacem volt 3
M. Antonius? arma deponat, roget, deprecetur. Neminem
5 aequiorem reperiet quam me cui, dum se civibus impiis
commendat, inimicus quam amicus esse maluit. Nihil est
profecto quod possit dari bellum gerenti; erit fortasse
aliquid quod concedi possit roganti; legatos vero ad eum
mittere de quo gravissimum et severissimum iudicium
10 nudius tertius decimus feceritis, non iam levitatis est, sed,
ut quod sentio dicam, dementiae. Primum duces eos 2
laudavistis qui contra illum bellum privato consilio su-
scepissent; deinde milites veteranos qui, cum ab Antonio in
colonias essent deducti, illius beneficio libertatem populi
15 Romani anteposuerunt. Quid? legio Martia: quid? quarta, 4
cur laudantur? si enim consulem suum reliquerunt, vitu-
perandae sunt; si inimicum rei publicae, iure laudantur.
Atqui cum consules nondum haberetis, decrevistis ut et de
praemiis militum et de honoribus imperatorum primo quo-
20 que tempore referretur. Placet eodem tempore praemia
constituere eis qui contra Antonium arma ceperint et
legatos ad Antonium mittere? ut iam pudendum sit hone-
stiora decreta esse legionum quam senatus: si quidem
legiones decreverunt senatum defendere contra Antonium,
25 senatus decernit legatos ad Antonium. Vtrum hoc est
confirmare militum animos an debilitare virtutem? Hoc 5
dies duodecim profecerunt ut, quem nemo praeter Cotylonem inventus sit qui defenderet, is habeat iam patronos
etiam consularis? Qui utinam omnes ante me sententiam
30 rogarentur!— quamquam suspicor quid dicturi sint quidam

1 quantam *om.* D   4 ponat D   6 esse quam amicus D
fort. maluerit (*numeri causa, cf. Zielinski, p.* 138)   9 et severissimum *om.* D   16 laudatur V   18 ut et de D: ut et V: ut de
Halm   20 tempore V: die D   23 legionum . . . quidem *om.* V[1]
27 Cotylonem *bt* (*cf. Plut. Ant.* 18): Cotyian Cotyionem V[1] (an *post*
Cotyian *add.* V[2]): Cotylam eam (iam n[2]) *ns*: Cotylam ante *Stangl*
30 sunt D

eorum, qui post me rogabuntur — facilius contra dicerem
si quid videretur.   Est enim opinio decreturum aliquem
M. Antonio illam ultimam Galliam quam Plancus obtinet.
Quid est aliud omnia ad bellum civile hosti arma largiri,
primum nervos belli, pecuniam infinitam qua nunc eget, 5
deinde equitatum quantum velit? Equitatum dico?
Dubitabit, credo, gentis barbaras secum adducere. Hoc
qui non videt, excors, qui cum videt decernit, impius *est.*
6 Tu civem sceleratum et perditum Gallorum et Germanorum
pecunia, peditatu, equitatu, copiis instrues? Nullae istae 10
excusationes sunt : 'Meus amicus est.' Sit patriae prius.
'Meus cognatus.'   An potest cognatio propior ulla esse
quam patriae in qua parentes etiam continentur? 'Mihi
pecuniam tribuit.'   Cupio videre qui id audeat dicere.
Quid autem agatur cum aperuero, facile erit statuere quam 15
3 sententiam dicatis aut quam sequamini.   Agitur utrum
M. Antonio facultas detur opprimendae rei publicae, caedis
faciendae bonorum, urbis, agrorum suis latronibus condo-
nandi, populum Romanum servitute opprimendi, an horum
ei facere nihil liceat.   Dubitate quid agatis.   'At non 20
7 cadunt haec in Antonium.' Hoc ne Cotylo quidem dicere
auderet. Quid enim in eum non cadit qui, cuius acta se
defendere dicit, eius eas leges pervertit quas maxime laudare
poteramus?   Ille paludes siccare voluit ; hic omnem Italiam
moderato homini, L. Antonio, dividendam dedit.   Quid? 25
hanc legem populus Romanus accepit? quid? per auspicia
ferri potuit? Sed augur verecundus sine conlegis de auspiciis.
Quamquam illa auspicia non egent interpretatione augurum ;

---

3 M. *nst* : *om. Vb*   4 hosti *Vb* : hostilia *nst*   8 est *Lam-*
binus : *om. codd.*   10 exercitu pecunia *D*   12 ulla propior *D*
14 attri. *D*   18 urbis, agrorum *scripsi* (*cf.* xiii. 42 *et* 47): *urbis*
*eruen*dorum (urbis eruen. *m.* 2 *in ras.*) agrorum *V* : eripiendorum
(dirip. *s*) urbis agrorum *D* : urbis dividundae, agrorum *Halm*   19
populi Romani *Manutius*   20 at *Vb²* : an *cett.*   21 Catulo *Vn* :
Cotyla *ed. R* (*cf.* § 5)   22 enim *D* : enim autem *V*   cuius *V* : cum
eius *D*   27 sed] silet *Madvig*   28 augurum *om. V*

Iove enim tonante cum populo agi non esse fas quis
ignorat? Tribuni plebis tulerunt de provinciis contra acta
C. Caesaris: ille biennium, hi sexennium. Etiam hanc
legem populus Romanus accepit? quid? promulgata fuit?
5 quid? non ante lata quam scripta est? quid? non ante
factum vidimus quam futurum quisquam est suspicatus?
Vbi lex Caecilia et Didia, ubi promulgatio trinum nundinum, 8
ubi poena recenti lege Iunia et Licinia? Possuntne hae
leges esse ratae sine interitu legum reliquarum? Eccui
10 potestas in forum insinuandi fuit? Quae porro illa tonitrua,
quae tempestas! ut, si auspicia M. Antonium non move-
rent, sustinere tamen eum ac ferre posse tantam vim
tempestatis, imbris, turbinum mirum videretur. Quam
legem igitur se augur dicit tulisse non modo tonante Iove
15 sed prope caelesti clamore prohibente, hanc dubitabit contra
auspicia latam confiteri? Quid? quod cum eo conlega 9
tulit quem ipse fecit sua nuntiatione vitiosum, nihilne ad
auspicia bonus augur pertinere arbitratus est? Sed au- 4
spiciorum nos fortasse erimus interpretes qui sumus eius
20 conlegae: num ergo etiam armorum interpretes quaerimus?
Primum omnes fori aditus ita saepti ut, etiam si nemo
obstaret armatus, tamen nisi saeptis revolsis introiri in
forum nullo modo posset; sic vero erant disposita praesidia
ut quo modo hostium aditus urbe prohibentur castellis et
5 operibus, ita ab ingressione fori populum tribunosque plebis
propulsari videres. Quibus de causis eas leges quas 10
M. Antonius tulisse dicitur omnis censeo per vim et contra
auspicia latas eisque legibus populum non teneri. Si quam
legem de actis Caesaris confirmandis deve dictatura in

3 C. *om. D*   ille biennium, hi (hic *V*) sexennium *Zumpt, V*: ille
biennii, iste (ille *t*) sexennii *D*   num etiam *D*   5 est? quid?]
est *D*   8 poenae *D*   haec *V¹* (*cf. Deiot.* 26)   9 ratae esse *D*
10 insinuandi *V*: introeundi *D*   12 sustinere me non afferre *D*
13 tempestatis, imbris *Wesenberg*: temp. imbris ac *codd.*: tempestatis
del. Madvig   18 arb. est pertinere *nst*   24 urbe *om. D*   25 ita
hoc loco habet n² (*ita ed. k., Madvig*): *ante* castellis *cett.*   28 eisque *V*:
suisque *D*

perpetuum tollenda deve coloniis in agros deducendis
tulisse M. Antonius dicitur, easdem leges de integro ut
populum teneant salvis auspiciis ferri placet. Quamvis
enim res bonas vitiose per vimque tulerit, tamen eae leges
non sunt habendae, omnisque audacia gladiatoris amentis 5
11 auctoritate nostra repudianda est. Illa vero dissipatio
pecuniae publicae ferenda nullo modo est per quam sestertium septiens miliens falsis perscriptionibus donationibusque
avertit, ut portenti simile videatur tantam pecuniam populi
Romani tam brevi tempore perire potuisse. Quid? illi 10
tot immanes quaestus ferendine quos M. Antoni exhausit
domus? Decreta falsa vendebat, regna, civitates, immunitates in aes accepta pecunia iubebat incidi. Haec se ex
commentariis C. Caesaris, quorum ipse auctor erat, agere
dicebat. Calebant in interiore aedium parte totius rei 15
publicae nundinae; mulier sibi felicior quam viris auctionem provinciarum regnorumque faciebat; restituebantur
exsules quasi lege sine lege; quae nisi auctoritate senatus
rescinduntur, quoniam ingressi in spem rei publicae recuperandae sumus, imago nulla liberae civitatis relinquetur. 20
12 Neque solum commentariis commenticiis chirographisque
venalibus innumerabilis pecunia congesta in illam domum
est, cum, quae vendebat Antonius, ea se ex actis Caesaris
agere diceret, sed senatus etiam consulta pecunia accepta
falsa referebat; syngraphae obsignabantur; senatus con- 25
sulta numquam facta ad aerarium deferebantur. Huius
turpitudinis testes erant etiam exterae nationes. Foedera
interea facta, regna data, populi provinciaeque liberatae,
ipsarumque rerum falsae tabulae gemente populo Romano
toto Capitolio figebantur. Quibus rebus tanta pecunia 30

---

1 coloniis *ns* : colonis *ce:t*   4 enim res *V* : ergo leges *D*   eae
n, Halm : ae *V* : oeae *s* : a *t* : hae *b*   5 non *om. D*   7 sestertium
om. D   9 vertit *D*   10 potuisse⟩ K (= Kaput) *add. V, cf. Cat.*
1. 26, Rab. perd. 4   illi tot . . . exhausit *scripsi* : illi . . . tota exhausit
codd. : illi . . . tota ex re p. hausit *Pluygers*   14 C. *om. D*   15
calebant *om. D*   23 ex Caesare diceret *D*   26 numquam *V* :
tamquam *D*   referebantur *D*   29 earumque rerum *D*

una in domo coacervata est ut, si hoc genus pecuniae
iure redigatur, non sit pecunia rei publicae defutura.
Legem etiam iudiciariam tulit, homo castus atque integer, 5
iudiciorum et iuris auctor.   In quo nos fefellit.   Ante-
5 signanos et manipularis et Alaudas iudices se constituisse
dicebat : at ille legit aleatores, legit exsules, legit Graecos
—o consessum iudicum praeclarum ! o dignitatem consili
admirandam ! Avet animus apud consilium illud pro reo 13
dicere ! Cydam *amo* Cretensem, portentum insulae, homi-
10 nem audacissimum et perditissimum.   Sed fac non esse :
num Latine scit ? num est ex iudicum genere et forma ?
num, quod maximum est, leges nostras moresve novit ? num
denique homines ?   Est enim Creta vobis notior quam
Roma Cydae.   Dilectus autem et notatio iudicum etiam in
15 nostris civibus haberi solet ; Cortynium vero iudicem quis
novit aut quis nosse potuit ?   Nam Lysiaden Atheniensem
plerique novimus ; est enim Phaedri, philosophi nobilis,
filius ; homo praeterea festivus, ut ei cum M'. Curio con-
sessore eodemque conlusore facillime possit convenire.
20 Quaero igitur, si Lysiades citatus iudex non responderit 14
excuseturque Areopagites esse nec debere eodem tempore
Romae et Athenis res iudicare, accipietne excusationem
is qui quaestioni praeerit Graeculi iudicis, modo pal-
liati, modo togati ?   An Atheniensium antiquissimas
25 leges neglegt ? Qui porro ille consessus, di boni ! Cre-
tensis iudex isque nequissimus.   Quem ad modum ad
hunc reus adleget, quo modo accedat ? Dura natio est.
At Athenienses misericordes.   Puto ne Curium quidem

1 unam in domo *V* : unam in domum *Garatoni*   pecuniae *Ursinus* :
pene *V* : *om. D* : rapinae *Kayser* : *fort.* praedae   2 iure redigatur
scripsi : in unum redigatur *codd.* (*v. l.* unum *vel* unam *e v.* 1 *huc illata
est*) : in aerarium redigatur *Orelli*   3 is legem *D*   5 et Alaudas
codd. : Alaudas *Cobet* : *fort.* ex Alaudis   8 pavet *D*   9 amo
supplevi   10 fac *Faernus* : faci *V* : fac ita *bns*[1]*t* : tacetus *s*[2]   12
quod max. est *om. D*   18 homo *V* : onemo *t* : quo nemo *bns*   M'.
Manutius : M. *D* : *om. V*   26 quem ad modum *V* : quem *bns* :
quae *t*   28 at *om. V*

esse crudelem qui periculum fortunae cotidie facit. Sunt
item lecti iudices qui fortasse excusabuntur; habent enim
legitimam excusationem, exsili causa solum vertisse nec
15 esse postea restitutos. Hos ille demens iudices legisset,
horum nomina ad aerarium detulisset, his magnam partem 5
rei publicae credidisset, si ullam speciem rei publicae
6 cogitavisset? Atque ego de notis iudicibus dixi: quos
minus nostis nolui nominare: saltatores, citharistas, totum
denique comissationis Antonianae chorum in tertiam decuriam iudicum scitote esse coniectum. En causam cur 10
lex tam egregia tamque praeclara maximo imbri, tempestate,
ventis, procellis, turbinibus, inter fulmina et tonitrua ferretur,
ut eos iudices haberemus quos hospites habere nemo velit.
Scelerum magnitudo, conscientia maleficiorum, direptio eius
pecuniae cuius ratio in aede Opis confecta est hanc tertiam 15
decuriam excogitavit; nec ante turpes iudices quaesiti quam
16 honestis iudicibus nocentium salus desperata est. Sed illud
os, illam impuritatem caeni fuisse ut hos iudices legere
auderet! quorum lectione duplex imprimeretur rei publicae
dedecus: unum, quod tam turpes iudices essent; alterum, 20
quod patefactum cognitumque esset quam multos in civitate
turpis haberemus. Hanc ergo et reliquas eius modi leges,
etiam si sine vi salvis auspiciis essent rogatae, censerem
tamen abrogandas: nunc vero cur abrogandas censeam,
17 quas iudico non rogatas? An illa non gravissimis ignomi- 25
niis monumentisque huius ordinis ad posteritatis memoriam
sunt notanda, quod unus M. Antonius in hac urbe post conditam urbem palam secum habuerit armatos? quod neque
reges nostri fecerunt neque ei qui regibus exactis regnum
occupare voluerunt. Cinnam memini; vidi Sullam; modo 30

1 cotidie *ante* peric. *habent D*   faciat *s*   10 en causam
Lambinus: em causam *V, Cus.*: haec causa *D*   12 feretur *V, Cus.*
13 quos socios ad epulas hospites *D*   18 fuisse *V*: fecissent *D*
19 imprimeret *D*   21 cognitumque *om. D*   22 hanc ego *b*
huius modi *D*   23 vi *om. V*   27 post conditam urbem *om. D*
28 habuerit *V*: habuit *D*   armatos] si post conditam urbem *add. D*
29 nostri *om. D*

Caesarem : hi enim tres post civitatem a L. Bruto liberatam
plus potuerunt quam universa res publica. Non possum
adfirmare nullis telis eos stipatos fuisse ; hoc dico : nec
multis et occultis. At hanc pestem agmen armatorum 18
5 sequebatur ; Crassicius, Mustela, Tiro, gladios ostentantes,
sui similis greges ducebant per forum ; certum agminis
locum tenebant barbari sagittarii. Cum autem erat ventum
ad aedem Concordiae, gradus complebantur, lecticae con-
locabantur, non quo ille scuta occulta esse vellet, sed ne
10 familiares, si scuta ipsi ferrent, laborarent.   Illud vero 7
taeterrimum non modo aspectu sed etiam auditu, in cella
Concordiae conlocari armatos, latrones, sicarios ; de templo
carcerem fieri ; opertis valvis Concordiae, cum inter subsellia senatus versarentur latrones, patres conscriptos sen-
15 tentias dicere.   Huc nisi venirem Kalendis Septembribus, 19
etiam fabros se missurum et domum meam disturbaturum
esse dixit. Magna res, credo, agebatur : de supplicatione
referebat. Veni postridie : ipse non venit. Locutus sum
de re publica, minus equidem libere quam mea consuetudo,
20 liberius tamen quam periculi minae postulabant. At ille
homo vehemens et violentus, qui hanc consuetudinem libere
dicendi excluderet—fecerat enim hoc idem maxima cum
laude L. Piso xxx diebus ante — inimicitias mihi denun-
tiavit ; adesse in senatum iussit a. d. XIII. Kalendas Octo-
25 bris.   Ipse interea XVII dies de me in Tiburtino Scipionis
declamitavit, sitim quaerens ; haec enim ei causa esse
declamandi solet. Cum is dies quo me adesse iusserat, 20
venisset, tum vero agmine quadrato in aedem Concordiae
venit atque in me absentem orationem ex ore impurissimo

4 at *om. D*   5 Crassicius *Bardili (cf.* xiii. 3) : Classicius *D*
(Cassinus *b*[1]) : Cassius *V*   11 non modo . . auditu *Schütz* : non
modo auditus (-tu *Cus.*), sed etiam aspectu *V, Cus.* : auditu non modo
aspectu *D*   12 de *V, Cus.* : e *D*   13 apertis *Cus.*   16 etiam
hoc loco posuit Halm : *ante* Kal. *habet V, post* huc *D* : *fort.* huc nisi
venirem etiam fabros (*del.* Kal. Sept.)   20 pericula *D*   23 XXX
ns : triginta *cett*   ante me *D*   24 a. d.] ad *D* : *om. V*   25 XVII
t : septemdecim *cett.*   dies *b* : diebus *V* : dies, ut digestio potius
quam declamatio videretur *nst*   27 adesse *D* : ad *V*   29 ex *V*,
Cus. : *om. D*

evomuit. Quo die, si per amicos mihi cupienti in senatum
venire licuisset, caedis initium fecisset a me; sic enim
statuerat; cum autem semel gladium scelere imbuisset,
nulla res ei finem caedendi nisi defetigatio et satietas attulisset. Etenim aderat Lucius frater, gladiator Asiaticus, qui 5
myrmillo Mylasis depugnarat; sanguinem nostrum sitiebat,
suum in illa gladiatoria pugna multum profuderat. Hic
pecunias vestras aestimabat; possessiones notabat et urbanas et rusticas; huius mendicitas aviditate coniuncta in
fortunas nostras imminebat; dividebat agros quibus et quos 10
volebat; nullus aditus erat privato, nulla aequitatis depre-
catio. Tantum quisque habebat possessor quantum re-
21 liquerat divisor Antonius. Quae quamquam, si leges inritas
feceritis, rata esse non possunt, tamen separatim suo nomine
notanda censeo, iudicandumque nullos VII viros fuisse, nihil 15
 8 placere ratum esse quod ab eis actum diceretur. M. vero
Antonium quis est qui civem possit iudicare potius quam
taeterrimum et crudelissimum hostem, qui pro aede Castoris
sedens audiente populo Romano dixerit nisi victorem victurum neminem? Num putatis, patres conscripti, dixisse 20
eum minacius quam facturum fuisse? Quid vero quod in
contione dicere ausus est, se, cum magistratu abisset, ad
urbem futurum cum exercitu, introiturum quotienscumque
vellet, quid erat aliud nisi denuntiare populo Romano
22 servitutem? Quod autem eius iter Brundisium, quae festi- 25
natio, quae spes, nisi ad urbem vel in urbem potius exercitum
maximum adduceret? Qui autem dilectus centurionum,
quae effrenatio impotentis animi! cum eius promissis
legiones fortissimae reclamassent, domum ad se venire
iussit centuriones quos bene sentire de re publica cogno- 30

12 tantum quisquerat divisor *D med. omissis*   16 quod *V* : quod
elegissent aut quod *D*   dicetur *Madvig*   20 num *D* : non *V*   22
magistratu *V²s¹* : magistratus *cett*   23 futurum *Vb* : venturum *nst*
introiturum] et exiturum *add. Cobet*   26 nisi ut ad *bns*   29
clamassent *V*

verat eosque ante pedes suos uxorisque suae, quam secum
gravis imperator ad exercitum duxerat, iugulari coegit.
Quo animo hunc futurum fuisse censetis in nos quos
oderat, cum in eos quos numquam viderat tam crudelis
5 fuisset, et quam avidum in pecuniis locupletium qui
pauperum sanguinem concupisset? quorum ipsorum bona,
quantacumque erant, statim suis comitibus compotoribusque
discripsit.   Atque ille furens infesta iam patriae signa 23
a Brundisio inferebat; cum C. Caesar deorum immortalium
10 beneficio, divina animi, ingeni, consili magnitudine, quamquam sua sponte eximiaque virtute, tamen approbatione
auctoritatis meae colonias patris adiit, veteranos milites
convocavit, paucis diebus exercitum fecit, incitatos latronum
impetus retardavit.   Postea vero quam legio Martia ducem
15 praestantissimum vidit, nihil egit aliud nisi ut aliquando
liberi essemus; quam est imitata quarta legio.   Quo ille 9
nuntio audito cum senatum vocasset adhibuissetque consularem qui sua sententia C. Caesarem hostem iudicaret,
repente concidit.   Post autem neque sacrificiis sollemnibus 24
20 factis neque votis nuncupatis non profectus est, sed profugit
paludatus.   At quo? In provinciam firmissimorum et fortissimorum civium qui illum, ne si ita quidem venisset ut
nullum bellum inferret, ferre potuissent, impotentem, iracundum, contumeliosum, superbum, semper poscentem, semper
25 rapientem, semper ebrium.   At ille cuius ne pacatam
quidem nequitiam quisquam ferre posset bellum intulit
provinciae Galliae; circumsedet Mutinam, firmissimam et
splendidissimam populi Romani coloniam; oppugnat D.
Brutum, imperatorem, consulem designatum, civem non

3 quo V^2D: quam V^1: quonam *coni. Halm*   5 locupletum *bt*
8 discripsit *Bücheler*: descripsit *codd.*   9 a om. *D*   C. *om. D*
10 divina *b*: divini *Vnst, Cus.*   quam sua *D*   12 patris *D*:
patrias *V*   adit *V¹, Cus.*   13 confecit *Lambinus*   latronis
D   16 *fort.* imitata est (*numeri gratia, cf. Zielinski, p.* 134)   21
et fortissimorum *om.* V^1 23 bellum inferre potuissent V 27
circumsedit (-de V^1) V^2D: *corr. Faernus*

25 sibi, sed nobis et rei publicae natum. Ergo Hannibal hostis, civis Antonius? Quid ille fecit hostiliter quod hic non aut fecerit aut faciat aut moliatur et cogitet? Totum iter Antoniorum quid habuit nisi depopulationes, vastationes, caedis, rapinas? quas non faciebat Hannibal, quia multa ad 5 usum suum reservabat: at hi, qui in horam viverent, non modo de fortunis et de bonis civium, sed ne de utilitate quidem sua cogitaverunt.

Ad hunc, di boni! legatos mitti placet? Norunt isti homines formam rei publicae, iura belli, exempla maiorum, 10 cogitant quid populi Romani maiestas, quid senatus severitas postulet? Legatos decernis? Si, ut deprecere, contemnet; si, ut imperes, non audiet; denique quamvis severa legatis mandata dederimus, nomen ipsum legatorum hunc quem videmus populi Romani restinguet ardorem, municipiorum 15 atque Italiae franget animos. Vt omittam haec quae magna sunt, certe ista legatio moram et tarditatem adferet 26 bello. Quamvis dicant quod quosdam audio dicturos: 'Legati proficiscantur: bellum nihilo minus paretur,' tamen legatorum nomen ipsum et animos molliet et belli celeri- 20 10 tatem morabitur. Minimis momentis, patres conscripti, maximae inclinationes temporum fiunt, cum in omni casu rei publicae tum in bello et maxime civili quod opinione plerumque et fama gubernatur. Nemo quaeret quibuscum mandatis legatos miserimus: nomen ipsum legationis ultro 25 missae timoris esse signum videbitur. Recedat a Mutina, desinat oppugnare Brutum, decedat ex Gallia; non est 27 verbis rogandus, cogendus est armis. Non enim ad Hanni- balem mittimus ut a Saguno recedat, ad quem miserat

---

1 rei p. *V*: p. r. *D*   3 aut *ante* moliatur *om. V*   4 Antonii *V²D*   5 quas *V*: quae *D*   quia *D*: qui *V¹*: quam *V²*   6 suum *om. D*   at hi *Naugerius* (2): et hii *b*: haec *V*: haec ii *nst* vivent *V*: vivunt *ed. Campani*   7 et de *V*: de *D*   10 famam rei p. *b*   12 decernitis (cern. *t*) *D*   deprecentur *D*   13 im- peretis (-petr- *t*) *D*   15 vidimus *D*   20 molliet *D*: hominum *V*: hominum molliet *Graevius*   28 est *D*: et *V¹*: est et *V²*, *Cus.*

olim senatus P. Valerium Flaccum et Q. Baebium Tampilum — qui, si Hannibal non pareret, Carthaginem ire
iussi sunt : nostros quo iubemus ire, si non paruerit Antonius ?—ad nostrum civem mittimus, ne imperatorem, ne
5 coloniam populi Romani oppugnet.   Itane vero ? hoc per
legatos rogandum est ?   Quid interest, per deos immortalis,
utrum hanc urbem oppugnet an huius urbis propugnaculum,
coloniam populi Romani praesidi causa conlocatam ?   Belli
Punici secundi quod contra maiores nostros Hannibal
10 gessit causa fuit Sagunti oppugnatio.   Recte ad eum legati
missi : mittebantur ad Poenum, mittebantur pro Hannibalis
hostibus, nostris sociis.   Quid simile tandem ?   Nos ad civem
mittimus ne imperatorem populi Romani, ne exercitum,
ne coloniam circumsedeat, ne oppugnet, ne agros depopule-
15 tur, ne sit hostis ?   Age, si paruerit, hoc civi uti aut volumus   11
aut possumus ?   Ante diem XIII. Kalendas Ianuarias de-   28
cretis vestris eum concidistis ; constituistis ut haec ad vos
Kalendis Ianuariis referrentur quae referri videtis, de honoribus et praemiis bene de re publica meritorum et merentium :
20 quorum principem iudicastis eum qui fuit C. Caesarem,
qui M. Antoni impetus nefarios ab urbe in Galliam avertit,
tum milites veteranos qui primi Caesarem secuti sunt, tum
illas caelestis divinasque legiones, Martiam et quartam comprobastis quibus, cum consulem suum non modo reliquissent,
25 sed bello etiam persequerentur honores et praemia spopon-
distis ; eodemque die D. Bruti, praestantissimi civis, edicto
adlato atque proposito factum eius conlaudastis, quodque
ille bellum privato consilio susceperat, id vos auctoritate
publica comprobastis.   Quid igitur illo die aliud egistis nisi 29

1 Flaccum] anfalcum (an f. *ns*) *D*   Tampilum *Faernus* : Pamphi-
lum *codd.*   2 Karthaginem *V*   3 iussi sunt *V²D* : iusserunt *V¹* :
iussi erant *Halm*   nostros legatos *D*   iubebimus *ns*   4 ad . . .
mittimus *om. D*   imperatorem coloniamque *D*   8 coloniam *V*,
Cus. : coloniamque *D*   13 mittimus *Vb* : mittemus *nst*   16
XIIII *nt*   20 iudicavistis *D*   21 vertit *D*   22 tum *Halm* :
tum deinde *V* : deinde *D*   tum *D* : tum atque *V* : atque *Halm*
23 comprobastis *Faernus* : comprobatis *V* : *om. D*   26 D. *om. D*
27 collaudavistis *D*   29 comprobavistis *D*

ut hostem iudicaretis Antonium? His vestris decretis aut
ille vos aequo animo aspicere poterit aut vos illum sine
dolore summo videbitis? Exclusit illum a re publica,
distraxit, segregavit non solum scelus ipsius sed etiam, ut
mihi videtur, fortuna quaedam rei publicae. Qui si legatis 5
paruerit Romamque redierit, num umquam perditis civibus
vexillum quo concurrant defuturum putatis? Sed hoc
minus vereor : sunt alia quae magis timeam et cogitem.
Numquam parebit ille legatis. Novi hominis insaniam,
adrogantiam ; novi perdita consilia amicorum, quibus ille 10
30 est deditus. Lucius quidem frater eius, utpote qui peregre
depugnarit, familiam ducit. Sit per se ipse sanus, quod
numquam erit : per hos esse ei tamen non licebit. Teretur
interea tempus ; belli apparatus refrigescent. Vnde est
adhuc bellum tractum nisi ex retardatione et mora? Vt 15
primum post discessum latronis vel potius desperatam fugam
libere senatus haberi potuit, semper flagitavi ut convocare-
mur. Quo die primum convocati sumus, adfui ipse, cum
designati consules non adessent, ieci sententia mea maximo
vestro consensu fundamenta rei publicae, serius omnino quam 20
decuit—nec enim ante potui— sed tamen si ex eo tempore
dies nullus intermissus esset, bellum profecto nullum habere-
31 mus. Omne malum nascens facile opprimitur : invetera-
tum fit plerumque robustius. Sed tum exspectabantur
12 Kalendae Ianuariae, fortasse non recte. Verum praeterita 25
omittamus : etiamne hanc moram, dum proficiscantur legati,
dum revertantur? quorum exspectatio dubitationem belli
adfert. Bello autem dubio quod potest studium esse
dilectus ?

1 ut *V* : ut re *nst* : ut te *b*   6 num umquam *Garatoni* : numquam *V* : num quando *D*   8 timeam et cogitem *om. D*   9 insanam
Faernus   13 teretur *V, Cus.* : feretur *nst* : differetur *b*   15
tractum *om. D* : tantum *Cobet*   17 libere *V²* *in ras.* : tuto *coni. Halm*
18 adfui ipse *scripsi* : adfuissem cum *post* consensu *hab. V* : *om. D*
21 potuisset (-sem *b*) tamen *D*   26 moram *V¹* : adferemus *add. cett.*

Quam ob rem, patres conscripti, legatorum mentionem
nullam censeo faciendam ; rem administrandam arbitror
sine ulla mora et confestim gerendam ; tumultum decerni,
iustitium edici, saga sumi dico oportere, dilectum haberi
5 sublatis vacationibus in urbe et in Italia praeter Galliam
tota.   Quae si erunt facta, opinio ipsa et fama nostrae 32
severitatis obruet scelerati gladiatoris amentiam.   Sentiet
sibi bellum cum re publica esse susceptum ; experietur consentientis senatus nervos atque viris ; nam nunc quidem
10 partium contentionem esse dictitat.   Quarum partium ?
Alteri victi sunt, alteri sunt e mediis C. Caesaris partibus ;
nisi forte Caesaris partis a Pansa et Hirtio consulibus et
a filio C. Caesaris oppugnari putamus.   Hoc vero bellum
non *est* ex dissensione partium, sed ex nefaria spe perditissi-
15 morum civium excitatum, quibus bona fortunaeque nostrae
notatae sunt et iam ad cuiusque optionem distributae.   Legi 33
epistulam Antoni quam ad quendam vii virum, capitalem
hominem, conlegam suum, miserat.   'Quid concupiscas tu
videris : quod concupiveris certe habebis.'   En ad quem
20 legatos mittamus, cui bellum moremur inferre : qui ne sorti
quidem fortunas nostras destinavit, sed libidini cuiusque
nos ita addixit ut ne sibi quidem quicquam integrum quod
non alicui promissum iam sit reliquerit.   Cum hoc, patres
conscripti, bello, inquam, decertandum est, idque confestim ;
25 legatorum tarditas repudianda est.   Quapropter ne multa 34
nobis cotidie decernenda sint, consulibus totam rem publicam commendandam censeo eisque permittendum ut rem
publicam defendant provideantque ne quid res publica
detrimenti accipiat, censeoque ut eis qui in exercitu M. An-

1 mentionem] menti *nst*: mentio quis non videt quam alieno
tempore nunc a vobis facta est *b*.   *Hic incipit in D magna lacuna
usque ad* vi. 18   3 gerendam *Lambinus* : censeo *add. V*   6 tota
Muretus : totam *V*   14 est ex *ed. Gryph.* : ex *V*   16 optionem
Manutius : opinionem *V*   19 en *Lambinus* : em *V* : hem *ed. R*   21
destinavit *Ferrarius* : destinuit *V*   24 bello *V* : bello, bello *Naugerius* (1)   29 exercitu M. *Klotz* : exercitum *V* : exercitu *Poggius*

toni sunt ne sit ea res fraudi, si ante Kalendas Februarias
ab eo discesserint. Haec si censueritis, patres conscripti,
brevi tempore libertatem populi Romani auctoritatemque
vestram recuperabitis. Si autem lenius agetis, tamen eadem,
sed fortasse serius decernetis. De re publica quoad rettulistis 5
satis decrevisse videor.

13

35 Altera res est de honoribus: de quibus deinceps intellego
esse dicendum. Sed qui ordo in sententiis rogandis servari
solet, eundem tenebo in viris fortibus honorandis. A Bruto
igitur, consule designato, more maiorum capiamus exordium. 10
Cuius ut superiora omittam, quae sunt maxima illa quidem
sed adhuc hominum magis iudiciis quam publice laudata,
quibusnam verbis eius laudes huius ipsius temporis consequi possumus? Neque enim ullam mercedem tanta virtus
praeter hanc laudis gloriaeque desiderat; qua etiam si 15
careat, tamen sit se ipsa contenta: quamquam in memoria
gratorum civium tamquam in luce posita laetetur. Laus igitur
36 iudici testimonique nostri tribuenda Bruto est. Quam ob
rem his verbis, patres conscripti, senatus consultum faciendum censeo: 'cum D. Brutus, imperator, consul desi- 20
gnatus, provinciam Galliam in senatus populique Romani
potestate teneat, cumque exercitum tantum tam brevi tempore summo studio municipiorum coloniarumque provinciae
Galliae, optime de re publica meritae merentisque, conscripserit, compararit, id eum recte et ordine exque re publica 25
fecisse, idque D. Bruti praestantissimum meritum in rem
publicam senatui populoque Romano gratum esse et fore:
itaque senatum populumque Romanum existimare, D. Bruti
imperatoris, consulis designati, opera, consilio, virtute incredibilique studio et consensu provinciae Galliae rei publicae 30
37 difficillimo tempore esse subventum.' Huic tanto merito
Bruti, patres conscripti, tantoque in rem publicam beneficio

5 sero *Cobet*   16 quamquam atque *Manutius*   17 laetetur
ed. R: laetentur *V*   32 p. c. Bruti *V*: *corr. Poggius*

194

quis est tantus honos qui non debeatur? Nam si M. Antonio patuisset Gallia, si oppressis municipiis et coloniis
imparatis in illam ultimam Galliam penetrare potuisset,
quantus rei publicae terror impenderet? Dubitaret, credo,
5 homo amentissimus atque in omnibus consiliis praeceps et
devius non solum cum exercitu suo sed etiam cum omni
immanitate barbariae bellum inferre nobis, ut eius furorem
ne Alpium quidem muro cohibere possemus. Haec igitur
habenda gratia est D. Bruto qui illum, nondum interposita
10 auctoritate vestra, suo consilio atque iudicio, non ut consulem recepit, sed ut hostem arcuit Gallia seque obsideri
quam hanc urbem maluit. Habeat ergo huius tanti facti
tamque praeclari decreto nostro testimonium sempiternum ;
Galliaque quae semper praesidet atque praesedit huic im-
15 perio libertatique communi merito vereque laudetur, quod
se suasque viris non tradidit, sed opposuit Antonio.

14
38
Atque etiam M. Lepido pro eius egregiis in rem publicam meritis decernendos honores quam amplissimos censeo.
Semper ille populum Romanum liberum voluit maximum-
20 que signum illo die dedit voluntatis et iudici sui, cum
Antonio diadema Caesari imponente se avertit gemituque
et maestitia declaravit quantum haberet odium servitutis,
quam populum Romanum liberum cuperet, quam illa quae
tulerat temporum magis necessitate quam iudicio tulisset.
25 Quanta vero is moderatione usus sit in illo tempore civitatis
quod post mortem Caesaris consecutum est, quis nostrum
oblivisci potest? Magna haec, sed ad maiora properat
oratio. Quid enim, o di immortales ! admirabilius omnibus 39
gentibus, quid optatius populo Romano accidere potuit
30 quam, cum bellum civile maximum esset, cuius belli exitum
omnes timeremus, sapientia et misericordia id potius exstingui

2 colonis *V*: *corr. ed. R*   9 D. *Poggius*: q. *V*   11 arguit *V*:
corr. Poggius   Galliam *V*: *corr. Ferrarius*   23 qui illa *Muretus*
30 cum *Poggius*: quim *V*¹: quod *V*²   31 et misericordia *scripsi*:
& iā *V e coll. mea* (*ex* et mīa *i. e.* misericordia *ortum*), *del. Lambinus*:
et clementia *vel* et mansuetudine *coni. Halm*

195

quam armis et ferro rem in discrimen adducere? Quod si
eadem ratio Caesaris fuisset in illo taetro miseroque bello,
ut omittam patrem, duos Cn. Pompei, summi et singularis
viri, filios incolumis haberemus : quibus certe pietas fraudi
esse non debuit. Vtinam omnis M. Lepidus servare potu- 5
isset! facturum fuisse declaravit in eo quod potuit, cum
Sex. Pompeium restituit civitati, maximum ornamentum
rei publicae, clarissimum monumentum clementiae suae.
Gravis illa fortuna populi Romani, grave fatum. Pompeio
enim patre, quod imperi populi Romani lumen fuit, ex- 10
40 stincto interfectus est patris simillimus filius. Sed omnia
mihi videntur deorum immortalium iudicio expiata Sex.
15 Pompeio rei publicae conservato. Quam ob causam iustam
atque magnam et quod periculosissimum civile bellum maxi-
mumque humanitate et sapientia sua M. Lepidus ad pacem 15
concordiamque convertit, senatus consultum his verbis censeo perscribendum : 'cum a M. Lepido imperatore, pontifice
maximo, saepe numero res publica et bene et feliciter gesta
sit, populusque Romanus intellexerit ei dominatum regium
maxime displicere, cumque eius opera, virtute, consilio 20
singularique clementia et mansuetudine bellum acerbissi-
41 mum civile sit restinctum, Sextusque Pompeius, Gnaei filius,
Magnus, huius ordinis auctoritate ab armis discesserit et a
M. Lepido imperatore, pontifice maximo, summa senatus
populique Romani voluntate civitati restitutus sit, senatum 25
populumque Romanum pro maximis plurimisque in rem
publicam M. Lepidi meritis magnam spem in eius virtute,
auctoritate, felicitate reponere oti, pacis, concordiae, libertatis, eiusque in rem publicam meritorum senatum populumque Romanum memorem fore, eique statuam equestrem 30
inauratam in rostris aut quo alio loco in foro vellet ex huius

---

1 adduci *Lambinus*   10 imperio *V* : *corr. ed. R*   12 expiata
Faernus : expicta *V*[1] : ex pietate *V*[2]   28 felicitate . . . oti *om. Cus.*
reponere *Poggius* : re *V* : *fort.* ponere, *cf.* § 49   libertatis] que
felicitate *add. Cus.*   31 velit *Ernesti*

ordinis sententia statui placere.' Qui honos, patres conscripti, mihi maximus videtur, primum quia iustus est; non
enim solum datur propter spem temporum reliquorum sed
pro amplissimis meritis redditur; nec vero cuiquam possu-
5 mus commemorare hunc honorem a senatu tributum iudicio
senatus soluto et libero.

Venio ad C. Caesarem, patres conscripti, qui nisi fuisset, **16** 42
quis nostrum esse potuisset? Advolabat ad urbem a Brundisio homo impotentissimus, ardens odio, animo hostili in
10 omnis bonos cum exercitu Antonius. Quid huius audaciae
et sceleri poterat opponi? Nondum ullos duces habebamus,
non copias; nullum erat consilium publicum, nulla libertas;
dandae cervices erant crudelitati nefariae; fugam quaere-
bamus omnes, quae ipsa exitum non habebat. Quis tum 43
15 nobis, quis populo Romano obtulit hunc divinum adulescentem deus? qui, cum omnia ad perniciem nostram pesti-
fero illi civi paterent, subito praeter spem omnium exortus
prius confecit exercitum quem furori M. Antoni opponeret
quam quisquam hoc eum cogitare suspicaretur. Magni
20 honores habiti Cn. Pompeio, cum esset adulescens, et quidem iure. Subvenit enim rei publicae, sed aetate multo
robustior et militum ducem quaerentium studio paratior et
in alio genere belli. Non enim omnibus Sullae causa grata.
Declarat multitudo proscriptorum, tot municipiorum maxi-
25 mae calamitates. Caesar autem annis multis minor veteranos 44
cupientis iam requiescere armavit; eam complexus est
causam quae esset senatui, quae populo, quae cunctae
Italiae, quae dis hominibusque gratissima. Et Pompeius
ad L. Sullae maximum imperium victoremque exercitum
30 accessit: Caesar se ad neminem adiunxit, ipse princeps
exercitus faciendi et praesidi comparandi fuit. Ille adver-

2 qui *V*: *corr. Poggius*   10 Antonius *del. Cobet*   21 enim *ed.*
R: etiam *V*   22 paratior *Poggius*: partior *V*: paratiore *Halm*
28 hominibusque *Faernus*: omnibusque *V*   31 ille *Ferrarius*: ille
in *V*

sariorum partibus agrum Picenum habuit inimicum : hic ex
Antoni amicis sed amicioribus libertatis contra Antonium
confecit exercitum.　Illius opibus Sulla regnavit : huius
45 praesidio Antoni dominatus oppressus est.　Demus igitur
imperium Caesari sine quo res militaris administrari, teneri 5
exercitus, bellum geri non potest : sit pro praetore eo iure
quo qui optimo.　Qui honos quamquam est magnus illi
aetati, tamen ad necessitatem rerum gerendarum, non solum
ad dignitatem valet.　Itaque illa quaeramus quae vix
17 hodierno die consequemur.　Sed saepe spero fore huius 10
adulescentis ornandi et nobis et populo Romano pote-
46 statem ; hoc autem tempore ita censeo decernendum : 'quod
C. Caesar, Gai filius, pontifex, pro praetore, summo rei
publicae tempore milites veteranos ad libertatem populi
Romani cohortatus sit eosque conscripserit, quodque legio 15
Martia quartaque summo studio optimoque in rem publicam consensu C. Caesare duce et auctore rem publicam,
libertatem populi Romani defendant, defenderint, et quod
C. Caesar pro praetore Galliae provinciae cum exercitu subsidio profectus sit, equites, sagittarios, elephantos in suam 20
populique Romani potestatem redegerit, difficillimoque rei
publicae tempore saluti dignitatique populi Romani sub-
venerit, ob eas causas senatui placere, C. Caesarem, Gai
filium, pontificem, pro praetore, senatorem esse sententiamque loco praetorio dicere, eiusque rationem, quemcumque 25
magistratum petet, ita haberi ut haberi per leges liceret, si
47 anno superiore quaestor fuisset.'　Quid est enim, patres
conscripti, cur eum non quam primum amplissimos honores

2 libertati *ed. R*　　6 sit pro praetore *Ferrarius* : et pro pop. R. *V*
7 illi aetati *Poggius* : illa aetati *V* : illa aetate *Graevius*　　11 ornandi
coni. Müller : hortandi honorandi *V¹* (-que *add. V²*) : honorandi *Halm*
16 quartaque *Poggius* : q. quarta *V* : atque quarta *Halm*　　25 praetorio *Naugerius* (1) : pr. *Poggius* : populi R. *V* : quaestorio *Nipperdey*
26 magistratum *Faernus* : mac *V*　　petet *V* : appetet *V²* : peteret
Schütz　　ut haberi per leges *Faernus* : per ut haberi leges *V* : prout
haberi lege *Orelli*　　27 quaestor *V* : praetor *Vrsinus*

capere cupiamus? Legibus enim annalibus cum grandiorem
aetatem ad consulatum constituebant, adulescentiae temeritatem verebantur : C. Caesar ineunte aetate docuit ab excellenti eximiaque virtute progressum aetatis exspectari non
5 oportere. Itaque maiores nostri veteres illi admodum
antiqui leges annalis non habebant, quas multis post annis
attulit ambitio, ut gradus essent petitionis inter aequalis.
Ita saepe magna indoles virtutis, prius quam rei publicae
prodesse potuisset, exstincta est. At vero apud antiquos 48
10 Rulli, Decii, Corvini multique alii, recentiore autem memoria superior Africanus, T. Flamininus admodum adu-
lescentes consules facti tantas res gesserunt ut populi
Romani imperium auxerint, nomen ornarint. Quid? Ma-
cedo Alexander, cum ab ineunte aetate res maximas gerere
15 coepisset, nonne tertio et tricesimo anno mortem obiit?
quae est aetas nostris legibus decem annis minor quam
consularis. Ex quo iudicari potest virtutis esse quam aetatis
cursum celeriorem. Nam quod ei qui Caesari invident 18
simulant se timere, ne verendum quidem est ut tenere se
20 possit, ut moderari, ne honoribus nostris elatus intempe-
rantius suis opibus utatur. Ea natura rerum est, patres 49
conscripti, ut qui sensum verae gloriae ceperit quique se ab
senatu, ab equitibus Romanis populoque Romano universo
senserit civem carum haberi salutaremque rei publicae, nihil
25 cum hac gloria comparandum putet. Vtinam C. Caesari,
patri dico, contigisset adulescenti ut esset senatui atque
optimo cuique carissimus! Quod cum consequi neglexisset,
omnem vim ingeni, quae summa fuit in illo, in populari
levitate consumpsit. Itaque cum respectum ad senatum et
30 ad bonos non haberet, eam sibi viam ipse patefecit ad opes
suas amplificandas quam virtus liberi populi ferre non

7 esset *Mommsen*   9 est *Faernus* : sunt *V*   10 Corvi *Pighius*
11 Flaminius *V, Cus.* : corr. *Faernus*   12-13 populus Romanus...
auxerit *V, Cus.* : corr. *Poggius*   13 ornarit *Cus.*   15 tertio et
xxx *V*   17 virtutis *V*[2] : virtus *V*[1], *Cus.*   19 ne *Poggius* : non *V*
24 carum *Ferrarius* : clarum *V* (*cf.* 1. 35)   27 clarissimus *Cus.*

posset. Eius autem fili longissime diversa ratio est : qui cum
omnibus *carus* est, tum optimo cuique carissimus. In hoc
spes libertatis posita est ; ab hoc accepta iam salus ; huic
50 summi honores et exquiruntur et parati sunt. Cuius igitur
singularem prudentiam admiramur, eius stultitiam timemus ? 5
Quid enim stultius quam inutilem potentiam, invidiosas
opes, cupiditatem dominandi praecipitem et lubricam anteferre verae, gravi, solidae gloriae ? An hoc vidit puer : si
aetate processerit, non videbit ? 'At est quibusdam inimicus
clarissimis atque optimis civibus.' Nullus iste timor esse 10
debet. Omnis Caesar inimicitias rei publicae condonavit ;
hanc sibi iudicem constituit, hanc moderatricem omnium
consiliorum atque factorum. Ita enim ad rem publicam
accessit ut eam confirmaret, non ut everteret. Omnis habeo
cognitos sensus adulescentis. Nihil est illi re publica 15
carius, nihil vestra auctoritate gravius, nihil bonorum viro-
51 rum iudicio optatius, nihil vera gloria dulcius. Quam ob
rem ab eo non modo nihil timere sed maiora et meliora
exspectare debetis, neque in eo qui ad D. Brutum obsidione
liberandum profectus sit timere ne memoria maneat do- 20
mestici doloris quae plus apud eum possit quam salus
civitatis. Audeo etiam obligare fidem meam, patres conscripti, vobis populoque Romano reique publicae ; quod
profecto, cum me nulla vis cogeret, facere non auderem
pertimesceremque in maxima re periculosam opinionem 25
temeritatis. Promitto, recipio, spondeo, patres conscripti,
C. Caesarem talem semper fore civem qualis hodie sit qua-
lemque eum maxime velle esse et optare debemus.

19
52   Quae cum ita sint, de Caesare satis hoc tempore dictum

     2 carus *suppl. Muretus*   13 consiliorum *suppl. Halm hoc loco*
(*cf.* x. 20 *et* 23), *ante* omnium *Faernus*   ita enim ut enim *V* : ita enim
animatus *coni. Müller*   22 audeo *Halm* : audebo *V* (*sed* -ebo *in ras.*
m. 2)   26 *post* temeritatis *aliquid intercidisse putat Ernesti, velut* nisi
eum plane perspectum haberem   27 sit] est *coni. Halm*

habebo.   Nec vero de L. Egnatuleio, fortissimo et constantissimo civi amicissimoque rei publicae, silendum arbitror ;
sed tribuendum testimonium virtutis egregiae, quod is
legionem quartam ad Caesarem adduxerit, quae praesidio
5 consulibus, senatui populoque Romano reique publicae
esset : ob eam causam placere uti L. Egnatuleio triennio
ante legitimum tempus magistratus petere, capere, gerere
liceat.   In quo, patres conscripti, non tantum commodum
tribuitur L. Egnatuleio quantus honos : in tali enim re satis
10 est nominari.

De exercitu autem C. Caesaris ita censeo decernendum : 53
'senatui placere, militibus veteranis qui Caesaris pontificis
pro praetore auctoritatem secuti libertatem populi Romani
auctoritatemque huius ordinis defenderint atque defendant
15 ipsis liberisque eorum militiae vacationem esse, utique
C. Pansa A. Hirtius consules, alter ambove, si eis videretur,
cognoscerent qui ager eis coloniis esset quo milites veterani
deducti essent, qui contra legem Iuliam possideretur, ut is
militibus veteranis divideretur ; de agro Campano sepa-
20 ratim cognoscerent inirentque rationem de commodis militum veteranorum augendis, legionique Martiae et legioni
quartae et eis militibus qui de legione secunda, tricesima
quinta ad C. Pansam A. Hirtium consules venissent suaque
nomina edidissent, quod eis auctoritas senatus populique
25 Romani libertas carissima sit et fuerit, vacationem militiae
ipsis liberisque eorum esse placere extra tumultum Gallicum
Italicumque : easque legiones bello confecto missas fieri
placere ; quantamque pecuniam militibus earum legionum
in singulos C. Caesar, pontifex, pro praetore pollicitus sit,
30 tantam dari placere ; utique C. Pansa A. Hirtius consules,

---

6 triennium *V* : *corr. Lambinus*   7 magistratus *Poggius* : magna
V : magistratum *Halm*   13 pro praetore *suppl. Lambinus*   auctoritatem . . . Romani *suppl. Garatoni ex* iii. 37   15 ipsis *coni. Müller* :
iis *V*   16 alter ambove (*ita Poggius*) si eis videretur *Vrsinus Poggium
secutus* : aa. uesieu *V*[1] : aa. designati *V*[2]   29 pro praetore δ : populo
Romano *V* : *del. Poggius*

alter ambove, si eis videretur, rationem agri haberent qui
sine iniuria privatorum dividi posset, eisque militibus,
legioni Martiae et legioni quartae ita darent, adsignarent
ut quibus militibus amplissime dati, adsignati essent.' Dixi
ad ea omnia, consules, de quibus rettulistis: quae si erunt 5
sine mora matureque decreta, facilius apparabitis ea quae
tempus et necessitas flagitat. Celeritate autem opus est:
qua si essemus usi, bellum, ut saepe dixi, nullum haberemus.

1-2 haberent . . . posset *Schütz* : habent . . . possit *V* : habeant . . .
possit *Poggius*

M. TVLLI CICERONIS

IN M. ANTONIVM

ORATIO PHILIPPICA SEXTA

AUDITA vobis esse arbitror, Quirites, quae sint acta in 1
senatu, quae fuerit cuiusque sententia. Res enim ex Kalendis Ianuariis agitata paulo ante confecta est, minus
quidem illa severe quam decuit, non tamen omnino disso-
5 lute. Mora est adlata bello, non causa sublata. Quam
ob rem, quod quaesivit ex me P. Apuleius, homo et multis officiis mihi et summa familiaritate coniunctus et vobis
amicissimus, ita respondebo ut ea quibus non interfuistis
nosse possitis. Causa fortissimis optimisque consulibus
10 Kalendis Ianuariis de re publica primum referendi fuit ex
eo quod *a. d.* XIII. Kalendas Ianuarias senatus me auctore decrevit. Eo die primum, Quirites, fundamenta sunt iacta 2
rei publicae : fuit enim longo intervallo ita liber senatus ut
vos aliquando liberi essetis. Quo quidem tempore, etiam
15 si ille dies vitae finem mihi adlaturus esset, satis magnum
ceperam fructum, cum vos universi una mente atque voce
iterum a me conservatam esse rem publicam conclamastis.
Hoc vestro iudicio tanto tamque praeclaro excitatus ita
Kalendis Ianuariis veni in senatum ut meminissem quam
20 personam impositam a vobis sustinerem. Itaque bellum
nefarium inlatum rei publicae cum viderem, nullam moram

4 illa quidem *coni. Müller*   11 a. d. *suppl. Orelli*   12 sunt iacta
Garatoni : sunt iacta sunt *V* : iacta sunt *Poggius*

interponendam insequendi M. Antonium putavi, hominem-
que audacissimum qui multis nefariis rebus ante commissis
hoc tempore imperatorem populi Romani oppugnaret, coloniam vestram fidissimam fortissimamque obsideret, bello
censui persequendum : tumultum esse decrevi ; iustitium 5
edici, saga sumi dixi placere, quo omnes acrius graviusque
incumberent ad ulciscendas rei publicae iniurias, si omnia
3 gravissimi belli insignia suscepta a senatu viderent. Itaque
haec sententia, Quirites, sic per triduum valuit ut, quam-,
quam discessio facta non esset, tamen praeter paucos omnes 10
mihi adsensuri viderentur. Hodierno autem die spe nescio
qua eis obiecta remissior senatus fuit. Nam plures eam
sententiam secuti sunt ut, quantum senatus auctoritas ves-
terque consensus apud Antonium valiturus esset, per legatos
experiremur. 15

2   Intellego, Quirites, a vobis hanc sententiam repudiari,
neque iniuria. Ad quem enim legatos ? ad eumne qui
pecunia publica dissipata atque effusa per vim et contra
auspicia impositis rei publicae legibus, fugata contione,
obsesso senatu, ad opprimendam rem publicam Brundisio 20
legiones arcessierit ; ab eis relictus cum latronum manu in
Galliam inruperit, Brutum oppugnet, Mutinam circumsedeat ? Quae vobis potest cum hoc gladiatore condicionis,
4 aequitatis, legationis esse communitas ? Quamquam, Quirites, non est illa legatio, sed denuntiatio belli, nisi paruerit : 25
ita enim est decretum ut si legati ad Hannibalem mitterentur. Mittuntur enim qui nuntient ne oppugnet consulem
designatum, ne Mutinam obsideat, ne provinciam depopu-
letur, ne dilectus habeat, sit in senatus populique Romani
potestate. Facile vero huic denuntiationi parebit, ut in 30

1 M. Antoni *coni. Müller*   5 decerni *ed. R*   9 Quirites *Faernus* :
quam *V*   10 non esset] *fort.* non est (*variam lectionem* non est *add.*
V[1] *post* dies)   homines omnes *V*   11 die, spe nescio qua eis obiecta
Jeep (pacis *pro* eis *Bücheler*) : dies non est pene. scio quaeis obiectarem
V : die nescio qua obiecta re *Poggius*   13 vestraeque *V*: corr. *Poggius*
21 accerserit *V* : *cf. Neue* iii. *p.* 393   25 denuntiatione *V* : *corr.*
Poggius   27 denuntient *Pluygers*

patrum conscriptorum atque in vestra potestate sit qui in
sua numquam fuerit! Quid enim ille umquam arbitrio suo
fecit? Semper eo tractus est quo libido rapuit, quo levitas,
quo furor, quo vinolentia; semper eum duo dissimilia genera
5 tenuerunt, lenonum et latronum; ita domesticis stupris,
forensibus parricidiis delectatur ut mulieri citius avarissimae
paruerit quam senatui populoque Romano. Itaque, quod **3 5**
paulo ante feci in senatu, faciam apud vos. Testificor,
denuntio, ante praedico nihil M. Antonium eorum quae
10 sunt legatis mandata facturum; vastaturum agros, Mutinam
obsessurum, dilectus qua possit habiturum. Is est enim
ille qui semper senatus iudicium et auctoritatem, semper
voluntatem vestram potestatemque contempserit. An ille
id faciat quod paulo ante decretum est, ut exercitum citra
15 flumen Rubiconem, qui finis est Galliae, educeret, dum ne
propius urbem Romam cc milia admoveret? Huic denuntiationi ille pareat, ille se fluvio Rubicone *et* cc milibus
circumscriptum esse patiatur? Non is est Antonius; nam **6**
si esset, non commisisset ut ei senatus tamquam Hannibali
20 initio belli Punici denuntiaret ne oppugnaret Saguntum.
Quod vero ita avocatur a Mutina ut ab urbe tamquam
pestifera flamma arceatur, quam habet ignominiam, quod
iudicium senatus! quid, quod a senatu dantur mandata
legatis ut D. Brutum *milites*que eius adeant eisque demon-
25 strent summa in rem publicam merita beneficiaque eorum
grata esse senatui populoque Romano eisque eam rem
magnae laudi magnoque honori fore? Passurumne censetis
Antonium introire Mutinam legatos, exire inde tuto? Numquam patietur, mihi credite. Novi violentiam, novi impu-
30 dentiam, novi audaciam. Nec vero de illo sicut de homine **7**
aliquo debemus, sed ut de importunissima belua cogitare.

2 enim *om. Cus.* suo *om. Cus.*   3 est *Halm*: et *V*   4 vio-
lentia *codd. Ferrarii (cf.* § 6 *et* ii. 68)   15 Rubiconem *in mg. hic
habet V, sed infra* § 10, *ubi hic locus iterum legitur, in textu*   17 et
Faernus: *om. V in ras.*   24 militesque *Poggius*: que *V*   25 suma
V   29 violentiam *Naugerius* (1): vinolentiam *V*

Quae cum ita sint, non omnino dissolutum est quod decrevit
senatus: habet atrocitatis aliquid legatio: utinam nihil
haberet morae! Nam cum plerisque in rebus gerendis tarditas et procrastinatio odiosa est, tum hoc bellum indiget
celeritatis. Succurrendum est D. Bruto, omnes undique 5
copiae conligendae; moram exhibere ullam in tali cive
8 liberando sine scelere non possumus. An ille non potuit,
si Antonium consulem, si Galliam Antoni provinciam iudicasset, legiones Antonio et provinciam tradere, domum
redire, triumphare, primus in hoc ordine, quoad magistra- 10
9 tum iniret, sententiam dicere? quid negoti fuit? Sed cum
se Brutum esse meminisset vestraeque libertati natum, non
otio suo, quid egit aliud nisi ut paene corpore suo Gallia
prohiberet Antonium? Ad hunc utrum legatos an legiones
ire oportebat? Sed praeterita omittamus: properent legati, 15
quod video esse facturos; vos saga parate. Est enim ita
decretum ut, si ille auctoritati senatus non paruisset, ad
saga iretur. Ibitur; non parebit: nos amissos tot dies rei
gerendae queremur.

4 Non metuo, Quirites, ne, cum audierit Antonius, me hoc 20
et in senatu et in contione confirmasse, numquam illum
futurum in senatus potestate, refellendi mei causa, ut ego
nihil vidisse videar, vertat se et senatui pareat. Numquam
faciet; non invidebit huic meae gloriae; malet me sapien-
10 tem a vobis quam se modestum existimari. Quid? ipse si 25
velit, num etiam Lucium fratrem passurum arbitramur?
Nuper quidem dicitur ad Tibur, ut opinor, cum ei labare
M. Antonius videretur, mortem fratri esse minitatus.
Etiamne ab hoc myrmillone Asiatico senatus mandata,
legatorum verba audientur? Nec enim secerni a fratre 30
poterit, tanta praesertim auctoritate. Nam hic inter illos

6 moram exhibere ullam *Vrsinus*: horam exhibere nullam *V*:
curam exhibere nullam *Hirschfelder*: horam eximere nullam *Budaeus*
17 senatu *V*: senati *coni. Halm*   20 Quirites *Poggius*: quam *V*

Africanus est: pluris habetur quam L. Trebellius, pluris
quam T. Plancus, quam Extitius, adolescens nobilis. Plancum
quidem, qui omnibus sententiis maximo vestro plausu condemnatus nescio quo modo se coniecit in turbam atque
5 ita maestus rediit ut retractus, non reversus videretur,
sic contemnit tamquam si illi aqua et igni interdictum
sit: aliquando negat ei locum esse oportere in curia qui
incenderit curiam.   Nam Trebellium valde iam diligit: 11
oderat tum, cum ille tabulis novis adversabatur; iam fert
10 in oculis, postea quam ipsum Trebellium vidit sine tabulis
novis salvum esse non posse.   Audisse enim vos arbitror,
Quirites, quod etiam videre potuistis, cotidie sponsores
et creditores L. Trebelli convenire.   O Fide!—hoc enim
opinor Trebellium sumpsisse cognomen — quae potest
15 esse maior fides quam fraudare creditores, domo profugere,
propter aes alienum ire ad arma?   Vbi plausus ille in
triumpho est, saepe ludis, ubi aedilitas delata summo studio
bonorum?   Quis est qui hunc non casu existimet recte
fecisse, nequitia sceleste?· Sed redeo ad amores delicias- 5
20 que vestras, L. Antonium, qui vos omnis in fidem suam 12
recepit.   Negatis?   Num quisnam est vestrum qui tribum
non habeat?   Certe nemo.   Atqui illum quinque et triginta
tribus patronum adoptarunt.   Rursus reclamatis?   Aspicite
illam a sinistra equestrem statuam inauratam, in qua quid
25 inscriptum est?   'QVINQVE ET TRIGINTA TRIBVS PATRONO.'
Populi Romani igitur est patronus L. Antonius.   Malam
quidem illi pestem! clamori enim vestro adsentior.   Non
modo hic latro quem clientem habere nemo velit sed quis
umquam tantis opibus, tantis rebus gestis fuit qui se populi
30 Romani victoris dominique omnium gentium patronum

2 *In V post* Plancius (*sic*) *legitur in ras.* uidete quan decertum est,
tum ex § 5 *repet.* ut exercitum . . . pareat (*del. m.* 2). *Voc.* decertum =
decretum (§ 5): *ceterae corruptelae ex* ante (*cf.* § 5) *et* quidem (*quod l.* 3
ante qui *inserui*) *ortae sunt* (te + an = ante, uide + qu = quidem, *cf.* viii. 5)
quam Extitius *Faernus* (*cf.* xiii. 28): cum (tum V^2) exiluerit V 10
Trebellium *del. Orelli*   13 Fide *Pluygers*: fides V hoc] hinc
                                                                    est
Poggius   19 nequitia est scelere (= scelere) V: *corr. Nipperdey*

207

13 dicere auderet? In foro L. Antoni statuam videmus, sicut
illam Q. Tremuli, qui Hernicos devicit, ante Castoris. O
impudentiam incredibilem! Tantumne sibi sumpsit, quia
Mylasis myrmillo Thraecem iugulavit, familiarem suum?
quonam modo istum ferre possemus, si in hoc foro spe- 5
ctantibus vobis depugnasset? Sed haec una statua. Altera
ab equitibus Romanis equo publico: qui item ascribunt,
' PATRONO.' Quem umquam iste ordo patronum adoptavit?
Si quemquam, debuit me. Sed me omitto; quem censorem, quem imperatorem? Agrum eis divisit. O sordi- 10
14 dos qui acceperint, improbum qui dederit! Statuerunt
etiam tribuni militares qui in exercitu Caesaris bis fuerunt.
Quis est iste ordo? Multi fuerunt multis in legionibus per
tot annos. Eis quoque divisit Semurium. Campus Mar-
tius restabat, nisi prius cum fratre fugisset. Sed haec 15
agrorum adsignatio paulo ante, Quirites, L. Caesaris, clarissimi viri et praestantissimi senatoris, sententia dissoluta est:
huic enim adsensi VII virum acta sustulimus. Iacent beneficia Nuculae; friget patronus Antonius. Nam possessores
animo aequiore discedent: nullam impensam fecerant; 20
nondum instruxerant, partim quia non confidebant, partim
15 quia non habebant. Sed illa statua palmaris de qua, si
meliora tempora essent, non possem sine risu dicere: ' L.
ANTONIO A IANO MEDIO PATRONO.' Itane? Iam Ianus
medius in L. Antoni clientela est? Quis umquam in illo 25
Iano inventus est qui L. Antonio mille nummum ferret
6 expensum? Sed nimis multa de nugis: ad causam bellumque redeamus; quamquam non alienum fuit personas quas-
dam a vobis recognosci, ut quibuscum bellum gereretur
possetis taciti cogitare. 30

2 Tremuli *Beroaldus*: Tremelli *V*   7 ab *suppl. ed. Cratandrina*
11 acceperint *Ernesti*: acceperunt *V*   dedit *Zielinski*   12 bis
Garatoni: duobus *V*: iterum *Orelli*   14 Remurium *Ferrarius*   24
itane? Iam *Halm*: ita in eam *V*: itane *Gellius* i. 16. 5   25 est
Gellius: sit *V*   qui umquam *V*[1] *et Macrobius* i. 5. 5

208

Ego autem vos hortor, Quirites, ut, etiam si melius aliud fuit, tamen legatorum reditum exspectetis animo aequo. Celeritas detracta de causa est ; boni tamen aliquid accessit ad causam. Cum enim legati renuntiarint quod certe 16 renuntiabunt, non in vestra potestate, non in senatus esse Antonium, quis erit tam improbus civis qui illum civem habendum putet ? Nunc enim sunt pauci illi quidem, sed tamen plures quam re publica dignum est, qui ita loquantur : ' Ne legatos quidem exspectabimus ? ' Istam certe vocem simulationemque clementiae extorquebit istis res ipsa publica. Quo etiam, ut confitear vobis, Quirites, minus hodierno die contendi, minus laboravi, ut mihi senatus adsentiens tumultum decerneret, saga sumi iuberet. Malui viginti diebus post sententiam meam laudari ab omnibus quam a paucis hodie vituperari. Quapropter, Quirites, exspectate lega- 17 torum reditum et paucorum dierum molestiam devorate. Qui cum redierint, si pacem adferent, cupidum me ; si bellum, providum iudicatote. An ego non provideam meis civibus, non dies noctesque de vestra libertate, de rei publicae salute cogitem ? Quid enim non debeo vobis, Quirites, quem vos a se ortum hominibus nobilissimis omnibus honoribus praetulistis ? An ingratus sum ? Quis minus ? qui partis honoribus eosdem in foro gessi labores quos petendis. Rudis in re publica ? Quis exercitatior ? qui viginti iam annos bellum geram cum impiis civibus. Quam ob rem, Quirites, consilio quantum potero, labore 7 plus paene quam potero, excubabo vigilaboque pro vobis. 18 Etenim quis est civis, praesertim hoc gradu quo me vos esse voluistis, tam oblitus benefici vestri, tam immemor patriae, tam inimicus dignitati suae quem non excitet, non inflammet tantus vester iste consensus ? Multas magnasque habui consul contiones, multis interfui : nullam umquam

10 *fort.* ipsa res publica (*clausulae gratia*)   18 ego] *fort. ante* cogitem *transponendum* (*clausulae gratia*)   24 exercitatior *Poggius* : excitatior *V*   29 vestri tam *om. Cus.*   30 tam *om. Cus.* dignitati *Cobet* : dignitatis *V*   32 umquam] *hic rursus pergunt D*

vidi tantam quanta nunc vestrum est.   Vnum sentitis
omnes, unum studetis, M. Antoni conatus avertere a re
publica, furorem exstinguere, opprimere audaciam.   Idem
volunt omnes ordines ; eodem incumbunt municipia,
coloniae, cuncta Italia.   Itaque senatum bene sua sponte 5
19 firmum firmiorem vestra auctoritate fecistis.   Venit tempus,
Quirites, serius omnino quam dignum populo Romano fuit,
sed tamen ita maturum ut differri iam hora non possit.
Fuit aliquis fatalis casus, ut ita dicam, quem tulimus, quoquo modo ferendus fuit : nunc si quis erit, erit voluntarius. 10
Populum Romanum servire fas non est, quem di immortales
omnibus gentibus imperare voluerunt.   Res in extremum
est adducta discrimen ; de libertate decernitur.   Aut vin-
catis oportet, Quirites, quod profecto et pietate vestra et
tanta concordia consequemini, aut quidvis potius quam 15
serviatis.   Aliae nationes servitutem pati possunt, populi
Romani est propria libertas.

   1 vestra *nst, Reid* (*cf.* iv. 1)   2 conatus *Poggius* : conatur *V* :
conatum *D*   7 Quirites *om. D*   dignum re p. fuisset tamen *D*
8 horam *o, ut voluit Graevius*   12 gentibus *om. D*   15 conse-
quamini *V*   17 res est *D*

M. TVLLI CICERONIS

IN M. ANTONIVM

ORATIO PHILIPPICA SEPTIMA

PARVIS de rebus sed fortasse necessariis consulimur, **1**
patres conscripti. De Appia via et de Moneta consul, de
Lupercis tribunus plebis refert. Quarum rerum etsi facilis
explicatio videtur, tamen animus aberrat a sententia su-
5 spensus curis maioribus. Adducta est enim, patres conscripti, res in maximum periculum et in extremum paene
discrimen. Non sine causa legatorum istam missionem
semper timui, numquam probavi : quorum reditus quid sit
adlaturus ignoro ; exspectatio quidem quantum adferat
10 languoris animis quis non videt? Non enim se tenent ei
qui senatum dolent ad auctoritatis pristinae spem revirescere,
coniunctum huic ordini populum Romanum, conspirantem
Italiam, paratos exercitus, expeditos duces. Iam nunc **2**
fingunt responsa Antoni eaque defendunt. Alii postulare
15 illum ut omnes exercitus dimittantur. Scilicet legatos ad
eum misimus, non ut pareret et dicto audiens esset huic
ordini, sed ut condiciones ferret, leges imponeret, reserare
nos exteris gentibus Italiam iuberet, se praesertim incolumi
a quo maius periculum quam ab ullis nationibus extimescen-
20 dum est. Alii remittere eum nobis Galliam citeriorem, illam **3**
ultimam postulare—praeclare : ex qua non legiones solum

---

4 suspensus a curis *Nonius p.* 386   7 istam *om.* *V*   11 reviviscere *D*   16 et dicto *V* : edicto *D*   17 leges imponeret *om.* *D*

sed etiam nationes ad urbem conetur adducere—alii nihil
eum iam nisi modeste postulare.   Macedoniam suam vocat
omnino, quoniam Gaius frater est inde revocatus.   Sed
quae provincia est ex qua illa fax excitare non possit incendium?   Itaque idem quasi providi cives et senatores dili- 5
gentes bellicum me cecinisse dicunt, suscipiunt pacis
patrocinium.   Nonne sic disputant?   Inritatum Antonium
non oportuit : nequam est homo ille atque confidens ; multi
praeterea improbi—quos quidem a se primum numerare
possunt qui haec loquuntur—eos cavendos esse denuntiant. 10
Utrum igitur in nefariis civibus ulciscendi, cum possis, an
2 pertimescendi diligentior cautio est?   Atque haec ei
4 loquuntur qui quondam propter levitatem populares habebantur.   Ex quo intellegi potest animo illos abhorruisse
semper ab optimo civitatis statu, non voluntate fuisse 15
populares.   Qui enim evenit ut, qui in rebus improbis
populares fuerint, idem in re una maxime populari, quod
eadem salutaris rei publicae sit, improbos se quam popularis
esse malint?   Me quidem semper, uti scitis, adversarium
multitudinis temeritati haec fecit praeclarissima causa popu- 20
5 larem.   Et quidem dicuntur vel potius se ipsi dicunt consularis : quo nomine dignus est nemo, nisi qui tanti honoris
onus potest sustinere.   Faveas tu hosti? ille litteras ad te
mittat de sua spe rerum secundarum ; eas tu laetus proferas,
recites, describendas etiam des improbis civibus, eorum 25
augeas animos, bonorum spem virtutemque debilites, et te
consularem aut senatorem, denique civem putes?   Accipiet

---

2 modesti *D*   3 Gaius *om. V*   inde *om. V*   4 posset *D*
5 providi cives et *V* : provendicius esset (es et *b*) *D*   senatores]
feneratores *h*   6 pacis *Vrsinus* : patris *Vt* : partis *bns*   7 nonne
om. t : qui *bns* : -ne sic disputant *V*² *in ras.*   inritatu (*sic*) . . .
nequam est *om. V*¹   irritari *D*   11 ulciscendi *V* : -endū *b* :
-endis *nst*   12 pertimescendi *Vb* : -endis *V*²*nst*   13 habebantur
V : appellabantur *D*   16 convenit *D*   19 adversatum *D*   20 fecit
adversatum *V*   21 se *V* : idem *D*   22 non quo *D*   23 onus
Cobet : nomen *codd.*   25 eorum *V* : forum *D*   27 aut denique *V*²*D*

in optimam partem C. Pansa, fortissimus consul atque
optimus.   Etenim dicam animo amicissimo : Hunc ipsum,
mihi hominem familiarissimum, nisi talis consul esset ut
omnis vigilias, curas, cogitationes in rei publicae salute
5 defigeret, consulem non putarem.   Quamquam nos ab 6
ineunte illius aetate usus, consuetudo, studiorum etiam
honestissimorum societas similitudoque devinxit, eiusdemque
cura incredibilis in asperrimis belli civilis periculis perspecta
docuit non modo salutis sed etiam dignitatis meae fuisse
10 fautorem, tamen eundem, ut dixi, nisi talis consul esset,
negare esse consulem auderem : idem non modo consulem
esse dico sed memoria mea praestantissimum atque optimum consulem, non quin pari virtute et voluntate alii
fuerint, sed tantam causam non habuerunt in qua et volun-
15 tatem suam et virtutem declararent.   Huius magnitudini 7
animi, gravitati, sapientiae tempestas est oblata formidolosis-
simi temporis.   Tum autem inlustratur consulatus, cum
gubernat rem publicam, si non optabili, at necessario tempore.   Magis autem necessarium, patres conscripti, nullum
20 tempus umquam fuit.   Itaque ego ille qui semper pacis 3
auctor fui, cuique pax, praesertim civilis, quamquam omnibus bonis, tamen in primis fuit optabilis—omne enim
curriculum industriae nostrae in foro, in curia, in amicorum
periculis propulsandis elaboratum est ; hinc honores am-
25 plissimos, hinc mediocris opes, hinc dignitatem si quam
habemus consecuti sumus—ego igitur pacis, ut ita dicam, 8
alumnus qui quantuscumque sum—nihil enim mihi adrogo
—sine pace civili certe non fuissem—periculose dico : quem
ad modum accepturi, patres conscripti, sitis, horreo, sed

5 configeret *D*   6 illius h. m. pagate memoria mea (*l.* 12)
med. omissis V (h. m. = hic minus, *omissionis signum*) : *quae desunt
infra habet V* (§ 11) *inter* quod *et* erat bellum : *eadem hic marg. ascripsit
V*[3] (*saec.* xii)   7 coniunxit *D* : coniungit *V*[3]   8 curam incredibilem *V*[3]*D*   perspexi non modo *V*[3]*D*   9 fuisse fautorem *om. V*[3]*D*
12 sed *V* (*in* § 11) : sed etiam *D et V*[3]   13 non quia non *D*   14
et virt. *ante* et volunt. *habent D*   18 gubernavit *V*   22 mihi
tamen *D*   26 igitur *V* : itaque *D*

pro mea perpetua cupiditate vestrae dignitatis retinendae
et augendae quaeso oroque vos, patres conscripti, ut primo,
etsi erit vel acerbum auditu vel incredibile a M. Cicerone
esse dictum, accipiatis sine offensione quod dixero, neve
id prius quam quale sit explicaro repudietis — ego ille, 5
dicam saepius, pacis semper laudator, semper auctor,
pacem cum M. Antonio esse nolo.   Magna spe ingredior
in reliquam orationem, patres conscripti, quoniam peri-
9 culosissimum locum silentio sum praetervectus.   Cur igitur
pacem nolo?   Quia turpis est, quia periculosa, quia 10
esse non potest.   Quae tria dum explico, peto a vobis,
patres conscripti, ut eadem benignitate qua soletis mea
verba audiatis.

    Quid est inconstantia, levitate, mobilitate cum singulis
hominibus, tum vero universo senatui turpius? quid porro 15
inconstantius quam quem modo hostem non verbo sed re
10 multis decretis iudicaritis, cum hoc subito pacem velle coniungi?   Nisi vero, cum C. Caesari meritos illi quidem
honores et debitos, sed tamen singularis et immortalis decrevistis, unam ob causam quod contra M. Antonium exer- 20
citum comparavisset, non hostem tum Antonium iudicavistis,
nec tum hostis est a vobis iudicatus Antonius cum laudati
auctoritate vestra veterani milites qui C. Caesarem secuti
essent, nec tum hostem Antonium iudicastis cum fortissimis legionibus, quod illum qui consul appellabatur cum 25
esset hostis, reliquissent, vacationes, pecunias, agros spopon-
4 distis.   Quid? cum Brutum omine quodam illius generis et
11 nominis natum ad rem publicam liberandam exercitumque
eius pro libertate populi Romani bellum gerentem cum Antonio provinciamque fidelissimam atque optimam, Galliam, 30

---

3 si erit *D*   5 explicaro *Vb²* : explicavero *cett.*   **7** M. *om. V*
14 mobilitate levitate *D*   15 vero inconstanti *V*   17 iudicaritis
V² : -aretis *V¹* : -abitis *t* : -avistis *bns*   18 merito *V*   quidem
illi *D*   21 tum *Halm* : cum *V* : *om. D*   23 C. *om. D*   24 iudicavistis *D*   27 omine *b* : homine *V* : hominem *ns* : non *t*   quodam
V¹b : quoddam *t* : quondam *V²ns*   illius *D* : istius *V*   30 Galliam
del. Baiter

laudibus amplissimis adfecistis, tum non hostem iudicastis Antonium? Quid? cum decrevistis ut consules, alter
ambove, ad bellum proficiscerentur, quod erat bellum, si
hostis Antonius non erat? Quid igitur profectus est vir 12
5 fortissimus, meus conlega et familiaris, A. Hirtius consul?
at qua imbecillitate, qua macie! Sed animi viris corporis
infirmitas non retardavit. Aequum, credo, putavit vitam
quam populi Romani votis retinuisset pro libertate populi
Romani in discrimen adducere. Quid? cum dilectus ha- 13
10 beri tota Italia iussistis, cum vacationes omnis sustulistis,
tum ille hostis non est iudicatus? Armorum officinas in
urbe videtis; milites cum gladiis sequuntur consulem; praesidio sunt specie consuli, re et veritate nobis; omnes sine
ulla recusatione, summo etiam cum studio nomina dant,
15 parent auctoritati vestrae: non est iudicatus hostis Antonius? At legatos misimus. Heu, me miserum! cur sena- 14
tum cogor, quem laudavi semper, reprehendere? Quid?
vos censetis, patres conscripti, legatorum missionem populo
Romano vos probavisse? non intellegitis, non auditis meam
20 sententiam flagitari? cui cum pridie frequentes essetis adsensi, postridie ad spem estis inanem pacis devoluti. Quam
turpe porro legiones ad senatum legatos mittere, senatum ad
Antonium! Quamquam illa legatio non est, denuntiatio
est paratum illi exitium, nisi paruerit huic ordini. Quid
25 refert? tamen opinio est gravis. Missos enim legatos omnes
vident; decreti nostri non omnes verba noverunt. Reti- 5
nenda est igitur nobis constantia, gravitas, perseverantia;
repetenda vetus illa severitas, si quidem auctoritas senatus
decus, honestatem, laudem dignitatemque desiderat, quibus
30 rebus hic ordo caruit nimium diu. Sed erat tunc excusatio
oppressis, misera illa quidem, sed tamen iusta: nunc nulla

3 ad bellum .R. *V* (.R. = require, *signum corruptionis, cf. Mil.* 18):
ad bellum Roma *coni. Halm*   3 quod⌋ *sequitur in V* -te usus . . .
dico sed (§ 6)   12 milites *Vn²*: me (ne *t*) milites *cett.*   14 nomina
dant *V*: nominanda *t*: nominandi *bns*   19 vos *om. D*   probavisse
D: probisse *V¹*: probasse *V²*   20 cui *V¹*: qui *V²D*   22 porro
V¹: est porro *V²nst*: porro est *b*   24 exitium fert *med. omissis V*
25 gravis *Pluygers*: grui *V¹*: gravior *V²D*   26 vestri *D*   29
dignitatemque *V, Cus.*: dignitatem *D*   30 rebus *om. D*   tum *D*

215

est. Liberati regio dominatu videbamur : multo postea
gravius urgebamur armis domesticis. Ea ipsa depulimus
nos quidem : extorquenda sunt. Quod si non possumus
facere — dicam quod dignum est et senatore et Romano
15 homine — moriamur. Quanta enim illa erit rei publicae 5
turpitudo, quantum dedecus, quanta labes, dicere in hoc
ordine sententiam M. Antonium consulari loco ! cuius ut
omittam innumerabilia scelera urbani consulatus, in quo
pecuniam publicam maximam dissipavit, exsules sine lege
restituit, vectigalia divendidit, provincias de populi Romani 10
imperio sustulit, regna addixit pecunia, leges civitati per
vim imposuit, armis aut obsedit aut exclusit senatum : ut
haec, inquam, omittam, ne hoc quidem cogitatis, eum qui
Mutinam, coloniam populi Romani firmissimam, oppugnarit,
imperatorem populi Romani, consulem designatum, obse- 15
derit, depopulatus agros sit, hunc in eum ordinem recipi
a quo totiens ob has ipsas causas hostis iudicatus sit quam
foedum flagitiosumque sit ?

16   Satis multa de turpitudine. Dicam deinceps, ut proposui,
de periculo : quod etsi minus est fugiendum quam tur- 20
pitudo, tamen offendit animos maioris partis hominum
6 magis. Poteritis igitur exploratam habere pacem, cum in
civitate Antonium videbitis vel potius Antonios ? Nisi forte
contemnitis Lucium : ego ne Gaium quidem. Sed, ut
video, dominabitur Lucius. Est enim patronus quinque et 25
triginta tribuum, quarum sua lege qua cum C. Caesare
magistratus partitus est suffragium sustulit ; patronus centuriarum equitum Romanorum quas item sine suffragio
esse voluit, patronus eorum qui tribuni militares fuerunt,

1 tum regio *D*   multo . . . urgebamur *om. D*   3 nunc quidem
vi extorquenda *D*   5 erit illa *D, Cus.*   12 armis aut] armis *D*
14 firmissimam . . . pop. R. *om. D*   16 hunc] *fort.* nunc   18 sit,
videtis *ns*   20 quod si *D*   23 civitatem *V* : civitate M. *Halm*
videatis *D*   24 Lucium ego ne gauium quidem *V* : L. egnatium
quidem *D*   25 est *D* : sed *V*   quinque et triginta *V* : xxxv *D*
27 magistratum *V* : magistratuum comitia *coni. Halm*   28 idem *D*
29 eorum *V* : forum *t* : fori *bns* (*cf.* § 5)

patronus Iani medii. Quis huius potentiam poterit susti- 17
nere? praesertim cum eosdem in agros etiam deduxerit.
Quis umquam omnis tribus, quis equites Romanos, quis
tribunos militaris? Gracchorum potentiam maiorem fuisse
5 arbitramini quam huius gladiatoris futura sit? quem gladiatorem non ita appellavi ut interdum etiam M. Antonius
gladiator appellari solet, sed ut appellant ei qui plane et
Latine loquuntur. Myrmillo in Asia depugnavit. Cum
ornasset Thraecidicis comitem et familiarem suum, illum
10 miserum fugientem iugulavit, luculentam tamen ipse plagam
accepit, ut declarat cicatrix. Qui familiarem iugularit, quid 18
is occasione data faciet inimico? et qui illud animi causa
fecerit, hunc praedae causa quid facturum putatis? Non
rursus improbos decuriabit, non sollicitabit rursus agrarios,
15 non queretur expulsos? M. vero Antonius non is erit ad
quem omni motu concursus fiat civium perditorum? Vt
nemo sit alius nisi ei qui una sunt, et ei qui hic ei nunc
aperte favent, parumne erunt multi? praesertim cum bonorum praesidia discesserint, illi parati sint ad nutum futuri?
20 Ego vero metuo, si hoc tempore consilio lapsi erimus, ne
illi brevi tempore nimis multi nobis esse videantur. Nec 19
ego pacem nolo, sed pacis nomine bellum involutum refor-
mido. Qua re si pace frui volumus, bellum gerendum est;
si bellum omittimus, pace numquam fruemur. Est autem 7
25 vestri consili, patres conscripti, in posterum quam longissime providere. Idcirco in hac custodia et tamquam
specula conlocati sumus uti vacuum metu populum Romanum nostra vigilia et prospicientia redderemus. Turpe est

11 iugularat D   12 is *Faernus*: si *V*: hic D   13 fecerit . . .
causa *om.* D   15 queretur *Vb¹t* (-aer- *Vb¹*) : queret *b²ns* (-aer- *b²*)
M. *om.* *V¹*   16 fiat *V*: sit D (sit at *t*)   17 ii . . . et ii *V*: illi . . .
:t hi D   19 praesidiis cesserint D   20 consilii *V*: consiliis *coni.*
Halm   22 nouolutum *V*: noluo latum *Cus.* : obvolutum *Muretus*
24 omittimus *V*, *Cus.* : -emus D   25 vestri *V¹*, *Cus.* : veteris *V²D*
26 custodia et *Faernus* : custodiet *V* : custodia D, *Cus.*   27 in
specula D   uti vacuum *Garatoni* : ut tuaquom *V*: utacum *t*: ut
vacuum *bns* : ut tutum ab omni *Cus.*   28 prospicientia *Vb* : prospi-
cienda *t* : providentia *ns*

summo consilio orbis terrae, praesertim in re tam perspicua,
20 consilium intellegi defuisse. Eos consules habemus, eam
populi Romani alacritatem, eum consensum Italiae, eos
duces, eos exercitus, ut nullam calamitatem res publica
accipere possit sine culpa senatus. Equidem non deero : 5
monebo, praedicam, denuntiabo, testabor semper deos ho-
minesque quid sentiam, nec solum fidem meam, quod fortasse videatur satis esse, sed in principe civi non est satis :
curam, consilium vigilantiamque praestabo.

8
21   Dixi de periculo : docebo ne coagmentari quidem posse 10
pacem ; de tribus enim quae proposui hoc extremum est.
Quae potest pax esse M. Antonio primum cum senatu?
quo ore vos ille poterit, quibus vicissim vos illum oculis
intueri ? quis vestrum illum, quem ille vestrum non oderit ?
Age, vos ille solum et vos illum ? quid ? ei qui Mutinam 15
circumsedent, qui in Gallia dilectus habent, qui in vestras
fortunas imminent, amici umquam vobis erunt aut vos illis ?
An equites Romanos amplectetur ? Occulta enim fuit
eorum voluntas iudiciumque de Antonio. Qui frequen-
tissimi in gradibus Concordiae steterunt, qui nos ad liber- 20
tatem recuperandam excitaverunt, arma, saga, bellum flagi-
taverunt, me una cum populo Romano in contionem
vocaverunt, hi Antonium diligent et cum his pacem servabit
22 Antonius? Nam quid ego de universo populo Romano
dicam? qui pleno ac referto foro bis me una mente atque 25
voce in contionem vocavit declaravitque maximam libertatis
recuperandae cupiditatem. Ita, quod erat optabile antea ut
populum Romanum comitem haberemus, nunc habemus
ducem. Quae est igitur spes, qui Mutinam circumsedent,
imperatorem populi Romani exercitumque oppugnant, eis 30

---

2 intellegi *Vb* : -endi *nst*   6 praedicam *V* : -dico *t* : -dicabo *bns*
et testabor *D*   8 videtur *D*   cive *D*   12 esse pax *D*   13 ille
vos *D* (*ita mox*)   20 steterunt *D* : sederunt *V*   21 arma saga *D* :
armato *V* : armati *coni. Halm*   27 itaque quod *D* : itaque *Nipperdey*
30 oppugnant, iis *Faernus* : oppugnatis *V¹* : oppugnantes (-is *V²*) *V²D*

pacem cum populo Romano esse posse? An cum muni- 23
cipiis pax erit quorum tanta studia cognoscuntur in decretis
faciendis, militibus dandis, pecuniis pollicendis, ut in singulis oppidis curiam populi Romani non desideretis? Lau-
5 dandi sunt ex huius ordinis sententia Firmani qui principes
pecuniae pollicendae fuerunt; respondendum honorifice
est Marrucinis qui ignominia notandos censuerunt eos si
qui militiam subterfugissent. Haec iam tota Italia fient.
Magna pax Antonio cum eis, his item cum illo. Quae
10 potest esse maior discordia? In discordia autem pax civilis
esse nullo pacto potest. Vt omittam multitudinem, L. Vi- 24
sidio, equiti Romano, homini in primis ornato atque honesto
civique semper egregio, cuius ego excubias et custodias mei
capitis cognovi in consulatu meo; qui vicinos suos non
15 cohortatus est solum ut milites fierent sed etiam facultatibus suis sublevavit: huic, inquam, tali viro, quem nos
senatus consulto conlaudare debemus, poteritne esse paca-
tus Antonius? Quid? C. Caesari qui illum urbe, quid?
D. Bruto qui Gallia prohibuit? Iam vero ipse se placabit 25
20 et leniet provinciae Galliae a qua expulsus et repudiatus
est? Omnia videbitis, patres conscripti, nisi prospicitis,
plena odiorum, plena discordiarum, ex quibus oriuntur bella
civilia. Nolite igitur id velle quod fieri non potest, et
cavete, per deos immortalis! patres conscripti, ne spe prae-
25 sentis pacis perpetuam pacem amittatis.

Quorsum haec omnis spectat oratio? quid enim legati $\frac{9}{26}$
egerint nondum scimus. At vero excitati, erecti, parati,
armati animis iam esse debemus, ne blanda aut supplici
oratione aut aequitatis simulatione fallamur. Omnia fecerit
30 oportet quae interdicta et denuntiata sunt, prius quam
aliquid postulet: Brutum exercitumque eius oppugnare,

---

1 esse posse *V*: habere possunt *D*   4 desideret *ns*: desideres *bt*
7 si *om. D*   8 fiunt *D*   11 Visidio *Vns*: nisidio *bt*: Nasidio
Ferrarius   17 collauderemus *nst*   20 ei qua exclusus *D*
22 plena disc. *om. V*[1]   25 mittatis *V*   27 excitati erecti *V*:
erecti citati (incit- *b*) *D*

urbis et agros provinciae Galliae populari destiterit; ad
Brutum adeundi legatis potestatem fecerit, exercitum citra
flumen Rubiconem eduxerit, nec propius urbem milia pas-
suum CC admoverit; fuerit et in senatus et in populi Romani
potestate. Haec si fecerit, erit integra potestas nobis de- 5
liberandi; si senatui non paruerit, non illi senatus, sed ille
27 populo Romano bellum indixerit. Sed vos moneo, patres
conscripti: libertas agitur populi Romani, quae est commendata vobis; vita et fortunae optimi cuiusque, quo cupiditatem infinitam cum immani crudelitate iam pridem intendit 10
Antonius; auctoritas vestra, quam nullam habebitis, nisi
nunc tenueritis; taetram et pestiferam beluam ne inclusam
et constrictam dimittatis cavete. Te ipsum, Pansa, moneo
—quamquam non eges consilio, quo vales plurimum, tamen
etiam summi gubernatores in magnis tempestatibus a vectori- 15
bus admoneri solent— hunc tantum tuum apparatum tamque praeclarum ne ad nihilum recidere patiare. Tempus
habes tale quale nemo habuit umquam. Hac gravitate
senatus, hoc studio equestris ordinis, hoc ardore populi
Romani potes in perpetuum rem publicam metu et peri- 20
culo liberare. Quibus de rebus refers, P. Servilio adsentior.

4 cc] ducenta *codd.*, *sed* vi. 5   cc *bis*   fuerit in *D*   5 erit
om. V   12 retinueritis *D*   17 praeclarum *om. V*   reccidere
Zielinski, cf. iv. 10   21 quibus . . . assentior *om. ns*: de rebus *om.
bt*: assentior *om. t*

M. TVLLI CICERONIS

IN M. ANTONIVM

ORATIO PHILIPPICA OCTAVA

CONFUSIUS hesterno die est acta res, C. Pansa, quam 1
postulabat institutum consulatus tui. Parum mihi visus
es eos quibus cedere non soles sustinere. Nam cum
senatus ea virtus fuisset quae solet, et cum re viderent
5 omnes esse bellum quidamque id verbum removendum
arbitrarentur, tua voluntas in discessione fuit ad lenitatem
propensior. Victa est igitur propter verbi asperitatem te
auctore nostra sententia : vicit L. Caesaris, amplissimi viri,
qui verbi atrocitate dempta oratione fuit quam sententia
10 lenior. Quamquam is quidem, ante quam sententiam
diceret, propinquitatem excusavit. Idem fecerat me consule in sororis viro quod hoc tempore in sororis filio fecit,
ut et luctu sororis moveretur et saluti populi Romani pro-
videret. Atque ipse tamen Caesar praecepit vobis quodam 2
15 modo, patres conscripti, ne sibi adsentiremini, cum ita dixit,
aliam sententiam se dicturum fuisse eamque se ac re publica
dignam, nisi propinquitate impediretur. Ergo ille avunculus : num etiam vos avunculi qui illi estis adsensi ? At
in quo fuit controversia ? Belli nomen ponendum quidam
20 in sententia non putabant : tumultum appellare malebant,
ignari non modo rerum sed etiam verborum : potest enim esse

7 verbi *Vb* : *om nst*   8 L. *D* : C. *V*   13 p. R. *V* : rei p. *D*
16 se *ante* dicturum *hab. D, om. V* ; *post* aliam *inser. Halm, post* fuisse
Baiter   19 in sententia quidam *D*

bellum ut tumultus non sit, tumultus autem esse sine bello non
3 potest. Quid est enim aliud tumultus nisi perturbatio tanta
ut maior timor oriatur? unde etiam nomen ductum est tumultus. Itaque maiores nostri tumultum Italicum quod erat
domesticus, tumultum Gallicum quod erat Italiae finitimus, 5
praeterea nullum nominabant. Gravius autem tumultum
esse quam bellum hinc intellegi potest quod bello vacationes
valent, tumultu non valent. Ita fit, quem ad modum dixi,
ut bellum sine tumultu possit, tumultus sine bello esse non
4 possit. Etenim cum inter bellum et pacem medium nihil 10
sit, necesse est tumultum, si belli non sit, pacis esse: quo
quid absurdius dici aut existimari potest? Sed nimis multa
de verbo: rem potius videamus, patres conscripti, quam
quidem intellego verbo fieri interdum deteriorem solere.
2 Nolumus hoc bellum videri. Quam igitur municipiis et 15
coloniis ad excludendum Antonium auctoritatem damus?
quam ut milites fiant sine vi, sine multa, studio, voluntate?
quam ut pecunias in rem publicam polliceantur? Si enim
belli nomen tolletur, municipiorum studia tollentur; consensus populi Romani, qui iam descendit in causam, si nos 20
5 languescimus, debilitetur necesse est. Sed quid plura?
D. Brutus oppugnatur: non est bellum? Mutina obsidetur: ne hoc quidem bellum est? Gallia vastatur: quae
pax potest esse certior? Illud vero quis potest bellum esse
dicere? Consulem, fortissimum virum, cum exercitu misi- 25
mus, qui, cum esset infirmus ex gravi diuturnoque morbo,
nullam sibi putavit excusationem esse oportere, cum ad rei

1 ut tumultus non sit, tumultus autem esse *Isidorus, Origg.* xviii.
1. 7: ut tumultus esse V^1 *med. omissis*: sine tumultu, tumultus (ut
tum. V^3) esse V^2D 6 nullum tumultum nom. *D*   7 potest
V: licet *D*   bello *Isidorus*: bello Italico *V*: bello Gallico *D*
15 nolimus *V*   17 fiant *V*: sint *D*   multa *V*: tumultu *D*   et
studio *D*   19 tolletur] tolleitur *V*: tollitur *D*   tolluntur *D*
22 Mutina obsidetur *D*: Mutine dominaretur seturna opsidetur *V*:
voc. dominaretur *ex* § 7 *huc invectum vidit Halm*: seturna *ex* -sidetur
et -na (*i. e.* mutine) *ortum puto*   24 potest pax *D*   25 Consulem
V: quo *D*: quo cons. *Garatoni*: quod cons. *Halm*   26 ex *D*: et *V*

publicae praesidium vocaretur.   C. quidem Caesar non
exspectavit vestra decreta, praesertim cum illud esset aetatis :
bellum contra Antonium sua sponte suscepit.   Decernendi
enim tempus nondum erat : bellum autem gerendi tempus
5 si praetermisisset, videbat re publica oppressa nihil posse
decerni.   Ergo illi nunc et eorum exercitus in pace ver- 6
santur.   Non est hostis is cuius praesidium Claterna deiecit
Hirtius ; non est hostis qui consuli armatus obsistit, designatum consulem oppugnat, nec illa hostilia verba nec bellica
10 quae paulo ante ex conlegae litteris Pansa recitavit : 'Deieci
praesidium ; Claterna potitus sum ; fugati equites ; proelium
commissum ; occisi aliquot.'   Quae pax potest esse maior ?
Dilectus tota Italia decreti sublatis vacationibus ; saga cras
sumentur ; consul se cum praesidio descensurum esse dixit.
15 Vtrum hoc bellum non est, an est tantum bellum quantum 7
numquam fuit ?   Ceteris enim bellis maximeque civilibus
contentionem rei publicae causa faciebat.   Sulla cum
Sulpicio de iure legum quas per vim Sulla latas esse dicebat ; Cinna cum Octavio de novorum civium suffragiis ;
20 rursus cum Mario et Carbone Sulla ne dominarentur indigni
et ut clarissimorum hominum crudelissimam puniretur
necem.   Horum omnium bellorum causae ex rei publicae
contentione natae sunt.   De proximo bello civili non libet
dicere : ignoro causam, detestor exitum.   Hoc bellum quin- $\frac{3}{8}$
25 tum civile geritur—atque omnia in nostram aetatem inciderunt—primum non modo non in dissensione et discordia
civium sed in maxima consensione incredibilique concordia.
Omnes idem volunt, idem defendunt, idem sentiunt.   Cum
omnis dico, eos excipio quos nemo civitate dignos putat.
30 Quae est igitur in medio belli causa posita ?   Nos deorum
immortalium templa, nos muros, nos domicilia sedesque

1 C. quidem *bns* : quidem *V* : equidem *t*   4 erat *V* : venerat *D*
belli *D*   6 et eorum *Vb* : ceterorum *nst*   8 obsistit *V* : obsidet *bt* :
om. ns   14 esse *om. D*   15 an est *Müller* : an etiam *D* : etiam *V*
18 Sulla latas] con. Sulla latas *V* : latas Sulla *D* : consul Sulla latas
Halm   26 modo non *Vb* : modo *nst*   30 nos deorum *V* : deorum
nos *n²* : deorum *cett.*

populi Romani, aras, focos, sepulcra maiorum ; nos leges,
iudicia, libertatem, coniuges, liberos, patriam defendimus :
contra M. Antonius id molitur, id pugnat ut haec omnia
perturbet, evertat, praedam rei publicae causam belli putet,
fortunas nostras partim dissipet partim dispertiat parricidis. 5

9 In hac tam dispari ratione belli miserrimum illud est quod
ille latronibus suis pollicetur primum domos ; urbem enim
divisurum se confirmat ; deinde omnibus portis quo velint
deducturum.   Omnes Cafones, omnes Saxae ceteraeque
pestes quae sequuntur Antonium aedis sibi optimas, hortos, 10
Tusculana, Albana definiunt. Atque etiam homines agrestes,
si homines illi ac non pecudes potius, inani spe ad aquas
usque et Puteolos pervehuntur.   Ergo habet Antonius quod
suis polliceatur.   Quid nos ? num quid tale habemus ?   Di
meliora ! id enim ipsum agimus ne quis posthac quicquam 15
eius modi possit polliceri.   Invitus dico, sed dicendum est :
hasta Caesaris, patres conscripti, multis improbis et spem
adfert et audaciam.   Viderunt enim ex mendicis fieri repente
divites : itaque semper hastam videre cupiunt ei qui nostris

10 bonis imminent, quibus omnia pollicetur Antonius.   Quid ? 20
Nos nostris exercitibus quid pollicemur ?   Multo meliora
atque maiora.   Scelerum enim promissio et eis qui exspec-
tant perniciosa est et eis qui promittunt : nos libertatem
nostris militibus, leges, iura, iudicia, imperium orbis terrae,
dignitatem, pacem, otium pollicemur.   Antoni igitur pro- 25
missa cruenta, taetra, scelerata, dis hominibusque invisa, nec
diuturna neque salutaria : nostra contra honesta, integra,
gloriosa, plena laetitiae, plena pietatis.

4
11   Hic mihi etiam Q. Fufius, vir fortis ac strenuus, amicus
meus, pacis commoda commemorat.   Quasi vero, si 30

8 se divisurum *D*   10 secuntur *Vnst*   11 homines agrestes si
om. V   12 illi ac (an *V*) non pecudes potius *V, Faernus* : sunt illi
potius quam pecudes *D*   13 et Puteolos *Vns* (-las *ns*) : Puteolanas *bt*
pervehuntur *V* (*e coll. mea*) *D* : provehuntur *ed. R*   15 ne] p.
ne *V*   18 viderunt enim ex mendicis *V* : sui enim ex me didicerunt *D*
22–23 et his . . . et his *D*   24 iura leges *D*

laudanda pax esset, ego id aeque commode facere non
possem. Semel enim pacem defendi, non semper otio
studui? quod cum omnibus bonis utile est, tum praecipue
mihi. Quem enim cursum industria mea tenere potuisset
5 sine forensibus causis, sine legibus, sine iudiciis? quae esse
non possunt civili pace sublata. Sed quaeso, Calene, quid 12
tu? Servitutem pacem vocas? Maiores quidem nostri
non modo ut liberi essent sed etiam ut imperarent, arma
capiebant: tu arma abicienda censes ut serviamus? Quae
10 causa iustior est belli gerendi quam servitutis depulsio? in
qua etiam si non sit molestus dominus, tamen est miserrimum posse, si velit. Immo aliae causae iustae, haec
necessaria est. Nisi forte ad te hoc non putas pertinere,
quod te socium fore speras dominationis Antoni. In quo
15 bis laberis: primum quod tuas rationes communibus interponis; deinde quod quicquam stabile aut iucundum in
regno putas. Non, si tibi antea profuit, semper proderit.
Quin etiam de illo homine queri solebas: quid te facturum 13
de belua putas? Atque ais eum te esse qui semper pacem
20 optaris, semper omnis civis volueris salvos. Honesta oratio,
sed ita si bonos et utilis et e re publica civis: sin eos qui
natura cives sunt, voluntate hostes, salvos velis, quid tandem intersit inter te et illos? Pater tuus quidem, quo
utebar sene auctore adulescens, homo severus et prudens,
25 primas omnium civium P. Nasicae qui Ti. Gracchum interfecit dare solebat: eius virtute, consilio, magnitudine animi
liberatam rem publicam arbitrabatur. Quid? nos a patribus 14
num aliter accepimus? Ergo is tibi civis, si temporibus
illis fuisses, non probaretur, quia non omnis salvos esse

1 id aeque *Vb*: id *t*: idem *ns*   3 est *D*: esset *V*   10 gerendi
om. Cus.   12 esse posse *Pluygers*   alia causa iusta *D*   13 est
om. D   15 laberis *Faernus*: liberis *V*: falleris *D*   anteponis *D*
16 aut iuc. in regno *Vst*: in regno aut iuc. *bn*   18 etiam *D*: etiam
enim *V*: etiam memini *Faernus*   19 atque ais *V*: atque es *t*: atqui
es *bns*   21 et e *V*: *om. D*   23 interest *D*   pater tuus quidem *V*:
qui (-id *s*) pater dem (dein *ns*) tuus *nst*: quid pater tandem tuus *b*
24 auctore *om. D*   28 civis *post* omnis *transp. Schwartz*

voluisset. 'Quod L. Opimius consul verba fecit de re
publica, de ea re ita censuerunt uti L. Opimius consul rem
publicam defenderet.' Senatus haec verbis, Opimius armis.
Num igitur eum, si tum esses, temerarium civem aut crudelem putares, aut Q. Metellum, cuius quattuor filii consulares, 5
P. Lentulum, principem senatus, compluris alios summos
viros qui cum Opimio consule armati Gracchum in Aventi-
num persecuti sunt? quo in proelio Lentulus grave volnus
accepit, interfectus est Gracchus et M. Fulvius consularis,
eiusque duo adulescentuli filii. Illi igitur viri vituperandi : 10
5 non enim omnis civis salvos esse voluerunt. Ad propiora
15 veniamus. C. Mario L. Valerio consulibus senatus rem
publicam defendendam dedit: L. Saturninus tribunus
plebis, C. Glaucia praetor est interfectus. Omnes illo die
Scauri, Metelli, Claudii, Catuli, Scaevolae, Crassi arma 15
sumpserunt. Num aut consules illos aut clarissimos viros
vituperandos putas? Ego Catilinam perire volui. Num
tu qui omnis salvos vis Catilinam salvum esse voluisti?
Hoc interest, Calene, inter meam sententiam et tuam. Ego
nolo quemquam civem committere ut morte multandus sit ; 20
tu, etiam si commiserit, conservandum putas. In corpore
si quid eius modi est quod reliquo corpori noceat, id uri
secarique patimur ut membrum aliquod potius quam totum
corpus intereat. Sic in rei publicae corpore, ut totum
16 salvum sit, quicquid est pestiferum amputetur. Dura vox ! 25
multo illa durior : 'Salvi sint improbi, scelerati, impii ;
deleantur innocentes, honesti, boni, tota res publica !' Vno
in homine, Q. Fufi, fateor te vidisse plus quam me. Ego
P. Clodium arbitrabar perniciosum civem, sceleratum,
libidinosum, impium, audacem, facinerosum, tu contra 30

2 L. *om. D*   5 aut Q.] atq. *V*: an Q. *coni. Halm*   6 senatus
Ferrarius : senatorem *codd.*   7 cum] cum L. *D*   9 consulares *VD*:
corr. Ferrarius   12 Valerio *om. V*   14 C. *om. D*   praetor *s²* :
p. r. (populi Romani *V*) *cett.*   16 aut consules illos *V*: aut syllos *t* :
autem illos *bn*   clarissimos hos viros *Mommsen*   20 civem *D* :
quem *V*   21 ut in corpore *Cobet*   22 id *V¹*: ad *V²*, *Cus.* : *om. D*
23 membrum *V*, *Cus.* : membra *t* : membrorum (-bro *s¹*) *cett.*

sanctum, temperantem, innocentem, modestum, retinendum
civem et optandum.   In hoc uno te plurimum vidisse, me
multum errasse concedo.   Nam quod me tecum iracunde
agere dixisti solere, non est ita.   Vehementer me agere
5 fateor, iracunde nego.   Omnino irasci amicis non temere
soleo, ne si merentur quidem.   Itaque sine verborum con- 17
tumelia a te dissentire possum, sine animi summo dolore
non possum.   Parva est enim mihi tecum aut parva de re
dissensio? ego huic faveo, tu illi?   Immo vero ego D. Bruto
10 faveo, tu M. Antonio: ego conservari coloniam populi
Romani cupio, tu expugnari studes.   An hoc negare potes, **6**
qui omnis moras interponas quibus infirmetur Brutus,
melior fiat Antonius?   Quo usque enim dices pacem velle
te?   Res geritur; conductae vineae sunt; pugnatur acer-
15 rime.   Qui intercurrerent, misimus tris principes civitatis.
Hos contempsit, reiecit, repudiavit Antonius: tu tamen
permanes constantissimus defensor Antoni.   Et quidem, quo 18
melior senator videatur, negat se illi amicum esse debere :
cum suo magno esset beneficio, venisse eum contra se.
20 Videte quanta caritas sit patriae : cum homini sit iratus,
tamen rei publicae causa defendit Antonium.   Ego te, cum
in Massiliensis tam es acerbus, Q. Fufi, non animo aequo
audio.   Quo usque enim Massiliam oppugnabis? ne triumphus quidem finem facit belli, per quem lata est urbs ea
25 sine qua numquam ex Transalpinis gentibus maiores nostri
triumpharunt.   Quo quidem tempore populus Romanus
ingemuit : quamquam proprios dolores suarum rerum omnes
habebant, tamen huius civitatis fidelissimae miserias nemo
erat civis qui a se alienas arbitraretur.   Caesar ipse qui 19
30 illis fuerat iratissimus tamen propter singularem eius civi-

2 me *Vb* : *om. cett.*   3 quod *om. D*   9 huic *V* : huic vel illi
(*del.* vel illi *n²*) videlicet *D* (*cf. Rull.* ii. 55)   ego . . . Antonio *del.*
Pluygers   10 conservare *D*   12 interponis *D*   13 dicis *D*
14 vineae *ed. R* : lineae (-iae *V*) *codd.*   17 equidem *D*   18 se illi
D : ei illi *V* : *fort.* se ei   19 esse *D*   eum *V* : reum *D*   20
videte *Manutius* : vide *codd.* (*cf.* x. 23)   22 es *V* : sis *D*   Q. *om. D*
24 fecit *D*   sublata *D*   26 triumphaverunt *V* (*peiore numero*)

tatis gravitatem et fidem cotidie aliquid iracundiae remitte-
bat : te nulla sua calamitate civitas satiare tam fidelis
potest? Rursus iam me irasci fortasse dices. Ego autem
sine iracundia dico omnia nec tamen sine dolore animi :
neminem illi civitati inimicum esse arbitror qui amicus 5
huic sit civitati. Excogitare quae tua ratio sit, Calene, non
possum. Antea deterrere te ne popularis esses non poteramus : exorare nunc ut sis popularis non possumus. Satis
multa cum Fufio ac sine odio omnia, nihil sine dolore.
Credo autem, qui generi querelam moderate ferat, aequo 10
animo laturum amici.

7
20   Venio ad reliquos consularis, quorum nemo est—iure
hoc meo dico—quin mecum habeat aliquam coniunctionem
gratiae, alii maximam, alii mediocrem, nemo nullam. Quam
hesternus dies nobis, consularibus dico, turpis inluxit ! 15
Iterum legatos? Quasi ille faceret indutias? Ante os
oculosque legatorum tormentis Mutinam verberavit ; opus
ostendebat munitionemque legatis ; ne punctum quidem
temporis, cum legati adessent, oppugnatio respiravit. Ad
hunc legatos? cur? an ut eorum reditu vehementius per- 20
21 timescatis? Equidem cum ante legatos decerni non cen-
suissem, hoc me tamen consolabar, cum illi ab Antonio
contempti et reiecti revertissent renuntiavissentque senatui
non modo illum de Gallia non discessisse, uti censuissemus,
sed ne a Mutina quidem recessisse, potestatem sibi D. Bruti 25
conveniendi non fuisse, fore ut omnes inflammati odio,
excitati dolore, armis, equis, viris D. Bruto subveniremus.
Nos etiam languidiores postea facti sumus quam M. Antoni

---

1 de iracundia *Cobet*   2 te nulla sua *V* : nulla *D*   4 ut omnia
D   animi *om. D*   6 sit huic *D*   7 antea *D* : ate antea *V* :
fort. ante   8 exor. *post* pop. *hab. D*   10 aequoniam O laturum
(*sine* amici) *V*[1] : aequo animo amici laturum *coni. Halm*   12 ad *V* :
nunc ad *D*   16 quasi ille *scripsi* : qui si ille *Vt* : quid ille *ns* : quod
si ille *b* : quid? ut ille *coni. Halm*   os *b* : hos *t* : c͞s *ns*   21
antea cum (*om.* cum *n*) *D*   22 cum *Lambinus* : quod cum *codd.*
23 renuntiavissent *V* : dixissent *bns* : *om. t*   24 de *V* : e *D*   ut *D*
26 foret ut *Halm*   27 viribus *D*   28 facti sumus postea *D*   M.
om. D

non solum audaciam et scelus sed etiam insolentiam
superbiamque perspeximus.   Vtinam L. Caesar valeret, 22
Ser. Sulpicius viveret : multo melius haec causa ageretur
a tribus quam nunc agitur ab uno.   Dolenter hoc dicam
5 potius quam contumeliose.   Deserti, deserti, inquam, sumus,
patres conscripti, a principibus.   Sed—saepe iam dixi—
omnes in tanto periculo qui recte et fortiter sentient erunt
consulares.   Animum nobis adferre legati debuerunt :
timorem attulerunt—quamquam mihi quidem nullum—
10 quamvis de illo ad quem missi sunt bene existiment : 8
a quo etiam mandata acceperunt.   Pro di immortales ! 23
ubi est ille mos virtusque maiorum ?   C. Popilius apud
maiores nostros cum ad Antiochum regem legatus missus
esset et verbis senatus denuntiasset ut ab Alexandrea dis-
15 cederet quam obsidebat, cum tempus ille differret, virgula
stantem circumscripsit dixitque se renuntiaturum senatui,
nisi prius sibi respondisset quid facturus esset quam ex illa
circumscriptione exisset.   Praeclare : senatus enim faciem
secum attulerat auctoritatemque rei publicae.   Cui qui
20 non paret, non ab eo mandata accipienda sunt, sed ipse est
potius repudiandus.   An ego ab eo mandata acciperem qui 24
senatus mandata contemneret ? aut ei cum senatu quicquam
commune iudicarem qui imperatorem populi Romani senatu
prohibente obsideret ?   At quae mandata ! qua adrogantia,
25 quo stupore, quo spiritu !   Cur autem ea legatis nostris
dabat, cum ad nos Cotylam mitteret, ornamentum atque
arcem amicorum suorum, hominem aedilicium ?   si vero
tum fuit aedilis cum eum iussu Antoni in convivio servi
publici loris ceciderunt.   At quam modesta mandata ! 25
30 Ferrei sumus, patres conscripti, qui quicquam huic nege-

5 deserti, inquam *om. D*   9 nullum] umquam timorem *add. D*
14 denuntiasset *s* : nuntiasset *Vbnt*   14 Alexandrea *Vb* : Alexandria
nst   15 virgula stantem *Vs* : virgulas (-a *b*) tandem *bnt*   16 se
non ante renunt. *D*   18 exisset *V* : excessit *bn¹t* : excessisset *n²s*
19 rei p.] populi Romani *Lambinus* (*peiore numero*)   cui *V* : cui
is *b* : civis *nst*   21 potius *V* : totus *D*   28 servi publici loris *V* :
servitores *D*   30 ferrei *V* : ferreti *t* : ferret .ii. *ns* : ferr hii *b*

mus. 'Vtramque provinciam' inquit 'remitto : exercitum
depono : privatus esse non recuso.' Haec sunt enim verba.
Redire ad se videtur. 'Omnia obliviscor, in gratiam redeo.'
Sed quid adiungit? 'si legionibus meis sex, si equitibus, si
cohorti praetoriae praedia agrumque dederitis.' Eis etiam 5
praemia postulat quibus ut ignoscatur si postulet, impuden-
tissimus iudicetur. Addit praeterea ut, quos ipse cum
26 Dolabella dederit agros, teneant ei quibus dati sint. Hic
est Campanus ager et Leontinus, quae duo maiores nostri
9 annonae perfugia ducebant. Cavet mimis, aleatoribus, 10
lenonibus : Cafoni etiam et Saxae cavet, quos centuriones
pugnacis et lacertosos inter mimorum et mimarum greges
conlocavit. Postulat praeterea ut chirographorum summa
et commentariorum conlegaeque sui decreta maneant.
Quid laborat ut habeat quod quisque mercatus est, si 15
quod accepit habet qui vendidit? et ne tangantur
rationes ad Opis : id est, ne septiens miliens recupe-
retur ; ne fraudi sit VII viris quod egissent. Nucula hoc,
credo, admonuit : verebatur fortasse ne amitteret tantas
clientelas. Caveri etiam volt eis qui secum sint quicquid 20
contra leges commiserint. Mustelae et Tironi prospicit : de
27 se nihil laborat. Quid enim commisit umquam? num aut
pecuniam publicam attigit aut hominem occidit aut secum
habuit armatos? Sed quid est quod de eis laboret?
Postulat enim ne sua iudiciaria lex abrogetur. Quo im- 25
petrato quid est quod metuat? an ne suorum aliquis a
Cyda, Lysiade, Curio condemnetur? Neque tamen nos
urget mandatis pluribus ; remittit aliquantum et relaxat.
'Galliam' inquit 'togatam remitto, comatam postulo '—
otiosus videlicet esse mavolt—'cum sex legionibus' inquit 30
' eisque suppletis ex D. Bruti exercitu,' non modo ex dilectu

4 sex *V*: et (*om. n*²) *D*   5 praedia *scripsi* : praedam *codd.* : praemia
Erncsti   iis *Vn*: his *cett.*   7 ut *om. D*   8 sint *Vb*: sunt *nst*   10
mimis et *D*   13 summa *scripsi* : sua *hoc loco V, post* commentariorum
hab.D (*cf.* vi. 6 suma *V* = summa)   16 habeat *D*   17 ne] ne sestertium *D*   18 Nucula hoc *V*: nucula *b*¹ : nunc illa (ulla *t*) *cett.*   29
togatam *V*: totam *D*   30 mavolo *t* : malo *bns*

suo, tam diuque ut obtineat dum M. Brutus C. Cassius
consules prove coss. provincias obtinebunt.   Huius comitiis
C. frater—eius est enim annus—iam repulsam tulit.   'Ipse
autem ut quinquennium' inquit 'obtineam.'   At istud vetat 28
5 lex Caesaris, et tu acta Caesaris defendis.

   Haec tu mandata, L. Piso, et tu, L. Philippe, principes 10
civitatis, non dico animo ferre verum auribus accipere
potuistis? Sed, ut suspicor, terror erat quidam : nec vos ut
legati apud illum fuistis nec ut consulares, nec vos vestram
10 nec rei publicae dignitatem tenere potuistis.   Et tamen
nescio quo pacto sapientia quadam, credo, quod ego non
possem, non nimis irati revertistis.   Vobis M. Antonius
nihil tribuit, clarissimis viris, legatis populi Romani : nos
quid non legato M. Antoni Cotylae concessimus? Cui
15 portas huius urbis patere ius non erat, huic hoc templum
patuit, huic aditus in senatum fuit, hic hesterno die sententias vestras in codicillos et omnia verba referebat, huic se
etiam summis honoribus usi contra suam dignitatem ven-
ditabant.   O di immortales ! quam magnum est personam 29
20 in re publica tueri principis ! quae non animis solum debet
sed etiam oculis servire civium.   Domum recipere legatum
hostium, in cubiculum admittere, etiam seducere hominis
est nihil de dignitate, nimium de periculo cogitantis.   Quod
autem est periculum? Nam si maximum in discrimen
25 venitur, aut libertas parata victori est aut mors proposita
victo : quorum alterum optabile est, alterum effugere nemo
potest.   Turpis autem fuga mortis omni est morte peior.
Nam illud quidem non adducor ut credam, esse quosdam 30
qui invideant alicuius constantiae, qui labori, qui perpetuam

   1 obtineat] obtineam *Cobet*   3 est enim iam annus ut *V*
ipse autem ut *V* : aut *D*   5 et tu acta Caesaris *om. D*   defendit *D*
6 L. (*ante* Piso) *om. V*   12 nimis irati *Vb* : miserati *nst*   14 M.
om. D   15 non fuit *D*   18 usi *cod. Ferrarii* : i *Vt* : sed *s*¹ : si *s*² :
hi *b* : *om. n in ras.*   dignit. suam *D*   20 animis *V* : armis *D*
22 reducere *D*   25 venietur *D*   parta *D*   exposita *D*
26 victo *D* : vicit *V* : victis *Halm*   29 labori, qui *scripsi* : labori
eius *V* : laboribus qui eius *n* : labori eius (huius *s*) qui eius *bs*

in re publica adiuvanda voluntatem et senatui et populo
Romano probari moleste ferant.   Omnes id quidem facere
debebamus, eaque erat non modo apud maiores nostros sed
etiam nuper summa laus consularium, vigilare, adesse animo,
semper aliquid pro re publica aut cogitare aut facere aut 5
31 dicere.   Ego, patres conscripti, Q. Scaevolam augurem
memoria teneo bello Marsico, cum esset summa senectute
et perdita valetudine, cotidie simul atque luceret facere
omnibus conveniendi potestatem sui : nec eum quisquam
illo bello vidit in lecto, senexque et debilis primus veniebat 10
in curiam.   Huius industriam maxime equidem vellem ut
imitarentur ei quos oportebat; secundo autem loco ne
11
32 alterius labori inviderent.   Etenim, patres conscripti, cum in
spem libertatis sexennio post sumus ingressi diutiusque servitutem perpessi quam captivi frugi et diligentes solent, 15
quas vigilias, quas sollicitudines, quos labores liberandi
populi Romani causa recusare debemus ?   Equidem, patres
conscripti, quamquam hoc honore usi togati solent esse,
cum est in sagis civitas, statui tamen a vobis ceterisque
civibus in tanta atrocitate temporis tantaque perturbatione 20
rei publicae non differre vestitu.   Non enim ita gerimus nos
hoc bello consulares _ ut aequo animo populus Romanus
visurus sit nostri honoris insignia, cum partim e nobis ita
timidi sint ut omnem populi Romani beneficiorum memoriam abiecerint, partim ita a re publica aversi ut se hosti 25
favere prae se ferant, legatos nostros ab Antonio despectos
et inrisos facile patiantur, legatum Antoni sublevatum
velint.   Hunc enim reditu ad Antonium prohiberi negabant oportere et in eodem excipiendo sententiam meam
corrigebant.   Quibus geram morem.   Redeat ad impera- 30

1 et senatui et populo *Halm* : et a senatui (-u *D*) et (et a *D*) populi
(-o *D*) *codd*.   **4** adesse *Faernus* : cogitare adesse *codd*.   **5** aut
cogitare *om. D*   **9** conveniendūi *V*   **10** et *om. V*   **11** quidem *V*
13 P. C. *om. D*   **14** post *om. D*   sumus *Vb* : simus *nst*   **15**
captivi servi *V*   **24** timidi sint ut omnem *V* : timidis induto ē nem *t* :
timidis in tuto est ne ii (hi) *cett*.   **25** ut *Vb* : ut huic *nst*   **27** esse
et inrisos *nst*   **28** huic (hinc *b*) enim reditum ad Ant. prohibere *D*

torem suum Varius, sed ea lege ne umquam Romam rever-
tatur. Ceteris autem, si errorem suum deposuerint et cum
re publica in gratiam redierint, veniam et impunitatem
dandam puto.

5   Quas ob res ita censeo : Eorum qui cum M. Antonio 33
sunt, qui ab armis discesserint et aut ad C. Pansam aut ad
A. Hirtium consules aut ad Decimum Brutum imperatorem,
consulem designatum, aut ad C. Caesarem pro praetore ante
Idus Martias primas adierint, eis fraudi ne sit quod cum
10 M. Antonio fuerint. Si quis eorum qui cum M. Antonio
sunt fecerit quod honore praemiove dignum esse videatur,
uti C. Pansa A. Hirtius consules, alter ambove, si eis
videbitur, de eius honore praemiove primo quoque die ad
senatum referant. Si quis post hoc senatus consultum ad
15 Antonium profectus esset praeter L. Varium, senatum existi-
maturum eum contra rem publicam fecisse.

2 cum re p. in gratiam *Vb* : in r. p. gratiam *nst*   6 et aut ad
(*om.* ad *s*) *D* : ita quia ad *V* : atque ad *Christ*   aut ad A. Hirtium
consules] aut A. (ad *bn*) Hirtium coñs. *D* : consul aut ad A. Hirtium *V*
9 primas *om. V*   10 si quis . . . fecerit *om. D*   11 quo *D*   13
primo quoque die *om. V*   15 esset *V* : fuerit *D*

M. TVLLI CICERONIS

IN M. ANTONIVM

ORATIO PHILIPPICA NONA

1 VELLEM di immortales fecissent, patres conscripti, ut vivo
potius Ser. Sulpicio gratias ageremus quam honores mortuo
quaereremus. Nec vero dubito quin, si ille vir legationem
renuntiare potuisset, reditus eius et vobis gratus fuerit et
rei publicae salutaris futurus, non quo L. Philippo et 5
L. Pisoni aut studium aut cura defuerit in tanto officio tantoque munere, sed cum Ser. Sulpicius aetate illis anteiret,
sapientia omnibus, subito ereptus e causa totam legationem
2 orbam et debilitatam reliquit. Quod si cuiquam iustus
honos habitus est in morte legato, in nullo iustior quam in 10
Ser. Sulpicio reperietur. Ceteri qui in legatione mortem
obierunt ad incertum vitae periculum sine ullo mortis metu
profecti sunt : Ser. Sulpicius cum aliqua perveniendi ad
M. Antonium spe profectus est, nulla revertendi. Qui cum
ita adfectus esset ut, si ad gravem valetudinem labor acces- 15
sisset, sibi ipse diffideret, non recusavit quo minus vel
extremo spiritu, si quam opem rei publicae ferre posset,
experiretur. Itaque non illum vis hiemis, non nives, non
longitudo itineris, non asperitas viarum, non morbus ingra-

---

2 mortuo honores *D*   7 illis anteiret, sapientia omnibus *D et*
bus
Arusianus K. vii. *p.* 454 : illos anteĕire sapientia omnis *V* (*corr. m.* 2)
10 quam . . . Sulpicio re- *om. V*[1]   17 in extremo *D*   18 illum
om. Cus.   19 asperitatis *V* : asperitates *coni. Halm*   viarumq.
V (non viarum asperitas praepediat *Cus.*)   non morbus . . . cum
om. V[1] (non . . . retardavit *add. V*[2])

234

vescens retardavit, cumque iam ad congressum conloquiumque eius pervenisset ad quem erat missus, in ipsa cura ac
meditatione obeundi sui muneris excessit e vita.

Vt igitur alia, sic hoc, C. Pansa, praeclare quod et nos 3
5 ad honorandum Ser. Sulpicium cohortatus es et ipse multa
copiose de illius laude dixisti. Quibus a te dictis nihil
praeter sententiam dicerem, nisi P. Servilio, clarissimo viro,
respondendum putarem, qui hunc honorem statuae nemini
tribuendum censuit nisi ei qui ferro esset in legatione inter-
10 fectus. Ego autem, patres conscripti, sic interpretor sen-
sisse maiores nostros ut causam mortis censuerint, non
genus esse quaerendum. Etenim cui legatio ipsa morti
fuisset, eius monumentum exstare voluerunt, ut in bellis
periculosis obirent homines legationis munus audacius.
15 Non igitur exempla maiorum quaerenda, sed consilium est
eorum a quo ipsa exempla nata sunt explicandum. Lars **2**
Tolumnius, rex Veientium, quattuor legatos populi Romani **4**
Fidenis interemit, quorum statuae steterunt usque ad meam
memoriam in rostris : iustus honos : eis enim maiores nostri
20 qui ob rem publicam mortem obierant pro brevi vita diuturnam memoriam reddiderunt. Cn. Octavi, clari viri et
magni, qui primus in eam familiam quae postea viris fortissimis floruit attulit consulatum, statuam videmus in rostris.
Nemo tum novitati invidebat ; nemo virtutem non honora-
25 bat. At ea fuit legatio Octavi in qua periculi suspicio non
subesset. Nam cum esset missus a senatu ad animos regum
perspiciendos liberorumque populorum, maximeque, ut nepotem regis Antiochi, eius qui cum maioribus nostris bellum
gesserat, classis habere, elephantos alere prohiberet, Laudi-
30 ceae in gymnasio a quodam Leptine est interfectus. Red- 5
dita est ei tum a maioribus statua pro vita quae multos per

4 C. *om. D*   quod et *Halm* : quodenset *V* : quod *D*   5 es *b* :
est *Vnst*   6 ipsius *V*   7 P. *om. V*   clarissimo viro *Mommsen* :
cui *V*[1] : c. u. *V*[2] (*e coll. mea*): cum *t* : *om. bns*   9 ei] ei p. *V* : *om. st*
10 patres conscr. sic *D* : .ps. *V*[2] : *om. V*[1]   12 morti] mortis causa
cod. Amst., ed. R   13 ut in *om. V*   18 ad nostram *D*   in
rostris *ante* steterunt *habent D*   19 eis *om. V*   21 et magni viri *D*
27 respiciendos *V*   28 Antiochi regis *D*

annos progeniem eius honestaret, nunc ad tantae familiae
memoriam sola restaret. Atqui et huic et Tullo Cluvio et
L. Roscio et Sp. Antio et C. Fulcinio qui a Veientium rege
caesi sunt non sanguis qui est profusus in morte, sed ipsa
3 mors ob rem publicam obita honori fuit. Itaque, patres 5
conscripti, si Ser. Sulpicio casus mortem attulisset, dolerem
equidem tanto rei publicae volnere, mortem vero eius non
monumento, sed luctu publico esse ornandam putarem.
Nunc autem quis dubitat quin ei vitam abstulerit ipsa
legatio? Secum enim ille mortem extulit quam, si nobis- 10
cum remansisset, sua cura, optimi fili fidelissimaeque con-
6 iugis diligentia vitare potuisset. At ille cum videret, si
vestrae auctoritati non paruisset, dissimilem se futurum sui,
sin paruisset, munus sibi illud pro re publica susceptum
vitae finem fore, maluit in maximo rei publicae discrimine 15
emori quam minus quam potuisset videri rei publicae profuisse. Multis illi in urbibus iter qua faciebat reficiendi
se et curandi potestas fuit. Aderat et hospitum invitatio
liberalis pro dignitate summi viri et eorum hortatio qui una
erant missi ad requiescendum et vitae suae consulendum. 20
At ille properans, festinans, mandata vestra conficere cupiens, in hac constantia morbo adversante perseveravit.
7 Cuius cum adventu maxime perturbatus esset Antonius,
quod ea quae sibi iussu vestro denuntiarentur auctoritate
erant et sententia Ser. Sulpici constituta, declaravit quam 25
odisset senatum, cum auctorem senatus exstinctum laete
atque insolenter tulit. Non igitur magis Leptines Octavium
nec Veientium rex eos quos modo nominavi quam Ser.
Sulpicium occidit Antonius : is enim profecto mortem
attulit qui causa mortis fuit. Quocirca etiam ad posteri- 30

---

1 honestavit *Cobet*   2 restat *Ernesti*   atque *D*   5 obita *t* :
habita *Vbns*   6 dolerem *bn²* : dolerem *cett.*   7 quidem *V*   8 moni-
mentis *D*   ornandam *Vt* : orandam *n¹* : honorandam *n²s* : decorandam *b*
14 pro re p. *V* : p. r. *D*   15 fore *V* : allaturum *D*   17 reci**endi
V¹ : reci*piendi *V²*   18 sui *coni. Müller*   et (*ante* hospitum) *om. V*
21 festinansque *D*   27 Octavium Leptines *D*

tatis memoriam pertinere arbitror exstare quod fuerit de
hoc bello iudicium senatus. Erit enim statua ipsa testis
bellum tam grave fuisse ut legati interitus honoris memoriam consecutus sit. Quod si excusationem Ser. Sulpici, **4**
5 patres conscripti, legationis obeundae recordari volueritis, **8**
nulla dubitatio relinquetur quin honore mortui quam vivo
iniuriam fecimus sarciamus. Vos enim, patres conscripti,
— grave dictu est sed dicendum tamen—vos, inquam, Ser.
Sulpicium vita privastis : quem cum videretis re magis
10 morbum quam oratione excusantem, non vos quidem crudeles fuistis—quid enim minus in hunc ordinem convenit?
—sed cum speraretis nihil esse quod non illius auctoritate
et sapientia effici posset, vehementius excusationi obstitistis
atque eum qui semper vestrum consensum gravissimum
15 iudicavisset de sententia deiecistis. Vt vero Pansae con- 9
sulis accessit cohortatio gravior quam aures Ser. Sulpici
ferre didicissent, tum vero denique filium meque seduxit
atque ita locutus est ut auctoritatem vestram vitae suae se
diceret anteferre. Cuius nos virtutem admirati non ausi
20 sumus adversari voluntati. Movebatur singulari pietate
filius ; non multum eius perturbationi meus dolor conce-
debat : sed uterque nostrum cedere cogebatur magnitudini
animi orationisque gravitati, cum quidem ille maxima laude
et gratulatione omnium vestrum pollicitus est se quod vel-
25 letis esse facturum, neque eius sententiae periculum vita-
turum cuius ipse auctor fuisset : quem exsequi mandata
vestra properantem mane postridie prosecuti sumus. Qui
quidem discedens mecum ita locutus est ut eius oratio
omen fati videretur. Reddite igitur, patres conscripti, ei **5**
30 vitam cui ademistis. Vita enim mortuorum in memoria **10**

6 honore *b*[1] : honorem *cett.*   mortui *Vb*[1] : mortuo *cett.*   7 arcea-
mus *V*   9 privastis *D*   re *V*[1] : se *V*[2]*D*   10 morbum *Vt* :
morbo *bns*   crudeles quidem *V*   13 eius excusationi *Lambinus*
17 vero denique *om. D*   filium meque *V* : pilium aeque *t* : pilium
equitem *bns*   20 voluntati eius *V*[2] : eius voluntati *ns*   29 ei vitam
V[2]*ns* : si vitam *V*[1] : civitam *t* : vitam ei *b*

est posita vivorum.   Perficite ut is quem vos inscii ad
mortem misistis immortalitatem habeat a vobis.   Cui si
statuam in rostris decreto vestro statueritis, nulla eius legationem posteritatis obscurabit oblivio.   Nam reliqua Ser.
Sulpici vita multis erit praeclarisque monumentis ad omnem 5
memoriam commendata.   Semper illius gravitatem, constantiam, fidem, praestantem in re publica tuenda curam
atque prudentiam omnium mortalium fama celebrabit.   Nec
vero silebitur admirabilis quaedam et incredibilis ac paene
divina eius in legibus interpretandis, aequitate explicanda 10
scientia.   Omnes ex omni aetate qui in hac civitate intelle-
gentiam iuris habuerunt si unum in locum conferantur, cum
Ser. Sulpicio non sint comparandi.   Nec enim ille magis
11 iuris consultus quam iustitiae fuit.   Ita ea quae proficisce
bantur a legibus et ab iure civili semper ad facilitatem 15
aequitatemque referebat, neque instituere litium actiones
malebat quam controversias tollere.   Ergo hoc statuae
monumento non eget ; habet alia maiora.   Haec enim statua
mortis honestae testis erit, illa memoria vitae gloriosae, ut
hoc magis monumentum grati senatus quam clari viri 20
12 futurum sit.   Multum etiam valuisse ad patris honorem
pietas fili videbitur ; qui quamquam adflictus luctu non
adest, tamen sic animati esse debetis ut si ille adesset.
Est autem ita adfectus ut nemo umquam unici fili mortem
magis doluerit quam ille maeret patris.   Et quidem etiam 25
ad famam Ser. Sulpici fili arbitror pertinere ut videatur
honorem debitum patri praestitisse.   Quamquam nullum
monumentum clarius Ser. Sulpicius relinquere potuit quam
effigiem morum suorum, virtutis, constantiae, pietatis, ingeni
filium, cuius luctus aut hoc honore vestro aut nullo solacio 30
levari potest.

1 vivorum *ante* posita *habent nst: om. b*   ad mortem inscii *D*
3 decretis vestris *V*   4 inobscurabit *D*   7 praestantiam *D*   8
omn. mort. fama] testificatio sempiterna *Cus.*   9 ac *V* : et *D*   12
iuris *om D*   13 neque *D*   14 itaque quae *D*   15 ab *V* : a *D*
16 constituere *D*   20 magis *ns* : maius *Vbt*   grati *V*[1] : gratiae
(-a *V*[2]*t*) *cett.*   25 equidem *D*

Mihi autem recordanti Ser. Sulpici multos in nostra
familiaritate sermones gratior illi videtur, si qui est sensus
in morte, aenea statua futura et ea pedestris quam inaurata
equestris, qualis L. Sullae primum statuta est.   Mirifice enim
5 Servius maiorum continentiam diligebat, huius saeculi insolentiam vituperabat.   Vt igitur si ipsum consulam quid
velit, sic pedestrem ex aere statuam tamquam ex eius auctoritate et voluntate decerno : quae quidem magnum civium
dolorem et desiderium honore monumenti minuet et leniet.
10 Atque hanc meam sententiam, patres conscripti, P. Servili 14
sententia comprobari necesse est : qui sepulcrum publice
decernendum Ser. Sulpicio censuit, statuam non censuit.
Nam si mors legati sine caede atque ferro nullum honorem
desiderat, cur decernit honorem sepulturae qui maximus
15 haberi potest mortuo ?   Sin id tribuit Ser. Sulpicio, quod
non est datum Cn. Octavio, cur quod illi datum est huic
dandum esse non censet ?   Maiores quidem nostri statuas
multis decreverunt, sepulcra paucis.   Sed statuae intereunt
tempestate, vetustate, sepulcrorum autem sanctitas in ipso
20 solo est quod nulla vi moveri neque deleri potest, atque, ut
cetera exstinguuntur, sic sepulcra sanctiora fiunt vetustate.
Augeatur igitur isto honore etiam is vir cui nullus honos 15
tribui non debitus potest ; grati simus in eius morte de-
coranda cui nullam iam aliam gratiam referre possumus.
25 Notetur etiam M. Antoni nefarium bellum gerentis scelerata audacia.   His enim honoribus habitis Ser. Sulpicio
repudiatae reiectaeque legationis ab Antonio manebit
testificatio sempiterna.

Quas ob res ita censeo : 'Cum Ser. Sulpicius Q.f. Lemonia 7
30 Rufus difficillimo rei publicae tempore, gravi periculosoque
morbo adfectus, auctoritatem senatus, salutem rei publicae
vitae suae praeposuerit contraque vim gravitatemque morbi

2 si quis *ed. R*   3 et ea *V* : et *b* : aere *nst*   4 primum statuta
Graevius : primum statua *V* : prima statua *D*   magnifice enim *D*
5 Ser. Sulpicius *nst*   11 probari *D*   19 tempestate, vetustate *V¹n²* :
ante vetustate *add.* vi *bt*, .ui. *s*, .u. *n¹*, vel *V²*   22 igitur *om. V*
etiam honore *D*   23 gratissimus *VD* : *corr. ed. R*   24 *fort.*
referre gratiam (*numeri causa*)   31 salutemque *D*

contenderit, ut in castra M. Antoni quo senatus eum
miserat perveniret, isque, cum iam prope castra venisset,
vi morbi oppressus vitam amiserit maximo rei publicae tempore, eiusque mors consentanea vitae fuerit sanctissime
honestissimeque actae in qua saepe magno usui rei publicae 5
16 Ser. Sulpicius et privatus et in magistratibus fuerit : cum talis
vir ob rem publicam in legatione mortem obierit, senatui
placere Ser. Sulpicio statuam pedestrem aeneam in rostris ex
huius ordinis sententia statui, circumque eam statuam locum
ludis gladiatoribusque liberos posterosque eius quoquo versus 10
pedes quinque habere, eamque causam in basi inscribi quod
is ob rem publicam mortem obierit, utique C. Pansa A.
Hirtius consules, alter ambove, si eis videatur, quaestoribus
urbanis imperent ut eam basim statuamque faciendam et in
rostris statuendam locent, quantique locaverint, tantam 15
pecuniam redemptori attribuendam solvendamque curent.
Cumque antea senatus auctoritatem suam in virorum fortium
funeribus ornamentisque ostenderit, placere eum quam
17 amplissime supremo suo die efferri. Et cum Ser. Sulpicius
Q. f. Lemonia Rufus ita de re publica meritus sit ut eis 20
ornamentis decorari debeat, senatum censere atque e re
publica existimare aedilis curulis edictum quod de funeribus
habeant Ser. Sulpici Q. f. Lemonia Rufi funeri remittere :
utique locum sepulcro in campo Esquilino C. Pansa consul,
seu quo in loco videbitur, pedes xxx quoquo versus adsig- 25
net quo Ser. Sulpicius inferatur ; quod sepulcrum ipsius,
liberorum posterorumque eius esset, uti quod optimo iure
publice sepulcrum datum esset.'

---

2 isque *D* : ipse *V* : et ipse *coni. Halm*   3 in max. rei p. munere
D   10 glad. ludisque *D*   quoquo *b*¹*t* : quoq. *V*¹ : quaqua *V*² :
quaque *b*²*ns*   11 quod is . . . obierit *huc transtuli, post* habere *habent
codd., del. Manutius*   13 videatur *V* : videbitur *D*   14 urbanis
Ferrarius : urbis *V* : urbi *D*   16 redemptores *D*   solv. attribuen-
damque *D*   22 existimare *D* : aestimare *V*   23 funeri remittere
Faernus : funerreimìttere *V* (-rre- *m. 2 in ras.*) : funere (-i *n*) mittere
D   25 videtur *D*   27 posterorum eius sit *D*   28 sepulcrum
publice *D*

M. TVLLI CICERONIS

IN M. ANTONIVM

ORATIO PHILIPPICA DECIMA

Maximas tibi, Pansa, gratias omnes et habere et agere **1**
debemus qui, cum hodierno die senatum te habiturum non
arbitraremur, ut M. Bruti, praestantissimi civis, litteras
accepisti, ne minimam quidem moram interposuisti quin
5 quam primum maximo gaudio et gratulatione frueremur.
Cum factum tuum gratum omnibus debet esse, tum vero
oratio qua recitatis litteris usus es. Declarasti enim verum
esse id quod ego semper sensi, neminem alterius qui suae
confideret virtuti invidere. Itaque mihi qui plurimis officiis **2**
10 sum cum Bruto et maxima familiaritate coniunctus minus
multa de illo dicenda sunt. Quas enim ipse mihi partis
sumpseram, eas praecepit oratio tua. Sed mihi, patres conscripti, necessitatem attulit paulo plura dicendi sententia
eius qui rogatus est ante me; a quo ita saepe dissentio ut
15 iam verear ne, id quod fieri minime debet, minuere amicitiam
nostram videatur perpetua dissensio.

Quae est enim ista tua ratio, Calene, quae mens ut num- **3**
quam post Kalendas Ianuarias idem senseris quod is qui
te sententiam primum rogat, numquam tam frequens senatus
20 fuerit cum unus aliquis sententiam tuam secutus sit? cur

8 semper *om. D*   11 enim sententias mihi (mihi *om. b*) ipse
sumpseram *D*   17 oratio *D*   ut *V*: sui *t*: qui *bns*   19 primum *D*:
prius *V*   rogat *Vt*: rogatus *b*: rogat cum *ns*   20 cum] quo
Faernus: ut *Naugerius* (2)

semper tui dissimilis defendis?   Cur cum te et vita et
fortuna tua ad otium, ad dignitatem invitet, ea probas, ea

2 decernis, ea sentis quae sint inimica et otio communi et

4 dignitati tuae?   Nam ut superiora omittam, hoc certe quod
mihi maximam admirationem movet non tacebo.   Quod 5
est tibi cum Brutis bellum? cur eos quos omnes paene
venerari debemus solus oppugnas?   Alterum circumsederi
non moleste fers, alterum tua sententia spolias eis copiis
quas ipse suo labore et periculo ad rei publicae non ad
suum praesidium per se nullo adiuvante confecit.   Qui est 10
iste tuus sensus, quae cogitatio, Brutos ut non probes,
Antonios probes; quos omnes carissimos habent, tu oderis,
quos acerbissime ceteri oderunt, tu constantissime diligas?
Amplissimae tibi fortunae sunt, summus honoris gradus,
filius, ut et audio et spero, natus ad laudem, cui cum rei 15

5 publicae causa faveo, tum etiam tua.   Quaero igitur, eum
Brutine similem malis an Antoni, ac permitto ut de tribus
Antoniis eligas quem velis.   ' Di meliora !' inquies.   Cur
igitur non eis faves, eos laudas quorum similem tuum filium
esse vis?   Simul enim et rei publicae consules et propones 20
illi exempla ad imitandum.   Hoc vero, Q. Fufi, cupio sine
offensione nostrae amicitiae sic tecum ut a te dissentiens
senator queri.   Ita enim dixisti et quidem de scripto, ne te
inopia verbi lapsum putarem, litteras Bruti recte et ordine
scriptas videri.   Quid est aliud librarium Bruti laudare, non 25

6 Brutum?   Vsum in re publica, Calene, magnum iam
habere et debes et potes.   Quando ita decerni vidisti aut
quo senatus consulto huius generis—sunt enim innumerabilia—bene scriptas litteras decretum a senatu?   Quod

---

2 et ad dignitat. *D*   3 sunt *D, Cus.*   5 me maxima admiratione *D*
7 circumsederi (-e *V*) non *Vs* : circumsederint (-it *b*) *bnt*   10 confecit (*om. b*¹) *D* : perfecit *V*   qui *V, Cus.* : quis *D*   11 Brutos tu
non *Ernesti*   15 cum *V* : quamquam *D*   16 eumne Bruti *V*
18 di meliora *V*¹*b*¹*t* : dr. b. meliorē *V*² : d. brutus melior est *cett.*
20 consulis et proponis *D*   21 cupio *V* : copiosius *D*   23 ne
scripsi : nam *codd.*   24 putarem *V*¹*t* : nisi tuam in dicendo facultatem
nossen. *add. V*²*bns, tuetur Reid, qui ipse* ne *pro* nam *corrigit, sed ad-
firmative positum putat*   25 aliud *V*¹*t* : aliud quam *V*²*bns*

verbum tibi non excidit, ut saepe fit, fortuito: scriptum,
meditatum, cogitatum attulisti.   Hanc tibi consuetudinem **3**
plerisque in rebus bonis obtrectandi si qui detraxerit, quid
tibi quod sibi quisque velit non relinquetur ?   Quam ob
5 rem conlige te placaque animum istum aliquando et mitiga :
audi viros bonos, quibus multis uteris ; loquere cum sapientissimo homine, genero tuo, saepius quam ipse tecum : tum
denique amplissimi honoris nomen obtinebis.   An vero hoc
pro nihilo putas in quo quidem pro amicitia tuam vicem
10 dolere soleo, efferri hoc foras et ad populi Romani auris
pervenire, ei qui primus sententiam dixerit neminem adsensum ? quod etiam hodie futurum arbitror.

Legiones abducis a Bruto.   Quas ? nempe eas quas ille
a C. Antoni scelere avertit et ad rem publicam sua auctori-
15 tate traduxit.   Rursus igitur vis nudatum illum atque solum
a re publica relegatum videri.   Vos autem, patres conscripti, **7**
si M. Brutum deserueritis et prodideritis, quem tandem
civem umquam ornabitis, cui favebitis ? nisi forte eos qui
diadema imposuerint conservandos, eos qui regni nomen
20 sustulerint deserendos putatis.   Ac de hac quidem divina
atque immortali laude Bruti silebo quae gratissima memoria
omnium civium inclusa nondum publica auctoritate testata
est.   Tantamne patientiam, di boni ! tantam moderationem,
tantam in iniuria tranquillitatem et modestiam ! qui cum
25 praetor urbanus esset, urbe caruit, ius non dixit, cum
omne ius rei publicae recuperavisset, cumque concursu
cotidiano bonorum omnium qui admirabilis ad eum fieri
solebat praesidioque Italiae cunctae saeptus posset esse,
absens iudicio bonorum defensus esse maluit quam praesens
30 manu : qui ne Apollinaris quidem ludos pro sua populique

1 fit *nst* : sit *b* : set *V*¹ : seit *V*² : solet *coni. Halm*   fortuito *V* :
fortitudo *t* : fortuitu *bns*   3 bonis *Vb* : bonos *nst*   6 uteris
multum *D*   8 *fort.* honoris amplissimi (*clausulae gratia*)   • 9
equidem *D*   tua *D*   14 a C. Antoni *Muretus* : a Catonis *V* :
ab Antonii *D*   16 videre *Cobet*   17 deserueritis et *del. Faernus*
18 cui favebitis *om. V*   19 regni *V et Nonius p.* 404 : regis *D*
25 urbanus *D* : urbis *V* (*cf.* ix. 16)

Romani dignitate apparatos praesens fecit, ne quam viam

4
 8 patefaceret sceleratissimorum hominum audaciae. Quamquam qui umquam aut ludi aut dies laetiores fuerunt quam
cum in singulis versibus populus Romanus maximo clamore
et plausu Bruti memoriam prosequebatur? Corpus aberat 5
liberatoris, libertatis memoria aderat: in qua Bruti imago
cerni videbatur. At hunc eis ipsis ludorum diebus videbam
in insula clarissimi adulescentis, *Cn.* Luculli, propinqui sui
nihil nisi de pace et concordia civium cogitantem. Eundem
vidi postea Veliae, cedentem Italia ne qua oreretur belli 10
civilis causa propter se. O spectaculum illud non modo
hominibus sed undis ipsis et litoribus luctuosum! cedere e
patria servatorem eius, manere in patria perditores! Cassi
classis paucis post diebus consequebatur, ut me puderet,
patres conscripti, in eam urbem redire ex qua illi abirent. 15
Sed quo consilio redierim initio audistis, post estis experti.

9 Exspectatum igitur tempus a Bruto est. Nam quoad vos
omnia pati vidit, usus est ipse incredibili patientia: postea
quam vos ad libertatem sensit erectos, praesidia vestrae
libertati paravit. At cui pesti quantaeque restitit! Si enim 20
C. Antonius quod animo intenderat perficere potuisset—at
potuisset nisi eius sceleri virtus M. Bruti obstitisset—Macedoniam, Illyricum, Graeciam perdidissemus; esset vel re-
ceptaculum pulso Antonio vel agger oppugnandae Italiae
Graecia: quae quidem nunc M. Bruti imperio, auctoritate, 25
copiis non instructa solum sed etiam ornata tendit dexteram
Italiae suumque ei praesidium pollicetur. Qui ab illo
abducit exercitum, et respectum pulcherrimum et praesidium
10 firmissimum adimit rei publicae. Equidem cupio haec
quam primum Antonium audire, ut intellegat non D. Bru- 30

3 aut dies *V²n*: aut audies *V¹*: auidiis (-ius *s*) *st*: aut *b*   4 versibus festa est (§ 10) *med. omissis D*   7 iis *Muretus*: his *V*   8
insula *V²*: insugula *V¹* (*e coll. mea*): insulula *Garatoni*   in Neside
domi clar. adul. *coni. Reid* (*cf. Att.* xvi. 1. 1)   carissimi *V*: *corr.*
                                  gu
Poggius   Cn. *supplevi ex* insugula (*i.e.* insula): *praenomen Luculli*
(*cf Att.* xv. 1. *b.* 1) *loco motum est*   16 potestis *V*: *corr. Poggius*
21 at potuisset *scripsi*: aut potuisset *V*: potuisset autem *Poggius*: aut
potius *Muretus*   27 qui *scripsi*: quod qui *V*   quare qui *Faernus*

tum quem vallo circumsedeat, sed se ipsum obsideri.   Tria **5**
tenet oppida toto in orbe terrarum ; habet inimicissimam
Galliam ; eos etiam quibus confidebat alienissimos, Trans-
padanos ; Italia omnis infesta est ; exterae nationes a prima
5 ora Graeciae usque ad Aegyptum optimorum et fortissimorum civium imperiis et praesidiis tenentur.   Erat ei spes
una in C. Antonio qui duorum fratrum aetatibus medius
interiectus vitiis cum utroque certabat.   Is tamquam extru-
deretur a senatu in Macedoniam et non contra prohiberetur
10 proficisci, ita cucurrit.   Quae tempestas, di immortales, quae **11**
flamma, quae vastitas, quae pestis Graeciae, nisi incredibilis
ac divina virtus furentis hominis conatum atque audaciam
compressisset ! quae celeritas illa Bruti, quae cura, quae
virtus ! Etsi ne C. quidem Antoni celeritas contemnenda
15 est, quam nisi in via caducae hereditates retardassent,
volasse eum, non iter fecisse diceres.   Alios ad negotium
publicum ire cum cupimus, vix solemus extrudere : hunc
retinentes extrusimus.   At quid ei cum Apollonia, quid cum
Dyrrachio, quid cum Illyrico, quid cum P. Vatini impera-
20 toris exercitu ?   Succedebat, ut ipse dicebat, Hortensio.
Certi fines Macedoniae, certa condicio, certus, si modo erat
ullus, exercitus : cum Illyrico vero et cum Vatini legionibus
quid erat Antonio ?   ' At ne Bruto quidem ' : id enim for- **12**
tasse quispiam improbus dixerit.   Omnes legiones, omnes
25 copiae quae ubique sunt rei publicae sunt : nec enim eae
legiones quae M. Antonium reliquerunt Antoni potius
quam rei publicae fuisse dicentur.   Omne enim et exercitus
et imperi ius amittit is qui eo imperio et exercitu rem publicam oppugnat.   Quod si ipsa res publica iudicaret aut si **6**

4 exterae Vn^2 : exere n^1s : exiere *bt*   a prima ora *ed* R : a primo
ore V : a (ad *b*) primori *bns* : ad primū *t* (*cf Fam.* xii. 5. 1)   5
Graecia D 6 spes una D : pecunia V : spes unica *coni. Halm*
8 vitiis *om.* D is V : s *t* : *om. bns*   11 Graeciae fuisset D 12
virtus Caes. V 14 ne C. *Muretus* : nec V : ne illa D 15 quem D
16 non interfecisse D 18 extrusimus *Muretus* : extruimus V :
exclusimus D 21 certissimo modo erat illius D 23 at V : an *t* :
ac *bns*   25 rei p. V : populi R. D neque enim hae D 27
dicentur V : dixerunt *t* : dicuntur *cett.*   enim et V : enim D

omne ius decretis eius statueretur, Antonione an Bruto
legiones populi Romani adiudicaret? Alter advolarat subito
ad direptionem pestemque sociorum ut, quacumque iret,
omnia vastaret, diriperet, auferret, exercitu populi Romani
contra ipsum populum Romanum uteretur; alter eam legem 5
sibi statuerat, ut, quocumque venisset, lux venisse quaedam
et spes salutis videretur. Denique alter ad evertendam rem
publicam praesidia quaerebat, alter ad conservandam. Nec
vero nos hoc magis videbamus quam ipsi milites a quibus
13 tanta in iudicando prudentia non erat postulanda. Cum VII 10
cohortibus esse Apolloniae scribit Antonium, qui iam aut
captus est—quod di duint!—aut certe homo verecundus in
Macedoniam non accedit ne contra senatus consultum
fecisse videatur. Dilectus habitus in Macedonia est summo
Q. Hortensi studio et industria; cuius animum egregium 15
dignumque ipso et maioribus eius ex Bruti litteris perspicere
potuistis. Legio quam L. Piso ducebat, legatus Antoni,
Ciceroni se filio meo tradidit. Equitatus qui in Syriam
ducebatur bipertito alter eum quaestorem a quo ducebatur
reliquit in Thessalia seseque ad Brutum contulit; alterum 20
in Macedonia Cn. Domitius adulescens summa virtute, gravitate, constantia a legato Syriaco abduxit. P. autem Vatinius
qui et antea iure laudatus a vobis et hoc tempore merito
laudandus est aperuit Dyrrachi portas Bruto et exercitum
14 tradidit. Tenet igitur res publica Macedoniam, tenet Illyri- 25
cum, tuetur Graeciam: nostrae sunt legiones, nostra levis
armatura, noster equitatus, maximeque noster est Brutus
semperque noster, cum sua excellentissima virtute rei publicae natus tum fato quodam paterni maternique generis et

3 quacunque *bns* : quocunque *V* : quocum *t*   5 sibi legem *D*
11 esse Apolloniae *Vb* (-io *b*) : isse Apolloniam *ns* : Apolloniam *t*
scribunt *n²*   12 di duint *Halm* : di dent *V²bns* : dicit *V¹* : didicit *t*
13 sen. cons.] se *D*   16 et ipso *D*   19 alter eum quaestorem
V : alterum *D*   21 gravitate *om. D*   22 Syriaco *del. Pluygers*
23 qui est antea *D*   27 noster (*ante* equit.) *bnt* : nostra *V* : nostri *s*

nominis. Ab hoc igitur viro quisquam bellum timet qui, **7**
ante quam nos id coacti suscepimus, in pace iacere quam in
bello vigere maluit? Quamquam ille quidem numquam
iacuit neque hoc cadere verbum in tantam virtutis prae-
5 stantiam potest. Erat enim in desiderio civitatis, in ore, in
sermone omnium ; tantum autem aberat a bello ut, cum
cupiditate libertatis Italia arderet, defuerit civium studiis
potius quam eos in armorum discrimen adduceret. Itaque
illi ipsi si qui sunt qui tarditatem Bruti reprehendant tamen
10 idem moderationem patientiamque mirantur.

   Sed iam video quae loquantur; neque enim id occulte **15**
faciunt. Timere se dicunt quo modo ferant veterani exercitum Brutum habere. Quasi vero quicquam intersit inter
A. Hirti, C. Pansae, D. Bruti, C. Caesaris et hunc exercitum
15 M. Bruti. Nam si quattuor exercitus ei de quibus dixi
propterea laudantur quod pro populi Romani libertate arma
ceperunt, quid est cur hic M. Bruti exercitus non in eadem
causa reponatur? At enim veteranis suspectum nomen est
M. Bruti. Magisne quam Decimi? Equidem non arbitror.
20 Etsi est enim Brutorum commune factum et laudis societas
aequa, Decimo tamen *eo* iratiores erant ei qui id factum
dolebant quo minus ab eo rem illam dicebant fieri debuisse.
Quid ergo agunt nunc tot exercitus nisi ut obsidione Brutus
liberetur? qui autem hos exercitus ducunt? Ei, credo, qui
25 C. Caesaris res actas everti, qui causam veteranorum prodi
volunt. Si ipse viveret C. Caesar, acrius, credo, acta sua **8**
defenderet quam vir fortissimus defendit Hirtius, aut ami- **16**
cior causae quisquam inveniri potest quam filius? At
horum alter nondum ex longinquitate gravissimi morbi re-
30 creatus quicquid habuit virium, id in eorum libertatem
defendendam contulit quorum votis iudicavit se a morte

   1 viro *om.* D   4 nec D   18 ponatur V^1 21 eo *hic inser.*
Müller, ante tamen *Naugerius* (2): cō *ante* Brutorum *hab.* V   22
eo V: illo D   decuisse D   23 nunc agant D   25 C. *om.* D (*ita
mox*)   res actas] acta *Pluygers*

revocatum; alter virtutis robore firmior quam aetatis cum
istis ipsis veteranis ad D. Brutum liberandum est profectus.
Ergo illi certissimi idemque acerrimi Caesaris actorum
patroni pro D. Bruti salute bellum gerunt, quos veterani
sequuntur; de libertate enim populi Romani, non de suis 5
17 commodis armis decernendum vident. Quid est igitur cur
eis qui D. Brutum omnibus opibus conservatum velint
M. Bruti sit suspectus exercitus? An vero, si quid esset
quod a M. Bruto timendum videretur, Pansa id non videret,
aut, si videret, non laboraret? Quis aut sapientior ad 10
coniecturam rerum futurarum aut ad propulsandum metum
diligentior? Atqui huius animum erga M. Brutum studi-
umque vidistis. Praecepit oratione sua quid decernere nos
de M. Bruto, quid sentire oporteret, tantumque afuit ut
periculosum rei publicae M. Bruti putaret exercitum ut in 15
eo firmissimum rei publicae praesidium et gravissimum
poneret. Scilicet hoc Pansa aut non videt—hebeti enim
ingenio est—aut neglegit: quae enim Caesar egit, ea rata
esse non curat: de quibus confirmandis et sanciendis legem
9 comitiis centuriatis ex auctoritate nostra laturus est. Desi- 20
nant igitur aut ei qui non timent simulare se timere et
prospicere rei publicae, aut ei qui omnia verentur nimium
esse timidi, ne illorum simulatio, horum obsit ignavia.
18 Quae, malum! est ista ratio semper optimis causis veteranorum nomen opponere? Quorum etiam si amplecterer 25
virtutem, ut facio, tamen, si essent adrogantes, non possem
ferre fastidium. At nos conantis servitutis vincla rumpere
impediet si quis veteranos nolle dixerit? Non sunt enim,
credo, innumerabiles qui pro communi libertate arma
capiant; nemo est praeter veteranos milites vir qui ad 30
servitutem propulsandam ingenuo dolore excitetur; potest

---

7 opibus *Vb*: copiis *nst*   10 quis aut *V*[1]: quis illo aut *Cus.*: quis
autem (aut ñ *t*) *cett*   sapientior aut ad *V*: sap. aut acutior ad *coni.*
Halm   12 atquin *V* (*cf. Neue* ii. 962)   14 M. *om. D*   afuit
Halm: fuit *V*: abfuit (aff. *t*) *cett.*   15 M. *om. V*   21 et *t*: set *V*:
sed *bns*   22 ei *D*: hi carte *V*: hi cauti *coni. Halm*   27 at]
an *V*[2]   vincula *nt*   28 id nolle *D*   30 vir *om D*

igitur stare res publica freta veteranis sine magno subsidio
iuventutis.   Quos quidem vos libertatis adiutores complecti
debetis : servitutis auctores sequi non debetis.   Postremo 19
—erumpat enim aliquando vera et me digna vox !—si vete-
5 ranorum nutu mentes huius ordinis gubernabuntur omnia-
que ad eorum voluntatem nostra dicta facta referentur,
optanda mors est, quae civibus Romanis semper fuit servitute potior.   Omnis est misera servitus ; sed fuerit quaedam
necessaria : ecquodnam principium optatius libertatis capes-
10 sendae?   An, cum illum necessarium et fatalem paene
casum non tulerimus, hunc feremus voluntarium ?   Tota
Italia desiderio libertatis exarsit ; servire diutius non potest
civitas ; serius populo Romano hunc vestitum atque arma
dedimus quam ab eo flagitati sumus.
15 Magna quidem nos spe et prope explorata libertatis causam **10**
suscepimus ; sed ut concedam incertos exitus esse belli ²⁰
Martemque communem, tamen pro libertate vitae periculo
decertandum est.   Non enim in spiritu vita est, sed ea nulla
est omnino servienti.   Omnes nationes servitutem ferre pos-
20 sunt : nostra civitas non potest, nec ullam aliam ob causam
nisi quod illae laborem doloremque fugiunt, quibus ut
careant omnia perpeti possunt, nos ita a maioribus instituti
atque imbuti sumus ut omnia consilia atque facta ad dignitatem et ad virtutem referremus.   Ita praeclara est recupe-
25 ratio libertatis ut ne mors quidem sit in repetenda libertate
fugienda.   Quod si immortalitas consequeretur praesentis
periculi fugam, tamen eo magis ea fugienda videretur quo
diuturnior servitus esset.   Cum vero dies et noctes omnia nos
undique fata circumstent, non est viri minimeque Romani

1 sine veteranis, freta *Pluygers*   5 gubernabantur *s* : gubernantur *l*
6 factaque *D*   referuntur *V*   9 ecquodnam] etquodnam *D* :
etquenam *V*   optatius *scripsi* : putatis *codd.* (*cf.* iii. 17, vii. 7, *Sest.* 47)
15 magnam . . . spem . . . exploratam *D*   23 ad dign. et ad virt.
V, *Cus.* : ad virt. et dign. *D*   24 referremus *V*, *Cus.* : referamus
V²D   29 minimeque Romani *V* : nominis Romanique *t* : nominisque
R. *bs*

dubitare eum spiritum quem naturae debeat patriae red

21 dere.   Concurritur undique ad commune incendium re-
stinguendum ; veterani quidem primi Caesaris auctoritatem
secuti conatum Antoni reppulerunt ; post eiusdem furorem
Martia legio fregit, quarta adflixit.   Sic a suis legionibus 5
condemnatus inrupit in Galliam, quam sibi armis animisque infestam inimicamque cognovit.   Hunc A. Hirti,
C. Caesaris exercitus insecuti sunt ; post Pansae dilectus
urbem totamque Italiam erexit ; unus omnium est hostis.
Quamquam habet secum L. fratrem, carissimum populo 10
Romano civem, cuius desiderium ferre diutius civitas non

22 potest.   Quid illa taetrius belua, quid immanius ? qui ob
eam causam natus videtur ne omnium mortalium turpissi-
mus esset M. Antonius.   Est una Trebellius, qui iam cum
tabulis novis redit in gratiam ; T. Plancus et ceteri pares : 15
qui id pugnant, id agunt ut contra rem publicam restituti
esse videantur.   Et sollicitant homines imperitos Saxae et
Cafones, ipsi rustici atque agrestes, qui hanc rem publicam
nec viderunt umquam nec videre constitutam volunt, qui
non Caesaris, sed Antoni acta defendunt, quos avertit agri 20
Campani infinita possessio, cuius eos non pudere demiror,

II
23 cum videant se mimos et mimas habere vicinos.   Ad has
pestis opprimendas cur moleste feramus quod M. Bruti accessit exercitus ? immoderati, credo, hominis et turbulenti :
videte ne nimium paene patientis.   Etsi in illius viri con- 25
siliis atque factis nihil nec nimium nec parum umquam fuit.
Omnis voluntas M. Bruti, patres conscripti, omnis cogitatio,
tota mens auctoritatem senatus, libertatem populi Romani
intuetur : haec habet proposita, haec tueri volt.   Temptavit
quid patientia perficere posset : nihil cum proficeret, vi 30

---

2 concurretur *ns*: concurrunt *t*   3 quidem *Faernus* : qui *V* : que *D*
(qui . . . secuti sunt *Halm*)   11 ferre civ. diutius *D*   12 qui
V : quid si *D*   14 M. *om. D*   15 rediit *Lambinus*   T. *om. V*
et *om. D*   17 Saxae et Cafones *Naugerius* (2) : Saxas et Cafones *V* :
Saxa Cafo *s* : saxa captant *bnt*   21 miror *D*   23 est cur *D*
25 vide *D*   paene patientis *V*²*bn* : paene tientes *V*¹ : patientis *t*
30 proficeret *ns* : prospiceret *V* : perficeret *bt*   vi *V* : ut *t* : *om. bns*

contra vim experiendum putavit.   Cui quidem, patres conscripti, vos idem hoc tempore tribuere debetis quod a. d.
XIII. Kalendas Ian. D. Bruto C. Caesari me auctore tri-
buistis : quorum privatum de re publica consilium et factum
5 auctoritate vestra est comprobatum atque laudatum.   Quod 24
idem in M. Bruto facere debetis, a quo insperatum et re-
pentinum rei publicae praesidium legionum, equitatus, auxili-
orum magnae et firmae copiae comparatae sunt. Adiungendus
est Q. Hortensius qui, cum Macedoniam obtineret, adiu-
10 torem se Bruto ad comparandum exercitum fidissimum et
constantissimum praebuit.   Nam de M. Apuleio separatim
censeo referendum, cui testis est per litteras M. Brutus,
eum principem fuisse ad conatum exercitus comparandi.
Quae cum ita sint, quod C. Pansa consul verba fecit de 25
15 litteris quae a Q. Caepione Bruto pro consule adlatae et
in hoc ordine recitatae sunt, de ea re ita censeo : 'cum
Q. Caepionis Bruti pro consule opera, consilio, industria,
virtute difficillimo rei publicae tempore provincia Macedonia
et Illyricum et cuncta Graecia et legiones, exercitus, equi-
20 tatus in consulum, senatus populique Romani potestate sint,
id Q. Caepionem Brutum pro consule bene et e re publica pro sua maiorumque suorum dignitate consuetudineque
rei publicae bene gerendae fecisse ; eam rem senatui populoque Romano gratam esse et fore; utique Q. Caepio 26
25 Brutus pro consule provinciam Macedoniam, Illyricum
cunctamque Graeciam tueatur, defendat, custodiat incolu-
memque conservet, eique exercitui quem ipse constituit,
comparavit, praesit, pecuniamque ad rem militarem, si qua
opus sit, quae publica sit et exigi possit, exigat, utatur, pecu-
30 niasque a quibus videatur ad rem militarem mutuas sumat,
frumentumque imperet operamque det ut cum suis copiis

2 hoc tempore trib. V : trib. (*add.* debetis *t*) hoc tempore D 3 et
C. D 11 M. *om. D*   12 censebo D 16 huic ordini D 21
Brutum *om. V*   et e Vn : de t : et bs 23 eam rem V : eamque
rem n^2 : eamque r. p. t : eamque rem r. p. (p. r. b) *cett.*   26 totamque
Graeciam D 28 praesit D : praestitit V pecuniaque n^2s 29
exigat utatur *scripsi* : utatur n^2 : utatur exigat *cett.*   31 frumentumque imperet *Halm* : frumentum imp. D : imp. frumentumque V

quam proxime Italiam sit ; cumque ex litteris Q. Caepionis
Bruti pro consule intellectum sit, Q. Hortensi pro consule
opera et virtute vehementer rem publicam adiutam omnia-
que eius consilia cum consiliis Q. Caepionis Bruti pro consule coniuncta fuisse, eamque rem magno usui rei publicae 5
fuisse, Q. Hortensium pro consule recte et ordine exque
re publica fecisse, senatuique placere Q. Hortensium pro
consule cum quaestore prove quaestore et legatis suis provinciam Macedoniam obtinere quoad ei ex senatus consulto
successum sit.' 10

6 Q. *om.* V   8 cum quaestore prove quaestore *Mommsen* : cum
quaestoribus prove quaestores *V* : cum q. prove q. *t* : cum Q. Cepione
procos. *bns*

M. TVLLI CICERONIS

IN M. ANTONIVM

ORATIO PHILIPPICA VNDECIMA

MAGNO in dolore, patres conscripti, vel maerore potius 1
quem ex crudeli et miserabili morte C. Treboni, optimi
civis moderatissimique hominis, accepimus, inest tamen
aliquid quod rei publicae profuturum putem. Perspeximus
5 enim quanta in eis qui contra patriam scelerata arma
ceperunt inesset immanitas. Nam duo haec capita nata
sunt post homines natos taeterrima et spurcissima, Dolabella
et Antonius : quorum alter effecit quod optarat, de altero
patefactum est quid cogitaret. L. Cinna crudelis, C. Marius
10 in iracundia perseverans, L. Sulla vehemens ; neque ullius
horum in ulciscendo acerbitas progressa ultra mortem est ;
quae tamen poena in civis nimis crudelis putabatur.
Ecce tibi geminum in scelere par, invisitatum, inauditum, 2
ferum, barbarum. Itaque quorum summum quondam
15 inter ipsos odium bellumque meministis, eosdem postea
singulari inter se consensu et amore devinxit improbissimae
naturae et turpissimae vitae similitudo. Ergo id quod fecit
Dolabella in quo potuit multis idem minatur Antonius.
Sed ille cum procul esset a consulibus exercitibusque nostris
20 neque dum senatum cum populo Romano conspirasse sen-
sisset, fretus Antoni copiis ea scelera suscepit quae Romae
iam suscepta arbitrabatur a socio furoris sui. Quid ergo 3
hunc aliud moliri, quid optare censetis aut quam omnino

1 dolore sum *D*   8 optabat *D*   13 invisitatum *t* : inusitatum *cett.*   14 quondam *ns* : quoddam *Vb* : *om. t*   16 improbissimae *V, Cus.* : impurissimae *D*   17 id *del. Lambinus*   19 abesset
D   20 conspirare *Ernesti*

causam esse belli? Omnis, qui libere de re publica sensimus, qui dignas nobis sententias diximus, qui populum
Romanum liberum esse voluimus, statuit ille quidem non
inimicos, sed hostis : maiora tamen in nos quam in hostem
supplicia meditatur : mortem naturae poenam putat esse, 5
iracundiae tormenta atque cruciatum. Qualis igitur hostis
habendus est is a quo victore, si cruciatus absit, mors in
2 benefici parte numeretur? Quam ob rem, patres conscripti, quamquam hortatore non egetis—ipsi enim vestra
sponte exarsistis ad libertatis recuperandae cupiditatem— 10
tamen eo maiore animo studioque libertatem defendite quo
4 maiora proposita victis supplicia servitutis videtis. In Galliam invasit Antonius, in Asiam Dolabella, in alienam uterque provinciam. Alteri se Brutus obiecit impetumque
furentis atque omnia divexare ac diripere cupientis vitae 15
suae periculo conligavit, progressu arcuit, a reditu refre-
navit, obsideri se passus ex utraque parte constrinxit Antonium. Alter in Asiam inrupit. Cur? Si ut in Syriam,
patebat via et certa neque longa ; *sin ut ad Trebonium*,
quid opus fuit cum legione? Praemisso Marso nescio quo 20
Octavio, scelerato latrone atque egenti, qui popularetur
agros, vexaret urbis non ad spem constituendae rei familiaris,
quam tenere eum posse negant qui norunt—mihi enim hic
senator ignotus est — sed ad praesentem pastum mendici-
5 tatis suae, consecutus est Dolabella. Nulla suspicione belli 25
— quis enim id putaret?—secutae conlocutiones familia-
rissimae cum Trebonio ; complexus summae benevolentiae
falsi indices exstiterunt in amore simulato ; dexterae quae
fidei testes esse solebant sunt perfidia et scelere vio-
latae : nocturnus introitus Zmyrnam quasi in hostium 30

1 omnes *om. D*   **2** r. p. liberam *D*   3 voluimus *Vs*[1] : volumus
cett.   5 poenam *del. Faernus*   16 a progressu *V*[2]*D*   18 cursim
ut *D*   19 petebat *D*   sin ut ad Trebonium *suppl. Lambinus*
20 Mario *D*   27 complexus *scripsi* : complexusque *codd.* : *fort.*
complexus quoque   28 indices falsi *Nipperdey*   in amore
simulato *om. s*   29 perfidia sunt *D*

urbem, quae est fidissimorum antiquissimorumque sociorum ;
oppressus Trebonius, si ut ab eo qui aperte hostis esset,
incautus ; si ut ab eo qui civis etiam tum speciem haberet, miser. Ex quo nimirum documentum nos capere for-
5 tuna voluit quid esset victis extimescendum. Consularem
hominem consulari imperio provinciam Asiam obtinentem
Samiario exsuli tradidit : interficere captum statim noluit,
ne nimis, credo, in victoria liberalis videretur. Cum verborum contumeliis optimum virum incesto ore lacerasset,
10 tum verberibus ac tormentis quaestionem habuit pecuniae
publicae, idque per biduum. Post cervicibus fractis caput
abscidit, idque adfixum gestari iussit in pilo ; reliquum
corpus tractum atque laniatum abiecit in mare. Cum hoc 6
hoste bellandum est cuius taeterrima crudelitate omnis
15 barbaria superata est. Quid loquar de caede civium Romanorum, de direptione fanorum ? Quis est qui pro rerum
atrocitate deplorare tantas calamitates queat ? Et nunc
tota Asia vagatur, volitat ut rex ; nos alio bello distineri
putat : quasi vero non idem unumque bellum sit contra hoc
20 iugum impiorum nefarium. Imaginem M. Antoni crude- **3**
litatis in Dolabella cernitis : ex hoc illa efficta est ; ab hoc
Dolabellae scelerum praecepta sunt tradita. Num leniorem
quam in Asia Dolabella fuit in Italia, si liceat, fore putatis
Antonium ? Mihi quidem et ille pervenisse videtur quoad
25 progredi potuerit feri hominis amentia, neque Antonius
ullius supplici adhibendi, si potestatem habeat, ullam esse
partem relicturus. Ponite igitur ante oculos, patres con- 7
scripti, miseram illam quidem et flebilem speciem, sed ad
incitandos nostros animos necessariam : nocturnum impe-

---

1 fidelissimorum *D*   2 si ut *V*: sicut *D* (*ita mox*)   6 Asiam
del. Schelle   11 cervicibus *Vt* : a cervicibus *bns*   fractis *om. D*
12 adfixum *V et Arusianus K.* vii. *p.* 454 : fixum *D*   13 atque
laniatum *om. V¹*   14 cuius *Poggius* : a cuius (acu- *Vns*) *codd.*
19 unum idemque *D*   20 M. *om. D*   21 efficta *cod. Vrsini* :
efficta *VD*   ab hoc illa *D*   26 esse *Vrsinus* : es *V¹* : est *V²D*
29 nostros animos *V, Servius ad Aen.* ii. 407 : animos nostros (uestros
s) *D*

tum in urbem Asiae clarissimam, inruptionem armatorum
in Treboni domum, cum miser ille prius latronum gladios
videret quam quae res esset audisset ; furentis introitum
Dolabellae, vocem impuram atque os illud infame, vincla,
verbera, eculeum, tortorem carnificemque Samiarium : quae 5
tulisse illum fortiter et patienter ferunt. Magna laus meo-
que iudicio omnium maxima. Est enim sapientis, quicquid
hcmini accidere possit, id praemeditari ferendum modice
esse, si evenerit. Maioris omnino est consili providere ne
8 quid tale accidat, animi non minoris fortiter ferre. Ac 10
Dolabella quidem tam fuit immemor humanitatis—quamquam eius numquam particeps fuit—ut suam insatiabilem
crudelitatem exercuerit non solum in vivo, sed etiam in
mortuo ; atque in eius corpore lacerando atque vexando,
cum animum satiare non posset, oculos paverit suos.   15
4   O multo miserior Dolabella quam ille quem tu miserrimum esse voluisti ! ' Dolores Trebonius pertulit magnos.'
Multi ex morbi gravitate maiores, quos tamen non miseros,
sed laboriosos solemus dicere. ' Longus fuit dolor.' Bidui,
at compluribus annorum saepe multorum. Nec vero gra- 20
viora sunt carnificum cruciamenta quam interdum tormenta
9 morborum. Alia sunt, alia, inquam, o perditissimi homines
et amentissimi, multo miseriora. Nam quo maior vis est
animi quam corporis, hoc sunt graviora ea quae concipi-
untur animo quam illa quae corpore. Miserior igitur qui 25
suscipit in se scelus quam is qui alterius facinus subire
cogitur. Cruciatus est a Dolabella Trebonius : et quidem
a Carthaginiensibus Regulus. Qua re cum crudelissimi
Poeni iudicati sint in hoste, quid in cive de Dolabella
iudicandum est ? An vero hoc conferendum est aut dubi- 30

4 vincula *D*   5 carnificem tortoremque *D*   9 si evenerit *del.*
Ernesti (*tuetur numerus*)   10 ferre] si evenerit *add. codd.* : *ego
delevi*   12 fuit *cod. Barbadorii* : fuerit *VD*   13 exacuerit *D*
15 paverit *Ferrarius* : pavit *codd.* : *fort.* mortuo : itaque . . . pavit
(*cf. Zielinski, p.* 215)   21 torm. quam interdum cruciamenta *D*
26 suscepit *V*   is qui *D* : si ui *V* : si qui *P. R. Müller*   28
Kartaginiensibus *V*   30 aut *V* : an *D*

tandum uter miserior sit, isne cuius mortem senatus populusque Romanus ulcisci cupit, an is qui cunctis senatus
sententiis hostis est iudicatus ?   Nam ceteris quidem vitae
partibus quis est qui possit sine Treboni maxima contu-
5 melia conferre vitam Treboni cum Dolabellae ? Alterius consilium, ingenium, humanitatem, innocentiam, magnitudinem
animi in patria liberanda quis ignorat ?   Alteri a puero pro
deliciis crudelitas fuit ; deinde ea libidinum turpitudo ut in
hoc sit semper ipse laetatus, quod ea faceret quae sibi
10 obici ne ab inimico quidem possent verecundo.   Et hic, 10
di immortales ! aliquando fuit meus.   Occulta enim erant
vitia non inquirenti.   Neque nunc fortasse alienus ab eo
essem, nisi ille nobis, nisi moenibus patriae, nisi huic urbi,
nisi dis penatibus, nisi aris et focis omnium nostrum, nisi
15 denique naturae et humanitati inventus esset inimicus.   A
quo admoniti diligentius et vigilantius caveamus Antonium.

Etenim Dolabella non ita multos secum habuit notos 5
atque insignis latrones : at videtis quos et quam multos
habeat Antonius.   Primum Lucium fratrem : quam facem,
20 di immortales, quod facinus, quod scelus, quem gurgitem,
quam voraginem !   Quid eum non sorbere animo, quid non
haurire cogitatione, cuius sanguinem non bibere censetis, in
cuius possessiones atque fortunas non impudentissimos
oculos spe et mente defigere ?   Quid Censorinum ? qui se 11
25 verbo praetorem esse urbanum cupere dicebat, re certe
noluit.   Quid Bestiam ? qui consulatum in Bruti locum se
petere profitetur.   Atque hoc quidem detestabile omen
avertat Iuppiter ! quam absurdum autem, qui praetor fieri
non potuerit, petere eum consulatum ? nisi forte damna-
30 tionem pro praetura putat.   Alter Caesar Vopiscus ille

1 sit *om.* D   isne D : nonne V   2 ulcisci cupit *Ferrarius* : ulcis
cupit V[1] : ulcis cupitur V[2] : ulciscitur D   cuncti senatus sententia D
7 alterius D   a puero *om.* D   8 deliciis V : dilectis D   12
fortasse *om. Cus.*   13 nobis *Halm* : bonis V, *Cus.* : vobis D
19 L. *om.* D   22 cuius . . . in *om.* V   26 se *ante* consul. *hab.* D
29 damnationem pro praetura V : dampnatione .pp. r. *t* : dampnatus
(dampnat etiam *b*) a nobis (vob. *bn*[2]) p. q. r. *bns*   30 Vopiscus ille
V : vobiscum homo D

summo ingenio, summa potentia, qui ex aedilitate consulatum petit, solvatur legibus : quamquam leges eum non
tenent propter eximiam, credo, dignitatem.   At hic me
defendente quinquiens absolutus est : sexta palma urbana
etiam in gladiatore difficilis.   Sed haec iudicum culpa, non 5
mea est.   Ego defendi fide optima : illi debuerunt clarissimum et praestantissimum senatorem in civitate retinere.
Qui tamen nunc nihil aliud agere videtur nisi ut intelle-
gamus illos quorum res iudicatas inritas fecimus bene et
12 e re publica iudicavisse.   Neque hoc in hoc uno est : sunt 10
alii in isdem castris honeste condemnati, turpiter restituti.
Quod horum consilium qui omnibus bonis hostes sunt
nisi crudelissimum putatis fore ?   Accedit Saxa nescio quis,
quem nobis Caesar ex ultima Celtiberia tribunum plebis
dedit, castrorum antea metator, nunc, ut sperat, urbis : 15
a qua cum sit alienus, suo capiti salvis nobis ominetur.
Cum hoc veteranus Cafo, quo neminem veterani peius
oderunt.   His quasi praeter dotem quam in civilibus malis
acceperant agrum Campanum est largitus Antonius, ut
haberent reliquorum nutriculas praediorum.   Quibus utinam 20
contenti essent ! ferremus, etsi tolerabile non erat, sed quidvis patiendum fuit, ut hoc taeterrimum bellum non habere-
6 mus.   Quid ? illa castrorum M. Antoni lumina, nonne
13 ante oculos proponitis ?   Primum duos conlegas Antoniorum et Dolabellae, Nuculam et Lentonem, Italiae divisores 25
lege ea quam senatus per vim latam iudicavit ; quorum
alter commentatus est mimos, alter egit tragoediam.   Quid
dicam de Apulo Domitio ? cuius modo bona proscripta
vidi.   Tanta procuratorum est neglegentia.   At hic nuper
sororis filio infudit venenum, non dedit.   Sed non possunt 30
non prodige vivere qui nostra bona sperant, cum effundant

---

1 cons. petit solvatur V : ad cons. solvatur D 3 teneant V
propter eximiam *om. D*   5 etiam gladiatori *Pluygers*   15 ut V :
vi D 16 ominetur Vb^1 : dominetur *cett.*   21 esse possent D
23 M. *om. D*   24 Antoniorum Vt : -onii *bns*   26 quorum . . .
est *om. V*   28 bona modo D 29 vidimus D 31 effundunt D

sua. Vidi etiam P. Deci auctionem, clari viri, qui maiorum
exempla persequens pro alieno se aere devovit. Emptor
tamen in ea auctione inventus est nemo. Hominem ridi-
culum qui se exserere aere alieno putet posse, cum vendat
5 aliena. Nam quid ego de Trebellio dicam? quem ultae 14
videntur Furiae debitorum; vindicem enim novarum tabu-
larum novam tabulam vidimus. Quid de T. Planco? quem
praestantissimus civis, Aquila, Pollentia expulit et quidem
crure fracto: quod utinam illi ante accidisset, ne huc redire
10 potuisset! Lumen et decus illius exercitus paene praeterii,
T. Annium Cimbrum, Lysidici filium, Lysidicum ipsum,
quoniam omnia iura dissolvit, nisi forte iure Germanum
Cimber occidit. Cum hanc et huius generis copiam tantam
habeat Antonius, quod scelus omittet, cum Dolabella tantis
15 se obstrinxerit parricidiis nequaquam pari latronum manu
et copia? Quapropter, ut invitus saepe dissensi a Q. Fufio, 15
ita sum eius sententiae libenter adsensus: ex quo iudicare
debetis me non cum homine solere, sed cum causa dissidere. Itaque non adsentior solum sed etiam gratias ago
20 Fufio: dixit enim severam, gravem, re publica dignam
sententiam: iudicavit hostem Dolabellam; bona censuit
publice possidenda. Quo cum addi nihil potuisset—quid
enim atrocius potuit, quid severius decernere?— dixit
tamen, si quis eorum qui post se rogati essent graviorem
25 sententiam dixisset, in eam se iturum. Quam severitatem
quis potest non laudare?

Nunc, quoniam hostis est iudicatus Dolabella, bello est **7**
persequendus. Neque enim quiescit; habet legionem, 16

1 vide *D*   clarissimi *D*   maiorum suorum *D*   3 O hominem *n²*   4 exserere *Halm*: exercere *V*: exire *D*: emergere ex
Müller   5 quem ultae *Vbaldinus*: quem ute *V*: quam multae *D*
6 vindicem *Poggius*: vindicem is *V*: vindices *D*: vindicis *Ferrarius*
7 vidimus *D*: videmus *V*: *fort.* iam videmus (*clausulae gratia*)   T.
Zumpt: L. *V*: om. *D*   quem *b¹*: quae *V*: qui *cett.*   8 civis (-es *b²*)
Vb: civis civi *t*: cives civis *ns*   11 ipsum] Graeco (in Gr. *D*) verbo
add. codd., del. Manutius (*in mg. archetypi erat* graec. = Graecum, *cf. ad
l.* 20)   13 eius *D*   16 Q. om. *V*   20 gravem] grecauem *V*
                                        grec
(*i.e. ex* grauem)   22 potuisset *V*: posset (-it *b*) *D*   23 decernere
D: degenere *V*   27 num *D*   28 quiescit *Vb¹*: -scet *cett.*

habet fugitivos, habet sceleratam impiorum manum; est
ipse confidens, impotens, gladiatorio generi mortis addictus.
Quam ob rem, quoniam Dolabella hesterno die hoste decreto bellum gerendum est, imperator est deligendus. Duae
dictae sunt sententiae quarum neutram probo: alteram 5
quia semper, nisi cum est necesse, periculosam arbitror;
17 alteram quia alienam his temporibus existimo. Nam extraordinarium imperium populare atque ventosum est,
minime nostrae gravitatis, minime huius ordinis. Bello
Antiochino magno et gravi, cum L. Scipioni provincia Asia 10
obvenisset, parumque in eo putaretur esse animi, parum
roboris, senatusque ad conlegam eius, C. Laelium, illius
Sapientis patrem, negotium deferret, surrexit P. Africanus,
frater maior L. Scipionis, et illam ignominiam a familia
deprecatus est, dixitque et in fratre suo summam virtutem 15
esse summumque consilium neque se ei legatum, id aetatis
eisque rebus gestis, defuturum. Quod cum ab eo esset
dictum, nihil est de Scipionis provincia commutatum; nec
plus extraordinarium imperium ad id bellum quaesitum
quam duobus antea maximis Punicis bellis quae a con- 20
sulibus aut a dictatoribus gesta et confecta sunt, quam
Pyrrhi, quam Philippi, quam post Achaico bello, quam
Punico tertio; ad quod populus Romanus ita sibi ipse
delegit idoneum ducem, P. Scipionem, ut eum tamen bel-
8 lum gerere consulem vellet. Cum Aristonico bellum 25
18 gerendum fuit P. Licinio L. Valerio consulibus. Rogatus
est populus quem id bellum gerere placeret. Crassus consul, pontifex maximus, Flacco conlegae, flamini Martiali,
multam dixit, si a sacris discessisset: quam multam populus

4 deligendus *bs*: dilig. *cett.*   8 semper imperium *D*   10 Antiochi *bns*   provincia Asia *Faernus*: pc ia *V*: p. f. Asia *D*   12 C.
om. *V*   illius *Ernesti*: huius *codd.*   14 a familia *t*:
familiae *bns*   15 *post* summam vir- *sequitur in V* xii. 12–23 -sumus
iudicare... corpore, *tum* xiii. 1–10 a principio... acerbam, *tum* xi.
17–22 -tutem... virum (*reliqua perierunt*)   21 et confecta *V*: it
conta *t*: ita (aut *b*) consummata *bns*   22 quam Punico tertio om. *D*
23 ad quod] a quo domiti *V*   24 diligit *V*   26 p. licionio p.
Valerio *V*: L. Valerio P. Scipione *D*   27 est *V*: et *t*: om. *bns*
29 populus Romanus *Poggius*: populi Romani *V*: populus *D*

Romanus remisit; pontifici tamen flaminem parere iussit.
Sed ne tum quidem populus Romanus ad privatum detulit
bellum, quamquam erat Africanus qui anno ante de Numan-
tinis triumpharat; qui, cum longe omnis belli gloria et
5 virtute superaret, duas tamen tribus solas tulit.   Ita populus
Romanus consuli potius Crasso quam privato Africano
bellum gerendum dedit.   De Cn. Pompei imperiis, summi
viri atque omnium principis, tribuni plebis turbulenti tulerunt.   Nam Sertorianum bellum a senatu privato datum
10 est, quia consules recusabant, cum L. Philippus pro consulibus eum se mittere dixit, non pro consule.   Quae igitur 19
haec comitia, aut quam ambitionem constantissimus et
gravissimus civis, L. Caesar, in senatum introduxit?   Clarissimo viro atque innocentissimo decrevit imperium, privato
15 tamen: in quo maximum nobis onus imposuit.   Adsensus
ero, ambitionem induxero in curiam; negaro, videbor suffragio meo, tamquam comitiis, honorem homini amicissimo
denegavisse.   Quod si comitia placet in senatu haberi,
petamus, ambiamus, tabella modo detur nobis, sicut populo
20 data est.   Cur committis, Caesar, ut aut praestantissimus
vir, si tibi non sit adsensum, repulsam tulisse videatur aut
unus quisque nostrum praeteritus, si, cum pari dignitate
simus, eodem honore digni non putemur?   At enim—nam 20
id exaudio—C. Caesari adulescentulo imperium extraordi
25 narium mea sententia dedi.   Ille enim mihi praesidium
extraordinarium dederat: cum dico mihi, senatui dico populoque Romano.   A quo praesidium res publica, ne cogitatum quidem, tantum haberet ut sine eo salva esse non
posset, huic extraordinarium imperium non darem?   Aut
30 exercitus adimendus aut imperium dandum fuit.   Quae est
enim ratio aut qui potest fieri ut sine imperio teneatur exer-

4 triumphaverat *D*   5 solas *om. D*   7 *post* dedit *add. V[1] ex*
§ 20 sed de . . . designatus   11 se eum *D*   15 *fort.* maximum
post imposuit *collocandum* (*clausulae gratia*: *cf. Zielinski p.* 147)
assensero *V[2]D*   18 habere *D*   19 modo *Vb*: nova *t*: modo
nova *ns*   20 committis *Faernus*: comitiis (-ciis *b*) *codd.*   23 sumus
D   24 adolescenti (-escens *t*) *D*   27 res p. praesidium *D*

citus? Non igitur, quod ereptum non est, id existimandum
est datum. Eripuissetis C. Caesari, patres conscripti, imperium, nisi dedissetis. Milites veterani qui illius auctoritatem, imperium, nomen secuti pro re publica arma ceperant
volebant sibi ab illo imperari ; legio Martia et legio quarta 5
ita se contulerant ad auctoritatem senatus et rei publicae
dignitatem ut deposcerent imperatorem et ducem C. Caesarem. Imperium C. Caesari belli necessitas, fascis senatus
dedit. Otioso vero et nihil agenti privato, obsecro te,
L. Caesar—cum peritissimo homine mihi res est—quando 10
imperium senatus dedit?

9   Sed de hoc quidem hactenus, ne refragari homini amicissimo ac de me optime merito videar. Etsi quis potest
refragari non modo non petenti verum etiam recusanti?

21 Illa vero, patres conscripti, aliena consulum dignitate, aliena 15
temporum gravitate sententia est ut consules Dolabellae
persequendi causa Asiam et Syriam sortiantur. Dicam cur
inutile rei publicae, sed prius quam turpe consulibus sit
videte. Cum consul designatus obsideatur, cum in eo
liberando salus sit posita rei publicae, cum a populo Ro- 20
mano pestiferi cives parricidaeque desciverint, cumque id
bellum geramus quo bello de dignitate, de libertate, de vita
decernamus, si in potestatem quis Antoni venerit, proposita
sint tormenta atque cruciatus, cumque harum rerum omnium
decertatio consulibus optimis et fortissimis commissa et 25
commendata sit, Asiae et Syriae mentio fiet, ut aut su-
spicioni crimen aut invidiae materiam dedisse videamur?

22 At vero ita decernunt 'ut liberato Bruto': id enim restabat, ut relicto, deserto, prodito. Ego vero mentionem
omnino provinciarum factam dico alienissimo tempore. 30
Quamvis enim intentus animus tuus sit, C. Pansa, sicut est,

---

5 Martia et legio *om. D*   6 contulerat *D*   et rei p. *V* :
reique p. *bt* : r. p. p. q. r. *s* : p. q. r. *n*   7 C. Caesarem. Imperium
C. *om. D*   8 belli *Vt* : bellum *bns*   9 et *om. D*   18 consulibus
om. D   19 cum in eo *V* : in eo *t* : in eoque *bns*   22 de libertate
V : libertate *D*

ad virum fortissimum et omnium clarissimum liberandum,
tamen rerum natura cogit te necessario referre animum
aliquando ad Dolabellam persequendum et partem aliquam
in Asiam et Syriam derivare curae et cogitationis tuae.   Si
5 autem fieri posset, vel pluris te animos habere vellem quos
omnis ad Mutinam intenderes.   Quod quoniam fieri non
potest, isto *te* animo quem habes praestantissimum atque
optimum nihil volumus nisi de Bruto cogitare.   Facis tu id 23
quidem et eo maxime incumbis, intellego ; duas tamen
10 res, magnas praesertim, non modo agere uno tempore sed
ne cogitando quidem explicare quisquam potest.   Incitare
et inflammare tuum istuc praestantissimum studium, non
ad aliam ulla ex parte curam transferre debemus.   Adde **10**
istuc sermones hominum, adde suspiciones, adde invidiam :
15 imitare me quem tu semper laudasti : qui instructam orna-
tamque a senatu provinciam deposui ut incendium patriae
omissa omni cogitatione restinguerem.   Nemo erit praeter
unum me quicum profecto, si quid interesse tua putasses,
pro summa familiaritate nostra communicasses, qui credat
20 te invito provinciam tibi esse decretam.   Hanc, quaeso,
pro tua singulari sapientia reprime famam atque effice ne id
quod non curas cupere videare.   Quod quidem eo vehe- 24
mentius tibi laborandum est quia in eandem cadere suspicionem conlega, vir clarissimus, non potest.   Nihil horum
25 scit, nihil suspicatur ; bellum gerit, in acie stat, de sanguine
et de spiritu decertat ; ante provinciam sibi decretam audiet
quam potuerit tempus ei rei datum suspicari.   Vereor ne
exercitus quoque nostri qui non dilectus necessitate, sed
voluntariis studiis se ad rem publicam contulerunt tardentur
30 animis, si quicquam aliud a nobis nisi de instanti bello
cogitatum putabunt.   Quod si provinciae consulibus expe-

1 ad virum] *hic deficit V (in extrema pagina), cf. ad* § 17   **2** cogit
ns : coget *bt*   7 isto te *Halm* : istoc (isto *n²*) *codd.*   9 intellego
bt : om. *ns* : ut intellego *Halm*   istud *o, ed. R*   13 ulla *n²* : ullam
cett.   17 alia omni *coni. Halm*

tendae videntur, sicut saepe multis clarissimis viris expetitae
sunt, reddite prius nobis Brutum, lumen et decus civitatis;
qui ita conservandus est ut id signum quod de caelo
delapsum Vestae custodiis continetur; quo salvo salvi
sumus futuri.   Tunc vel in caelum vos, si fieri potuerit, 5
umeris nostris tollemus; provincias certe dignissimas vobis
deligemus; nunc quod agitur agamus.   Agitur autem liberi-
ne vivamus an mortem obeamus, quae certe servituti
25 anteponenda est.   Quid? si etiam tarditatem adfert ista
sententia ad Dolabellam persequendum?   Quando enim 10
veniet consul? An id exspectamus quoad ne vestigium quidem Asiae civitatum atque urbium relinquatur? At mittent
aliquem de suo numero.   Valde mihi probari potest qui
paulo ante clarissimo viro privato imperium extra ordinem
non dedi.   At hominem dignum mittent.   Num P. Servilio 15
digniorem? At eum quidem civitas non habet.   Quod
ergo ipse nemini putavi dandum, ne a senatu quidem, id
26 ego unius iudicio delatum comprobem?   Expedito nobis
homine et parato, patres conscripti, opus est et eo qui
imperium legitimum habeat, qui praeterea auctoritatem, 20
nomen, exercitum, perspectum animum in, re publica
liberanda.

11   Quis igitur is est? Aut M. Brutus aut C. Cassius aut uterque. Decernerem plane, sicut multa 'consules, alter ambove,'
ni Brutum conligassemus in Graecia et eius auxilium ad 25
Italiam vergere quam ad Asiam maluissemus; non ut ex
acie respectum haberemus, sed ut ea ipsa acies subsidium
haberet etiam transmarinum.   Praeterea, patres conscripti,

1 a multis *Halm*   3 id] illud *Ernesti*   de *v*: *om. cett.*   4 tenetur *v*   5 tunc *Ferrarius*: hunc *codd.*   vos *hoc loco Nonius p.* 407:
ante umeris *habet b*: *om. nst*   potuerit *l et Nonius*: poterit *bnst*
11 quoad ne *Christ*: quo ante *t*: quo ne (nec *b*) *bs*   17 putavi *Madvig*:
putat *codd.*   24 consules, alter ambove *n*, *ut voluit Müller*: con-
sulib; alter ambosve *t*: cōs. alterum ambosve *bs*: in consulibus, alterum
ambosve *Halm*   26 ex acie *Rau*: ex ea acie *codd.*: eo ex acie
Ferrarius   27 ea *supplevi* (*hoc loco, cf. l.* 26)

M. Brutum retinet etiam nunc C. Antonius, qui tenet Apolloniam, magnam urbem et gravem ; tenet, opinor, Bylli-
dem, tenet Amantiam, instat Epiro, urget Oricum, habet
aliquot cohortis, habet equitatum. Hinc si Brutus erit
5 traductus ad aliud bellum, Graeciam certe amiserimus. Est
autem etiam de Brundisio atque illa ora Italiae providendum. Quamquam miror tam diu morari Antonium ; solet
enim ipse accipere manicas nec diutius obsidionis metum
sustinere. Quod si confecerit Brutus et intellexerit plus se
10 rei publicae profuturum, si Dolabellam persequatur quam
si in Graecia maneat, aget ipse per sese, ut adhuc quoque
fecit, neque in tot incendiis quibus confestim succurrendum
est exspectabit senatum. Nam et Brutus et Cassius multis 27
iam in rebus ipse sibi senatus fuit. Necesse est enim in
15 tanta conversione et perturbatione omnium rerum temporibus potius parere quam moribus. Nec enim nunc primum
aut Brutus aut Cassius salutem libertatemque patriae legem
sanctissimam et morem optimum iudicavit. Itaque si ad
nos nihil referretur de Dolabèlla persequendo, tamen ego
20 pro decreto putarem, cum essent tales virtute, auctoritate,
nobilitate *ei* summi viri quorum alterius iam nobis notus
esset exercitus, alterius auditus. Num igitur Brutus ex- 12
spectavit decreta nostra, cum studia nosset ? Neque enim
est in provinciam suam Cretam profectus : in Macedoniam
25 alienam advolavit ; omnia sua putavit quae vos vestra esse
velitis ; legiones conscripsit novas, excepit veteres ; equitatum ad se abduxit Dolabellae atque eum nondum tanto
parricidio oblitum hostem sua sententia iudicavit. Nam ni
ita esset, quo iure equitatum a consule abduceret ? Quid ? 28
30 C. Cassius, pari magnitudine animi et consili praeditus,

8 iste *Orelli*   9 quod] quem *coni. Halm*   14 ipsi sibi senatus
fuerunt *coni. Halm*   15 conversione et perturbatione omnium rerum
codd. Ferrarii : concursatione (-cursione *t*) perturbationum rerum *D*
21 ei summi *scripsi* : summi *codd.* : summa (*vel supra* tali) *Faernus*
28 oblitum] obstrictum *mg. Crat., cf.* §§ 14, 29   29 a *n²s* : om. *bn¹t*

nonne eo ex Italia consilio profectus est ut prohiberet
Syria Dolabellam? Qua lege, quo iure? Eo quod Iuppiter ipse sanxit, ut omnia quae rei publicae salutaria essent
legitima et iusta haberentur. Est enim lex nihil aliud nisi
recta et a numine deorum tracta ratio, imperans honesta, 5
prohibens contraria. Huic igitur legi paruit Cassius, cum
est in Syriam profectus, alienam provinciam, si homines
legibus scriptis uterentur, eis vero oppressis suam lege
29 naturae. Sed ut ea vestra quoque auctoritate firmetur,
censeo: cum P. Dolabella quique eius crudelissimi et tae- 10
terrimi facinoris ministri, socii, adiutores fuerunt hostes
populi Romani a senatu iudicati sint, cumque senatus
P. Dolabellam bello persequendum censuerit, ut is qui
omnia deorum hominumque iura novo, inaudito, inexpiabili
scelere polluerit nefarioque se patriae parricidio obstrinxerit 15
30 poenas dis hominibusque meritas debitasque persolvat, senatui placere C. Cassium pro consule provinciam Syriam
obtinere, ut qui optimo iure eam provinciam obtinuerit,
eum a Q. Marcio Crispo pro consule, L. Statio Murco pro
consule, A. Allieno legato exercitus accipere, eosque ei tra- 20
dere, cumque eis copiis et si quas praeterea paraverit bello
P. Dolabellam terra marique persequi. Eius belli gerendi
causa quibus ei videatur navis, nautas, pecuniam ceteraque quae ad id bellum gerendum pertineant, ut imperandi
in Syria, Asia, Bithynia, Ponto ius potestatemque habeat, 25
utique, quamcumque in provinciam eius belli gerendi causa
advenerit, ibi maius imperium C. Cassi pro consule sit
quam eius erit qui eam provinciam tum obtinebit, cum
31 C. Cassius pro consule in eam provinciam venerit; regem
Deiotarum patrem et regem Deiotarum filium, si, ut multis 30

5 et *Poggius*: etiam *D*   8 suam *ed. R*: sua *codd.*   9 ea . . .
firmetur *Ferrarius*: ex . . . firmetur *codd.*: ea . . . firmentur *Bake*
12 sunt *D*: corr. *Poggius*   19 eum a Q. *bt*; eumque a (*om.* a
n¹s) *ns*   Statio *Ferrarius*: stato *b*: statu *st*: statilio *n*   20 A. *n*,
Ferrarius: at *s*: ab *bt*   exercitus *ns*: exercitum *bt*   23 ceteraque
quae *n²*: ceteraque *n¹s¹t*: cetera quae *s²*: ceteraque omnia, quae *b*

bellis saepe numero imperium populi Romani iuverint, item
C. Cassium pro consule copiis suis opibusque iuvissent,
senatui populoque Romano gratum esse facturos. Itemque
si ceteri reges, tetrarchae dynastaeque fecissent, senatum
5 populumque Romanum eorum offici non immemorem
futurum. Vtique C. Pansa A. Hirtius consules, alter ambove, si eis videretur, re publica recuperata de provinciis
consularibus, praetoriis, ad hunc ordinem primo quoque
tempore referant. Interea provinciae ab eis a quibus
10 obtinentur obtineantur quoad cuique ex senatus consulto
successum sit.

Hoc senatus consulto ardentem inflammabitis et armatum **13**
armabitis Cassium ; nec enim animum eius potestis ignorare 32
nec copias. Animus is est quem videtis ; copiae quas
15 audistis, fortes et constantes viri, qui ne vivo quidem Trebonio Dolabellae latrocinium in Syriam penetrare sivissent.
Allienus, familiaris et necessarius meus, post interitum
Treboni profecto ne dici quidem se legatum Dolabellae
volet. Est Q. Caecili Bassi, privati illius quidem, sed fortis
20 et praeclari viri, robustus et victor exercitus. Deiotari regis 33
et patris et fili et magnus et nostro more institutus exercitus ;
summa in filio spes, summa ingeni indoles, summa
virtus. Quid de patre dicam ? cuius benevolentia in populum Romanum est ipsius aequalis aetati ; qui non solum
25 socius imperatorum nostrorum fuit in bellis verum etiam
dux copiarum suarum. Quae de illo viro Sulla, quae
Murena, quae Servilius, quae Lucullus, quam ornate, quam
honorifice, quam graviter saepe in senatu praedicaverunt ?
Quid de Cn. Pompeio loquar ? qui unum Deiotarum in toto 34

6 utque *ns*   9 ferant *codd.* : *corr. Naugerius* (1)   a *b* : *om. nst*
14 is est *bt* : ipse *ns* : *fort.* ipsius est   vidistis *Ferrarius*   15 *post*
audistis *aliquid intercidisse putat Madvig, velut* primum legiones Q. Marci,
deinde L. Stati   fortis et constantis *Ferrarius*   16 sivisset *cod.*
Amst., et codd. Ferrarii   18 profecto ne *Christ* : profectione *t* : profectus ne *bns*   22 summa virtus δ : summaque v. *D* (*cf. Zielinski
p.* 215)   23 benevolentia in *s* : -tiā *n* : -tia *bt*   29 loquor *t*

orbe terrarum ex animo amicum vereque benevolum, unum
fidelem populo Romano iudicavit. Fuimus imperatores ego
et M. Bibulus in propinquis finitimisque provinciis: ab
eodem rege adiuti sumus et equitatu et pedestribus copiis.
Secutum est hoc acerbissimum et calamitosissimum civile 5
bellum in quo quid faciendum Deiotaro, quid omnino
rectius fuerit dicere non est necesse, praesertim cum contra
ac Deiotarus sensit victoria belli iudicarit. Quo in bello si
fuit error, communis ei fuit cum senatu; sin recta sententia,
ne victa quidem causa vituperanda est. Ad has copias 10
35 accedent alii reges, etiam dilectus accedent. Neque vero
classes deerunt: tanti Tyrii Cassium faciunt, tantum eius in
14 Syria nomen atque Phoenice est. Paratum habet imperatorem C. Cassium, patres conscripti, res publica contra
Dolabellam nec paratum solum sed peritum atque fortem. 15
Magnas ille res gessit ante Bibuli, summi viri, adventum,
cum Parthorum nobilissimos duces maximas copias fudit
Syriamque immani Parthorum impetu liberavit. Maximam
eius et singularem laudem praetermitto; cuius enim praedicatio nondum omnibus grata est, hanc memoriae potius 20
36 quam vocis testimonio conservemus. Animadverti, patres
conscripti, exaudivi etiam nimium a me Brutum ornari;
Cassio vero sententia mea dominatum et principatum dari.
Quos ego orno? Nempe eos qui ipsi sunt ornamenta rei
publicae. Quid? D. Brutum nonne omnibus sententiis 25
semper ornavi? Num igitur reprehenditis? An Antonios
potius ornarem, non modo suarum familiarum sed Romani
nominis probra atque dedecora? an Censorinum ornem in
bello hostem, in pace sectorem? an cetera ex eodem latro-

8 diiudicarit *Halm*   12 tantum *Ferrarius*: tanti *codd.*   17 cum
Pacori nobilissimi ducis magnas copias *cod. Ursini*   22 exaudivi

                               r
Pluygers · exaudi rui *t* (*ex* -divi *ortum*): exauditu *b*: exornari *ns*: et
audio videri *Madvig*   Brutum] Cassium *add. t*: nimium Cassium
add. bns, del. Halm   26 reprehendistis *Ernesti*   27 ornem *Kayser*
Romani *codd. Ferrarii*: p. r. *mei*   28 ornarem *coni. Halm*

cinio naufragia conligam? Ego vero istos oti, concordiae,
legum, iudiciorum, libertatis inimicos tantum abest ut ornem
ut effici non possit quin eos tam oderim quam rem publicam
diligo. 'Vide,' inquit 'ne veteranos offendas:' hoc enim 37
5 vel maxime exaudio. Ego autem veteranos tueri debeo, sed
eos quibus sanitas est; certe timere non debeo. Eos vero
veteranos qui pro re publica arma ceperunt secutique sunt
C. Caesarem auctorem beneficiorum paternorum, hodieque
rem publicam defendunt vitae suae periculo, non tueri solum
10 sed etiam commodis augere debeo. Qui autem quiescunt,
ut septima, ut octava legio, in magna gloria et laude po-
nendos puto. Comites vero Antoni qui, postquam beneficia
Caesaris comederunt, consulem designatum obsident, huic
urbi ferro ignique minitantur, Saxae se et Cafoni tradiderunt
15 ad facinus praedamque natis, num quis est qui tuendos
putet? Ergo aut boni sunt quos etiam ornare, aut quieti
quos conservare debemus, aut impii quorum contra furorem
bellum et iusta arma cepimus. Quorum igitur veteranorum ${}^{15}_{38}$
animos ne offendamus veremur? eorumne qui D. Brutum
20 obsidione cupiunt liberare? Quibus cum Bruti salus cara sit,
qui possunt Cassi nomen odisse? An eorum qui utrisque
armis vacant? Non vereor ne acerbus cuiquam istorum sit
qui otio delectantur. Tertio vero generi non militum veteranorum, sed importunissimorum hostium cupio quam acer-
25 bissimum dolorem inurere. Quamquam, patres conscripti,
quousque sententias dicemus veteranorum arbitratu? Quod
eorum tantum fastidium est, quae tanta adrogantia ut ad
arbitrium illorum imperatores etiam deligamus? Ego autem 39
—dicendum est enim, patres conscripti, quod sentio—non

5 sed eos quibus *n* : sed iis quibus *s* : q iis quos quibus *t* : ē quod
iis quos quibus *b*.   *An* eos quidem quibus ?   8 auctorem (-e *b*) *bt* :
auctoritatem (-te *s*) *ns*   9 vitae suae periculo *Halm* (*cf.* § 4) : video
epericulo *t* : magno per. *b* : cum magno per. *ns*   22 cuiquam *scripsi* :
                                           cui
civis quisquam *codd.* (*e* quisquam, *credo, ortum*) : nuntius cuiquam
Madvig : Cassi honos cuiquam *coni. Müller*   28 delig. *s* : dilig. *bnt*

tam veteranos metuendos nobis arbitror quam quid tirones
milites, flos Italiae, quid novae legiones ad liberandam
patriam paratissimae, quid cuncta Italia de vestra gravitate
sentiat.   Nihil enim semper floret; aetas succedit aetati:
diu legiones Caesaris viguerunt; nunc vigent Pansae, vigent 5
Hirti, vigent Caesaris fili, vigent Planci; vincunt numero,
vincunt aetatibus; nimirum etiam auctoritate vincunt.   Id
enim bellum gerunt quod ab omnibus gentibus comprobatur.   Itaque his praemia promissa sunt, illis persoluta.
Fruantur illi suis, persolvantur his quae spopondimus.   Id 10
40 enim deos immortalis spero aequissimum iudicare.   Quae
cum ita sint, eam quam dixi sententiam vobis, patres conscripti, censeo comprobandam.

1 intuendos *Poggius*   10 illi suis *ed. Gryph.* (1550): illi sues *ı* :
illis vel *ns* : illis *b*

M. TVLLI CICERONIS

IN M. ANTONIVM

ORATIO PHILIPPICA DVODECIMA

Etsi minime decere videtur, patres conscripti, falli, decipi 1
errare eum cui vos maximis saepe de rebus adsentiamini,
consolor me tamen quoniam vobiscum pariter et una cum
sapientissimo consule erravi. Nam cum duo consulares
5 spem honestae pacis nobis attulissent, quod erant familiares
M. Antoni, quod domestici, nosse aliquod eius volnus quod
nobis ignotum esset videbantur. Apud alterum uxor, liberi;
alter cotidie litteras mittere, accipere, aperte favere Antonio.
Hi subito hortari ad pacem, quod iam diu non fecissent, 2
10 non sine causa videbantur. Accessit consul hortator. At
qui consul! Si prudentiam quaerimus, qui minime falli
posset; si virtutem, qui nullam pacem probaret nisi cum
cedente atque victo; si magnitudinem animi, qui prae-
ferret mortem servituti. Vos autem, patres conscripti, non
15 tam immemores vestrorum gravissimorum decretorum vide-
bamini quam spe adlata deditionis quam amici pacem
appellare mallent de imponendis, non accipiendis legibus
cogitare. Auxerat autem meam quidem spem, credo item
vestram, quod domum Antoni adflictam maestitia audiebam,
20 lamentari uxorem. Hic etiam fautores Antoni quorum in

---

2 assentiabamini *t*   12 cum cedente *Jeep* : concedente (-i *b*)
bt : cedente *n¹sv* : cedente hoste *n²*   17 appellare mallent *n, ut*
correxit Scala : appellarem (-ent *b*) alieni *rell.*   20 *post* uxorem
lacunam statuit Ernesti

271

3 voltu habitant oculi mei tristiores videbam.   Quod si **non**
ita est, cur a Pisone et Caleno potissimum, cur hoc tempore,
cur tam improviso, cur tam repente pacis est facta mentio?
Negat Piso scire se, negat audisse quicquam ; negat Calenus
rem ullam novam adlatam esse.   Atque id nunc negant, 5
postea quam nos pacificatoria legatione implicatos putant.
Quid ergo opus est novo consilio, si in re nihil omnino novi
2 est?   Decepti, inquam, sumus, patres conscripti : Antoni
est acta causa ab amicis eius, non publica.   Quod videbam
equidem sed quasi per caliginem : praestrinxerat aciem 10
animi D. Bruti salus.   Quod si in bello dari vicarii solerent,
libenter me ut D. Brutus emitteretur pro illo includi paterer.
4 Atque hac voce Q. Fufi capti sumus : ' Ne si a Mutina
quidem recesserit, audiemus Antonium, ne si in senatus
quidem potestate futurum se dixerit?'   Durum videbatur : 15
itaque fracti sumus, cessimus.   Recedit igitur a Mutina?
' Nescio.'   Paret senatui?   ' Credo,' inquit Calenus ' sed ita
ut teneat dignitatem.'   Valde hercules vobis laborandum
est, patres conscripti, ut vestram dignitatem amittatis, quae
maxima est ; Antoni, quae neque est ulla neque esse potest, 20
retineatis, ut eam per vos reciperet quam per se perdidit.
Si iacens vobiscum aliquid ageret, audirem fortasse : quamquam—sed hoc malo dicere, audirem : stanti resistendum
est aut concedenda una cum dignitate libertas.   At non est
5 integrum : constituta legatio est.   Quid autem non integrum 25
est sapienti quod restitui potest?   Cuiusvis hominis est
errare ; nullius nisi insipientis perseverare in errore.   Poste-
riores enim cogitationes, ut aiunt, sapientiores solent esse.
Discussa est illa caligo quam paulo ante dixi ; diluxit, patet,
videmus omnia, neque per nos solum, sed admonemur a 30
nostris.   Attendistis paulo ante praestantissimi viri quae

8 decepti, decepti *bv*   10 praestrinxerat *st* (-ant *t*): perstrinx. *bnv*
13 atqui *Naugerius* (2)   15 potestate *v*: potestatem *cett.*   16
recedet *tv*   27 in errore perseverare *tv*

esset oratio. 'Maestam' inquit 'domum offendi, coniugem,
liberos. Admirabantur boni viri, accusabant amici quod
spe pacis legationem suscepissem.' Nec mirum, P. Servili :
tuis enim severissimis gravissimisque sententiis omni est non
5 dico dignitate sed etiam spe salutis spoliatus Antonius. Ad 6
eum ire te legatum quis non miraretur ? De me experior :
cuius idem consilium quod tuum sentio quam reprehendatur.
Nos reprehendimur soli ? Quid ? vir fortissimus Pansa sine
causa paulo ante tam accurate locutus est tam diu ? Quid
10 egit nisi uti falsam proditionis a se suspicionem depelleret ?
Vnde autem ista suspicio est ? Ex pacis patrocinio repentino
quod subito suscepit eodem captus errore quo nos.

Quod si est erratum, patres conscripti, spe falsa atque 7
fallaci, redeamus in viam. Optimus est portus paenitenti
15 mutatio consili. Quid enim potest, per deos immortalis ! 3
rei publicae prodesse nostra legatio ? Prodesse dico ? quid
si etiam obfutura est ? Obfutura ? quid si iam nocuit atque
obfuit ? An vos acerrimam illam et fortissimam populi Romani libertatis recuperandae cupiditatem non imminutam
20 ac debilitatam putatis legatione pacis audita ? quid municipia
censetis ? quid colonias ? quid cunctam Italiam ? futuram
eodem studio quo contra commune incendium exarserat ?
An non putamus fore ut eos paeniteat professos esse et prae
se tulisse odium in Antonium qui pecunias polliciti sunt,
25 qui arma, qui se totos et animis et corporibus in salutem rei
publicae contulerunt ? Quem ad modum nostrum hoc consilium Capua probabit, quae temporibus his Roma altera
est ? Illa impios civis iudicavit, eiecit, exclusit. Illi, inquam, urbi fortissime conanti e manibus est ereptus Anto-
30 nius. Quid ? legionum nostrarum nervos nonne his consiliis 8
incidimus ? Quis est enim qui ad bellum inflammato animo

4 severissimis *Gulielmius* : verissimis *codd*.   6 miretur *s, ut*
voluit Ernesti   20 debilitatam s^2v : delibatam *cett*.   22 exarserit *t*
28 illi, illi *bv*

futurus sit spe pacis oblata? Ipsa illa Martia caelestis et
divina legio hoc nuntio languescet et mollietur atque illud
pulcherrimum nomen amittet: excident gladii, fluent arma
de manibus. Senatum enim secuta non arbitrabitur se
graviore odio debere esse in Antonium quam senatum. 5
Pudet huius legionis, pudet quartae quae pari virtute nostram
auctoritatem probans non ut consulem et imperatorem suum,
sed ut hostem et oppugnatorem patriae reliquit Antonium;
pudet optimi exercitus qui coniunctus est ex duobus, qui
iam lustratus, qui profectus ad Mutinam est; qui si pacis, id 10
est timoris nostri, nomen audierit, ut non referat pedem,
insistet certe. Quid enim revocante et receptui canente
senatu properet dimicare? Quid autem hoc iniustius quam
nos inscientibus eis qui bellum gerunt de pace decernere?
nec solum inscientibus sed etiam invitis? An vos A. Hir- 15
tium, praeclarissimum consulem, C. Caesarem, deorum beneficio natum ad haec tempora, quorum epistulas spem victoriae
declarantis in manu teneo, pacem velle censetis? Vincere
illi expetunt pacisque dulcissimum et pulcherrimum nomen
non pactione, sed victoria concupiverunt. Quid? Galliam 20
quo tandem animo hanc rem audituram putatis? Illa enim
huius belli propulsandi, administrandi, sustinendi principatum tenet. Gallia D. Bruti nutum ipsum, ne dicam imperium, secuta armis, viris, pecunia belli principia firmavit;
eadem crudelitati M. Antoni suum totum corpus obiecit; 25
exhauritur, vastatur, uritur: omnis aequo animo belli patitur
10 iniurias, dum modo repellat periculum servitutis. Et ut
omittam reliquas partis Galliae—nam sunt omnes pares—
Patavini alios excluserunt, alios eiecerunt missos ab Antonio,
pecunia, militibus, et, quod maxime deerat, armis nostros 30
duces adiuverunt. Fecerunt idem reliqui qui quondam in

4
9

3 pulcherrimum] Martium *add. codd*, *del. Manutius*   5 graviori *ns*
12 sistet *Gulielmius*   quis *s*   16 et C. *Muretus*   26 uritur, omnis
s, *Ferrarius* : uritur omnis. *n*, *ed. R*   27 iniurias *Ferrarius* : iniuriam *codd.*

eadem causa erant et propter multorum annorum iniurias
alienati a senatu putabantur : quos minime mirum est com-
municata cum eis re publica fidelis *esse*, qui etiam expertes
eius fidem suam semper praestiterunt.   His igitur omnibus 5
5 victoriam sperantibus pacis nomen adferemus, id est despe-
rationem victoriae ?

   Quid si ne potest quidem ulla esse pax ? Quae enim est 11
condicio pacis in qua ei cum quo pacem facias nihil concedi potest ? Multis rebus a nobis est invitatus ad pacem
10 Antonius : bellum tamen maluit. Missi legati repugnante
me, sed tamen missi ; delata mandata : non paruit. De-
nuntiatum est ne Brutum obsideret, a Mutina discederet :
oppugnavit etiam vehementius. Et ad eum legatos de pace
mittemus qui pacis nuntios repudiavit ? Verecundioremne
15 coram putamus in postulando fore quam fuerit tum cum
misit mandata ad senatum ? Atqui tum ea petebat quae
videbantur improba omnino sed tamen aliquo modo posse
concedi ; nondum erat vestris tam gravibus tamque multis
iudiciis ignominiisque concisus : nunc ea petit quae dare
20 nullo modo possumus, nisi prius volumus bello nos victos
confiteri.   Senatus consulta falsa delata ab eo iudicavimus : 12
num ea vera possumus iudicare ? Leges statuimus per vim
et contra auspicia latas eisque nec populum nec plebem
teneri : num eas restitui posse censetis ? Sestertium septiens
25 miliens avertisse Antonium pecuniae publicae iudicavistis :
num fraude poterit carere peculatus ? Immunitates ab eo
civitatibus, sacerdotia, regna venierunt : num figentur rursus
eae tabulae quas vos decretis vestris refixistis ? Quod si ea 6
quae decrevimus obruere volumus, num etiam memoriam re-
30 rum delere possumus ? Quando enim obliviscetur ulla posteritas cuius scelere in hac vestitus foeditate fuerimus ? Vt

---

   3 iis *ns, Halm* : is *t* : his *b*   esse *Poggius* : om. *D*   7 ne *b* : non
cett.   9 est *om. tv*   17 videbantur *om. tv*   18 gravibus *b¹* :
gravissimis *cett.*   19 conscissus *v*   22 -sumus iudicare] *hic rursus
incipit V* (*cf. ad* xi. 17)   27 civitates *D*   29 volumus *om. V¹*

centurionum legionis Martiae Brundisi profusus sanguis
eluatur, num elui praedicatio crudelitatis potest? Vt media
praeteream, quae vetustas tollet operum circum Mutinam
taetra monumenta, sceleris indicia latrocinique vestigia?
13 Huic igitur importuno atque impuro parricidae quid habe- 5
mus, per deos immortalis! quod remittamus? An Galliam
ultimam et exercitum? Quid est aliud non pacem facere, sed
differre bellum, nec solum propagare bellum sed concedere
etiam victoriam? An ille non vicerit, si quacumque condicione in hanc urbem cum suis venerit? Armis nunc 10
omnia tenemus; auctoritate valemus plurimum; absunt tot
perditi cives, nefarium secuti ducem; tamen eorum ora
sermonesque qui in urbe ex eo numero relicti sunt ferre
non possumus. Quid censetis, cum tot uno tempore in-
ruperint, nos arma posuerimus, illi non deposuerint, nonne 15
14 nos nostris consiliis victos in perpetuum fore? Ponite ante
oculos M. Antonium consularem; sperantem consulatum
Lucium adiungite; supplete ceteros neque nostri ordinis
solum honores et imperia meditantis: nolite ne Tirones
quidem Numisios et Mustelas Seios contemnere. Cum eis 20
facta pax non erit pax, sed pactio servitutis. L. Pisonis,
amplissimi viri, praeclara vox a te non solum in hoc ordine,
Pansa, sed etiam in contione iure laudata est. Excessurum
se ex Italia dixit, deos penatis et sedes patrias relicturum,
si—quod di omen averterint!—rem publicam oppressisset 25
7
15 Antonius. Quaero igitur a te, L. Piso, nonne oppressam
rem publicam putes, si tot tam impii, tam audaces, tam
facinerosi recepti sint? Quos nondum tantis parricidiis con-
taminatos vix ferebamus, hos nunc omni scelere coopertos
tolerabilis censes civitati fore? Aut isto tuo, mihi crede, 30

2 eluatur *bn*²: elevatur *V*: eluitur *n*¹*stv*   elui *V*: ęui *t*: eius *cett.*
3 circa *D*   4 munimenta *D*   9 si *om. V*   10 armis venerit *D*
20 Numisios et *Faernus*: numisioste *V*: nūmisios et *nt*: nonmusios
sed *s*: nomisios *b*   Seios *V*¹*bt*: Seiosve *cett.*   25 averterint
Faernus: averterit *V*: averterent *bv*: avertent *t*: avertant *ns*   29
coopertos *bs*: copertos *V*: opertos *t*

consilio erit utendum, ut cedamus, abeamus, vitam inopem
et vagam persequamur, aut cervices latronibus dandae atque
in patria cadendum est.   Vbi sunt, C. Pansa, illae cohor-
tationes pulcherrimae tuae quibus a te excitatus senatus,
5 inflammatus populus Romanus non solum audivit sed
etiam didicit nihil esse homini Romano foedius servitute?
Idcircone saga sumpsimus, arma cepimus, iuventutem 16
omnem ex tota Italia excussimus, ut exercitu florentissimo
et maximo legati ad pacem mitterentur? si accipiendam,
10 cur non rogamur? si postulandam, quid timemus?

In hac ego legatione sim aut ad id consilium admiscear
in quo ne si dissensero quidem a ceteris sciturus populus
Romanus sit? Ita fiet ut si quid remissum aut concessum
sit, meo semper periculo peccet Antonius, cum ei peccandi
15 potestas a me concessa videatur.   Quod si habenda cum 17
M. Antoni latrocinio pacis ratio fuit, mea tamen persona
ad istam pacem conciliandam minime fuit deligenda.   Ego
numquam legatos mittendos censui; ego ante reditum legatorum ausus sum dicere, pacem ipsam si adferrent, quoniam
20 sub nomine pacis bellum lateret, repudiandam; ego princeps sagorum; ego semper illum appellavi hostem, cum
alii adversarium; semper hoc bellum, cum alii tumultum.
Nec haec in senatu solum: eadem ad populum semper egi;
neque solum in ipsum sed in eius socios facinorum et
25 ministros, et praesentis et eos qui una sunt, in totam denique M. Antoni domum sum semper invectus.   Itaque ut 18
alacres et laeti spe pacis oblata inter se impii cives, quasi
vicissent, gratulabantur, sic me iniquum eierabant, de me
querebantur; diffidebant etiam Servilio: meminerant eius
30 sententiis confixum Antonium; L. Caesarem fortem quidem

3 est *om. D*   8 excussimus *V et Nonius p.* 300 : excivimus *D*
ut *V*: et *tv*: ut de *bns*   9 si ... rogamur si : *hoc colon hoc loco
omissum post* admiscear in quo ne *inserunt D*   11 admiscear *Poggius* :
admiscearis *D* (admis ceteris *V med. omissis*)   12 sciturus *Poggius* :
siciturus *V*: siiturus *D*   16 M. *om. D*   18 legat. reditum *D*
20 r. p. repudiandam *D*   21 hostem appellavi *D*   28 iniquum *V*:
inimicum *bt*

illum et constantem senatorem, avunculum tamen; Cale-
num procuratorem; Pisonem familiarem; te ipsum, Pansa,
vehementissimum et fortissimum consulem factum iam
putant leniorem: non quo ita sit aut esse possit, sed mentio
a te facta pacis suspicionem multis attulit immutatae volun- 5
tatis. Inter has personas me interiectum amici Antoni
moleste ferunt: quibus gerendus mos est, quoniam semel
liberales esse coepimus. Proficiscantur legati optimis
ominibus, sed ei proficiscantur in quibus non offendatur
Antonius. Quod si de Antonio non laboratis, mihi certe, 10
patres conscripti, consulere debetis. Parcite oculis saltem
meis et aliquam veniam iusto dolori date. Quo enim
aspectu videre potero—omitto hostem patriae, ex quo mihi
odium in illum commune vobiscum est—sed quo modo
aspiciam mihi uni crudelissimum hostem, ut declarant eius 15
de me acerbissimae contiones? Adeone me ferreum putatis ut cum eo congredi aut illum aspicere possim qui
nuper, cum in contione donaret eos qui ei de parricidis
audacissimi videbantur, mea bona donare se dixit Petusio
Vrbinati, qui ex naufragio luculenti patrimoni ad haec 20
Antoniana saxa proiectus est. An L. Antonium aspicere
potero, cuius ego crudelitatem effugere non potuissem, nisi
me moenibus et portis et studio municipi mei defendissem.
Atque idem hic myrmillo Asiaticus, latro Italiae, conlega
Lentonis et Nuculae, cum Aquilae primi pili nummos 25
aureos daret, de meis bonis se dare dixit: si enim de suis
dixisset, ne aquilam quidem ipsam credituram putavit.
Non ferent, inquam, oculi Saxam, Cafonem, non duo praetores, non duo designatos tribunos, non Bestiam, non

---

1 illum quidem *Muretus*   tamen *om. V*   9 ominibus *bn²s²v*:
hominibus *Vn¹s¹*: omnibus *t*   13 omitto *Vb*: mitto *cett.*   14 sed
(-t *V²*) *V²b*: et *V¹*: *om. cett.*   19 de meis bonis *D*   Petusio
Müller (*cf.* xiii. 3): petissio *V*: pisidio *t*: pitisio *b*: praesidio *ln*   27
ipsum credituram *V*: ipsum crediturum *b*   28 duo *Vt*: duos *cett.*
(*ita mox*)   praetores] non tr. pl. *add. codd.*, *del. Garatoni* (*cf.* xiii. 26)

Trebellium, non T. Plancum.   Non possum animo aequo
videre tot tam importunos, tam sceleratos hostis ; nec id fit
fastidio meo, sed caritate rei publicae.   Sed vincam animum 21
mihique imperabo : dolorem iustissimum, si non potuero
5 frangere, occultabo.   Quid ? vitae censetisne, patres conscripti, habendam mihi aliquam esse rationem ? quae mihi
quidem minime cara est, praesertim cum Dolabella fecerit
ut optanda mors esset, modo sine cruciatu atque tormentis ;
vobis tamen et populo Romano vilis meus spiritus esse non
10 debet.   Is enim sum, nisi me forte fallo, qui vigiliis, curis,
sententiis, periculis etiam quae plurima adii propter acerbissimum omnium in me odium impiorum perfecerim ut
non obstarem rei publicae, ne quid adrogantius videar
dicere.   Quod cum ita sit, nihilne mihi de periculo meo 22
15 cogitandum putatis ?   Hic cum essem in urbe ac domi, 9
tamen multa saepe temptata sunt, ubi me non solum amicorum fidelitas sed etiam universae civitatis oculi custodiunt :
quid censetis, cum iter ingressus ero, longum praesertim,
nullasne insidias extimescendas ?   Tres viae sunt ad Muti-
20 nam—quo festinat animus ut quam primum illud pignus
libertatis populi Romani, D. Brutum, aspicere possim ;
cuius in complexu libenter extremum vitae spiritum edide-
rim, cum omnes actiones horum mensum, omnes sententiae
meae pervenerint ad eum qui mihi fuit propositus exitum.
25 Tres ergo, ut dixi, viae : a supero mari Flaminia, ab infero 23
Aurelia, media Cassia.   Nunc, quaeso, attendite num aber-
ret a coniectura suspicio periculi mei.   Etruriam discriminat
Cassia.   Scimusne igitur, Pansa, quibus in locis nunc sit
Lentonis Caesenni VII viralis auctoritas ?   Nobiscum nec

1 T. *om. D*   4 potero *tv*   10 sum *V* : est *bnsv* : *om. t*   11
etiam *Vt* : etiam perfecerit *cett.*   adii *om. D*   12 perfecerim *V* :
permefecerim *t* : pertulerim *cett.*   13 obstarem *Vtv* : -rent *bn*   19
pertimescendas *D*   23 horum mensum *Muretus* : horum menṣuṇu-
sum *V* : honorum *D*   24 exitum *Manutius* : exitus *codd.* (exitum
q. m. f. p. exitus *ns*)   27 a *del. Madvig*

animo certe est nec corpore. Si autem aut domi est aut
non longe a domo, certe in Etruria est, id est in via. Quis
igitur mihi praestat Lentonem uno capite esse contentum?
Dic mihi praeterea, Pansa, Ventidius ubi sit, cui fui semper
amicus ante quam ille rei publicae bonisque omnibus tam 5
aperte est factus inimicus. Possum Cassiam vitare, *tenere*
Flaminiam : quid, si Anconam, ut dicitur, Ventidius venerit, poterone Ariminum tuto accedere? Restat Aurelia.
Hic quidem etiam praesidia habeo ; possessiones enim sunt
10 P. Clodi. Tota familia occurret ; hospitio invitabit propter 10
24 familiaritatem notissimam. Hisce ego viis me committam
qui Terminalibus nuper in suburbium, ut eodem die rever-
terer, ire non sum ausus? Domesticis me parietibus vix
tueor sine amicorum custodiis. Itaque in urbe maneo, si
licebit, manebo. Haec mea sedes est, haec vigilia, haec 15
custodia, hoc praesidium stativum. Teneant alii castra,
gerant res bellicas ; occiderint hostem ; nam hoc caput est ;
nos, ut dicimus semperque fecimus, urbem et res urbanas
vobiscum pariter tuebimur. Neque vero recuso munus
hoc : quamquam populum Romanum video pro me recu- 20
sare. Nemo me minus timidus, nemo tamen cautior. Res
declarat. Vicesimus annus est cum omnes scelerati me
unum petunt. Itaque ipsi, ne dicam mihi, rei publicae
poenas dederunt : me salvum adhuc res publica conservavit
sibi. Timide hoc dicam ; scio enim quidvis homini acci- 25
dere posse—verum tamen semel circumsessus lectis valen-
tissimorum hominum viribus cecidi sciens ut honestissime
25 possem exsurgere. Possumne igitur satis videri cautus, satis
providus, si me huic itineri tam infesto tamque periculoso

1 *in litt.* corpo *def. V usque ad finem orationis* (*cf. ad* xi. 17)
6 tenere δ, *ed. R* : et *t* : *om. bnsv* : *fort.* sequi *ante* quid si *supplendum*
9 habebo *b*   14 maneo *om.* δ, *Naugerius* (1)   si *bv* : sisi *t* : si
sic *ns*   17 gerant res *Orelli* : regna tres *t* : regna res *cett.* : regant
res *Schütz*   occiderint *scripsi* : oderint *codd.* : fuderint *Faernus*
18 didicimus *Gruterus*   21 nemo tamen *Halm* : nemotā *t* : nemo *cett.*
26 circumsessus] -cisses *t* : -saeptus *Faernus*   29 tam periculoso *t*

commisero? Gloriam in morte debent ei qui in re publica
versantur, non culpae reprehensionem et stultitiae vitupera-
tionem relinquere.   Quis bonus non luget mortem Treboni?
quis non dolet interitum talis et civis et viri?   At sunt qui
5 dicant dure illi quidem, sed tamen dicunt: minus dolendum quod ab homine impuro nefarioque non caverit.
Etenim qui multorum custodem se profiteatur, eum sapientes sui primum capitis aiunt custodem esse oportere.
Cum saeptus sis legibus et iudiciorum metu, non sunt
10 omnia timenda neque ad omnis insidias praesidia quaerenda.   Quis enim audeat luci, quis in militari via, quis
bene comitatum, quis inlustrem aggredi?   Haec neque hoc
tempore neque in me valent.   Non modo enim poenam 26
non extimescet qui mihi vim attulerit sed etiam gloriam
15 sperabit a latronum gregibus et praemia.   Haec ego in urbe 11
provideo: facilis est circumspectus unde exeam, quo pro-
grediar, quid ad dexteram, quid ad sinistram sit.   Num
idem in Appennini tramitibus facere potero? in quibus
etiam si non erunt insidiae, quae facillime esse poterunt,
20 animus tamen erit sollicitus, ut nihil possit de officiis legationis attendere.   Sed effugi insidias, perrupi Appenninum:
nempe in Antoni congressum conloquiumque veniendum
est.   Quinam locus capietur?   Si extra castra, ceteri viderint: ego me vix tuto futurum puto.   Novi hominis furo-
25 rem, novi effrenatam violentiam.   Cuius acerbitas morum
immanitasque naturae ne vino quidem permixta temperari
solet, hic ira dementiaque inflammatus adhibito fratre Lucio,
taeterrima belua, numquam profecto a me sacrilegas manus
atque impias abstinebit.   Memini conloquia et cum acerri- 27
30 mis hostibus et cum gravissime dissidentibus civibus.

4 at sunt *n*: adsunt *s*: assunt *btv*   11 luci *bn*[1] (-e *n*[2]) *s*[2]*v*: duce *s*[1]:
om. t   14 extimescit *codd.*: *corr. Naugerius* (1)   16 provideo]
providero *b*: praevideo *cett.*   18 facere *om. t*   24 me vix tuto
(tutum *Halm*, futurum *Müller ex Halmii coni.*: me vi ac toto futurum *t*:
mortem actutum (acutum *b*: actuum *n*[1]) futuram *bnv*   30 dissidentibus *t*: dissentientibus *bnv*

Cn. Pompeius, Sexti filius, consul me praesente, cum essem
tiro in eius exercitu, cum P. Vettio Scatone, duce Marso-
rum, inter bina castra conlocutus est : quo quidem *die* memini
Sex. Pompeium, fratrem consulis, ad conloquium ipsum
Roma venire, doctum virum atque sapientem.   Quem cum 5
Scato salutasset, 'Quem te appellem?' inquit.   At ille
'Voluntate hospitem, necessitate hostem.'   Erat in illo
conloquio aequitas; nullus timor, nulla suberat suspicio;
mediocre etiam odium.   Non enim ut eriperent nobis socii
civitatem, sed ut in eam reciperentur petebant.   Sulla cum 10
Scipione inter Cales et Teanum, cum alter nobilitatis florem,
alter belli socios adhibuisset, de auctoritate senatus, de
suffragiis populi, de iure civitatis leges inter se et condiciones contulerunt.   Non tenuit omnino conloquium illud
12 fidem : a vi tamen periculoque afuit.   Possumusne igitur in 15
Antoni latrocinio aeque esse tuti?   Non possumus; aut,
28 si ceteri possunt, me posse diffido.   Quod si non extra
castra congrediemur, quae ad conloquium castra sumentur?
In nostra ille numquam veniet; multo minus nos in illius.
Reliquum est ut et accipiantur et remittantur postulata per 20
litteras.   Ergo erimus in castris, meaque ad omnia postulata una sententia; quam cum hic vobis audientibus dixero,
isse, redisse me putatote : legationem confecero.   Omnia ad
senatum mea sententia reiciam, quaecumque postulabit
Antonius.   Neque enim licet aliter neque permissum est 25
nobis ab hoc ordine, ut bellis confectis decem legatis per-
mitti solet more maiorum, neque ulla omnino a senatu
mandata accepimus.   Quae cum agam in consilio non
nullis, ut arbitror, repugnantibus, nonne metuendum est ne
imperita militum multitudo per me pacem distineri putet? 30

3 quo *btv* : quod *ns*   die *supplevi* (tempore *suppl. Ernesti*)   13
de iure *t* : et de iure *cett.*   leges inter se et condiciones *Garatoni* :
legis inter se condiciones *codd.*   16 tuti *b* : ut hi *v* : uti *t* : ut *s*[1] :
si hic *s*[2] : sic *n*   21 mea quidem *Halm*   23 isse *scripsi* : isse et
codd. (*cf.* ii. 78, 89)   confecero *b* : confero *cett.*   28 non nullis
Poggius : ñulis *ns* : nullis *btv*

Facite hoc meum consilium legiones novas non improbare ; 29
nam Martiam et quartam nihil cogitantis praeter dignitatem
et decus comprobaturas esse certo scio : quid ? veteranos
non veremur—nam timeri se ne ipsi quidem volunt—quo-
5 nam modo accipiant severitatem meam ? Multa enim falsa
de me audierunt ; multa ad eos improbi detulerunt, quorum
commoda, ut vos optimi testes estis, semper ego sententia,
auctoritate, oratione firmavi : sed credunt improbis, credunt
turbulentis, credunt suis. Sunt autem fortes illi quidem,
10 sed propter memoriam rerum quas gesserunt pro populi
Romani libertate et salute rei publicae nimis feroces et ad
suam vim omnia nostra consilia revocantes. Horum ego 30
cogitationem non vereor ; impetum pertimesco. Haec quoque tanta pericula si effugero, satisne tutum reditum putatis
15 fore ? Cum enim et vestram auctoritatem meo more de-
fendero et meam fidem rei publicae constantiamque praesti-
tero, tum erunt mihi non ei solum qui me oderunt sed illi
etiam qui invident extimescendi. Custodiatur igitur vita
rei publicae mea, quoad vel dignitas vel natura patietur,
20 patriae reservetur, mors aut necessitatem habeat fati aut, si
ante oppetenda est, oppetatur cum gloria. Haec cum ita
sint, etsi hanc legationem res publica, ut levissime dicam,
non desiderat, tamen si tuto licebit ire, proficiscar. Omnino, patres conscripti, totum huiusce rei consilium non
25 periculo meo, sed utilitate rei publicae metiar. De qua
mihi quoniam liberum est spatium, multum etiam atque
etiam considerandum puto idque potissimum faciendum
quod maxime interesse rei publicae iudicaro.

M. TVLLI CICERONIS

IN M. ANTONIVM

ORATIO PHILIPPICA TERTIA DECIMA

1 A principio huius belli, patres conscripti, quod cum impiis civibus conscelaratisque suscepimus, timui ne condicio insidiosa pacis libertatis recuperandae studia restingueret. Dulce enim etiam nomen est pacis, res vero ipsa cum iucunda tum salutaris. Nam nec privatos focos nec 5 publicas leges videtur nec libertatis iura cara habere quem discordiae, quem caedes civium, quem bellum civile delectat, eumque ex numero hominum eiciendum, ex finibus humanae naturae exterminandum puto. Itaque sive Sulla sive Marius sive uterque sive Octavius sive Cinna sive 10 iterum Sulla sive alter Marius et Carbo sive qui alius civile bellum optavit, eum detestabilem civem rei publicae natum **2** iudico. Nam quid ego de proximo dicam cuius acta defendimus, auctorem ipsum iure caesum fatemur? Nihil igitur hoc cive, nihil hoc homine taetrius, si aut civis aut homo 15 habendus est, qui civile bellum concupiscit. Sed hoc primum videndum est, patres conscripti, cum omnibusne pax esse possit an sit aliquod bellum inexpiabile, in quo pactio pacis lex sit servitutis. Pacem cum Scipione Sulla sive faciebat sive simulabat, non erat desperandum, si conve- 20 nisset, fore aliquem tolerabilem statum civitatis. Cinna si

5 cum] tum *V* : tamen *b*   11 qui *V*[1] : quis *V*[2]*D*   14 auctorem *V* : cum auctorem *D* : actorem *cod. Amst., ed. Campani* (*cf.* ii. 96) fatemur *Vt* : fateamur *cett.*   18 expiabile *D*   20 sive simulabat *om. D*

concordiam cum Octavio confirmare voluisset, hominum in
re publica sanitas remanere potuisset. Proximo bello si
aliquid de summa gravitate Pompeius, multum de cupiditate Caesar remisisset, et pacem stabilem et aliquam rem
5 publicam nobis habere licuisset. Hoc vero quid est? cum **2**
Antoniis pax potest esse? cum Censorino, Ventidio, Trebellio, Bestia, Nucula, Munatio, Lentone, Saxa? Exempli
causa paucos nominavi: genus infinitum immanitatemque
ipsi cernitis reliquorum. Addite illa naufragia Caesaris 3
10 amicorum, Barbas Cassios, Barbatios, Polliones; addite
Antoni conlusores et sodalis, Eutrapelum, Melam, Pontium,
Caelium, Crassicium, Tironem, Mustelam, Petusium: comitatum relinquo, duces nomino. Huc accedunt Alaudae
ceterique veterani, seminarium iudicum decuriae tertiae, qui
15 suis rebus exhaustis, beneficiis Caesaris devoratis, fortunas
nostras concupiverunt. O fidam dexteram Antoni qua 4
ille plurimos civis trucidavit, o ratum religiosumque foedus
quod cum Antoniis fecerimus! Hoc si Marcus violare
conabitur, Luci eum sanctitas a scelere revocabit. Illis
20 locus si in hac urbe fuerit, ipsi urbi locus non erit. Ora
vobis eorum ponite ante oculos et maxime Antoniorum;
incessum, aspectum, voltum, spiritum, latera tegentis alios,
alios praegredientis amicos. Quem vini anhelitum, quas
contumelias fore censetis minasque verborum! Nisi forte
25 eos pax ipsa leniet maximeque, cum in hunc ordinem venerint, salutabunt benigne, comiter appellabunt unum quemque nostrum. Non recordamini, per deos immortalis! quas **3**
5
in eos sententias dixeritis? Acta M. Antoni rescidistis;
leges refixistis; per vim et contra auspicia latas decrevistis;

1 hominum . . . potuisset *om. V*¹   4 dimisisset *D*   7 **Munatio**
Vn²s: T. Mun. *bn¹tv*   9 reliquorum *V*: belli quorum *D* (*cf.* § 47)
10 Polliones *D*   11 Pontium *om. V*   12 Petusium *V*: pestutum *t*:
peditum *cett.*   13 reliquos omitto (nomino *v*) duces. Huc *nstv*
18 cum Antoniis (-aniis *t*) *bt*: cum Antonio *V*: can *l*: cum *ns*: cum
his *v*   20 urbi ipsi *D*   21 vobis eorum ponite *V*: vobis ponite
eorum p. c. (*sine* p. c. *b*) *bns*: eorum p. c. ponite vobis *t*   27 per
deos . . . eos *D*: *om. V*¹: quas in eos *V*²

285

totius Italiae dilectus excitavistis; conlegam et scelerum
socium omnium hostem iudicavistis. Cum hoc quae pax
potest esse? Hostis si esset externus, id ipsum vix talibus
factis, sed posset aliquo modo. Maria, montes, regionum
magnitudines interessent; odisses eum quem non videres. 5
Hi in oculis haerebunt et, cum licebit, in faucibus; quibus
enim saeptis tam immanis beluas continebimus? At incertus exitus belli. Est omnino fortium virorum, quales vos
esse debetis, virtutem praestare—tantum enim possunt—
6 fortunae culpam non extimescere. Sed quoniam ab hoc 10
ordine non fortitudo solum verum etiam sapientia postu-
latur—quamquam vix videntur haec posse seiungi, seiun-
gamus tamen— fortitudo dimicare iubet, iustum odium
incendit, ad confligendum impellit, vocat ad periculum:
quid sapientia? Cautioribus utitur consiliis, in posterum 15
providet, est omni ratione tectior. Quid igitur censet?
parendum est enim atque id optimum iudicandum quod
sit sapientissime constitutum. Si hoc praecipit ne quid
vita existimem antiquius, ne decernam capitis periculo,
fugiam omne discrimen, quaeram ex ea: 'Etiamne, si erit, 20
cum id fecero, serviendum?' Si adnuerit, ne ego sapientiam istam, quamvis sit erudita, non audiam. Sin responderit: 'Tu vero ita vitam corpusque servato, ita fortunas, ita
rem familiarem, ut haec libertate posteriora ducas itaque
his uti velis, si libera re publica possis, nec pro his liber- 25
tatem, sed pro libertate haec proicias tamquam pignora
iniuriae,' tum sapientiae vocem audire videar eique uti
7 deo paream. Itaque si receptis illis esse possumus liberi,
vincamus odium pacemque patiamur; sin otium incolumibus
eis esse nullum potest, laetemur decertandi oblatam esse 30

---

1 dilectum *D*   socium scelerum *D*   3 si esset externus hostis *D*
tamen id *D*   8 est] ÷est *s* : est. Est *n*   9 virtute *D*   16 tector
V[1]*t* : rectior *b* : protectior *V*[2] *cett* , *Zielinski*   16 censes *V*   18 sit]
est *coni. Halm*   20 si erit *V*[1]*b* : fuerit *cett.*   22 erudita non *V* :
eruditam *tv* : erudita *cett.*   23 servato *om. V, unde* tu vero tuere ita
coni. Halm, tu·re ita (*sine* tu vero *Madvig*   24 posteriora libertate *D*
itaque his] atque iis *nst*   25 liberare r p. *n*[1]*st*   27 ut *D*   28
possumus esse *D*   29 sin otium *V* : sin ius *ns* : si vis *bt*

fortunam. Aut enim interfectis illis fruemur victrice re
publica aut oppressi—quod omen avertat Iuppiter !—si non
spiritu, at virtutis laude vivemus.

At enim nos M. Lepidus, imperator iterum, pontifex **4**
5 maximus, optime proximo civili bello de re publica meritus,
ad pacem adhortatur. Nullius apud me, patres conscripti,
auctoritas maior est quam M. Lepidi vel propter ipsius virtutem vel propter familiae dignitatem. Accedunt eodem
multa privata magna eius in me merita, mea quaedam officia
10 in illum. Maximum vero eius beneficium numero quod
hoc animo in rem publicam est, quae mihi vita mea semper
fuit carior. Nam cum Magnum Pompeium, clarissimum **8**
adulescentem, praestantissimi viri filium, auctoritate adduxit
ad pacem remque publicam sine armis maximo civilis belli
15 periculo liberavit, tum me eius beneficio plus quam pro virili
parte obligatum puto. Itaque et honores ei decrevi quos
potui amplissimos, in quibus mihi vos estis adsensi, nec
umquam de illo et sperare optime et loqui destiti. Magnis
et multis pignoribus M. Lepidum res publica inligatum
20 tenet. Summa nobilitas est, omnes honores, amplissimum
sacerdotium, plurima urbis ornamenta, ipsius, fratris maiorumque monumenta; probatissima uxor, optatissimi liberi,
res familiaris cum ampla tum casta a cruore civili. Nemo
ab eo civis violatus, multi eius beneficio et misericordia
25 liberati. Talis igitur vir et civis opinione labi potest, voluntate a re publica dissidere nullo pacto potest. Pacem volt
M. Lepidus. Praeclare, si talem potest efficere qualem **9**
nuper effecit, qua pace Cn. Pompei filium res publica
aspiciet suoque sinu complexuque recipiet, neque solum
30 illum, sed cum illo se ipsam sibi restitutam putabit. Haec
causa fuit cur decerneretis statuam in rostris cum inscri-

1 interfectis illis *del. Faernus*   4 M. Lepidus *s* : *om. cett.* (*om.*
imperator *s*)   9 ac mea *V²D*   officia *om. D*   14 pacem *V* :
urbem *D*   16 putet *V¹* : putavi *coni. Halm*   ei et honores *D*
19 obligatum *D*   20 honores *V, Cus.* : honor ei *t* : honor est *s¹* :
honor ei (eius *n*) est *bns²*   21 orn. ipsius, *Halm*   24 eius *om. D*
27 M. *om. Vb*   28 efficit *Vt*   30 putabit *V¹b¹* : putavit *cett.*   31
cur ei *Lambinus*

ptione praeclara, cur absenti triumphum. Quamquam enim
magnas res bellicas gesserat et triumpho dignas, non erat
tamen ei tribuendum quod nec L. Aemilio nec Aemiliano
Scipioni nec superiori Africano nec Mario nec Pompeio,
qui maiora bella gesserunt, sed quod silentio bellum civile 5
confecerat, cum primum licuit, honores in eum maximos
contulistis. Existimasne igitur, M. Lepide, qualem Pompeium res publica habitura sit civem, talis futuros in re
publica Antonios? In altero pudor, gravitas, moderatio,
integritas; in illis—et cum hos compello, praetereo animo 10
ex grege latrocini neminem—libidines, scelera, ad omne
facinus immanis audacia. Deinde vos obsecro, patres conscripti, quis hoc vestrum non videt quod Fortuna ipsa
quae dicitur caeca vidit? Salvis enim actis Caesaris quae
concordiae causa defendimus Pompeio sua domus patebit, 15
eamque non minoris quam emit Antonius redimet; redimet, inquam, Cn. Pompei domum filius. O rem acerbam!
Sed haec satis diu multumque defleta sunt. Decrevistis
tantam pecuniam Pompeio quantam ex bonis patriis in
praedae dissipatione inimicus victor redegisset. Sed hanc 20
mihi dispensationem pro paterna necessitudine et coniunctione deposco : redimet hortos, aedis, urbana quaedam
quae possidet Antonius. Nam argentum, vestem, supel-
lectilem, vinum amittet aequo animo, quae ille helluo dissipavit. Albanum, Formianum a Dolabella recuperabit; 25
etiam ab Antonio Tusculanum; eique qui nunc Mutinam
oppugnant, D. Brutum obsident, de Falerno Anseres depellantur. Sunt alii plures fortasse, sed mea memoria dila-
buntur. Ego etiam eos dico qui hostium numero non sunt
Pompeianas possessiones quanti emerint filio reddituros. 30

3 tamen *om. V*   5 silentio] sapientia *Pluygers*   6 cum *om. D*
8 in re p. *om. D*   10 animo] omnino *Ferrarius*   12 obsecro vos *D*
14 videt *D*   17 O rem acerbam] *hic deficit V* (*cf. ad* xi. 17)   25 Formianum *t* : Firmianum (-manum *s*) *cett.*   27 depellantur *n*[1]*st et Servius
ad Ecl.* ix. 36 : depellentur *bn*[2]   28 sed mea *ns* : de mea *b* : ·mea *tv* :
sed de mea *Naugerius* (2) : *fort.* sed e mea   dilabuntur] *fort.* ela-
buntur

Satis inconsiderati fuit, ne dicam audacis, rem ullam ex 12
illis attingere ; retinere vero quis poterit clarissimo domino
restituto ?   An is non reddet qui domini patrimonium cir-
cumplexus quasi thesaurum draco, Pompei servus, libertus
5 Caesaris, agri Lucani possessiones occupavit ?   Atque illud
septiens miliens quod adulescenti, patres conscripti, spo-
pondistis, ita discribetur ut videatur a vobis Cn. Pompei
filius in patrimonio suo conlocatus.   Haec senatus : reliqua
populus Romanus in ea familia quam vidit amplissimam
10 persequetur, in primis paternum auguratus locum, in quem
ego eum, ut quod a patre accepi filio reddam, mea nomi-
natione cooptabo.   Vtrum igitur augurem Iuppiter Optimus
Maximus cuius interpretes internuntiique constituti sumus,
utrum populus Romanus libentius sanciet, Pompeiumne
15 an Antonium ?   Mihi quidem numine deorum immortalium
videtur hoc fortuna voluisse ut actis Caesaris firmis ac ratis
Cn. Pompei filius posset et dignitatem et fortunas patrias
recuperare.

Ac ne illud quidem silentio, patres conscripti, praetereun- **6**
20 dum puto quod clarissimi viri legati, L. Paulus, Q. Thermus, 13
C. Fannius, quorum habetis cognitam voluntatem in rem
publicam eamque perpetuam atque constantem, nuntiant se
Pompei conveniendi causa divertisse Massiliam eumque
cognovisse paratissimo animo ut cum suis copiis iret ad
25 Mutinam, ni vereretur ne veteranorum animos offenderet.
Est vero eius patris filius qui sapienter faciebat non minus
multa quam fortiter.   Itaque intellegitis et animum ei
praesto fuisse nec consilium defuisse.   Atque etiam hoc
M. Lepido providendum est ne quid adrogantius quam
30 eius mores ferunt facere videatur.   Si enim nos exercitu 14

---

4 thesaurum *om. t*   10 in quem *codd. Ferrarii :* in q̃ *π :* in que
t : in quo *nsv :* *om. b*   12 Iuppiter Opt. Maximus *Pluygers :* i. o. m.
bnst : iovis maximi *vπ :* Iovis Opt. Max. *Poggius*   13 nos *post*
sumus *add. Madvig*   14 -ne an *tv :* ne *bns*   25 ni vereretur ne
om. b   28 praesto *om. t*   30 si *nsv :* sive *t :* sine *b*

terret, non meminit illum exercitum senatus populique Romani atque universae rei publicae esse, non suum. At uti
potest pro suo. Quid tum? omniane bonis viris quae facere
possunt facienda sunt, etiamne si turpia, si perniciosa
erunt, si facere omnino non licebit? Quid autem turpius 5
aut foedius aut quod minus deceat quam contra senatum,
contra civis, contra patriam exercitum ducere? quid vero
magis vituperandum quam id facere quod non liceat?
Licet autem nemini contra patriam ducere exercitum; si
quidem licere id dicimus quod legibus, quod more maiorum 10
institutisque conceditur. Neque enim, quod quisque potest,
id ei licet, nec, si non obstatur, propterea etiam permittitur.
Tibi enim exercitum, Lepide, tam quam maioribus tuis
patria pro se dedit. Hoc tu arcebis hostem, finis imperi
propagabis: senatui populoque Romano parebis, si quam ad 15
7 aliam rem te forte traduxerit. Haec si cogitas, es M. Lepidus,
15 pontifex maximus, M. Lepidi, pontificis maximi, pronepos;
sin hominibus tantum licere iudicas quantum possunt, vide
ne alienis exemplis eisque recentibus uti quam et antiquis
et domesticis malle videare. Quod si auctoritatem inter- 20
ponis sine armis, magis equidem laudo, sed vide ne hoc
ipsum non sit necesse. Quamquam enim est tanta in te
auctoritas quanta debet in homine nobilissimo, tamen senatus se ipse non contemnit, nec vero fuit umquam gravior,
constantior, fortior. Incensi omnes rapimur ad libertatem 25
recuperandam; non potest ullius auctoritate tantus senatus
populique Romani ardor exstingui; odimus, irati pugnamus,
extorqueri manibus arma non possunt; receptui signum aut
revocationem a bello audire non possumus; speramus op-
16 tima, pati vel difficillima malumus quam servire. Caesar 30
confecit invictum exercitum; duo fortissimi consules adsunt

---

2 uti b^1n^2: ubi *cett.*   9 licet bn^2: liceat *cett.*   13 tamquam *codd.*:
corr. Halm   16 cogitas es *b*: cogitasses *cett.*   25 fortior *bn*: om.
cett.   27 restingui *Ursinus*   odimus *om. b¹*   28 e manibus *Halm*
29 possemus *t*   31 confecit *Poggius*: conficit *D*

cum copiis ; L. Planci, consulis designati, varia et magna
auxilia non desunt ; in D. Bruti salute certatur ; unus
furiosus gladiator cum taeterrimorum latronum manu contra
patriam, contra deos penatis, contra aras et focos, contra
5 quattuor consules gerit bellum.   Huic cedamus, huius condiciones audiamus, cum hoc pacem fieri posse credamus ?

At periculum est ne opprimamur.   Non metuo ne is qui 8
suis amplissimis fortunis nisi nobis salvis frui non potest
prodat salutem suam.   Bonos civis primum natura efficit,
10 adiuvat deinde fortuna.   Omnibus enim bonis expedit
salvam esse rem publicam.   Sed in eis qui fortunati sunt
magis id apparet.   Quis fortunatior Lepido, ut ante dixi, 17
quis eodem sanior ? Vidit eius maestitiam atque lacrimas
populus Romanus Lupercalibus ; vidit quam abiectus, quam
15 confectus esset, cum Caesari diadema imponens Antonius
servum se illius quam conlegam esse malebat.   Qui si reliquis flagitiis et sceleribus abstinere potuisset, tamen unum
ob hoc factum dignum illum omni poena putarem.   Nam
si ipse servire poterat, nobis dominum cur imponebat ? et
20 si eius pueritia pertulerat libidines eorum qui erant in eum
tyranni, etiamne in nostros liberos dominum et tyrannum
comparabat ?   Itaque illo interfecto qualem in nos eum esse
voluit, talis ipse in ceteros exstitit.   Qua enim *in* barbaria 18
quisquam tam taeter, tam crudelis tyrannus quam in hac
25 urbe armis barbarorum stipatus Antonius ?   Caesare dominante veniebamus in senatum, si non libere, at tamen tuto.
Hoc archipirata—quid enim dicam tyranno ?—haec subsellia
ab Ituraeis occupabantur.   Prorupit subito Brundisium ut
inde agmine quadrato ad urbem accederet ; lautissimum
30 oppidum nunc municipum honestissimorum, quondam colo-
norum, Suessam fortissimorum militum sanguine implevit ;

8 nobis] bonis *v π*   14 vidit *om. t*   15 ponens *t*   17 abstinere
n π : se *ante* abstin. *add. bs, post* si *t*   23 in ceteros *del. Pluygers*   in
π, om. cett.   30 municipum *cod. P. Laeti* : municipium *cett.*

Brundisi in sinu non modo avarissimae, sed etiam crude-
lissimae uxoris delectos Martiae legionis centuriones trucidavit. Inde se quo furore, quo ardore ad urbem, id est ad
caedem optimi cuiusque rapiebat ! Quo tempore di ipsi
immortales praesidium improvisum nec opinantibus nobis 5
9 obtulerunt. Caesaris enim incredibilis ac divina virtus
19 latronis impetus crudelis ac furibundos retardavit : quem
tamen ille demens laedere se putabat edictis, ignorans quaecumque falso diceret in sanctissimum adulescentem, ea vere
recidere in memoriam pueritiae suae. Ingressus urbem est 10
quo comitatu vel potius agmine, cum dextra sinistra, gemente
populo Romano, minaretur dominis, notaret domos, divisurum se urbem palam suis polliceretur. Eoque ipso die
innumerabilia senatus consulta fecit, quae quidem omnia citius delata quam scripta sunt. Rediit ad milites ; ibi pestifera 15
illa Tiburi contio. Inde ad urbem cursus; senatus in Capitolium ; parata de circumscribendo adulescente sententia
consularis, cum repente—nam Martiam legionem Albae
consedisse sciebat—adfertur ei de quarta nuntius. Quo
perculsus abiecit consilium referendi ad senatum de Caesare : 20
20 egressus est non viis, sed tramitibus paludatus. Ex eo
non iter, sed cursus et fuga in Galliam. Caesarem
sequi arbitrabatur cum legione Martia, cum quarta, cum
veteranis, quorum ille nomen prae metu ferre non poterat,
eique in Galliam penetranti D. se Brutus obiecit, qui se 25
totius belli fluctibus circumiri quam illum aut regredi aut
progredi maluit, Mutinamque illi exsultanti tamquam frenos
furoris iniecit. Quam cum operibus munitionibusque sae-
psisset nec eum coloniae florentissimae dignitas neque con-

---

8 tamen *b* (*e coll. mea*) π : tum *nst*   9 diceret *ns* : in eum diceret
bt : ediceret *Pluygers*   in sanctissimum adulescentem *del. Halm*
13–15 eoque... scripta sunt *post* paludatus *hab. codd., huc transposui*
15 delata *tvπ* : deleta *bn* : perfecta perlata *s*   ibi *bnv* : ubi *st*   16
Tibure *Muretus*   18 nam] iam *Faernus*   24 potuerat *b*   25 *fort*
se D. (*cf.* iv. 16)

sulis designati maiestas a parricidio deterreret, tum me—
testor et vos et populum Romanum et omnis deos qui huic
urbi praesident—invito et repugnante legati missi tres consulares ad latronum et gladiatorum ducem.   Quis tam bar- 21
5 barus umquam, tam immanis, tam ferus ?   Non audivit, non
respondit; neque eos solum praesentis sed multo magis
nos a quibus illi erant missi sprevit et pro nihilo putavit.
Postea quod scelus, quod facinus parricida non edidit ?
Circumsedet colonos nostros, exercitum populi Romani,
10 imperatorem, consulem designatum ; agros divexat civium
optimorum ; hostis taeterrimus omnibus bonis cruces ac
tormenta minitatur.   Cum hoc, M. Lepide, pax esse quae 10
potest ? cuius ne supplicio quidem ullo satiari videtur posse
res publica.

15   Quod si quis adhuc dubitare potuit quin nulla societas 22
huic ordini populoque Romano cum illa importunissima
belua posset esse, desinet profecto dubitare his cognitis
litteris quas mihi missas ab Hirtio consule modo accepi.
Eas dum recito dumque de singulis sententiis breviter
20 disputo, velim, patres conscripti, ut adhuc fecistis, me
attente audiatis.   'Antonius Hirtio et Caesari.'   Neque se
imperatorem neque Hirtium consulem nec pro praetore
Caesarem.   Satis hoc quidem scite : deponere alienum
nomen ipse maluit quam illis suum reddere.   'Cognita
25 morte C. Treboni non plus gavisus sum quam dolui.'
Videte quid se gavisum, quid doluisse dicat : facilius de
pace deliberabitis.   'Dedisse poenas sceleratum cineri atque
ossibus clarissimi viri et apparuisse numen deorum intra
finem anni vertentis aut iam soluto supplicio parricidi aut
30 impendente laetandum est.'   O Spartace ! quem enim te

4 latronum et *Halm* : -nes m *bt* : -nem M. Antonium *n²* : -nes M
Antonii *n¹sv* (latronum gladiatorem ducem *Müller*)   14 res publica
bst : populus Romanus *nv* (*malo numero*)   15 dub. adhuc *t*   17
desinet *n²*, *ut voluit Ernesti* : designat *n¹st* : desinat *bv*   22 pro
praetore *Orelli* : pro p. r. *b* : praetorem pr *v* : p. r. *n²* : p. r. p. r. (p̄r̄ *s*)
cett.   23 scite *nsv* : scito *t* : scire *b*   29 parricidii *b* : -da *t* :
-dae (-di̯ae *s*) *cett.*

potius appellem, cuius propter nefanda scelera tolerabilis
videtur fuisse Catilina? laetandum esse ausus es scribere
Trebonium dedisse poenas? sceleratum Trebonium? quo
scelere, nisi quod te Idibus Martiis a debita tibi peste
23 seduxit? Age, hoc laetaris: videamus quid moleste feras. 5
' *A senatu* iudicatum hostem populi Romani Dolabellam eo
quod sicarium occiderit, et videri cariorem rei publicae
filium scurrae quam C. Caesarem, patriae parentem, ingemi-
scendum est.' Quid ingemiscis? Hostem Dolabellam?
quid? te non intellegis dilectu tota Italia habito, consulibus 10
missis, Caesare ornato, sagis denique sumptis hostem iudicatum? Quid est autem, scelerate, quod gemas hostem
Dolabellam iudicatum a senatu? Quem tu ordinem omnino
esse nullum putas, sed eam tibi causam belli gerendi proponis ut senatum funditus deleas, reliqui boni et locupletes 15
omnes summum ordinem subsequantur. At scurrae filium
appellat. Quasi vero ignotus nobis fuerit splendidus eques
Romanus, Treboni pater. Is autem humilitatem despicere
11
24 audet cuiusquam qui ex Fadia sustulerit liberos? 'Acerbissimum vero est te, A. Hirti, ornatum beneficiis Caesaris et 20
talem ab eo relictum qualem ipse miraris.' Equidem
negare non possum a Caesare Hirtium ornatum, sed illa
ornamenta in virtute et in industria posita lucent. Tu vero
qui te ab eodem Caesare ornatum negare non potes, quid
esses, si tibi ille non tam multa tribuisset? ecquo te tua 25
virtus provexisset, ecquo genus? In lustris, popinis, alea,
vino tempus aetatis omne consumpsisses, ut faciebas, cum

---

2 videtur fuisse *l* : fuisse videtur *cett.* (*malo numero*)   es *nsv* · ē̆ *t* :
om. b   **6** a senatu *suppl. Müller* (*post* -as)   hostem pop. R. *Müller* :
hoc tempore (hostem *add. b*) *codd.*   **7** rei p. *mei* : pop. R. *Poggius*
9 ingemiscis? hostem *ed. R* : *sine puncto Naugerius* (I)   iudicatum
post Dol. *add. Poggius*   **10** quid te *n* : qui te *cett.*   **19** cuiusquam
ed. R : cuiusque (qui *l*) *mei*   Fadia *Ferrarius* : ea die *codd.*   **20**
vero est (ē̆e *t*) *st* : est vero *cett.*   ornatum *ed. Gryph.* : ornatum esse
codd.   **23** in industria *s* : *om.* in *cett.*   **26** genus] genus vitae
Schelle : ingenium *Vrsinus* : industria *Pluygers*

in gremiis mimarum mentum mentemque deponeres. ʻEt
te, o puer.ʼ Puerum appellat quem non modo virum sed
etiam fortissimum virum sensit et sentiet. Est istuc quidem
nomen aetatis, sed ab eo minime usurpandum qui suam
5 amentiam puero praebet ad gloriam. ʻQui omnia nomini
debes.ʼ   Debet vero solvitque praeclare.   Si enim ille 25
patriae parens, ut tu appellas—ego quid sentiam videro—
cur non hic parens verior a quo certe vitam habemus e tuis
facinerosissimis manibus ereptam? ʻid agere ut iure demi-
10 nutus sit Dolabella?ʼ Turpem vero actionem, qua defenditur
amplissimi auctoritas ordinis contra crudelissimi gladiatoris
amentiam! ʻet ut venefica haec liberetur obsidione?ʼ
Veneficam audes appellare eum virum qui tuis veneficiis
remedia invenit? quem ita obsides, nove Hannibal aut si
15 quis acutior imperator fuit, ut te ipse obsideas neque te
istinc, si cupias, possis explicare.   Recesseris : undique
omnes insequentur ; manseris : haerebis.   Nimirum recte
veneficam appellas a quo tibi praesentem pestem vides
comparatam. ʻVt quam potentissimus sit Cassius atque
20 Brutus!ʼ   Putes Censorinum dicere aut Ventidium aut 26
etiam ipsos Antonios.   Cur autem nolint potentis esse non
modo optimos et nobilissimos viros sed secum etiam in rei
publicae defensione coniunctos? ʻNimirum eodem modo
haec aspicitis ut priora.ʼ Quae tandem? ʻCastra Pompei
25 senatum appellatis.ʼ An vero tua castra potius senatum 12
appellaremus? in quibus tu es videlicet consularis cuius
totus consulatus est ex omni monumentorum memoria evol-
sus ; duo praetores sine causa diffisi se aliquid habituros—
nos enim Caesaris beneficia defendimus—praetorii Phila-
30 delphus Annius et innocens Gallius ; aedilicii, corycus

1 mentum mentemque *sv, Arusian. K.* vii. *p.* 466 : mentem men-
tumque *cett.*   5 puero *scripsi* : pueri *t* : huic *ns* : puero huic *b*
nomini *b¹t* : eius nom. *nsv* : nom. eius *b²*   9 deminutus *scripsi* :
damnatus *codd.*   21 nolint *Manutius* : nolit *n²* : nolim *cett.*   25
appellabatis *mg. Crat.*   27 evulsus *t* : avulsus *bv* : vulsus *ns* : revul-
sus *Poggius*

laterum et vocis meae Bestia, et fidei patronus, fraudator
creditorum Trebellius, et homo dirutus aere Q. Caelius,
columenque amicorum Antoni Cotyla Varius, quem Antonius deliciarum causa loris in convivio caedi iubebat a
servis publicis ; VII virales Lento, Nucula ; tum deliciae 5
atque amores populi Romani L. Antonius ; tribuni primum
duo designati, Tullus Hostilius qui suo iure in porta nomen
inscripsit qua, cum prodere imperatorem suum non potuisset,
reliquit ; alter est designatus Insteius nescio qui fortis, ut
aiunt, latro ; quem tamen temperantem fuisse ferunt Pisauri 10
27 balneatorem.   Sequuntur alii tribunicii, T. Plancus in
primis : qui si senatum dilexisset, numquam curiam incen-
disset. Quo scelere damnatus in eam urbem rediit armis,
unde excesserat legibus. Sed hoc ei commune cum pluribus
sui similibus. Illud tamen *non* verum in hoc Planco quod 15
proverbi loco dici solet, perire eum non posse, nisi ei crura
fracta essent. Fracta sunt et vivit. Hoc tamen, ut alia
13 multa, Aquilae referatur acceptum.   Est etiam ibi Decius,
ab illis, ut opinor, Muribus Deciis ; itaque Caesaris munera
arrosit : Deciorum quidem multo intervallo per hunc prae- 20
clarum virum memoria renovata est. Saxam vero Decidium
praeterire qui possum, hominem deductum ex ultimis
gentibus, ut eum tribunum plebis videremus quem civem
28 numquam videramus ?   Est quidem alter Saserna : sed
omnes tamen tantam habent similitudinem inter se ut in 25
eorum praenominibus errem. Nec vero Extitius, Philadelphi
frater, quaestor, praetermittendus est, ne, si de clarissimo

---

1 fraud. cred. *del. Rau*   **2** dirutus aere Q. *Reid* : dirutus diviciis-
que n^2 : diruptus divitique (*b ex corr.*) *bn'tv* : diruptus dirutusque *s* :
diruptus dirutusque Q. *Poggius*   **3** quem *ed. Ascens.* (3) : que quem *b* :
que *t* : quos *cett.*   **4** a servis publicis *Ferrarius* : a sui publicis *t* :
a suis publice *cett.*   **6** tribuni *Ferrarius* : -nicii *codd.*   **8** qua *Rau* :
qui *codd.*   potuit *s*   **13** rediit *Poggius* : redit *codd.*   **14** unde *s* :
ex qua *cett.*   **15** sui similibus *Zielinski* : dissimilibus *s* : dissimilli-
mis *cett*   non verum *Zumpt* : verum *codd.* : mirum *Klotz*   in
hoc Planco quod *scripsi* : quod in hoc Planco *codd.*   **19** Deciis *del.*
Bardili   munera arrosit *scripsi* : munera rosit *b* (*malo numero*) :
numerose sit *cett.*   **24** quidem] quidam *b* : ibidem *Madvig*   **25**
tamen *del. Rau*

adulescente siluero, invidisse videar Antonio.   Est etiam
Asinius quidam senator voluntarius, lectus ipse a se.
Apertam curiam vidit post Caesaris mortem : mutavit
calceos ; pater conscriptus repente factus est.   Non novi
5 Sex. Albesium, sed tamen neminem tam maledicum offendi
qui illum negaret dignum Antoni senatu.   Arbitror me
aliquos praeterisse ; de eis tamen qui occurrebant tacere
non potui.   Hoc igitur fretus senatu Pompeianum senatum
despicit, in quo decem fuimus consulares : qui si omnes
10 viverent, bellum omnino hoc non fuisset ; auctoritati cessisset
audacia.   Sed quantum praesidi fuerit in ceteris, hinc intel- 29
legi potest quod ego unus relictus ex multis contudi et fregi
adiuvantibus vobis exsultantis praedonis audaciam.   Quod 14
si non fortuna nobis modo eripuisset Ser. Sulpicium eius-
15 que conlegam ante,   *M.* Marcellum —quos civis, quos
viros !—si duo consules, amicissimos patriae, simul ex Italia
eiectos, si L. Afranium, summum ducem, si P. Lentulum,
civem cum in ceteris rebus tum in salute mea singularem,
si *M.* Bibulum cuius est in rem publicam semper merito
20 laudata constantia, si L. Domitium, praestantissimum civem,
si Appium Claudium, pari nobilitate et voluntate praeditum,
si P. Scipionem, clarissimum virum maiorumque suorum
simillimum, res publica tenere potuisset, certe eis consularibus non esset Pompeianus despiciendus senatus.   Vtrum 30
25 igitur aequius, utrum melius rei publicae fuit Cn. Pompeium
an sectorem Cn. Pompei vivere Antonium ?   Qui vero
praetorii !   quorum princeps M. Cato idemque omnium
gentium virtute princeps.   Quid reliquos clarissimos viros
commemorem ?   Nostis omnis.   Magis vereor ne longum
30 me in enumerando quam ne ingratum in praetereundo putetis.   Qui aedilicii, qui tribunicii, qui quaestorii !   Quid

2 a sese *Garatoni*   4 non *om. 1*   5 Albesium *bt* : Albedium
nsv   6 indignum *b*   12 ex *t* : e *cett.*   14 si non . . . modo *t* :
si . . . modo non *n²* : si non . . . modo non *bn¹s*   15 M. *suppl.*
Naugerius (2)   16 Italia] *hic deficit n*   19 M. *suppl. Klotz*
26 Antonium (-ius *t*) *del. Jordan*   28 virtute *s²* : viri ute *t* : vir
vite *bs¹v*

multa? talis senatorum et dignitas et multitudo fuit ut
magna excusatione opus eis sit qui in illa castra non vene-
15 runt. Nunc reliqua attendite. ' Victum Ciceronem ducem
habuistis.' Eo libentius ' ducem' audio quod certe ille
dicit invitus ; nam de victo nihil laboro. Fatum enim meum ₅
est sine re publica nec vinci posse nec vincere. ' Macedoniam munitis exercitibus.' Et quidem fratri tuo qui
a vobis nihil degenerat extorsimus. ' Africam commisistis
Varo bis capto.' Hic cum Gaio fratre putat se litigare. ' In
Syriam Cassium misistis.' Non igitur sentis huic causae ₁₀
orbem terrae patere, te extra munitiones tuas vestigium ubi
imprimas non habere? ' Cascam tribunatum gerere passi
31 estis.' Quid ergo? ut Marullum, ut Caesetium a re publica
removeremus eum per quem ut neque idem hoc posthac
neque multa eius modi accidere possent consecuti sumus? ₁₅
' Vectigalia Iuliana Lupercis ademistis.' Lupercorum mentionem facere audet? neque illius diei memoriam perhor-
rescit quo ausus est obrutus vino, unguentis oblitus, nudus
gementem populum Romanum ad servitutem cohortari?
' Veteranorum colonias, deductas lege senatus consulto sus- ₂₀
tulistis.' Nos sustulimus an contra lege comitiis centuriatis
lata sanximus? Vide ne tu veteranos, etiam eos qui erant
perditi, perdideris in eumque locum deduxeris ex quo ipsi
32 iam sentiunt se numquam exituros. ' Massiliensibus iure
belli adempta reddituros vos pollicemini.' Nihil disputo de ₂₅
iure belli—magis facilis disputatio est quam necessaria—
illud tamen animadvertite, patres conscripti, quam sit huic
rei publicae natus hostis Antonius, qui tanto opere eam
civitatem oderit quam scit huic rei publicae semper fuisse

---

7 et quidem *b* : equidem *cett.*   9 *fort.* se putat (*clausulae gratia*)
10 huic causae *btv* : in hac causa *o*   11 patere *cod. Vrsini* : parere *s* :
favere *b* : om. *otv*   13 Caesetium *Ferrarius* : caes. etium *t* : caes.
etiam *cett.*   14 moveremus *b*¹ : moremus *t*   idem hoc *osv* : idem *b* :
hoc ē *t* : hoc idem *Halm*   20 lege *s, ed. R* : lege et *bot*   21 lege
. . . lata *Ferrarius* : legem . . . lata *t* : legem . . . latas *Iosv* : legem . . .
latam *b*   22 etiam *scripsi* : tamen *codd.* : sed tamen *Madvig*   27
quam *o* : q. *t* : q *v* : quis *s* : qui *b*

amicissimam. 'Neminem Pompeianum qui vivat teneri 16
lege Hirtia dictitatis.' Quis, quaeso, iam legis Hirtiae
mentionem facit? cuius non minus arbitror latorem ipsum
quam eos de quibus lata est paenitere. Omnino mea qui-
5 dem sententia legem illam appellare fas non est; et, ut sit
lex, non debemus illam Hirti legem putare. 'Apuleiana
pecunia Brutum subornastis.' Quid? si omnibus suis copiis
excellentem virum res publica armasset, quem tandem bonum paeniteret? Nec enim sine pecunia exercitum alere
10 nec sine exercitu fratrem tuum capere potuisset. 'Securi 33
percussos Petraeum et Menedemum, civitate donatos et
hospites Caesaris, laudastis.' Non laudavimus quod ne
audivimus quidem. Valde enim nobis in tanta perturbatione rei publicae de duobus nequissimis Graeculis cogitan-
15 dum fuit. 'Theopompum, nudum, vi expulsum a Trebonio,
confugere Alexandream neglexistis.' Magnum crimen senatus! De Theopompo, summo homine, neglEximus, qui
ubi terrarum sit, quid agat, vivat denique an mortuus sit,
quis aut scit aut curat? 'Ser. Galbam eodem pugione
20 succinctum in castris videtis.' Nihil tibi de Galba respondeo,
fortissimo et constantissimo civi: coram aderit; praesens
et ipse et ille quem insimulas pugio respondebit. 'Milites
aut meos aut veteranos contraxistis tamquam ad exitium
eorum qui Caesarem occiderant: et eosdem nec opinantis
25 ad quaestoris sui aut imperatoris aut commilitonum suorum
pericula impulistis.' Scilicet verba 'dedimus, decepimus:
ignorabat legio Martia, quarta, nesciebant veterani quid
ageretur; non illi senatus auctoritatem, non libertatem populi sequebantur: Caesaris mortem ulcisci volebant, quam

1 teneri . . . dictitatis *Orelli* : tenere (-i *t*) . . . dignitatis (-tes *osv*)
codd.   2 quis quaeso *cod. Vrsini* : quis (-ui *osv*) quasi *codd.*   11
Petraeum *Haupt* : Petrum *codd.*   12 laudavimus *Lambinus* : -amus
codd.   15 vi *scripsi* : ñ (*om. o*) *codd.*   21 praesens *b*¹ : tibi *add.
post* praes. *b*²*otv, post* respond. *s*   27 nesciebant] nec sciebant *bt* :
ignorabant *s*   28 non . . . non *oπ* : an . . . non *bt* : num . . . an *s* :
non . . . an *v*

17
34
omnes fatalem fuisse arbitrabantur ; te videlicet salvum, beatum, florentem esse cupiebant. O miser cum re, tum hoc ipso quod non sentis quam miser sis ! Sed maximum crimen audite. ' Denique quid non aut probastis aut fecistis quod faciat, si reviviscat '— Quis ? credo enim, adferet 5 aliquod scelerati hominis exemplum —' Cn. Pompeius ipse ? ' O nos turpis, si quidem Cn. Pompeium imitati sumus ! ' aut filius eius, si modo possit.' Poterit, mihi crede : nam paucis diebus et in domum et in hortos paternos immigrabit. ' Postremo negatis pacem fieri posse, nisi aut emisero Bru- 10 tum aut frumento iuvero.' Alii istuc negant : ego vero, ne si ista quidem feceris, umquam tecum pacem huic civitati futuram puto. ' Quid ? hoc placetne veteranis istis ? quibus adhuc omnia integra sunt.' Nihil vidi tam integrum quam ut oppugnare imperatorem incipiant quem tanto studio 15

35 consensuque oderint. ' Quos iam vos adsentationibus et venenatis muneribus venistis depravaturi.' An corrupti sunt quibus persuasum sit foedissimum hostem iustissimo bello persequi ? ' At militibus inclusis opem fertis. Nihil moror eos salvos esse et ire quo libet, si tantum modo 20 patiuntur perire eum qui meruit.' Quam benigne ! denique usi liberalitate Antoni milites imperatorem reliquerunt et se ad hostem metu perterriti contulerunt : per quos si non stetisset, non Dolabella prius imperatori suo quam Antonius etiam

36 conlegae parentasset. ' Concordiae factam esse mentionem 25 scribitis in senatu et legatos esse consularis quinque. Difficile est credere, eos*que* qui me praecipitem egerint, aequissimas

---

4 probastis *t* : probavistis *cett.*   5 quod faciat *os*[1] : quid faciat *s*[2]*tv* : que faciat *b*   7 imitati *t* : imitaturi *cett.*   8 modo *t* : domi (-o *b*) *cett.*   16 oderint *scripsi* : ostenderint *t* : offenderint *bsv* : ostenderint quam oderint *Lehmann* : cum tantum studium consensumque ostenderint *Halm* : *fort.* cum ... offensionem ostenderint quos iam *scripsi* : quoniam (quē *s*[1]) *codd.* : quamquam eos *Madvig*   17 depravaturi *scripsi* : -ati (*om. t*) *codd* : -atum *Madvig*   an] itane *Madvig*   18 sit] est *b*[2]   20 libet (lu- *o*) si *os* : iubetis si (*om. si t*) *cett.*   21 denique] itaque *Ferrarius* : *fort.* ea denique   usi sunt *t*   27 credere *del. Madvig*   eos] cos *s* : esse cons. *t* : consules *v* (*cf.* viii. 20)   -que *addidi*

condiciones ferentem et tamen ex his aliquid remittere
cogitantem, putare aliquid moderate aut humane esse facturos. Vix etiam veri simile est, qui iudicaverint hostem
Dolabellam ob rectissimum facinus, eosdem nobis parcere
5 posse idem sentientibus.' Parumne videtur omnium facinorum sibi cum Dolabella societatem initam confiteri? Nonne
cernitis ex uno fonte omnia scelera manare? Ipse denique
fatetur, hoc quidem satis acute, non posse eos qui hostem
Dolabellam iudicaverint ob rectissimum facinus—ita enim
10 videtur Antonio—sibi parcere idem sentienti. Quid huic
facias qui hoc litteris memoriaeque mandarit, ita sibi convenisse cum Dolabella ut ille Trebonium et, si posset, etiam
Brutum, Cassium, discruciatos necaret, eadem ipse inhiberet
supplicia nobis? O conservandus civis cum tam pio iusto-
15 que foedere! Is etiam queritur condiciones suas repudiatas,
aequas quidem et verecundas, ut haberet Galliam ultimam,
aptissimam ad bellum renovandum instruendumque provinciam; ut Alaudae in tertia decuria iudicarent, id est ut
perfugium scelerum esset quam turpissimis rei publicae
20 sordibus; ut acta sua rata essent, cuius nullum remanet
consulatus vestigium. Cavebat etiam L. Antonio, qui fuerat aequissimus agri privati et publici decempedator, Nucula
et Lentone conlega. 'Quam ob rem vos potius animad- 38
vertite utrum sit elegantius et partibus utilius Treboni
25 mortem persequi an Caesaris, et utrum sit aequius con-
currere nos quo facilius reviviscat Pompeianorum causa
totiens iugulata, an consentire ne ludibrio simus inimicis.'
Si esset iugulata, numquam exsurgeret: quod tibi tuisque
contingat. ' Vtrum ' inquit ' elegantius.' Atqui hoc bello
30 de elegantia quaeritur! 'et partibus utilius.' Partes, furiose, 39

18
37

2 putare *del. Manutius* (*contra Priscian. K.* iii. *p.* 70)   esse
facturos] facturum *Priscian.*   13 eadem ipse *Garatoni*: eademque
codd.   14 O *t: om. cett.*   17 instruendumque *bo*: -damque *cett.*
19 quam *scripsi*: cum *codd.*: tutum *Müller*   28 resurgeret *v¹*   30
et partibus *b²ov*: partibusque *b¹t*: et partibus q. ⟨quid *s²*⟩ *s*

dicuntur in foro, in curia. Bellum contra patriam nefarium
suscepisti; oppugnas Mutinam, circumsedes consulem designatum ; bellum contra te duo consules gerunt cumque eis pro
praetore Caesar ; cuncta contra te Italia armata est. Istas
tu partis potius quam a populo Romano defectionem vocas ? 5
Potiusne Treboni mortem quam Caesaris persequimur.
Treboni satis persecuti sumus hoste iudicato Dolabella ;
Caesaris mors facillime defenditur oblivione et silentio. Sed
videte quid moliatur. Cum mortem Caesaris ulciscendam
putat, mortem proponit non eis solum qui illam rem gesse· 10

19 runt sed eis etiam si qui non moleste tulerunt. 'Quibus,
40 utri nostrum ceciderint, lucro futurum est, quod spectaculum
adhuc ipsa Fortuna vitavit, ne videret unius corporis duas
acies lanista Cicerone dimicantis : qui usque eo felix est
ut isdem ornamentis deceperit vos quibus deceptum Cae- 15
sarem gloriatus est.' Pergit in me maledicta *dicere*, quasi
vero ei pulcherrime priora processerint : quem ego inustum
verissimis maledictorum notis tradam hominum memoriae
sempiternae. Ego lanista ? Et quidem non insipiens :
deteriores enim iugulari cupio, meliores vincere. 'Vtri 20
41 ceciderint,' scribit 'lucro nobis futurum.' O praeclarum
lucrum, cum te victore—quod di omen avertant !—beata
mors eorum futura sit qui e vita excesserint sine tormentis.
A me 'deceptos' ait 'isdem ornamentis' Hirtium et Caesarem. Quod, quaeso, adhuc a me est tributum Hirtio orna- 25
mentum ? nam Caesari plura et maiora debentur. Deceptum autem patrem a me dicere audes ? Tu, tu, inquam,
illum occidisti Lupercalibus : cuius, homo ingratissime,
flaminium cur reliquisti ? Sed iam videte magni et clari

6 potiusne *o* : potius *cett.* : *del. Ferrarius*   quam] an *Ferrarius*
persequimur] persequi *Ferrarius*   16 in me *t* : in mea *cett.*   dicere
supplevi : iacere *suppl.* Halm   22 cum te *Ant. Augustinus* : quo
te *btv* : quo lucro te *os*   25 quaeso *Poggius* : quasi *D*   27 patrem
a me *scripsi* : patrem a me Caesarem *os* : Caesarem a me *t* : patrem
Caesarem a me *b*   29 flamminium *b* : flamonium *t* : flamminia
(-iā *v*) *cett.* : *corr. Ferrarius*

viri admirabilem gravitatem atque constantiam : 'Mihi qui- 42
dem constat nec meam contumeliam nec meorum ferre,
nec deserere partis quas Pompeius odivit nec veteranos
sedibus suis moveri pati nec singulos ad cruciatum trahi
5 nec fallere fidem quam dedi Dolabellae.' Omitto alia :
fidem Dolabellae, sanctissimi viri, deserere homo pius non
potest. Quam fidem? an optimi cuiusque caedis, urbis
et Italiae partitionis, vastandarum diripiendarumque provinciarum ? Nam quid erat aliud quod inter Antonium
10 et Dolabellam, impurissimos parricidas, foedere et fide
sanciretur ? 'nec Lepidi societatem violare, piissimi homi- 43
nis.' Tibi cum Lepido societas aut cum ullo, non dicam
bono civi, sicut ille est, sed homine sano ? Id agis ut
Lepidum aut impium aut insanum existimari velis. Nihil
15 agis — quamquam adfirmare de altero difficile est — de
Lepido praesertim, quem ego metuam numquam ; bene
sperabo, dum licebit. Revocare te a furore Lepidus voluit,
non adiutor esse dementiae. Tu porro ne pios quidem,
sed piissimos quaeris et, quod verbum omnino nullum in
20 lingua Latina est, id propter tuam divinam pietatem novum
inducis. 'nec Plancum prodere participem consiliorum.' 44
Plancum participem ? cuius memorabilis ac divina virtus
lucem adfert rei publicae—nisi forte eum subsidio tibi
venire arbitraris cum fortissimis legionibus, maximo equi-
25 tatu peditatu*que* Gallorum—quique, nisi ante eius adventum
rei publicae poenas dederis, ipse huius belli feret principatum. Quamquam enim prima praesidia utiliora rei publicae
sunt, tamen extrema sunt gratiora. Sed iam se conligit et 20
ad extremum incipit philosophari : 'Si me rectis sensibus 45

---

2 nec meam *bv* : nec meam quidem *ost*   3 Pompeius odivit *bsv* :
Pompeius odiũ *ho* : poneius vidi *t* : *fort.* sponte adivi   8 vastandarum *bt* : suis (suas *s*¹) dandarum *osv*   11 nec *o* : ne *cett.*   17
te a furore *Poggius* : a te furore (-em *t*) *lot* : furorem a te *b*   25
peditatuque *ed. R* : peditatu *codd.* : *del. Madvig*   26 ipse *scripsi* :
ille *codd.* : *del. ed. Gryph.*

euntem di immortales, ut spero, adiuverint, vivam libenter.
Sin autem me aliud fatum manet, praecipio gaudia suppliciorum vestrorum. Namque si victi Pompeiani tam inso-
lentes sunt, victores quales futuri sint vos potius experiemini.'
Praecipias licet gaudia : non enim tibi cum Pompeianis, sed 5
cum universa re publica bellum est. Omnes te di homines,
summi medii infimi, cives peregrini, viri mulieres, liberi
servi oderunt. Sensimus hoc nuper falso nuntio ; vero
prope diem sentiemus. Quae si tecum ipse recolueris,
46 aequiore animo et maiore consolatione moriere. ' Denique 10
summa iudici mei spectat huc ut meorum iniurias ferre
possim, si aut oblivisci velint ipsi fecisse aut ulcisci parati
sunt una nobiscum Caesaris mortem.' Hac Antoni sententia cognita dubitaturumne A. Hirtium aut C. Pansam
consules putatis quin ad Antonium transeant, Brutum obsi- 15
deant, Mutinam expugnare cupiant? Quid de Pansa et
Hirtio loquor? Caesar, singulari pietate adulescens, poteritne se tenere quin D. Bruti sanguine poenas patrias persequatur? Itaque fecerunt ut his litteris lectis ad munitiones
propius accederent. Quo maior adulescens Caesar, ma- 20
ioreque deorum immortalium beneficio rei publicae natus
est, qui nulla specie paterni nominis nec pietate abductus
umquam est et intellegit maximam pietatem conservatione
47 patriae contineri. Quod si partium certamen esset, quarum
omnino nomen exstinctum est, Antoniusne potius et Ven- 25
tidius partis Caesaris defenderent quam primum Caesar,
adulescens summa pietate et memoria parentis sui, deinde
Pansa et Hirtius, qui quasi cornua duo tenuerunt Caesaris
tum cum illae vere partes vocabantur? Hae vero quae
sunt partes, cum alteris senatus auctoritas, populi Romani 30
libertas, rei publicae salus proposita sit, alteris caedes bo-

2 me aliud fatum *bosv et Nonius p.* 349: me aliud aut fatum *t*
9 recolueris *b* : recolis *osv* : coleris *t*   13 sint *codd. Ferrarii*   17
loquor *Poggius* : loquar *codd.*   23 et *om. os* : sed *Halm*

norum, urbis Italiaeque partitio? Veniamus aliquando ad **21**
clausulam. 'Legatos venire non credo.' Bene me novit,
Reliqui veniant, proposito praesertim exemplo Dolabellae.
Sanctiore erunt, credo, iure legati quam duo consules contra
5 quos arma fert, quam Caesar cuius patris flamen est, quam
consul designatus quem oppugnat, quam Mutina quam
obsidet, quam patria cui igni ferroque minitatur. 'Cum 48
venerint, quae postulant cognoscam.' Quin tu abis in
malam pestem malumque cruciatum? Ad te quisquam
10 veniat nisi Ventidi similis? Oriens incendium qui restin-
guerent summos viros misimus; repudiasti: nunc in tantam flammam tamque inveteratam mittamus, cum locum
tibi reliquum non modo ad pacem sed ne ad deditionem
quidem feceris?
15 Hanc ego epistulam, patres conscripti, non quo illum
dignum putarem, recitavi, sed ut confessionibus ipsius omnia
patefacta eius parricidia videretis. Cum hoc pacem M. 49
Lepidus, vir ornatissimus omnibus et virtutis et fortunae
bonis, si haec videret, aut vellet aut fieri posse arbitraretur?
20 'Prius undis flamma,' ut ait poeta nescio quis, prius denique
omnia quam aut cum Antoniis res publica aut cum re
publica Antonii redeant in gratiam. Monstra quaedam ista
et portenta sunt et prodigia rei publicae. Moveri sedibus
huic urbi melius est atque in alias, si fieri possit, terras
25 demigrare, unde Antoniorum 'nec facta nec nomen audiat,'
quam illos, Caesaris virtute eiectos, Bruti retentos, intra
haec moenia videre. Optatissimum est vincere; secundum

---

1 urbis *om. t*   2–4 bene ... erunt *om. s*   3 reliqui veniant
scripsi: bellum quod veniant *h*: bellum quid veniat *v* (*cf. ad* § 2):
velim quo venias *b*: quod venias *t*   4 sanctiore *b¹h¹*: sanctiores *cett.*
8 postulant *b¹ot:* postulent *b²hv*   13 relictum *b²t*   19 videret
scripsi: denique *t* (*ex l.* 20, *credo*): videret denique *cett.*: videret audiret denique *Madvig*: legeret, suaderet, denique *Müller*   20 undis
flamma *cod.* P. *Laeti* (*corr.*), *Ferrarius*: undas flammam *codd.*   23
et *post* sunt *om.* *b¹*   prodigia *del.* *Halm*   24 in *om.* *hotv, ante*
terras *habet cod.* *Graevii* (in alias *om. s*)   25 nec ... audiat *poetae*
verba esse vidit Muretus

305

est nullum casum pro dignitate et libertate patriae non ferendum putare. Quod reliquum est, non est tertium, sed postremum omnium, maximam turpitudinem suscipere vitae cupiditate.

50 Quae cum ita sint, de mandatis litterisque M. Lepidi, 5 viri clarissimi, Servilio adsentior, et hoc amplius censeo, Magnum Pompeium, Gnaei filium, pro patris maiorumque suorum animo studioque in rem publicam suaque pristina virtute, industria, voluntate fecisse, quod suam eorumque quos secum haberet operam senatui populoque Romano 10 pollicitus esset, eamque rem senatui populoque Romano gratam acceptamque esse, eique honori dignitatique eam rem fore. Hoc vel coniungi cum hoc senatus consulto licet vel seiungi potest separatimque perscribi, ut proprio senatus consulto Pompeius conlaudatus esse videatur. 15

M. TVLLI CICERONIS

IN M. ANTONIVM

ORATIO PHILIPPICA QVARTA DECIMA

Si, ut ex litteris quae recitatae sunt, patres conscripti, **1**
sceleratissimorum hostium exercitum caesum fusumque
cognovi, sic, id quod et omnes maxime optamus *et* ex ea
victoria quae parta est consecutum arbitramur, D. Brutum
5 egressum iam Mutina esse cognossem, propter cuius periculum ad saga issemus, propter eiusdem salutem redeundum
ad pristinum vestitum sine ulla dubitatione censerem. Ante
vero quam sit ea res quam avidissime civitas exspectat
adlata, laetitia frui satis est maximae praeclarissimaeque
10 pugnae ; reditum ad vestitum confectae victoriae reservate.
Confectio autem huius belli est D. Bruti salus. Quae **2**
autem est ista sententia ut in hodiernum diem vestitus
mutetur, deinde cras sagati prodeamus ? Nos vero cum
semel ad eum quem cupimus optamusque vestitum redi-
15 erimus, id agamus ut eum in perpetuum retineamus. Nam
hoc quidem cum turpe est, tum ne dis quidem immortalibus
gratum, ab eorum aris ad quas togati adierimus, ad saga
sumenda discedere. Atque animadverto, patres conscripti, **3**
quosdam huic favere sententiae quorum ea mens idque

1 si ut *h* : sicut *cett.*   2 fusum caesumque *Nonius p.* 312
3 et ex *Naugerius* (1) : ex *codd.*   5 esse si *hosv*   cognossem *b* :
cognovissem *cett.*   9 laetitia frui *b* : laetitiae risus (rursus *s*[1]) *cett.*
10 reservate *hv* : reservare *bos* : servare *t*

consilium est ut, cum videant gloriosissimum illum D.
Bruto futurum diem quo die propter eius salutem redieri-
mus, hunc ei fructum eripere cupiant, ne memoriae posteri-
tatique prodatur propter unius civis periculum populum
Romanum ad saga isse, propter eiusdem salutem redisse
ad togas. Tollite hanc: nullam tam pravae sententiae
causam reperietis. Vos vero, patres conscripti, conservate
auctoritatem vestram, manete in sententia, tenete vestra
memoria quod saepe ostendistis, huius totius belli in unius
2 4 viri fortissimi et maximi vita positum esse discrimen. Ad
D. Brutum liberandum legati missi principes civitatis qui
illi hosti ac parricidae denuntiarent ut a Mutina discederet;
eiusdem D. Bruti conservandi gratia consul sortitu ad
bellum profectus A. Hirtius, cuius imbecillitatem valetudinis animi virtus et spes victoriae confirmavit; Caesar,
cum exercitu per se comparato cum primum his pestibus
rem publicam liberasset, ne quid postea sceleris oreretur
profectus est ad eundem Brutum liberandum vicitque do-
5 lorem aliquem domesticum patriae caritate. Quid C. Pansa
egit aliud dilectibus habendis, pecuniis comparandis, senatus
consultis faciendis gravissimis in Antonium, nobis cohor-
tandis, populo Romano ad causam libertatis vocando, nisi
ut D. Brutus liberaretur? A quo populus Romanus frequens ita salutem D. Bruti una voce depoposcit ut eam
non solum commodis suis sed etiam necessitati victus
anteferret. Quod sperare nos quidem debemus, patres conscripti, aut inibi esse aut iam esse confectum: sed spei
fructum rei convenit et evento reservari ne aut deorum
immortalium beneficium festinatione praeripuisse aut vim
fortunae stultitia contempsisse videamur.

6 Sed quoniam significatio vestra satis declarat quid hac de

13 sortitu *bosv*: sortiti *ht* 16 cum primum his *scripsi*: cum primis *codd.*: cum prius *Müller*: compressis *coni. Halm* 20 pecunia comparanda *b* 23 Brutum liberaret *h* 27 sed *Manutius*: et *codd.* 28 evento *b*: vento *t*: eventui (-tu s^1) *hosv*

re sentiatis, ad litteras veniam quae sunt a consulibus et
a pro praetore missae, si pauca ante quae ad ipsas litteras
pertineant dixero. Imbuti gladii sunt, patres conscripti, **3**
legionum exercituumque nostrorum vel madefacti potius
5 duobus consulum, tertio Caesaris proelio. Si hostium fuit
ille sanguis, summa militum pietas : nefarium scelus, si
civium. Quo usque igitur is qui omnis hostis scelere
superavit nomine hostis carebit ? nisi mucrones etiam nostrorum militum tremere voltis dubitantis utrum in cive an
10 in hoste figantur. Supplicationem decernitis : hostem non
appellatis. Gratae vero nostrae dis immortalibus gratula- 7
tiones erunt, gratae victimae, cum interfecta sit civium
multitudo ! ' De improbis ' inquit ' et audacibus.' Nam
sic eos appellat clarissimus vir : quae sunt urbanarum male-
15 dicta litium, non inustae belli internecini notae. Testa-
menta, credo, subiciunt aut eiciunt vicinos aut adulescentulos
circumscribunt : his enim vitiis adfectos et talibus malos
aut audacis appellare consuetudo solet. Bellum inexpiabile **8**
infert quattuor consulibus unus omnium latronum taeter-
20 rimus ; gerit idem bellum cum senatu populoque Romano ;
omnibus—quamquam ruit ipse suis cladibus—pestem, vasti-
tatem, cruciatum, tormenta denuntiat : Dolabellae ferum et
immane facinus quod nulla barbaria posset agnoscere, id
suo consilio factum esse testatur ; quaeque esset facturus in
25 hac urbe, nisi eum hic ipse Iuppiter ab hoc templo atque
moenibus reppulisset, declaravit in Parmensium calamitate,
quos optimos viros honestissimosque homines, maxime cum
auctoritate huius ordinis populique Romani dignitate coniunctos, crudelissimis exemplis interemit propudium illud

1 consulibus *Ferrarius*: cōs. (consule *v*) *codd.*   **5** duobus *Ferrarius*:
de duobus duorum *t*: duobus duorum *b*: duorum *hosv*   **6** si *o*: om.
cett.   **9** dubitantis *bt*: dubitatis *cett.*   **10** decernis . . . appellas *b*
15 inustae belli internecini notae *Ferrarius*: in iusta evelli inter necti
nota *s*: iniusta evelli internecuno te *otv*: iniusta evelluntur nec uno
te *h*: iniuste belli interiectionis *b*   **17** his . . . solet *del. Piuygers*
18 aut *Halm*: et *Poggius*: om. *codd.*   **25** hic *bt*: hinc *hosv*   **29**
propudium *b*, *Ferrarius*: proludium *cett.*

et portentum, L. Antonius, insigne odium omnium hominum
9 vel, si etiam di oderunt qucs oportet, deorum. Refugit
animus, patres conscripti, eaque dicere reformidat quae
L. Antonius in Parmensium liberis et coniugibus effecerit.
Quas enim turpitudines Antonii libenter cum dedecore 5
subierunt, easdem per vim laetantur aliis se intulisse. Sed
vis calamitosa est quam illis obtulerunt : libido flagitiosa
qua Antoniorum oblita est vita. Est igitur quisquam qui
hostis appellare non audeat quorum scelere crudelitatem
4 Carthaginiensium victam esse fateatur ? Qua enim in urbe 10
tam immanis Hannibal capta quam in Parma surrepta
Antonius ? nisi forte huius coloniae et ceterarum in quas
10 eodem est animo non est hostis putandus. Si vero coloni-
arum et municipiorum sine ulla dubitatione hostis est, quid
tandem huius censetis urbis quam ille ad explendas ege- 15
states latrocini sui concupivit, quam iam peritus metator et
callidus decempeda sua Saxa diviserat ? Recordamini, per
deos immortalis ! patres conscripti, quid hoc biduo timu-
erimus a domesticis hostibus rumoribus improbissimis dissi-
patis. Quis liberos, quis coniugem aspicere poterat sine 20
fletu ? quis domum, quis tecta, quis larem familiarem ? Aut
foedissimam mortem omnes aut miserabilem fugam cogita-
bant. Haec a quibus timebantur, eos hostis appellare dubi-
tamus ? Gravius si quis attulerit nomen, libenter adsentiar :
hoc volgari contentus vix sum, leviore non utar. 25
11 Itaque cum supplicationes iustissimas ex eis litteris quae
recitatae sunt decernere debeamus, Serviliusque decreverit,
augebo omnino numerum dierum, praesertim cum non uni,
sed tribus ducibus sint decernendae. Sed hoc primum
faciam ut imperatores appellem eos quorum virtute, con- 30

2 oderunt *ost* : oderint *bhv*   deorum *om. hos*   3 reformidat
Naugerius (2) : formidat *codd.*   5 cum dedecore *hoc loco habent bhosv,*
post subierunt *t* : *om. codd. Ferrarii*   7 obtulerunt *t* : intulerunt *cett.*
15 explendas *bo* : expiandas *htv*   19 hostibus] id est. qui intra
moenia hostes sunt *add. codd., del. Ferrarius*   30 imperat. *hoc loco*
suppl. Poggius, post sumus hab. b (*e coll. mea*) : *om. cett.*

silio, felicitate maximis periculis servitutis atque interitus
liberati sumus.   Etenim cui viginti his annis supplicatio decreta est ut non imperator appellaretur aut minimis rebus gestis aut plerumque nullis?   Quam ob rem
5 aut supplicatio ab eo qui ante dixit decernenda non fuit
aut usitatus honos pervolgatusque tribuendus eis   quibus
etiam novi singularesque debentur.   An si quis Hispanorum **5**
                                                         12
aut Gallorum aut Threcum mille aut duo milia occidisset,
illum hac consuetudine quae increbruit imperatorem ap-
10 pellaret senatus : tot legionibus caesis, tanta multitudine
hostium interfecta—ita, inquam, hostium, quamvis hoc isti
hostes domestici nolint—clarissimis ducibus supplicationum
honorem tribuemus, imperatorium   nomen adimemus?
Quanto enim honore, laetitia, gratulatione in hoc templum
15 ingredi debent illi ipsi huius urbis liberatores, cum hesterno
die propter eorum res gestas me ovantem et prope trium-
phantem populus Romanus in Capitolium domo tulerit,
domum inde reduxerit?   Is enim demum est mea quidem 13
sententia iustus triumphus ac verus, cum bene de re publica
20 meritis testimonium a consensu civitatis datur. Nam sive in
communi gaudio populi Romani uni gratulabantur, magnum
iudicium, sive uni gratias agebant, eo maius, sive utrumque,
nihil magnificentius cogitari potest.

Tu igitur ipse de te ? dixerit quispiam.   Equidem invitus,
25 sed iniuriae dolor facit me praeter consuetudinem gloriosum.
Nonne satis est ab hominibus virtutis ignaris gratiam bene
merentibus non referri ? etiam in eos qui omnis suas curas
in rei publicae salute defigunt, crimen *et* invidia quaeretur ?
Scitis enim per hos dies creberrimum fuisse sermonem, me 14

7 an *b*, *Muretus* : at *cett.*   9 illum *o* : unum *hst* : *om. b* : eum
Muretus   11 ita inquam *Manutius* : dico inquam *os* : dico ita inquam
bhtv : hostium dico ?   Ita inquam *duo codd.* (?) *Vrsini*   12 supplicationum honorem *b*, *Ferrarius* : -onem honorum *os* : -onem bonorum *tv*
22 uni *om. s*, *Ferrarius*   23 cogitari *bos* : excog. *htv*   28 crimen
et invidia quaeretur *scripsi* : impetus crimen queretur *t* : in peius
(impetus *b*) crimen invidia quereretur (queretur *b*) *cett.* : crimen in-
vidiaque quaeretur *Faernus* : impetus crimenque quaer.   *Madvig* (*varia
lectio* in peius = impetus *e* § 15 *huc illata turbas dedit, cf.* ii. 104, 106)

Parilibus, qui dies hodie est, cum fascibus descensurum. In
aliquem credo hoc gladiatorem aut latronem aut Catilinam
esse conlatum, non in eum qui ne quid tale in re publica
fieri posset effecerit. An vero ego qui Catilinam haec
molientem sustulerim, everterim, adflixerim, ipse exstiterim 5
repente Catilina? Quibus auspiciis istos fascis augur acciperem, quatenus haberem, cui traderem? Quemquamne
fuisse tam sceleratum qui hoc fingeret, tam furiosum qui
crederet? Vnde igitur ista suspicio vel potius unde iste
sermo? Cum, ut scitis, hoc triduo vel quadriduo tristis a 10
Mutina fama manaret, inflati laetitia atque insolentia impii
cives unum se in locum, ad illam curiam furiis potius suis
quam rei publicae infelicem congregabant. Ibi cum consilia
inirent de caede nostra partirenturque inter se qui Capitolium, qui rostra, qui urbis portas occuparent, ad me con- 15
cursum futurum civitatis putabant. Quod ut cum invidia
mea fieret et cum vitae etiam periculo, famam istam fascium
dissipaverunt; fascis ipsi ad me delaturi fuerunt. Quod
cum esset quasi mea voluntate factum, tum in me impetus
conductorum hominum quasi in tyrannum parabatur; ex 20
quo caedes esset vestrum omnium consecuta. Quae res
patefecit, patres conscripti, sed suo tempore totius huius
16 sceleris fons aperietur. Itaque P. Apuleius, tribunus plebis,
meorum omnium consiliorum periculorumque iam inde a
consulatu meo testis, conscius, adiutor, dolorem ferre non 25
potuit doloris mei: contionem habuit maximam populo
Romano unum atque idem sentiente. In qua contione
cum me pro summa nostra coniunctione et familiaritate

6
15

1 Parilibus *t* : per Idus Quint. *bhov*   3 conlatum *Halm* : consultum *hosv* : consulatum (-sult- *b*) *bt*   4 an vero *scripsi* : an ut (*i. e.* ū
pro ũ) *codd.* : an *Faernus*   5 exsisterem *Manutius*   7 quaequam *bs* :
quamquam nec *cett.* : *corr. Ferrarius*   8 furiosum] fuit *t* : fatuum *coni.
Halm*   10 vel] vel fusum (*i. e.* furiosum) *t* : vel susum *b* : vel summum *coni. Halm*   12 curiam furiis *Madvig* : furiam viribus *b*[1] :
curiam iuris (*vel* viris) *t* : curiam viribus *cett.*   15 rostra *Faernus* :
ostia *s* : hostia *cett.*   19 impetus] *in mg. archetypi erat, nisi fallor*, in
peius, *cf.* § 13 *et* ii §§ 104, 106   21 quae] *fort.* quod (quod *pro* sed
hab. os ante suo)   22 totius *bs* : totiusque *hotv*

liberare suspicione fascium vellet, una voce cuncta contio
declaravit nihil esse a me umquam de re publica nisi optime
cogitatum.   Post hanc habitam contionem duabus tribusve
horis optatissimi nuntii et litterae venerunt : ut idem dies
5 non modo iniquissima me invidia liberarit sed etiam cele-
berrima populi Romani gratulatione auxerit.

Haec interposui, patres conscripti, non tam ut pro me 17
dixerim—male enim mecum ageretur, si parum vobis essem
sine defensione purgatus—quam ut quosdam nimis ieiuno
10 animo et angusto monerem, id quod semper ipse fecissem,
uti excellentium civium virtutem imitatione dignam, non
invidia putarent.   Magnus est in re publica campus, ut
sapienter dicere M. Crassus solebat, multis apertus cursus ad
laudem.   Vtinam quidem illi principes viverent qui me 7
15 post meum consulatum, cum eis ipse cederem, principem
non inviti videbant !   Hoc vero tempore in tanta inopia
constantium et fortium consularium quo me dolore adfici
creditis, cum alios male sentire, alios nihil omnino curare
videam, alios parum constanter in suscepta causa permanere
20 sententiamque suam non semper utilitate rei publicae, sed
tum spe tum timore moderari ?   Quod si quis de contentione 18
principatus laborat, quae nulla esse debet, stultissime facit,
si vitiis cum virtute contendit ; ut enim cursu cursus, sic in
viris fortibus virtus virtute superatur.   Tu, si ego de re
25 publica optime sentiam, ut me vincas, ipse pessime senties ?
aut, si ad me bonorum concursum fieri videbis, ad te improbos invitabis ?   Nollem, primum rei publicae causa,
deinde etiam dignitatis tuae.   Sed si principatus ageretur,
quem numquam expetivi, quid tandem mihi esset optatius ?
30 Ego enim malis sententiis vinci non possum, bonis forsitan
possim et libenter.   Haec populum Romanum videre, anim- 19

---

5 liberaret *codd.* : *corr. Manutius*   8 dicerem *mg. Cratandri*
13 dicere M. *scripsi* : dicerē *t* : dicere *cett.* : dicere L. *coni. Halm*   21
tum (cum *Naugerius* (1)) spe tum *Halm Naugerium secutus* : tum
spectum *t* : conspecto (-tu *h*) *cett.*   26 aut] nam *t* : *fort.* num
bonorum ad me *t*   29 esset *om. t*

advertere, iudicare quidam moleste ferunt. Poteratne fieri
ut non proinde homines *de* quoque ut quisque mereretur
iudicarent? Vt enim de universo senatu populus Romanus
verissime iudicat nullis rei publicae temporibus hunc ordinem
firmiorem aut fortiorem fuisse, sic de uno quoque nostrum 5
et maxime qui hoc loco sententias dicimus sciscitantur
omnes, avent audire quid quisque senserit : ita de quoque
20 ut quemque meritum arbitrantur existimant. Memoria
tenent me ante diem XIII. Kalendas Ianuarias principem
revocandae libertatis fuisse ; me ex Kalendis Ianuariis ad 10
hanc horam invigilasse rei publicae ; meam domum measque
auris dies noctesque omnium praeceptis monitisque patuisse ;
meis litteris, meis nuntiis, meis cohortationibus omnis qui
ubique essent ad patriae praesidium excitatos ; meis sententiis a Kalendis Ianuariis numquam legatos ad Antonium ; 15
semper illum hostem, semper hoc bellum, ut ego qui omni
tempore verae pacis auctor fuissem huic essem nomini pesti-
21 ferae pacis inimicus; idem P. Ventidium, cum alii praetorem,
ego semper hostem. Has in sententias meas si consules
discessionem facere voluissent, omnibus istis latronibus auc- 20
toritate ipsa senatus iam pridem de manibus arma cecidis-
8 sent. Sed quod tum non licuit, patres conscripti, id hoc
tempore non solum licet verum etiam necesse est, eos qui
re sunt hostes verbis notari, sententiis nostris hostis iudicari.
22 Antea cum hostem ac bellum nominassem, semel et saepius 25
sententiam meam de numero sententiarum sustulerunt : quod
in hac causa iam fieri non potest. Ex litteris enim C. Pansae
A. Hirti consulum, C. Caesaris pro praetore, de honore dis

---

2 proinde *t* : perinde *cett.* de *suppl. Ferrarius*   7 diu quoque *s* :
de uno quoque *hv*   9 XIII *Budaeus* : XIIII *codd.*   12 noctesque *t* :
et noctes *cett.*   18 P. *Ferrarius* : r. *tv* : om. *bhos*   cum alii praetorem *Garatoni* : cum alii p.r. t.r. volusenum *b* : cum aliis tr. pl. volusenum *ot* (voluisse nū *o*) : cum aliis tr. pl. voluisse unum *s* : cum alii tr.
pl. voluissent (vocavissent *π*) num *vπ* : volusenum *vel* voluisse nū. (unū)
voc. voluissent (*l.* 20) διττογραφίαν *puto*   19 consules *Manutius* :
gg. *t* : coss. designati (desigg. *s*) *cett.*   24 verbis notari *del. Pluygers*
25 ac *t* : aut *cett.*

immortalibus habendo sententias dicimus.   Supplicationem
modo qui decrevit, idem imprudens hostis iudicavit ; numquam enim in civili bello supplicatio decreta est.   Decretam
dico? ne victoris quidem litteris postulata est.   Civile bellum 23
5 consul Sulla gessit, legionibus in urbem adductis quos voluit
expulit, quos potuit occidit : supplicationis mentio nulla.
Grave bellum Octavianum insecutum est : supplicatio Cinnae
nulla victori.   Cinnae victoriam imperator ultus est Sulla :
nulla supplicatio decreta a senatu.   Ad te ipsum, P. Servili,
10 num misit ullas conlega litteras de illa calamitosissima pugna
Pharsalia? num te de supplicatione voluit referre ?   Profecto
noluit.   At misit postea de Alexandrea, de Pharnace :   Phar-
saliae vero pugnae ne triumphum quidem egit.   Eos enim
civis pugna illa sustulerat quibus non modo vivis sed etiam
15 victoribus incolumis et florens civitas esse posset.   Quod 24
idem contigerat superioribus bellis civilibus.   Nam mihi
consuli supplicatio nullis armis sumptis non ob caedem
hostium, sed ob conservationem civium novo et inaudito
genere decreta est.   Quam ob rem aut supplicatio re pu-
20 blica pulcherrime gesta postulantibus nostris imperatoribus
deneganda est, quod praeter A. Gabinium contigit nemini,
aut supplicatione decernenda hostis eos de quibus decernitis
iudicetis necesse est.   Quod ergo ille re, id ego etiam verbo, 9
cum imperatores eos appello : hoc ipso nomine et eos qui
25 iam devicti sunt et eos qui supersunt hostis iudico.   Quo 25
modo enim potius Pansam appellem, etsi habet honoris
nomen amplissimi ; quo Hirtium ?   Est ille quidem consul,
sed alterum nomen benefici populi Romani est, alterum
virtutis atque victoriae.   Quid ?   Caesarem, deorum bene-
30 ficio rei publicae procreatum, dubitemne appellare impera-

1 dicimus *bt* : diximus *cett.*   3 decreta dico *o, Faernus*   6 de
(*om. s*) supplicationibus *os*   7 Cinnae *om. s* : *del. Madvig*   8 victori *t* : victoris *cett.*   9 Servili num *b, Ferrarius* : Servili *o* : Servi-
lium *cett.*   19 re p. pulch. gesta *t* : ob r. p. pulch. gestas (actam *o*)
cett.   21 A *t* : ea *b* : *om. cett.*   25 iudico] cum victores appello
imperatores *add. codd., del. P. Laetus*

315

torem? qui primus Antoni immanem et foedam crudelitatem
non solum a iugulis nostris sed etiam a membris et visceribus
avertit.   Vnius autem diei quot et quantae virtutes, di im-
26 mortales, fuerunt! Princeps enim omnium Pansa proeli
faciendi et cum Antonio confligendi fuit; dignus imperator 5
legione Martia, digna legio imperatore. Cuius si acerrimum
impetum cohibere Pansa potuisset, uno proelio confecta res
esset. Sed cum libertatis avida legio effrenatius in aciem
hostium inrupisset ipseque in primis Pansa pugnaret, duobus
periculosis volneribus acceptis sublatus e proelio rei publicae 10
vitam reservavit. Ego vero hunc non solum imperatorem
sed etiam clarissimum imperatorem iudico qui, cum aut
morte aut victoria se satis facturum rei publicae spopondisset,
10
alterum fecit, alterius di immortales omen avertant!   Quid
27
dicam de Hirtio? qui re audita e castris duas legiones eduxit 15
incredibili studio atque virtute, quartam illam quae relicto
Antonio se olim cum Martia legione coniunxit, et septimam
quae constituta ex veteranis docuit hoc proelio militibus eis
qui Caesaris beneficia servassent senatus populique Romani
carum nomen esse. His viginti cohortibus, nullo equitatu, 20
Hirtius ipse aquilam quartae legionis cum inferret, qua nullius
pulchriorem speciem imperatoris accepimus, cum tribus Antoni legionibus equitatuque conflixit, hostisque nefarios,
huic Iovis Optimi Maximi ceterisque deorum immortalium
templis, urbis tectis, libertati populi Romani, nostrae vitae 25
sanguinique imminentis prostravit, fudit, occidit, ut cum
admodum paucis, nocte tectus, metu perterritus, princeps
latronum duxque fugerit. O solem ipsum beatissimum qui,
ante quam se abderet, stratis cadaveribus parricidarum cum
28 paucis fugientem vidit Antonium! An vero quisquam dubi- 30
tabit appellare Caesarem imperatorem? Aetas eius certe
ab hac sententia neminem deterrebit, quando quidem virtute

---

3 avertit] *hic deficit t*   quot] quae *s*   18 hoc] illo *codd. Ferrarii*
24 Iovis Opt. Max. *Muretus*: Iovi. m. *ho*: Iovi Marti *v*: Iovi *ante ras. b*
31 Caesarem *hoc loc. hab. bs, ante* quisquam *o, om. hv*

superavit aetatem. Ac mihi semper eo maiora beneficia
C. Caesaris visa sunt quo minus erant ab aetate illa postulanda : cui cum imperium dabamus, eodem tempore etiam
spem eius nominis deferebamus ; quod cum est consecutus,
5 auctoritatem decreti nostri rebus gestis suis comprobavit.
Hic ergo adulescens maximi animi, ut verissime scribit
Hirtius, castra multarum legionum paucis cohortibus tutatus
est secundumque proelium fecit. Ita trium imperatorum
virtute, consilio, felicitate uno die locis pluribus res publica   II
10 est conservata. Decerno igitur eorum trium nomine quin-   29
quaginta dierum supplicationes : causas, ut honorificentissimis verbis consequi potuero, complectar ipsa sententia.

Est autem fidei pietatisque nostrae declarare fortissimis
militibus quam memores simus quamque grati. Quam ob rem
15 promissa nostra atque ea quae legionibus bello confecto tributuros nos spopondimus hodierno senatus consulto renovanda
censeo ; aequum est enim militum, talium praesertim, honorem coniungi. Atque utinam, patres conscripti, civibus om-   30
nibus solvere nobis praemia liceret ! quamquam nos ea quae
20 promisimus studiose cumulata reddemus. Sed id quidem
restat, ut spero, victoribus, quibus senatus fides praestabitur :
quam quoniam difficillimo rei publicae tempore secuti sunt,
eos numquam oportebit consili sui paenitere. Sed facile
est bene agere cum eis a quibus etiam tacentibus flagitari
25 videmur : illud admirabilius et maius maximeque proprium
senatus sapientis est, grata eorum virtutem memoria prose-
qui qui pro patria vitam profuderunt. Quorum de honore 31
utinam mihi plura in mentem venirent ! Duo certe non
praeteribo quae maxime occurrunt : quorum alterum pertinet
30 ad virorum fortissimorum gloriam sempiternam, alterum ad

3 etiam *codd. Ferrarii* : et *mei*   4 est] esset *con. Halm*   14
simus *ed. R* : sumus *codd.*   18 civibus *del. Pluygers*   20 cumulata
P. Laetus : quam multa *b*. quamquam multa *hv*   22 quam quoniam
Orelli: quamquam *b*[1] : quamquam id (idem *v*) *cett.* : quam cum *Ernesti*
26 grata eorum *Naugerius* (1) : grē horum *b* : gratiarum *cett.*

12 leniendum maerorem et luctum proximorum.   Placet igitur
mihi, patres conscripti, legionis Martiae militibus et eis qui
una pugnantes occiderint monumentum fieri quam amplissimum.   Magna atque incredibilia sunt in rem publicam
huius merita legionis.   Haec se prima latrocinio abrupit **5**
Antoni ; haec tenuit Albam ; haec se ad Caesarem contulit ;
hanc imitata quarta legio parem virtutis gloriam consecuta
est.   Quarta victrix desiderat neminem : ex Martia non
nulli in ipsa victoria conciderunt.   O fortunata mors quae
32 naturae debita pro patria est potissimum reddita ! Vos vero **10**
patriae natos iudico ; quorum etiam nomen a Marte est,
ut idem deus urbem hanc gentibus, vos huic urbi genuisse
videatur.   In fuga foeda mors est ; in victoria gloriosa.
Etenim Mars ipse ex acie fortissimum quemque pignerari
solet.   Illi igitur impii quos occidistis etiam ad inferos **15**
poenas parricidi luent ; vos vero qui extremum spiritum
in victoria effudistis piorum estis sedem et locum consecuti.
Brevis a natura vita nobis data est ; at memoria bene red-
ditae vitae sempiterna.   Quae si non esset longior quam
haec vita, quis esset tam amens qui maximis laboribus et **20**
periculis ad summam laudem gloriamque contenderet ?
33 Actum igitur praeclare vobiscum, fortissimi, dum vixistis,
nunc vero etiam sanctissimi milites, quod vestra virtus
neque oblivione eorum qui nunc sunt nec reticentia posterorum sepulta esse poterit, cum vobis immortale monu- **25**
mentum suis paene manibus senatus populusque Romanus
exstruxerit.   Multi saepe exercitus Punicis, Gallicis, Italicis
bellis clari et magni fuerunt, nec tamen ullis tale genus
honoris tributum est.   Atque utinam maiora possemus,
quando quidem a vobis maxima accepimus ! Vos ab urbe **30**
furentem Antonium avertistis ; vos redire molientem rep-

---

3 occiderunt (-eř) *s*   9 qua . . . debita vita *Vassis*   10 est] sit *coni.*
Halm   reddita] oppetita *Schmidt*   15 occidistis *ho* : cecidistis *bsv*
18 vita nobis (vobis *bv*) *bsv* : nobis vita *ho*   19 sempiterna] perpetua *s*   25 sepulta *b, P. Laetus* : insepulta *ho*

pulistis. Erit igitur exstructa moles opere magnifico in-
cisaeque litterae, divinae virtutis testes sempiternae, num-
quamque de vobis eorum qui aut videbunt vestrum monumentum aut audient gratissimus sermo conticescet. Ita
5 pro mortali condicione vitae immortalitatem estis consecuti.

Sed quoniam, patres conscripti, gloriae munus optimis et
fortissimis civibus monumenti honore persolvitur, consolemur
eorum proximos, quibus optima est haec quidem consolatio :
parentibus quod tanta rei publicae praesidia genuerunt ;
10 liberis quod habebunt domestica exempla virtutis ; coniugibus quod eis viris carebunt, quos laudare quam lugere
praestabit ; fratribus quod in se ut corporum, sic virtutis
similitudinem esse confident. Atque utinam his omnibus
abstergere fletum sententiis nostris consultisque possemus,
15 vel aliqua talis eis adhiberi publice posset oratio qua de-
ponerent maerorem atque luctum gauderentque potius, cum
multa et varia impenderent hominibus genera mortis, id
genus quod esset pulcherrimum suis obtigisse eosque nec
inhumatos esse nec desertos, quod tamen ipsum pro patria
20 non miserandum putatur, nec dispersis bustis humili sepul-
tura crematos, sed contectos publicis operibus atque muneribus eaque exstructione quae sit ad memoriam aeternitatis
ara Virtutis. Quam ob rem maximum quidem solacium 35
erit propinquorum eodem monumento declarari et virtutem
25 suorum et populi Romani pietatem et senatus fidem et
crudelissimi memoriam belli : in quo nisi tanta militum
virtus exstitisset, parricidio M. Antoni nomen populi Romani
occidisset. Atque etiam censeo, patres conscripti, quae
praemia militibus promisimus nos re publica **recuperata**
30 tributuros, ea vivis victoribusque cumulate, cum tempus

13
34

12 virtutis *b* : virtutum *ho* 14 abstergere sent. n. atque cons.
fletum *b* 15 oratio] consolatio *coni. Burmannus* 23
maximum quidem *o* : quidem maximum *bh* 24 erit *Poggius* : est *o* :
om. bhsv (erit illud quidem max. solacium *coni. Halm*) 25 et p.
R. pietatem *b* : et pietatem *hv* . et etatem *os*

venerit, persolvenda ; qui autem ex eis quibus illa promissa
sunt pro patria occiderunt, eorum parentibus, liberis, coniugibus, fratribus eadem tribuenda censeo.

14
36   Sed ut aliquando sententiam complectar, ita censeo : cum
C. Pansa consul, imperator, initium cum hostibus confligendi 5
fecerit, quo proelio legio Martia admirabili incredibilique
virtute libertatem populi Romani defenderit, quod idem
legiones tironum fecerint ; ipseque C. Pansa consul, imperator, cum inter media hostium tela versaretur, volnera
acceperit, cumque A. Hirtius consul, imperator, proelio 10
audito, re cognita, fortissimo praestantissimoque animo
exercitum castris eduxerit impetumque in M. Antonium
exercitumque hostium fecerit eiusque copias occidione
occiderit, suo exercitu ita incolumi ut ne unum quidem
37 militem desiderarit, cumque C. Caesar *pro praetore*, im- 15
perator, consilio diligentiaque sua castra feliciter defenderit
copiasque hostium quae ad castra accesserant profligarit,
occiderit : ob eas res senatum existimare et iudicare eorum
trium imperatorum virtute, imperio, consilio, gravitate, constantia, magnitudine animi, felicitate populum Romanum 20
foedissima crudelissimaque servitute liberatum, cumque rem
publicam, urbem, templa deorum immortalium, bona fortunasque omnium liberosque conservarint dimicatione et
periculo vitae suae, uti ob eas res bene, fortiter feliciterque
gestas C. Pansa A. Hirtius consules, imperatores, alter 25
ambove, aut si aberunt, M. Cornutus, praetor urbanus,
supplicationes per dies quinquaginta ad omnia pulvinaria
38 constituat : cumque virtus legionum digna clarissimis imperatoribus exstiterit, senatum, quae sit antea pollicitus
legionibus exercitibusque nostris, ea summo studio re pub- 30
lica recuperata persoluturum, cumque legio Martia princeps

     4 sententiam *o. ut coni. Halm* : sententia *cett.*   10 proelio audito
del. Pluygers : re cognita *potius deleret Müller*   13 occidione *b* :
occisione *cett.*   15 pro pr. *P. Laetus et codd. Ferrarii* : *om. mei*
16 feliciter fortiterque *s*   28 constituant *h*   31 persoluturum
Manutius : soluturum *b* : resoluturum *cett.*   cumque δ, *ed. R* : quod
mei

cum hostibus conflixerit, atque ita cum maiore numero
hostium contenderit *ut* plurimos caederent caderent non
nulli, cumque sine ulla retractatione pro patria vitam pro-
fuderint ; cumque simili virtute reliquarum legionum milites
5 pro salute et libertate populi Romani mortem oppetiverint,
senatui placere ut C. Pansa A. Hirtius consules, imperatores,
alter ambove, si eis videatur, eis qui sanguinem pro vita,
libertate, fortunis populi Romani, pro urbe, templis deorum
immortalium profudissent monumentum quam amplissimum
10 locandum faciendumque *curent* : *quaestoresque urbanos* ad
eam rem pecuniam dare, attribuere, solvere iubeant, ut
testetur ad memoriam posteritatis sempiternam scelus crudelissimorum hostium militumque divinam virtutem, utique,
quae praemia senatus militibus ante constituit, ea solvantur
15 eorum qui hoc bello pro patria occiderunt parentibus,
liberis, coniugibus, fratribus : eisque tribuantur quae militibus ipsis tribui oporteret, si vivi vicissent qui morte
vicerunt.

---

2 ut *Ferrarius* : cum *codd.* : ut cum *Halm*   caderent nonnulli *o*,
ut voluit Halm : cadere nonnullos *cett.*   10 faciendumque urbem ad
eam rem *codd.* : *suppl. Ferrarius et A. Augustinus*   12 testetur
Madvig : exstet *bosv* : exstent *h*   scelus *b* : ad scelus *cett.*   13
divina virtus *b*   16 fratribus : eisque *Ferrarius* : fratribus hisque
(iisque s^1 : eaque s^2) fratribus *hsv* : fratribusque *o* : fratribus *b*   17
si vivi vicissent *Ernesti* : si illi vicissent *bhs^{1}v* : si illi vixissent *os^2* : si
illi viverent *π*